제 2 판

관광학의 이해

이광원 · 위상배 공저

기문사
www.kimoonsa.co.kr

머리말

관광은 빛을 보는 행위의 과정이다. 세상의 밝은 빛을 보기 위해 자연의 세계와 만나고, 인간이 만들어 낸 문화의 세계와 만난다. 자연과 문화의 세계와의 만남을 통하여 우리가 살아가는 삶의 지혜와 방법을 발견하는 것이 관광이 추구하는 가치이다. 따라서 관광은 교육의 장이며, 생활 체험의 활동이다.

본서는 관광이 추구하는 가치, 이념을 중심에 두고, 관광이 어떻게 구성되었는가 즉, 체계론적 관점으로 구성하였다.

첫째, 관광의 어원, 역사, 정의를 바탕으로 관광학의 연구방향을 설정하였다.

둘째, 관광객은 누구이며 왜 관광을 하며, 관광객의 상호작용으로 어떤 영향이 나타나는가를 관광객을 중심으로 구성하였다.

셋째, 관광객의 관광활동 편리성과 촉진을 위해 관련된 여행사, 호텔 등 관광산업에 관하여 기술하였으며, 또한 관광서비스, 마케팅, 관광정보 등에 관한 내용을 중심으로 구성하였다.

넷째, 관광객의 이동을 위한 관광대상을 중심으로 관광자원 · 개발 · 정책에 관한 내용을 관광발전 차원에서 구성하였다.

본서는 그간 관광학에 관한 많은 연구 내용을 바탕으로, 1997년에 발간된 관광학 원론에 필자의 좁은 시각으로 다시 재구성하였다. 여러 가지 미흡한 부분이 많으므로 여러분의 고견을 받아 후일 다시 가필할 것을 기약하면서 출판을 합니다.

끝으로 이 책이 나올 수 있도록 도와주신 분들과 출판에 힘쓰신 기문사 한인환 사장님, 관계자에게 감사드린다.

2012년 1월

저자 일동

C·o·n·t·e·n·t·s

차 례

제7장 » 관광자원 · 개발 · 정책론

01 제1장

관광학의 기초

제1절 | 개요

관광학의 연구대상 중에서 가장 핵심은 '관광'이라는 용어다. 그런데 아직도 관광학의 연구대상인 관광이란 무엇인가라는 질문에 명확한 해답을 제시하지 못하고 있다. 그 이유는 그동안 많은 학자들의 학문적 연구에도 불구하고 관광학 자체가 아직도 신생학문으로서 체계정립이 미완성 단계에 머물러 있기 때문에 독립된 관광의 영역이 존재하지 않는 것처럼 보인다는 주장과, 대부분의 사회과학에서 공통적으로 제기되는 것처럼 관광학 또한 여러 가지 복합적인 요인들이 상호작용하여 나타나는 관광현상에 대하여 연구하는 학문이기 때문에 시간과 공간의 환경변화에 따라 서로 다른 견해가 존재하기 때문이라는 두 가지 견해가 있다. 일핏 생각하면 관광이 무엇인가라는 명제를 규명하지 못하는 학문이 어찌 독립된 학문으로서 연구의 가치가 있을까 하고 의문을 제기할 수 있다. 그러나 대부분 사회현상을 연구하는 사회과학도 마찬가지다. 따라서 오늘날 사회현상이 복잡해짐에 따라 대부분의 사회 과학들도 관광학처럼 종합적이고 통합적인 관점에서 명제를 규명하려는 연구경향이 나타나고 있다.

사실 관광현상들을 연구대상으로 설정하게 되면 연구자가 관광현상의 어느 측면을 보다 강조하고 접근하느냐에 따라서 연구대상은 조금씩 달라질 수 있다. 인간이 신이 아닌 이상 관광현상의 모든 측면을 파악하기란 쉽지 않다. 그래서 학자들은 자기가 중요하다고 생각되는 측면을 연구하게 된다. 물론 어떤 학문 분야의 연구대상을 현상의 한 측면만으로 통일시키고 고정시키는 것이 다른 측면에 대한 연구를 소홀히 하게 되고 그 결과 학문발전의 방해가 될 수도 있다. 하지만 관광학 분야처럼 연구역사가 짧아 학문의 체계가 완전히 정립되지 못한 상황에서는 오히려 여러 측면에서 접근된 연구결과들이 학문발전의 초석이 될 수 있다. 이렇게 수많은 학자들이 여러 가지 측면에서 관광현상을 각자의 틀 속에서 연구하면 이들 제 측면들을 종합화하여 '관광'을 이해할 수 있다.

따라서 본 장에서 관광의 본질에 대한 의미파악의 한계에도 불구하고 관광에 관한 개념체계를 정립하려는 것은 앞으로 논의될 내용의 틀을 구성하는데 필요한 기본전제이기 때문이다. 또한 관광의 개념체계 정립을 통하여 관광학의 연구대상과 범위를 설정할 수 있고, 향후 연구방향을 제시할 수 있기 때문이다. 이를 위하여 본 장에서의 학습방향은 크게 몇 가지로 구분하여 파악한다.

첫째, 관광의 어원과 어의 분석을 통하여 관광이란 용어가 제일 처음 어떤 의미로 사용되었고, 동양과 서양의 시대 환경변화에 따라 관광의 의미가 어떻게 변화되어 왔는지를 현대적인 시각에서 파악한다.

둘째, 관광의 정의를 통하여 관광을 구성하고 있는 주요 요인들을 파악하고, 관광을 좀더 체계적으로 이해하기 위해 학자들이 주장한 견해를 중심으로 크게 분류하는 방법을 학습한다.

셋째, 관광의 어원, 어의, 정의를 분석한 결과를 바탕으로 관광학의 연구대상을 설정하고, 이를 기초로 향후 관광학 연구방향 및 학습계획을 수립한다.

제2절 | 관광의 어원과 어의

1 관광의 어원

1) 동양에서의 관광어원

어원이란 본래 뿌리 및 근원을 찾는 것이다. 관광이란 용어가 언제 제일 처음 사용되었고, 그 의미는 어떻게 사용되었는가를 파악하여 현대관광과의 차이점을 발견하고, 그 의미를 반영하는 것에 어원연구의 의의를 둘 수 있다.

관광이란 어원은 인류의 문화가 발달되어 가는 상태에서 말과 문자에 의해 기록되고 또는 구전에 의하여 역사적으로 전해져 왔으리라 생각되지만 그 기록을 찾아 관광의 어원을 추정하기란 매우 어렵다. 그러나 현재 관광의 어원에 대한 기록은 기원전 8세기경 중국 주나라 시대에 편찬된 역경(易經)에서 시작되었다고 보는 견해가 지배적이다. 역경을 보면 '觀國之光 利用賓手王' 이라는 구절과 '觀國之光 尙賓也' 라는 구절이 나온다. 전자는 '나라의 광명을 보는 것은 왕의 손님 되기에 족하다' 라는 의미이고, 후자는 '나라의 광명을 보는 것은 국빈을 존중하는 것이다' 라는 뜻으로 이해할 수 있다.

역경에서 사용된 觀은 위정자가 나라의 빛을 '보다' 와 '관찰하다' 라는 뜻을 갖고 있음과 동시에 위정자에게 '보여준다' 와 '제시한다' 의 두 가지 의미가 내포되어 있다. 또한 여기서 말하는 나라의 빛(國의 光)이란 의미는 다음과 같다. 國의 口는 주위가 성벽으로 둘러싸여 있다는 것을 의미한다. 그리고 그 안에 사람들이 생활하고 이곳을 통치하는 왕이 있다는 것을 표현한 것이다. 따라서 國이란 오늘날 국가라는 개념이라기보다는 당시 중국의 시대적인 상황으로 보아 군웅이 할거하던 전국시대의 도시국가라고 볼 수 있다. 때문에 왕이라는 단어도 한 나라의 국왕을 의미하는 것이 아니라 國을 통치하는 실력자, 권력자 정도의 의미로 보는 것이 타당하다. 光은 '훌륭한 것이나 자랑하여야 할 것' 으로 이해할 수 있으므로 역경에서 나온 구절의 의미는 '그 지방의 우수하고 훌륭한 것을 그 지방의 대표자나 실력자를 방문한 손님에게 보이고 대접하는 것이 좋은 것이다' 라고 해석할 수 있다.

3세기경 위나라의 문재였던 조식은 '以俊乞來仕 觀國之光' 이라는 어구를 기록으로 남겼다. 이 구절은 '이로써 준걸스럽고 어진 사람이 와서 벼슬을 살며 나라의 풍광을 본다' 라는 뜻으로 이해된다. 또한 당나라 시대의 맹사성이 집필한 맹호연집에서는 '何行遇體明 觀光來上京' 이라는 구절이 나온다. 이 구절은 '어찌 다행히 시간을 내어 관광차 서울에 올라왔다' 라는 뜻으로 관광의 성립조건인 여가와 이동목적이 명시되어 오늘날 관광과 유사한 의미를 내포하고 있다.

그러나 오늘날 사용하고 있는 관광이라는 용어의 어원은 대부분 역경에서 출발하였다는 견해가 지배적이다. 관광이라는 용어는 '觀國之光' 이라는 4자 중 채두미(採頭尾)하여 관광이라는 2자로 사용하게 되었다고 보고 있다. 따라서 동양에서 사용된 관광의 어원은 시대적인 상황에 비추어 보면 오늘날의 관광과는 많은 차이가 있다.

첫째, 관광은 타국의 토지, 제도, 풍속, 문물 등의 광화를 보기 위한 이동이었다.

둘째, 국가의 발전상을 시찰하여 자국의 치국대도(治國大道)라는 행정적 목적에 의한 이동 등의 형태가 전부였으며, 참여하는 주체도 위정자가 대부분이었다.

2) 서양에서의 관광어원

관광이라는 말의 용어는 영어로 Tourism, Travel, Tour 등으로 표현된다. 그러나 현재 우리가 사용하고 있는 관광이라는 말은 영어의 Tourism으로 사용되고 있다. Tourism이라는 용어가 관광으로 일반화된 것은 다음과 같은 배경에서 기인되었다.

첫째, 관광의 대중화로 관광이 집단적 사회현상으로 등장함에 따라 개별적인 여행의 성격이 강한 Tour라는 용어의 사용이 부적합하게 되었다.

둘째, 1975년 세계관광기구(Wor1d Tourism Organization)에서 각국의 동의를 얻어 용어를 통일하였다.

Tourism이라는 단어가 영어에서 처음 사용된 것은 1811년 「The Sporting

Magazine」이라는 잡지였다. Tourism은 영어로 '짧은 기간의 여행'을 뜻하는 Tour의 파생어이다. Tour라는 말은 '각 지역을 순회하다'라는 의미를 지닌 tournus에서 발전된 단어라고 볼 수 있다.

또한 여행을 뜻하는 Travel이라는 용어도 관광의 의미로 사용되었다. Travel은 불어의 Travai1 즉 '고된 일'이라는 의미를 지닌 말로서 장거리 또는 미지의 장소를 여행하는 경우에 사용된다. 1946년 세계관광기구 전신인 관설관광기구 국제연합(International Union of Offical Travel Organization)에서는 Travel을 '여행'으로 공식화하였다.

독일어에서는 관광을 뜻하는 용어로 'Fremdenverkehr'를 사용하고 있다. Fremdenverkehr라는 용어는 '외국의' 또는 '외국인'이라는 'Fremden'과 '왕래' 및 '교통'이라는 의미를 지닌 'verkehr'의 합성어로 외국관광객의 왕래를 의미한다.

따라서 서양에서 사용한 관광의 어원을 보면 관광행동의 목적과 대상을 강조한 동양의 경우와는 달리 공간적인 이동의 목적과 기간을 강조한다는 특징이 있다.

3) 한국에서의 관광어원

우리나라에서 관광이란 용어는 신라시대 최치원이 지은 「계원필경」의 내용 중에 '觀光六年'이란 말이 등장하면서 사용되었다고 추정하고 있다. '觀光六年'의 의미는 첫째, 6년 동안 학문에 정진한 결과, 둘째, 과거보러 중국에 간지 6년만에, 셋째, 과거를 보러감 등으로 해석하는 경우가 일반적인데, 오늘날의 관광 측면에서 해석해 보면 '과거 볼 목적형 관광이있다'라고 해석하기도 한다. 따라서 '觀光六年'이란 의미는 학문 및 과거시험과 관련성이 있는 의미일 뿐 관광이란 의미와는 전혀 상관성이 없는 것으로 파악되기도 한다. 그러나 한편으로는 과거를 보러가면서 중국의 수려한 경관을 감상할 수 있다는 관광 측면의 해석도 가능하다.

또한 「삼국사기」를 보면 신라시대의 청소년 조직인 화랑도는 일정 기간 내에 학업과 도의를 연마한 후 인격개발을 위해 '산수를 찾아 유람하며 먼 곳이라 하더라도 다니지 않은 곳이 없었다' 라는 기록이 전해지고 있다. 화랑도의 활동에 관한 기록에서 관광이란 용어는 사용하고 있지 않지만 오늘날 관광과 유사한 관광활동 및 형태가 이루어졌음을 알 수 있다.

고려 예종 11년(1115년)에 지은 「고려사절요」 제8권에 의하면 '觀光上國' 이란 용어가 기록되어 있다. '觀光上國' 은 상국을 관광하여 문물제도를 시찰하는 것을 의미한다.

관광에 관한 용어의 사용은 조선시대에서도 찾아볼 수 있다. 조선 건국 직후인 태조 5년에 한성부의 행정구역을 5部 52坊으로 坊名標를 세우면서, 북부 10坊 중에 觀光坊을 설치하였다는 내용이 「조선왕조실록」에 기록되어 있다. 물론 이 지명에 대한 내력이나 정확한 위치에 대해서는 실록에 더 이상 나타나 있지 않으므로 추측에 그칠 수밖에 없지만 관광이란 단어가 사용되었다는 것은 의미 있는 일이다.

「용재총화」의 저자 성현이 예종이 즉위하자 중국의 북경을 다녀오면서 기록한 기행시집인 '觀光錄' 에서도 관광이란 용어가 사용되었다. 「觀光錄」을 지은 연대는 원문 미확인으로 정확히 알 수 없으나 외국의 문물을 두루 살펴보고 지은 견문록이라는 점에서 오늘날 관광과 상당히 접근되어 있음을 알 수 있다.

「중종실록」에서는 '命嚴禁 士族婦女觀光者 從經庭官之言也' 라는 구절이 나온다. 이것은 '종경연에서 선비의 부녀자들이 관광하는 것을 엄히 금한다' 라는 의미로, 당시 양반 부녀자들의 관광이 성행하였음을 알 수 있다. 어떤 의미에서는 양반과 부녀자들이 관광을 많이 하였음을 알 수 있으나 또한 문제점들이 많았다는 것을 간접적으로 말해 주고 있다.

관광이란 용어는 정조 4년에 박지원이 지은 「열하일기」에서도 사용되었다. 「열하일기」의 내용 중에 표현된 '爲觀光之上國來' 라는 구절은 첫째, 상국(중국)의 문물, 제도 등을 보고 배우러 왔다 둘째, 명승지와 자연경관을 구경하러 갔었다라는 의미가 내포되어 있다.

이후에도 관광이란 용어는 여러 문헌에서 사용되고 표현되었다. 대표적으로 일본의 수신사로 다녀와서 쓴 김기수의 「觀光日記」가 있다. 또한 유길준이 1910년 일본 나고야 박람회를 살펴보고 쓴 견문기를 그해 5월 박기순에 의하여 발행된 「觀光略記」가 있다. 「觀光略記」는 관광의 주체와 목적을 밝히고 20일간의 관광일지가 수록된 것으로 당시 일본의 개화된 문명을 소개한 것이였다.

관광이란 용어가 법제화되어 공식적으로 사용하기 시작한 것은 1961년 8월 22일 제정된 관광사업진흥법이다. 물론 관광사업진흥법이 제정되기 이전에도 관광이란 말이 없었던 것은 아니지만 법에 의한 공인이 없었기에 통일된 용어라고 볼 수 없었다. 따라서 관광사업진흥법은 우리나라 최초의 관광관련법으로서 국회를 통하여 일반인에게 관광이란 용어를 정식으로 사용하게 인정한 것이다.

2 관광의 어의

어의란 관광이란 용어가 가지고 있는 단어의 의미 및 뜻을 말하는데, 과거에 초점을 두고 해석하는 어원과는 달리 어의는 현대적인 관점에서 해석한 것을 의미한다.

동서양의 관광어원은 용어상에서 볼 때, 영어의 Tourism은 즐거움을 위한 단기간의 여행을 뜻하는 행동의 목적과 기간을 공간적인 차원에서 설명하고 있으며, 독일어의 Fremdenverkehr는 외국인의 왕래라는 주체와 행동의 상태를 표현하고 있다.

반면에 동양에서는 '문물, 풍광 등을 유람하고 타국의 광화를 본다' 라는 행동의 목적과 대상을 강조하고 있다. 즉 동양의 경우는 다음과 같은 특징이 있다.

첫째, 타국의 광화를 본다라는 정적 관광과 둘째, 타국의 광화를 봄으로써 치국대도를 위한다라는 목적지향적 관광 등의 2가지 견해가 어원상에 내포되어 있다.

또한 서양의 경우는 다음과 같은 특징이 있다.

첫째, 여러 지역을 순회한다라는 여행 목적기간을 강조한 관광과 둘째, 외국의 왕래라는 관광주체의 명시와 공간적 이동을 강조한 관광 등으로 관광을 파악하고 있다.

그러나 동서양에서 표현된 관광의 어원과 용어는 그 표현방식에서 약간의 차이만 존재할 뿐 내용상의 의미는 거의 유사하다고 볼 수 있다.

오늘날 동양에서 사용되고 있는 觀光이란 용어를 어의적으로 좀더 구체적으로 살펴보면 다음과 같다.

1) 觀의 의미

觀은 행위의 주체자에 따라 두 가지 의미가 있다. 첫째, 觀은 보통 '본다' 라는 뜻으로 관광객이 체험할 수 있는 모든 대상을 단순히 보는(to see) 형태와 대상의 깊은 의미를 자세히 관찰하여 배운다(to observe, to learn)라는 두 가지 의미가 있다. 전자의 경우는 대부분 자연감상형 위주의 휴식 · 휴양의 관광 활동에 해당되며, 후자의 경우는 관광을 통한 자아실현의 활동으로서 교육형 관광이 여기에 해당된다. 따라서 觀은 관광객이 관광활동에 참여하는데 있어서 관광에 관련된 대상을 단순한 시각에 의해서 보이는 모습만 보는 형태의 활동과 관광대상을 체험하면서 자신의 세계에 통일시켜 새로운 삶의 질을 창출하고 더 나아가 자아실현의 계기를 발견하는 활동의 형태로 구분된다.

둘째, 觀은 관광객에게 새로운 것(novelty)을 정성스럽게 성심성의를 다하여 '보여준다' 라는 의미가 있다. 관광객이 빛을 보러오는 행위의 과정이라고 볼 때, 관광객에게 볼 수 있는 기회를 마련해 주어야만 관광이 성립된다. 이러한 빛을 볼 수 있는 기회를 제공해 주는 주체자는 관광객을 제외한 지역주민, 관광교통 및 정보, 관광개발자 및 기업, 관광정책 등이다. 이들이 보여주는 빛은 光陰과 光明으로 분류된다. 光陰의 빛은 불친절한 서비스 행위, 불건전한 상행위, 불건전한 매춘 · 보신관광 등으로 유도하는 것을 의미한다. 光明의 빛은 건전한 관광활동을 유도하여 바람직한 관광문화를 정착시키는 행위로서 볼거리 · 먹을거리 · 즐길거리 · 배울거리 · 추억거리 등을 최선을 다하여 보여주는 행위를 의미한다.

2) 光의 의미

光은 天 · 地 · 人의 의미를 내포한 합성어로 구성된다. 天은 태양을 지칭하며 정신세계, 사상 및 깨달음의 세계를 의미한다. 地는 자연을 치칭하며 신이 인간에게 부여한 자연적인 소산을 의미한다. 人은 사람을 지칭하며, 이는 사람과 사람의 좋은 만남을 통한 평화를 의미하기도 하며 더 나아가 사람에 의하여 만들어진 문화를 의미한다. 이상의 내용을 볼 때 光은 인간의 정신세계, 자연의 세계, 문화의 세계를 포함한 개념이다.

3) 觀光의 의미

상기에서 제시된 觀의 의미와 光의 의미를 종합하여 보면, 觀光은 첫째, 관광객이 빛을 보고, 관찰하고, 배우는 과정이다.

둘째, 관광객에게 光明의 빛을 제공하는 행위이다.

셋째, 관광은 빛을 추구하는 행위의 과정으로 정신세계의 빛, 자연세계의 빛, 문화세계의 빛을 발견하는 과정이다.

넷째, 관광은 평화를 구현하는 과정이다 등으로 설명될 수 있다.

따라서 관광은 사람과 사람과의 만남, 자연세계와의 만남, 정신세계와 만남을 통하여 인간이 어떻게 살아가야 하는지 삶의 방법과 지혜를 깨달음으로서 인류평화를 구현하는 활동으로 이해할 수 있다.

제3절 | 관광의 정의

1 관광의 개념 정의

1) 관광개념 정립을 위한 정의기준

정의(definition)는 한 단어 또는 한 용어를 일련의 다른 동의어로 그 내용을 밝히는 것이다. 다시 말해서 정의는 한 용어를 사전적으로 풀이하는 것이며, 어떤 용어를 다른 동의(同意)의 용어로 알기 쉽게 바꾸어 쓴 것이다. 이러한 정의는 학문을 연구하는

데 있어 연구의 방향과 범위를 설정하는 기본이 됨은 물론, 개념파악을 위해 절대적으로 필요한 것이다. 만일 기본적인 용어가 정확히 정의되지 않는다고 하면 연구의 방향이 흐려져 많은 혼란을 초래하게 된다. 뿐만 아니라 그 해석의 불분명함으로 인하여 연구의 전 과정에 있어 많은 문제제기가 일어난다. 특히 기호나 특수용어를 사용하는 자연과학과는 달리 사회과학의 용어는 거의 언어로 표시되기 때문에 그 용어의 정의는 더욱더 필요하다.

그러나 실제로 정의를 내리기는 쉽지 않다. 때문에 어떤 형태 또는 종류의 정의이든 간에 그 정의의 형성 및 평가에 있어 일정한 기준이 있어야 한다. Hempel는 정의를 위한 기준으로 세 가지를 제시하고 있다.

첫째, 정의는 한정성(determinacy)을 가져야 한다. 한정성은 명확성으로 표현할 수도 있다. 어떤 정의라도 그것이 나타내는 용어를 명백히 한정적으로 특징화 해야 한다. 한 정의가 막연하여서는 상이한 각각의 용어를 다같이 나타낼 수는 없기 때문이다. 만일 특징지을 수 없다면 그 정의의 존재 이유가 없다.

둘째, 정의는 통일성을 가져야 한다. 정의는 누구나 사용하기 쉽고 이해할 수 있도록 통일성을 지녀야 한다. 이는 바로 의사소통과 직결된다. 사용자가 각각 다르다고 하여 각자가 동일한 한 개의 정의를 놓고 각기 다른 용어를 사용하면 많은 혼란을 일으킨다.

세째, 정의는 일정한 범위(scope)가 있어야 한다. 이것은 곧 정의의 추상화 정도의 문제이다. 정의가 포함하는 범위가 넓으면 넓을수록 현실성과는 거리가 멀어진다. 동시에 정의에 대한 내용의 이해가 곤란하게 된다.

이상의 정의설정 기준에서 알 수 있듯이 관광의 정의를 규정하는데 있어서도 정의가 의미하는 내용과 기준을 바탕으로 설정해야 한다. 그러므로 관광의 정의를 설정하는데 가능한 한 다음과 같은 내용을 고려해야 한다.

첫째, 가능한 한 일상적인 용어를 사용해야 한다.

둘째, 기존의 관광학자들이 정의한 내용을 충분히 참고해야 한다.

셋째, 누구나 쉽게 이해할 수 있도록 해야 한다.

2) 관광의 기본적 속성

관광의 개념을 어떻게 규정하고 설명할 것인가 하는 문제는 보는 시각에 따라 다양하게 사용되고 있다. 일반적으로 학자들의 견해를 분석해 보면 다음과 같이 4가지 특성을 바탕으로 정의를 규정하고 있다.

첫째, 관광은 형태적(공간적 이동) 속성을 가지고 있다. 관광이란 일상적 이동(생활 또는 생업 직장과 관련된 이동)이 아닌 비일상적 이동으로 귀환예정을 전제로 이루어진다.

둘째, 관광은 목적지향적인 속성이 있다. 인간의 이동에는 목적이 있다. 마찬가지로 관광객의 이동에도 목적이 있다. 따라서 이동이 기본전제인 관광은 단순한 위락만을 추구하기 위해 이동하기도 하지만, 자연과 만남, 인간과 만남, 문화와 만남 등을 통하여 자아실현을 할 수 있는 창조적 이동활동이기도 하다. 따라서 관광은 반드시 목적의식을 가지고 이동하는 활동이라고 볼 수 있다.

셋째, 관광은 복합적인 현상이다. 관광은 하나의 구성요소에 의하여 나타나는 단순한 활동이 아니라 관광객, 관광대상, 관광사업, 교통 등 여러 가지 복합적인 요소가 환경과 상호작용하여 나타나는 총체적인 현상이다.

넷째, 관광은 종합적 개념으로 설명될 수 있다. 관광은 형태적, 목적적, 현상적 개념 등이 종합적 · 통합적으로 구성되어 이루어지는 활동이다.

따라서 상기의 내용을 바탕으로 종합하여 볼 때, 관광이란 일상생활권을 떠나 다시 돌아올 예정으로 관광객의 욕구충족 발생과정에서 나타나는 사회적, 문화적, 환경적 영향의 총체적 현상으로 이해될 수 있다.

표 1-1 | 국내의 관광개념 정의 상호비교

기관명 학자	개 념 정 의	개념의 요인별 특성	비 고
고영종	관광객을 유치하고 수용하는 과정에서 관광시장과 관광관련 사업 및 관광객들을 수용하는 지역사회와 수용지역 간의 상호작용으로부터 일어나는 현상과 관계들의 총체	· 종합적 · 현상적	
조송빈	일상생활하는 정주지에서 다른 지역을 다시 돌아올 예정으로 이동하면서 인간의 욕구를 충족시키는 행위 및 이에 의해 파생되는 사회현상의 총체	· 형태적 · 현상적	
한국관광 공사	· 자신의 일상거주지를 벗어나 16km 이상(또는 시 · 군 등 행정구역을 벗어난 여행) 여행하는 것이며 그 목적은 여가이용(위락, 휴가, 건강, 연구, 신앙, 스포츠 등)이나 사업, 가족관계, 임무수행, 회합에 참가하는 행위 · 저소득층, 국민대중의 여가선용 및 여행을 통해서 건전한 정서 함양, 건강관리를 위해서 국가가 국민에게 편리하고 저렴한 가격으로 관광 기회를 균등하게 부여하기 위한 정책적이고 사회복지적인 의미를 지니는 것.	· 형태적 · 목적적	· 복지관광
교통부 한국관광 공사	국민대중이 여행 및 여가선용으로 건전한 정서 함양, 건강관리 등을 위하여 국가가 국민에게 편리하고 저렴한 가격으로 명랑한 관광을 할 수 있도록 하기 위한 정책적이며 사회복지적 의미를 지는 것.	· 목적적	· 복지관광
한국관광 협회	자국 내에 건전한 여가활동을 유도하여 국민의 정서를 함양하고 근로자의 재생산 의욕을 고취함으로써 국민생활환경을 개선하고 국민 누구나가 관광욕구를 충족할 수 있도록 편리하고 저렴한 관광여건을 제공하여 주는 정책적이며 사회적인 의미를 지니는 것.	· 목적적	· 복지관광
이장춘	가계소득 중 잉여가 발생하고 여가가 주어질 때 또는 정책적 · 제도적 지원 혜택으로 여가비와 여가가 주어질 때 재노동 의욕 고취와 궁극적인 국민복지 증대를 위해 국민 스스로가 주거지의 위락과 관광활동에 자발적 또는 계도적으로 참여해 가는 대중문화 속의 사회현상과 문화현상의 복합현상	· 목적적 · 현상적	· 복지관광

표 1-1 계속

기관명 \ 학자	개 념 정 의	개념의 요인별 특성	비 고
김상훈	자기의 자유시간(여가) 내에서 감상, 지식, 체험활동, 참가, 정신적 고무 등 생활의 변화를 추구하려는 인간의 기본적 욕구충족을 위한 행위(recreation) 중 일상생활권을 떠나서 미지의 자연이나 문화 등의 환경을 배경으로 이동과 위로 욕구 충족, 심신의 피로회복, 인간성 회복의 수단으로 관광대상을 관상 또는 감상하려는 일련의 행위	· 목적적 · 형태적	
김진섭	자기의 자유시간(leisure) 가운데서 생활의 변화를 추구하는 인간의 기본적 욕구를 충족하기 위한 행위(recreation) 중 일상생활로부터 떠나 다른 자연 · 문화 등의 환경 아래서 행하려고 하는 일련의 행동(tourism activity)	· 목적적 · 형태적	
김충호	인간이 일상생활로부터 잠시 떠나 다시 정주지로 돌아올 예정으로 이동하며 심신의 위안을 즐기고 내일의 활동을 위해 오늘의 휴식으로서 그 효과를 갖는 것.	· 형태적 · 목적적	
박석희	자유의사대로 자유 재량시간을 활용하는 여가의 한 가지로서 돌아올 예정으로 일상 영역을 벗어나서 견문을 넓히고, 에너지를 보충하며, 완전성을 추구하고, 즐거움을 누리는 일련의 행동과 이러한 행동으로 인해 발생되는 경제적 · 사회적 · 문화적 현상의 총체	· 형태적 · 목적적 · 현상적 · 종합적	

표 1-2 | 외국의 관광개념 정의 상호비교

기관명 \ 학자	개 념 정 의	개념의 요인별 특성	비 고
H. Schulern	일정한 지역, 주 또는 타국에 방문하여 체재하고 다시 되돌아오는 외부인의 유입, 체재 및 유출이라고 하는 형태를 취하는 모든 현상과 그 현상에 직접 결부되는 모든 사상, 그 중에서도 특히 경제적인 사상을 표현한 개념	· 형태적 · 목적적 · 현상적 · 종합적	
WTO	유흥, 국내적 사정, 건강, 과학, 행정, 외교, 종교, 체육 및 사업목적으로 또는 타국에 상주하는 외교관, 군인의 휴가, 건강상의 여행과 기숙사에 입숙하여 체류하는 등의 여행형태	· 목적적	

표 1-2 계속

기관명 / 학자	개 념 정 의	개념의 요인별 특성	비 고
津田昇	일상생활권을 떠나 귀환예정으로 타국, 다른 지역의 문물, 제도 등을 시찰하거나 풍광을 관상, 유람할 목적으로 여행하는 것.	· 목적적 · 형태적	
OECD	인종, 성별, 언어, 종교에 관계없이 외국의 영토에서 24시간 이상 6개월 이내의 기간 동안 체류하는 것.	· 형태적	
J. Medicin	인간이 기분전환을 하기 위해 휴식을 취하며 또한 인간활동의 새로운 여러 국면이나 미지의 자연풍관을 감상하는 것도 여행에 의해서만이 풍부한 경험과 교양을 쌓게 하는 기회가 되며, 따라서 이는 곧 정주지를 떠나서 체재하게 됨으로써 성립되는 여가활동의 일종	· 목적적	
W. Hunziker	복지관광이란 저소득 계층에 의해 행해지는 관광의 한 유형으로 완전히 분리된 그러므로 용이하게 인지될 수 있는 서비스에 의해 가능화 또는 시설화되는 것.	· 목적적	· 복지관광
N. Leiper	여행 중 수입을 목적으로 한 경제활동을 제외하고 인간이 일상의 주거지를 떠나 자유로이 여행하며 1박 이상 동안 일시적으로 체류하는 것을 내용으로 구성되어 있는 체계	· 형태적	
A.J. Burkart & S. Medlik	대량관광(mass tourism)이란 많은 사람이 참여하는 물적 개념이며, 대중관광(popular tourism)은 사람들이 널리 받아들이는 질적 개념이다. 그리고 복지관광(social tourism)은 재산이 적거나 연령, 무능력, 가족환경이 불리한 사람의 참여를 고무하고 가능하게 하는 것.	· 목적적	· 대량관광 · 대중관광 · 복지관광
Charles J. Metalka	국내관광(domestic tourism)이란 일반적으로 국가와 같이 법적으로 경계가 지어진 범위 내의 관광시설을 그 지역의 거주민이 이용하는 것이며, 대량관광(mass tourism)이란 대량수요에 공급하기 위한 숙박시설과 교통과 같은 명확한 지역 또는 경험에 대한 대량수요를 창출해 내는 당해 경향을 말한다. 그리고 복지관광(social tourism)이란 재정적 또는 물리적 이유로 인하여 관광활동에 장애를 받고 있는 사람들을 대상으로 비상업적 관광경험의 유용성을 고무시킬 목적으로 정부가 보조금을 지원함으로써 이루어지는 형태의 관광	· 목적적	· 국내관광 · 대량관광 · 복지관광

2 관광정의의 분류

일반적으로 분류라 함은 대상(object)들의 집합을 추려내 일련의 범주로 나누어 발전시키는 과정이라고 한다. 이러한 분류작업이 비록 오늘날 여러 학자들로부터 과학적인 연구가 아니라는 비난에 처해 있기는 하나, 분류연구는 아직도 중요하고 앞으로도 감소되지 않을 것이다. 많은 과학분야에서 분류작업이 행해지는 이유는 다음과 같다.

첫째, 분류는 개개의 경우들을 단순하게 취급할 수 있게 도움을 줄 수 있다.

둘째, 분류는 카테고리(category) 간의 차이점을 알려주어 이해나 요약에 도움을 준다.

셋째, 분류는 그 자체의 현상에 대한 설명을 내포하고 있는 경우가 많아 분류에 따른 속성의 이해를 명백하게 해준다.

이러한 관점에서 볼 때, 관광의 개념을 분류작업에 의하여 여러 가지 유형으로 고찰해 보는 것은 관광에 관련된 정의들의 속성을 좀 더 체계적으로 이해하기 위해서라고 볼 수 있다. 관광의 정의를 분류하는데는 여러가지 기준을 적용하여 대상을 분류할 수 있는데 일반적으로 경제적 관점, 기술적 관점, 체계론적 관점으로 구분된다.

1) 경제적 관점의 분류

경제적 관점에서의 정의는 관광의 경제적 영향과 효과에 초점을 두고 관광을 접근하고 이해하려는 입장이다. 다시 말해 관광객은 금전을 소비하는 주체 즉, 경제인이며 관광산업은 관광객의 욕구를 충족시켜 이윤을 추구하는 사업군으로 파악하려는 입장이다. 또한 관광사업의 구성원들은 소비자인 관광객들에게 서비스와 물적 상품을 제공하여 주는 경제행위 조직체의 주체로 인식한다.

경제적 관점은 대부분 관광을 도입하여 국가경제발전을 추구하려는 저개발국가나 후진국에서 두드러지게 나타나는 정의로써 관광을 하나의 산업군으로 인식한다. 특히 관광을 통하여 외화획득을 관광진흥의 목표로 하고 있는 국가의 경우에 관광객의 경제적 행위를 중심으로 관광의 정의를 다루려는 것은 당연한 논리이다. 그러므로 어떤 의미에서는 관광객의 경제적인 행위가 없는 관광은 관광의 범주에 포함시킬 수 없다. 여기서 의미하는 관광산업은 일상적인 주거환경을 벗어나 비일상성을 추구하는 관광객들에게 요구되는 서비스 및 제품 등을 통해 관광편의를 제공하여 주는 단위산업체들의 군(群)을 의미한다. 즉 관광산업은 관광객들의 욕구를 충족시켜주는 교통, 숙박, 음식, 그리고 기타 관련된 서비스를 제공하는 단위 사업체들로 구성된다. 경제학적인 관점에서 내린 정의를 살펴보면 다음과 같다.

첫째, McIntosh의 정의 : 관광은 여행자를 유인하고 수송하고 숙식을 제공하며 방문자들의 욕구에 영합하는 과학, 기술, 그리고 사업이다.

둘째, Stephen의 정의 : 관광은 주거환경으로부터 벗어나 사업, 즐거움, 그리고 여가활동의 목적을 원활하게 하여 줄 수 있는 서비스 및 상품을 직접적으로 제공하여 주는 모든 사업들의 총체이다.

따라서 경제학적 관점의 정의는 자원의 상대적 가치를 평가하여 관광가치가 높은 희소자원들을 합목적으로 이용하여 관광객들의 소비 욕구를 충족시키는데 초점을 두고 있다. Oglivie는 거주지에서 취득한 금전을 관광지에서 소비하는 것을 관광의 전제조건으로 제시하면서 관광은 반드시 경제적 행위를 수반한다고 강조하고 있다.

그러나 이러한 경제학적인 관점에서의 정의는 다음과 같은 문제점이 제기되고 있다.

첫째, 관광의 행동주체인 관광객에 대한 설명이 결여되어 있다.

둘째, 이동을 설명할 수 있는 공간적 · 시간적 요인에 대한 설명이 결여되어 있다.

결국 관광을 경제적 관점에서 분류하는 경우는 관광주체와 같은 관광구성요소가 결여되었다는 단점이 있으나, 관광은 반드시 경제적 활동을 수반한다는데는 이론의 여지가 없다.

2) 기술적 관점의 분류

기술적 관점의 정의는 관광객의 정확한 통계자료를 얻기 위하여 관광객의 범위와 범주의 한계를 설정하려는 입장이다. 이러한 통계적 목적에 의해 내려진 관광의 정의들은 자연적으로 국가마다 또는 국제관광관련 기구마다 서로 다른 정의를 내리고 있지만 약간의 차이가 존재할 뿐 이동거리, 체류기간, 이동목적 등을 기준으로 설정하고 있다.

관광객을 구별하기 위한 첫번째 요소는 이동거리이다. 이동거리의 범위는 미국통계조사국(U.S. Bureau of Censous)에서는 100miles 이상의 거리를 설정하고 있으며, 우리나라의 경우는 한국관광공사에서 16km 이상 또는 시 · 군 등의 행정구역을 벗어난 행위가 관광이다라고 규정하고 있다. 이러한 인위적인 기준설정은 단지 각 지역 · 국가의 통계적 목적으로 활용될 뿐 각 국가의 지리적인 공간규모, 접근성, 시간개념에 따라 상이하게 나타난다는 단점도 있다.

또한 관광객이 거주하는 일정 생활공간의 범위를 일정 수치로 한정하여 관광의 범주를 설정한다는 것에 많은 의견이 제시되고 있다. 그러나 이러한 기술적 관점의 정의는 관광사업자들이 관광객의 욕구를 파악하여 시장세분화를 할 수 있다는 것과 정부 · 지방자치단체에서 세수입, 관광정책, 그리고 통제에 있어서 중요한 자료를 얻을 수 있다는 차원에서 매우 큰 의미를 갖는다.

둘째, 체류기간이다. 관광이동의 체류기간 설정은 영구적인 이주자와 일시적으로 체류하는 관광객을 구별하여 주는 요소이다. 일반적으로 다시 돌아올 귀환예정이 없다면 이주와 같이 생활권을 떠나는 행위이므로 관광이라고 할 수 없다. 따라서 Ogilvie는 관광이란 1년을 넘지 않는 기간 동안 생활권을 떠나서 다시 돌아와야 한다고 말하고 있으며, 경제개발협력기구(Organization for Economic Cooperation and Development)에서는 6개월 이내 동안 체재하는 자를 관광객으로 설정하고 있다.

또한 WTO에서는 국제관광객을 체류기간에 따라 관광객(tourists)과 유람여행자(excursionists)로 분류하고 있다. 국내 관광객은 영구적인 이주자와 24시간을 기준으

표 1-3 | 국제관광객

관광객	방문객	당일관광객·유람객
국경을 초월하여 타국에서 유입된 방문객으로 방문국에서 24시간 이상 체재하는 사람으로서 위락, 휴가, 스포츠, 사업, 친척·친지방문, 국가의 파견, 회의참가, 연수, 종교, 스포츠행사 참가 등의 목적으로 여행하는 자	자기의 통상거주지가 아닌 국가를 방문하는 국내 비거주 외국인, 해외거주 국민, 승무원(방문국의 숙박시설 이용자) 등	옆에서 정의한 방문객으로서 방문국에서 24시간 미만 체재하는 자(선박여행객, 낮에만 방문하는 자, 선원, 승무원 등)

표 1-4 | 국제관광객에서 제외되는 비관광객

국경근로자	통과객	무국적자
국경에 인접하여 거주하면서 다른 나라로 통근하는 자, 정기적이고 빈번하게 국경을 다시 넘어 거주지로 되돌아가는 점에서 단기이주자와 구별된다.	공항의 지정지점에서 잠시 머무는 항공 통과여행이나 상륙이 허가되지 않는 선박승객과 같이 국경에 도착하기는 했으나 여권심사를 통해 공식적으로 입국하지 아니한 자.	신분을 증명하는 서류로는 항공권 등의 Transit Ticket만 소지하고 있는 자로서 방문하고자 하는 나라에서 국적불명으로 인정하는 자.
장기이주자	**단기이주자**	**외교관·영사**
1년 이상 체재하기 위해 입국하는 자와 그 가족 및 동반자	1년 미만 체재하되, 체류국에서 보수를 받는 취업목적 입국자와 그 가족 및 동반자	대사관이나 영사관에서 상주하는 외교관과 영사 및 그 가족과 동반자
군인	**망명자**	**유랑자**
주둔하는 외국 군대의 구성원 및 그 가족과 동반자	인종, 종교, 국적, 특정단체의 회원가입 또는 정치적 견해에서 기인하는 박해에 대한 근거 있는 두려움 때문에 국적국에서 벗어나 있으며, 국적국으로 돌아가고자 하지도 않는 자.	이 부류에는 거의 정기적으로 입국 또는 출국하여 상당기간 체류하는 자 및 국경에 인접하여 생활하는 관계로 짧은 기간 동안 매우 빈번하게 넘나드는 자들이 포함된다.

로 한 일시적 여행자로 구분하여 후자를 관광객으로 보았다.

따라서 관광이동의 체류기간은 영구적인 이주자와 일시적으로 생활권을 떠나는 관광객을 구별해 주는 기준으로서 관광사업자 측면에서 볼 때 체재관광과 통과관광에 따른 편의제공 및 관광자원 개발, 통제 등에 중요한 의미를 부여한다.

세째, 이동목적이다. 관광의 이동목적은 관광객이 관광행위를 하기 전에 관광활동을 통하여 달성하고자 하는 구체적인 성과로서 순목적 관광과 겸목적 관광으로 구별된다. 순목적 관광은 관광활동의 내용이 주로 새로운 것(novelty)을 찾고 즐거움을 추구하기 위한 위락, 오락, 요양, 휴양, 휴식, 감상 등의 순수한 관광행태로 구성되어 있다. 겸목적 관광은 관광객이 관광활동에 참여하기도 하지만 다른 목적도 달성하려는 행위를 의미한다. 이 경우 관광은 부차적인 요인에 해당된다. 겸목적 관광은 학술, 문화, 예술, 회의, 업무, 종교, 보건, 무역 등의 목적을 달성하기 위한 활동을 하는 동안 관광활동도 함께 하는 경우를 의미한다. 따라서 겸목적 관광은 순목적 관광보다도 관광수요는 비교적 적지만 관광소비나 체재일수가 많기 때문에 대부분 관광선진국에서 성행하고 있다.

그러나 관광버스의 운전기사나 관광안내원들이 관광지를 안내하는 경우는 겸목적 관광이라 볼 수 없다. 왜냐하면 이들의 행위는 직업상의 업무수행 성격이 강하고 관광활동의 자유의지와는 관계가 없기 때문이다.

관광객들의 관광목적별 유형은 여러 가지로 분류될 수 있으나 미국통계조사국에서는 친지방문, 사업, 회의, 옥외 레크리에이션, 유흥, 경관감상, 사적인 일, 가족관계의 일, 치료 등으로 유형화하고 있다. 또한 1975년 IUOTO와 캐나다 정부의 관광당국이 개최한 국내관광에 관한 세미나에서 회원국 간에 통일된 정의를 제정하였는데, 관광목적의 유형을 여가활동(레크리에이션, 휴일활동, 건강, 연구, 종교, 스포츠), 사업, 친지, 선교, 회합 등으로 구분하였다.

좀 더 구체적으로 살펴보면, WTO는(1984년) '관광통계에 관한 유럽지역실무단회의 결과보고서'에서 국제관광객을 국제관광객 및 국제관광객에서 제외되는 비관광객을 구분하여 설명하였다.

상기의 내용을 종합하여 기술적 관점의 정의를 보면, 대부분 통계적 목적달성을 위한 기술적인 정의는 관광사업의 측면에 주안점을 두고 관광객의 활동특성, 이동범위, 그리고 성격에 관한 내용을 명시적으로 규정하고 있다. 그러므로 기술적 관점의 정의는 관광사업경영의 측면에서 정부 또는 개별기업에 유용한 각종 관련 통계자료의 획득과 계획 및 통제상의 기준설정에 있어서 매우 중요한 의미를 가진다.

3) 체계론적 관점의 분류

체계(system)는 사물의 체계조직, 사물의 구성상태를 의미한다. 또한 행위의 절차, 방식의 규정이라고도 한다. 이처럼 체계는 한마디로 정의할 수 없을 만큼 대단히 광범위한 대상과 의미를 가지고 있어 자체적으로 합의된 정의를 발견하기 매우 어렵다. 그러나 흔히 체계는 일련의 상호관련된 구성요소들 간의 질서있는 배합으로 규정하기도 한다.

그러면 관광체계는 어떻게 구성되어 있으며, 그 구성요소 간의 상호의존 관계는 어떠하고, 체계의 제 요소에 영향을 미치는 환경요인이 무엇인가. 이에 대해서는 아직도 의견이 분분하여 정확한 개념 정립이 미흡한 실정이다. 관광에 대한 체계적 접근은 '관광은 체재지에서 일시적으로 체재하는 사람과 그 지역주민 사이의 제 관계의 총체' 라고 표현한 글릭크스만(Glücksmann)의 정의에서 그 기원을 찾을 수 있다. 그 후 훈지커와 크라프, 베르넥커 정의에서도 체계적인 접근을 발견할 수 있으나, 실제적으로 관광체계라는 용어가 본격적으로 사용된 것은 1970년대 이후이다.

그림 1-1 | 관광의 체계요소

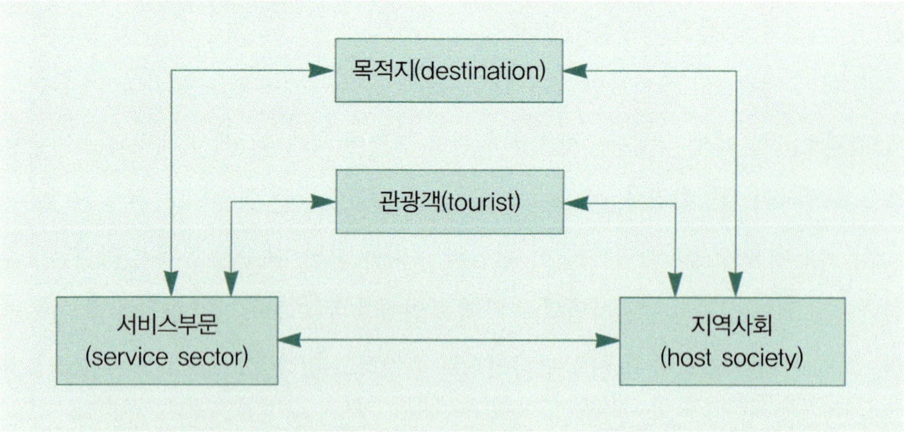

이들이 관광체계의 관점에서 정의한 내용을 종합해 보면 첫째, 관광객과 그들이 방문하는 지역과의 연계, 둘째, 관광객과 서비스부문 간의 연계, 셋째, 관광객과 그들을 수용하는 지역사회와의 연계, 넷째, 관광객 · 서비스 부문 · 목적지의 지역 사회 및 관광정책기관 간의 연계 등과 같은 일련의 교차관계로 정리할 수 있다.

결국 관광체계는 관광을 체계적으로 접근하여 관광구성요소를 분석하고 기능의 효율성을 평가하려는 것이다. 일반체계가 갖는 속성을 바탕으로 관광현상을 거시적으로 분석하려는 것이다. 따라서 관광체계는 논리적이고 계획된 과정을 따라 가는 사회경제체계로써, 하위체계들과 그것들에 수반되는 요소, 하위체계의 행동과 목표 사이의 상호연관성 및 상호작용을 고려하여야 성립된다. 그러므로 관광체계는 관광을 구성하는 하위체계 간의 상호의존적 관계에 의해 성립된다. 동시에 외부환경과도 상호작용하는 관련요소의 다원적 접합체로 인식해야 한다.

3_ 관광의 정신과 이념

1) 관광의 정신

인간이 생활하는데 있어서 의 · 식 · 주만을 갈구하던 시대는 지나갔다. 이제 인간은 먹고 입고 사는 것만으로 인생의 보람을 느끼고 행복을 추구하지 않는다. 다시 말해서 인간은 기본적인 생존을 위한 요구(need)의 시대에서 생활의 질(qua1ity of life)을 가치 있는 것으로 추구하는 욕구(want)의 시대를 통하여 마음의 안정과 행복을 느끼려고 노력하고 있다. 그 중에서도 관광을 통하여 세계 각국이 헌법에서 보장한 '사람은 누구나 인간다운 생활을 할 수 있으며 모든 국민은 행복추구에 대한 권리를 가진다' 라는 행복할 수 있는 권리를 되찾고자 노력을 하고 있다. 말하자면 관광을 통하여 자기실현, 자아발견 등과 같은 삶의 질을 향상시키고, 더 나아가 새로운 정신세계의 발견으로 인간다운 진정한 행복의 권리를 찾으려고 한다.

실제로 모든 국민이 관광을 통하여 인간의 행복을 느낄 수 있도록 제도적으로 국가에서 지원을 하는 경우가 있다. 멕시코 헌법에서는 모든 국민은 '여권없이 여행할 수 있는 권리'가 있다고 성문화하여 멕시코 국민은 신분과 연령에 차별을 받지 않고 여행할 수 있는 권리를 보장받고 있다. 스페인 헌법에서도 스페인을 찾아오는 모든 관광객은 출입국시에 필요한 모든 자유권을 보장받는다고 하여 사람들이 관광활동에 참여하는 것을 당연한 권리로 인정하고 있다. 이 경우는 인간이 추구하려는 행복이란 여러 가지 형태가 있지만 관광이라는 수단에 의하여 인간의 행복을 만끽할 수 있다는 것이다.

이상과 같은 관광의 중요성과 당위성으로 인하여 관광정신에 관련된 각종 선언문이 관광관련 기관으로부터 공포되기 시작하였다. 대표적으로 관광의 순수한 의미 · 숭고한 정신을 구현하고자 한 비엔나 헌장을 보면 관광의 참뜻, 정신, 강령을 다음과 같이 규정하여 생활화하도록 권장하고 있다.

첫째, 관광은 산업사회에 있어서 국민생활의 중요한 위치를 차지하고 있다. 근로자의 인간적 대우를 위해서라도 관광은 발전되어야 하고 대중생활의 일부가 되어야 한다. 또한 관광은 현대사회에 있어 모든 사람들에게 '사회적 · 문화적 자유'(socia1, cultural freedom)로서 위치를 다졌고 일부 특수층을 위한 관광이 아니라 모든 사람이 접할 수 있는 공통된 유산(common heritage)이다.

둘째, 관광은 각계 각층의 종합적 욕구(mass need)를 충족시키고 종래에 부과되어 온 제약을 점차 떨어버리는 소임을 다하고 있다. 관광은 성인, 청소년, 노인, 육체노동자, 사무직 근로자, 수련자, 건전한 자, 신체 장애자 등 모든 사람을 만족시켜야 한다.

세째, 관광은 국가경제 · 세계경제에 충실한 역할을 다하고, 보다 넓고 고상한 문화발전에 공헌하며, 사람들 간에 더욱 평화로운 관계를 설정하는데 기여한다.

넷째, 사회에서 개인적 · 집단적 관광의 충분한 발전 잠재력이 잘못된 인식에 이끌려 배척되거나 악용될 소지도 없지 않으므로 확고한 정책적 뒷받침이 없다면 관광은 정상적 발전을 기할 수 없다.

2) 관광의 이념

이념은 정치적, 사회적 행동계획을 구성하는 결합된 주장이나 이론 또는 목적으로 이해되기도 하며 국가, 사회가 추구하는 정치적 가치 내지 정치질서의 개념으로 파악되기도 한다. 여기서 의미하는 관광의 이념은 관광을 통하여 개인 · 사회 · 국가가 궁극적으로 달성하고자 하는 규범, 바람직한 가치, 지침이나 원리를 의미한다. 관광은 본질적으로 여러 가지 차원에서 인간생활에 긍정적인 편익을 제공해 주고 있다. 개인에게는 관광을 통한 개인의 욕구실현과 삶의 질 향상, 사회에 있어서는 사회적 형평실현, 국가에 있어서는 평화의 실현을 달성할 수 있는 유일한 수단이다. 구체적으로 살펴보면 다음과 같다.

첫째, 관광을 통하여 개인은 자신의 욕구를 실현해야 한다. 인간은 일상생활을 영위함에 있어 기본적 욕구를 토대로 하여 다양한 욕구를 갖게 된다. 이러한 다양한 욕구는 인류에 있어 상당한 보편성을 지니는가 하면 시대와 지역, 문화수준에 따라 상당한 차이를 보여주는 것도 있다.

메슬로우의 성장이론(growth theory)에 의하면, 인간의 욕구는 하나의 서열을 이루고 있으며, 하위욕구는 생리적 욕구에서 사회적 욕구를 거쳐 상위욕구인 자아실현의 욕구로 단계적인 성장을 거치게 된다고 주장하고 있다.

인간의 관광활동 차원에서 보면, 개인의 잠재능력을 발견하고 실현하고자 하는 자아실현의 욕구와 관련시킬 수 있다. Mayo & Jarvis는 관광과 관련된 욕구를 지식추구, 탐험과 모험, 다양성 추구라고 분류하고 있다. 인간의 지적추구는 알고자 하는 욕구(need to know)와 이해하고자 하는 욕구(need to understanding)로 구성된다고 설명하고 있다. 모험과 탐험욕구는 인간이 본능적으로 보유하고 있는 인간자신과 주변세계에 대한 호기심과 탐험심이다. 다양성 욕구는 인간이 변화를 추구하고 이탈과 도피를 통해 현실과 잠시 절연하고자 하는 대비적 욕구로써 이는 인간이 일상생활을 통해 안전성과 예견 가능성을 확보하려는 욕구와는 상반된 것이다. 인간은 이처럼 상반되는 사회적 욕구를 서로 조화시켜 나감으로써 보다 나은 삶을 영위하려고 한다. 즉 하나의 동인(動因)을 계속적으로 추구하려는 일관성의 욕구와 두 가지 동인을 취하려는 복합성의 욕구 등 이들 두 가지 동인을 상황에 따라 적절히 조정 · 변화시킴으로써 생활의 다양성을 추구하려는 욕구를 인간은 가지게 된다는 것이다.

이러한 관광욕구는 어떤 동기가 부여되지 못하면 구체적인 관광행동으로 발전하지 못한다. 관광동기는 관광행동을 일으키게 하는 중요한 요인으로서 인간이 관광을 통하여 만족을 얻으려 할 때 일어난다. 따라서 관광은 사회 구성원 각자의 관광욕구에 각종 자극을 가하여 관광동기를 부여함으로써 관광이 지향하는 방향으로 관광환경을 조성해야 한다.

둘째, 관광을 통하여 개인의 생활의 질이 향상되어야 한다. 생활의 질(quality of life)이란 국가발전 정책을 수렴하고 평가하는 개념적 틀로써 1960년대부터 선진국에서 사용된 용어다. 생활의 질이란 지역사회의 수요와 욕구의 실질적인 만족 정도를 의미하는 생활수준으로써 복지에 대한 포괄적인 표현으로 보기도 한다. 일반적으로는 보건, 교육, 의료, 후생, 서비스와 같은 불완전한 공공재의 양과 분배 측면을 강조하기도 한다.

대부분 선진 국가정책 목표의 실천적인 의미에서는 양적인 혜택보다는 질적인 여건 조성에 역점을 두어 기회균등을 통한 인간다운 삶의 보장+질+가치=복지로 시행되고 있다. 이러한 생활의 질 문제는 선진국에 있어서 당면한 과제로 경제적 성장문제가 아니라 인간의 삶에 있어서 질적 가치를 증진시키기 위한 이른바 사회개발의 관심이 확대됨으로써 사회문제화되었다. 현대 대중생활의 관심이 경제문제에서 사회문제로 확대되어감에 따라 국가개발의 관심도 경제성장지향적 개발계획보다는 실제 인간의 삶과 관련이 있는 사회 및 환경의 변화를 중요시하게 되었다. 일본에서는 인간생활의 질을 5개 측면에서 평가 · 분석하고 있으며 이들 요소가 모두 충족되면 질적 향상을 기한 것으로 보고 있다.

생활의 질 향상을 위한 수단으로 이용되는 여가생활의 한 부분인 관광은 레크리에이션의 사회적 기회를 제공하고 정신적 건강에 기여하며, 서로 다른 사회계층 간의 관계 개선을 촉진시켜 지역사회의 생활의 질 향상에 크게 기여하고 있다. 특히 개인의 욕구가 경제적, 물질적 풍요함에서 건강, 정신적 안정이나 인간다운 문화적 가치의 추구 등 경제외적 내지 내면적인 것으로 옮아가고 있음을 감안할 때, 인간개발의 중요성이 강조될 수 있으며 그 하나의 수단으로서 관광은 그 기능을 할 수 있다. 따라서 삶의 질을 향상시킨다는 궁극적인 이념을 달성하기 위하여 국가는 정당한 개인의 욕구이자 권리인 관광기본권을 보장하고 이를 통하여 생활의 질이 향상될 수 있도록 해야 한다.

표 1-5 | 일본의 생활의 질 측정 내용

요 소	내 용
경제적 측면	충분한 소득에 바탕을 둔 생활
가정생활, 주거환경	넓은 주택 · 가구를 구비한 충실한 생활 다복한 부부생활 다복한 애정상태 근심없고 평온한 삶 자연혜택을 받는 생활
정신적 측면	예술(음악, 미술)을 즐기는 분위기를 갖춘 생활 변화있는 자유생활
자유시간 사용방법	스포츠, 오락을 즐기는 생활 교양을 높이기 위한 취미, 정서생활
건강	신체적으로 건강한 생활

셋째, 관광이 추구하는 가치는 사회적 형평 실현이다. 형평성은 사회적 형평에 기초한 개념으로써 가치와 기회를 균등하게 배분하여 개인 간 · 집단 간 · 계층 간 · 부문 간의 사회적 단층현상을 제거하자는 것이다. 헌법 제11조에서 '모든 국민은 법 앞에 평등하다' 라고 규정하여 인간의 가장 기본적인 권리에 해당하는 평등권의 원칙을 명문화하고 있다. 이러한 사회적 형평과 기회의 평등은 경쟁의 자유를 보장하는 뜻으로 시민혁명 이후 일관되게 유지되어 온 역사적 과제이다. 사회적 형평성의 내용은 크게 기회의 평등, 개발의 성과를 공정하게 분배하는 것으로 구분된다.

기회의 평등은 관광대중화 시대를 맞이하여 누구나 관광을 하여야 한다는 의미에서의 평등론이 아니라 일반적인 정치, 경제, 사회, 문화활동을 하는데 있어서의 기회평등과 같이 관광기회의 공정한 배분을 의미하는 평등론을 말한다. 다시 말하면 사회정의의 실현을 위한 평등성의 이념은 어디까지나 상대적인 평등을 원칙으로 한다. 이는 모든 국민에게 똑같은 관광활동의 기회를 마련하게 되면, 그 결과는 오히려 각자의 능력을 무시한 불평등을 조성하는 것이어서 반 복지의 결과로 나타나기 때문이다. 따라서 관광기회의 평등을 보장한다는 것은 모든 국민이 정신적, 경제적, 사회적, 문화적, 물리적 조건으로 인하여 관광할 수 있는 자유권을 제약받지 않는다는 것을 의미하는 것이지, 획일적이고 기계적으로 관광활동의 질적인 면에서의 평등을 보장한다는 의미는 아니다. 이를테면 국민 중 일부가 해외여행의 경험을 가지고 있다고 해서 모든 국민에게 똑같은 해외여행의 기회를 제공할 수는 없다.

관광기회의 평등을 보장하기 위해서는 모든 국민에게 관광할 수 있는 자유권을 보장해 준다는 소극적인 자세에서 벗어나 좀더 적극적인 자세가 필요하다. 관광기회의 평등을 보장하기 위하여 최소한의 법적 · 제도적 장치만 마련해 놓고 관광비참여계층의 관광욕구를 충족시키기 위한 시설이나 정보제공을 고려하지 않는다면 관광기회의 보장은 그림의 떡이 될 것이다. 사실상 관광은 과거에 비해 실제적인 참가에 제약을 받기보다는 그 관광경험이 어느 정도 관광 욕구를 충족시켜 주는 것이었느냐 하는 측면에서 제약을 느끼게 한다.

또한 관광을 통한 사회적 형평실현은 개발의 성과에 있어서 가장 강조되는 요소 중의 하나인 혜택의 공정한 배분이다. 관광으로 인한 수혜의 혜택과 가치를 균등하게 배분하여 사회적 단층현상을 극복하고 개인 간 · 계층 간 · 부문 간의 복리수준 및 균형 발전을 추구하여야 한다. 더 나아가 관광의 형평성 가치구현은 관광활동에 참여하지 못하는 소외계층에 대한 가치와 기회를 균등하게 제공하자는 복지관광의 영역까지도 포함한다. 이러한 형평성은 일반적으로 평등(equality), 혜택(merit), 욕구(need)의 형태에 의하여 구분된다. 이를 기준으로 형평성 가치구현을 위한 준거가 형성되어야 한다. 과거 우리나라의 중앙집권적 하향식 정치문화는 성장거점 철학과 접목되면서 평등, 혜택, 욕구를 근거한 형평성 가치구현보다는 효율성을 강조한 정책을 일관해 온 결과 특정지역, 특정계층의 부의 편중현상을 가중시켰다.

지역 간, 계층 간의 불균형은 개인의 책임으로 나타나는 것이 아니라 경제체제나 사회구조의 책임으로 나타나고 있다. 따라서 본래 인간이란 기본적으로 인간의 존엄성과 가치가 동일하다는 정책이념하에 신분이나 계층에 따라 차이를 둔 배분보다도 복지관광을 실현하기 위한 정책차원에서 모든 관광으로 인한 혜택과 가치를 평등성에 입각하여 공평한 배분이 전제되어야 한다. 관광의 분배형태는 혜택 이론의 기본원리가 되는 기회 균등(equality of opportunity)의 원칙에 따라 모든 국민에게 기회는 균등하게 주고, 능력의 차이에 따라 상이한 배분을 주되, 상대성에 의해 소외된 계층에 대하여서는 복지관광 정책의 차원에서 기회를 제공해주어야 한다.

넷째, 관광을 통하여 달성하고자 하는 가치는 국제평화 실현이다. 평화의 일반적 정의는 전쟁이 없는 상태를 의미한다. 그러나 국가들 간의 전쟁이 아니더라도 평화의 파괴는 여러 가지 갈등현상에서 발생될 수 있으므로 좀더 적극적이며 광의적인 해석이 필요하다. 적극적인 의미에서의 평화는 인간관계에서 모든 종류의 폭력이 배제되고 동시에 인간의 자기개발과 기본적인 인권이 보장되는 공동체를 형성할 수 있는 상태를 의미한다. 갈퉁(Galtung)은 선택된 세계의 개념에서 평화의 기본목표를 성장, 자유, 다양성, 평등, 정의, 형평, 자율성, 결속, 참여 등으로 세분화하여 평화의 세계에서 실현되어야 할 기본가치들로 설정하였다. 이는 평화란 전쟁부재의 소극적 평화가 아니라 평등과 자유에 입각한 인간존중, 상호이해, 상호 공존번영이라는 적극적 평화가 진정한 평화의 본질이라는 것이다.

평화를 실현하는 유형은 여러 가지가 있을 수 있으나, 일반적으로 국가 간의 평화는 2가지 유형이 있다. 즉 정부 간의 공식 외교경로를 통한 외교의 제1 루트가 있고, 국민과 국민 사이의 비공식 교류를 통한 외교의 제2 루트가 있다. 외교의 제1 루트는 국익을 수호하기 위하여 상대방의 의도를 항상 최악의 경우로 미루어 생각하게 되는

데 그것 자체가 상호불신감에 의한 협박을 주고 받으며, 결정적인 순간에는 대립의 연쇄적 반응을 수반하여 평화의 본질을 파괴시킬 수도 있다. 그러나 제2 루트는 비공식적이고 비조직적인 상호작용이며, 그것은 항상 편협하지 않을 뿐만 아니라 종종 박애적이고 낙관적인 전략론에 의해 이루어진다. 외교적 제2 루트의 최대 특징은 대립을 현실적이고 잠재적이며 도의와 선의에 의하여 해결 또는 완화시킬 수 있는 것이다.

관광을 통한 인간의 교류는 한 국가의 국민 개개인의 인간 됨됨이, 신념, 장래에 대한 전망, 문화적 배경, 정치적 상황 등에 관하여 타국의 국민에게 알린다는 의미에서 외교의 제2 루트라고 볼 수 있다. 따라서 관광은 단순히 국가의 경제적 이해를 위한 수단으로 인식되기 보다는 세계평화를 위한 도구로 쓰여져야 하고 관광객은 외교의 제2 루트를 담당하는 평화의 사절이 되어야 한다.

관광을 통한 세계평화 실현을 위하여 1980년 WTO의 마닐라 선언에서는 '평화와 삶의 질 향상' 이라는 관광의 역할과 본질을 규명하고, 국가 간의 평화를 위하여 국가가 책임지고 노력을 해야 한다고 강조하였다. 또한 1989년 헤이그 선언문은 '관광의 인간적 차원을 강조하고 세계시민의 삶의 질 향상과 평화를 위한 필수적인 수단으로서 관광의 역할' 을 새삼 강조하였다.

관광은 인종, 피부색깔, 종교, 사회 및 경제발전 단계의 차이에 의하여 가로막혀 있는 사람 사이의 심리적 · 문화적 거리를 좁힐 수 있다. 또한 관광은 우리 세계가 지닌 풍요한 인간적, 문화적, 생태적 다양성에 관한 인식을 깊게 하고 상호 신뢰와 존경을 유도하고 지구상의 모든 생명에 대한 외경심을 불러일으킨다. 결국 관광은 국가 간의 이동과 만남을 통하여 지구상의 모든 사람들을 친구로 만들고 공통의 유대감을 발견하고 세계평화로의 희망에 찬 메시지를 전파하고 있다.

제4절 | 관광의 역사적 변화과정

일반적으로 "역사"라는 용어는 엄밀하게 말해서 두 가지 의미가 내포되어 있다. 하나는 추상적인 실체로서의 역사가 있고, 또 하나는 구체적으로 인식된 역사가 있다. 즉 드러난 과거사실에 의한 역사가 있다. 이 중 실체적으로 접할 수 있고 모든 사람이 공감할 수 있는 역사를 인식된 역사라고 한다. 때문에 어떤 형태로든 기록되지 않은 과거는 역사가 아니라고 할 수 있다. 따라서 역사는 현재의 증거를 통해 드러나는 과거를 연구하는 것이다. 이에 대한 해답을 명확히 구하기는 힘들지만 대부분 역사들은 실제로 주위에서 보았던 "사실"을 인정하고 그들의 눈을 통해서 관찰된 것만을 선택적으로 이해할 수밖에 없다고 주장한다.

바로 이러한 역사학적인 시각을 바탕으로 과거에 드러난 사실적인 관광을 연구대상으로, 관광의 실체적인 의미를 밝히는 것이 관광역사 연구의 근본적인 목적이라고 할 수 있다. 때문에 관광현상을 역사적 관점에서 조명하면 과거와 현재의 관광현상을 이해할 수 있다. 더 나아가 미래의 관광현상을 예측, 통제할 수 있고 바람직한 관광발전을 모색할 수 있다.

그러나 사실 관광이 인류역사와 함께 오랜 세월동안 지속되어 온 인간의 생활양식임에도 불구하고 역사적 자료의 양과 질적인 측면에서 많은 한계점을 드러내고 있다. 이는 그동안 관광역사를 소홀히 간주하였기 때문에 기인한 결과이기도 하지만 관광역사 연구에 역사학적 접근방법을 심도 있게 적용하지 못했기 때문이다. 이러한 문제를 해결하기 위하여 최근에 관광사 연구에 도입되고 있는 연구방법이 여러 가지가 있으나 크게 두 가지로 대별할 수 있다.

첫째는 역사학적 연구방법이다. 이 방법은 역사자료의 해석을 중시하여 과거의 특정시대, 특정사회의 관광현상과 역할을 이해하는 기법이다.

둘째는 사회학적 연구방법이다. 이 방법은 현재의 현상에 대한 설명과 미래의 전망을 목적으로 접근하는 것이다. 이는 사회학을 적용하여 과거의 관광현상을 일반적인 사회에 적용하여 관광의 역할을 제시하는 것이다. 그러나 대부분 관광사의 연구는 이러한 연구방법이 적절하게 접근되어 사용되고 있지 않는 경향이 있다.

결론적으로 관광역사의 연구는 관광현상의 본질과 속성을 파악하기 위하여 과거에 관광이 어떻게 존재했는가를 규명하고 미래의 관광현상을 예측, 통제, 관리하는데 의의가 있다. 따라서 본 절에서 관광역사의 전개는 역사학적인 연구 방법을 통하여 각 시대별 관광을 파악하고, 사회학적인 연구방법을 통하여 관광현상의 변화과정을 접근하며, 더 나아가 미래의 관광환경의 전망과 예측을 하고자 한다.

1 세계관광의 역사적 변화과정

1) 고대 관광(A.D. 476년)

(1) 이집트 관광

기원전 5세기 최초의 여행작가로 알려진 역사학자 헤로도투스(Herodotus)는 그리스를 중심으로 유럽남부, 북아프리카 등 각지로 여행을 다니면서 각 시대, 각 지방에서 행했던 여행에 관하여 기술했다. 실제로 여행에 관한 기록은 헤로도투스 이외에도 여러 고문서에 기록되어 전해지고 있다. 이러한 역사적 기록의 사실로 볼 때, 고대 이집트시대의 관광은 대부분 신전순례의 형태를 취한 관광이었다. 당시 이집트 관광에 대하여 소개하면 다음과 같다.

'이집트인은 엄숙한 종교집회 및 제신(諸神)들에 대한 경배와 기도행렬의 풍습을 인류에게 최초로 소개한 민족이다. 다음 내용은 부바스틱스(Bubastics)에서 거행되었던 종교집회 절차의 풍속도이다. 여자와 남자들은 다같이 뱃목에 동승하여 뱃길로 강 건너편으로 갔다. 뱃목 한 척에 많은 사람들을 싣고 항해하는 동안 여자들은 캐스터네츠를 치고 남자들은 퉁소를 불었으며 나머지 사람들은 손뼉을 치며 노래를 불렀다. 이윽고 뱃목이 강 건너편 마을에 도착하자 이들은 강뚝 기슭으로 올라가 여자들과 함께 계속 노래를 부르며 놀았다. 한편에서는 춤을 추기도 했다. 이렇게 하면서 긴 강길을 따라

부바스틱스(Bubastics)에 도착하면 거기서 그들이 준비해간 풍성한 제물로 종교행사를 가졌다. 이 행사에 소비되는 포도주의 양은 1년 소비량보다 많았다. 자료에 의하면 이 행사에 참여한 남녀의 수는 어린이를 제외하고도 70만 명은 족히 되었다고 한다.'

당시의 관광은 종교적인 목적 이외에도 중앙정부와 식민지 간의 교류를 위하여 공무로 방문하는 내방객을 맞이한 출영소가 주요 도로 및 도시에 설립되었다. 물론 활동적이고 능동적인 인간성을 존중했던 이집트는 전성기인 티베(Thebe) 시대에는 각종 운동경기가 성행하였다. 귀족의 집에는 수영장이 있어 여자들도 수영을 즐겼다. 특히 군인들은 전투기술을 연마하기 위한 수단으로 사냥, 레슬링, 전차경기 등의 격렬한 운동경기를 행한 것으로 기록되고 있다.

(2) 그리스시대의 관광

관광현상이 유럽에 있어서 본격적으로 나타난 것은 그리스시대라고 볼 수 있다. 그리스시대에 들면서 청동기 문자의 사용, 도시 및 도시국가 형성으로 인한 새로운 문화의 탄생, 상업의 성행, 사회계층의 분화 등 여러 가지 측면에서 사회현상의 변화가 일어났다. 당시의 시대적 배경을 바탕으로 관광동기 및 목적을 파악해보면 대부분 관광활동은 체육, 요양, 종교 등의 요인에 의하여 이루어졌다.

① 종교

그리스에서는 신전이 각지에서 건축되어 신전을 참배하려는 참배자가 많았다. 그 중 여러 신전 중에서도 제우스(Zeus) 신전과 아폴론(Apollon) 신전이 관광명소의 역할을 하였다.

② 체육

올림피아에서 개최되는 고대 올림픽경기는 기원전 776년 전성기를 이루었는데, 이 행사에 참가하기 위하여 각 지역으로부터 많은 사람들이 참가하여 이를 즐겼다고 한다.

③ 요양

이들은 아테네 연안, 에게해에 산재하는 여러 섬들 중에서도 델로스(Delos)에 많은 사람들이 요양을 위하여 또는 즐거움을 추구하기 위하여 여행을 즐겼다고 한다.

이 시기의 여행은 귀족, 군인, 종교인, 철학자 등 일부 권력층과 부유층의 유한계급을 중심으로 이루어졌다. 또한 이 시기에는 여행자들이 이용할 만한 상업적인 숙박시설이 발달하지 못하여 주로 민박이나 성지의 신전을 이용하였다. 특히 이 시대의 여행자는 모두 신으로부터 보호를 받는 신성한 사람으로 생각하고 후대하는 관습이 있었다. 이러한 환대 정신을 호스피탈리타스(Hospitalitas)라 하여 최고의 미덕 가운데 하나로 여겼다고 한다. 역사가인 토인비(Toynbee)의 말에 의하면, 그리스시대 가운데도 기원전 4세기 중엽 이후 이른바 헬레니즘(Hellenism) 시대는 인간존중의 정신이 지배하고 있었는데 이때부터 호스피탈리타스가 여행자를 접대하는 기본정신으로 생각되어 온 것이라고 한다.

이 시기의 주요 교통수단은 가축, 범선, 수레바퀴 등이 이동수단으로 발전하였지만, 여행자의 이동수단은 주로 도보여행이었다. 이로 인하여 관광활동의 공간적 이동에 많은 제약을 받았다.

(3) 로마시대의 관광

로마시대에 와서 공화정 · 제정 양 시대를 통하여 국가의 법체계가 정비되었고, 이로 인하여 사회적으로 안정적인 기반이 조성되면서 관광은 한층 더 번성하기 시작하였다. 고대 로마시대의 주요 관광동기 및 목적은 크게 종교, 요양, 식도락, 예술감상, 등산 등으로 보인다. 그러나 이 당시의 일부 여행자는 자연경관 감상, 스포츠, 서커스 관람 등을 위하여 여가를 활용하기도 하였다. 또한 로마의 유한계급은 연간 3분의 1의 시간을 자유재량적으로 활용할 수 있었기 때문에 가족이나 친구가 소유한 별장, 해변에서 장기간 여행을 하였다. 때로는 해로를 이용하여 소아시아나 이집트의 피라미드를 관람하는 여행을 하였으며 예술, 문화에 심취하여 그리스로 여행을 떠나기도 하였다.

① 종교

로마신화의 여러 신전은 본토는 물론 여러 섬의 곳곳에 여기저기 세워졌다. 사람들은 각각의 목적에 따라 大神 쥬피터(Jupiter), 미의 여신 비너스(Venus), 농업의 신(Satan) 등을 참배하였다. 가을에는 酒神 바카스(Bacchus)를 主神으로 하는 축제가 행해져 사람들이 몰려들었다.

② 식도락

이 시대의 사람들은 그리스 사람들보다 훨씬 미식가였다. 그 사실은 당시의 조리 교본인 조리의 왕(De re Coquinaria)을 보아도 알 수 있다. 그로 인하여 당시에는 각지의 포도주를 마셔 가며 식사를 즐기는 가스트로노미아(Gastronomia)의 식도락 관광이 유행했다.

③ 요양

로마시대에는 미식으로 인해 비만증에 걸린 병자들이 늘어났으며, 그와 함께 남이탈리아의 바이아(Bia)는 비만치료를 위한 온천 요양 관광지로 발달하였다. 요양 관광지에서는 요양객을 위하여 연극공연과 카지노가 설치 운영되었다고 한다. 이것이 바로 오늘날의 요양 온천관광이라는 형태를 낳았다고 볼 수 있다.

④ 예술

로마시대의 또 다른 관광활동은 각지의 명소, 고적을 탐방하는 예술관광이 나타났다. 가까이는 카프리 섬의 티베리우스 황제의 별장부터, 멀리는 이집트의 피리밋 등이 관광지였다. 이것이 오늘날의 관광과 비슷한 성격을 지닌다고 볼 수 있다.

⑤ 등산

등산에는 주로 종교적인 동기와 과학적인 동기에 의하여 이루어졌다. 알프스의 산 베르나디노(San Bernardino)에 있는 쥬피터 신전은 종교적인 목적에 의하여 사람들이 등산을 하였으며, 시칠리아 섬의 에트나(Etna) 화산은 과학적인 목적으로 등산객이 몰려 왔다고 한다.

로마시대에 즐거움을 추구하는 여행이 가능했던 배경은 대제국의 통치와 관리를 위하여 효율적인 도로망을 건설했기 때문이다. 기원전 4세기에 건설되었다는 아피아 가도(Via Appia)를 비롯하여 로마 중심의 대광장(Foro)으로부터 7개의 가도가 동서남북으로 뻗어 나갔고, 남은 멀리 그리스에 이르는 해상교통로와 연결되어 있었다. 당시의 교통수단으로서는 마차가 전부였지만 운송목적과 사람의 수에 따라 여러 종류가 있었다. 2인승 단거리용의 2륜 마차인 키시움(Cisium), 3인승의 2륜마차(Ca1esse), 4인승의 장거리용 4륜마차 프레토리움(Praetorium)에서부터 포장과 침대가 붙은 4륜차인 카루카 도르미토리아(Carruca dormitoria) 등 여러 종류가 있었다.

또한 해상교통수단 역시 소형의 트라게토(Traghetto), 바르카(Barca)로부터 대형의 나베(Nabe)에 이르기까지 여러 종류가 있었다. 이처럼 로마시대의 도로망과 교통수단은 군사적 필요에 의하여 운송기술이 발전하였지만, 일반시민들이 이용하여 관광에 기여한 역할은 매우 크다고 볼 수 있다. 숙박시설도 오래전부터 민박 및 민가를 개조한 여인숙 정도였으나, 관광이 번창함에 따라 장거리 여행자를 위하여 당시에는 우체국(posting house)으로 불렸던 호텔도 건설하였다. 이것은 또한 오늘날 운수회사, 철도회사, 항공사 등이 승객을 위하여 투자하는 형태로 발전하였다.

로마시대의 관광은 극히 일부분의 계층에만 한정되어 있었지만, 관광이 성행했던 이유는 앞에서 지적하였듯이 여러 가지가 있다. 종합적으로 제시하면 다음과 같다.

첫째, 육로, 해로의 교통로와 교통수단의 발달이다. 물론 로마시대의 교통로와 교통수단은 군사적인 목적을 위한 것이지만, 공간적인 이동을 전제로 하는 여행에 이동성을 증대시켰다는 것은 여행발전의 계기를 조성하였다고 볼 수 있다.

둘째, 여행자의 편의를 위한 숙박시설의 등장이다. 초기의 숙박시설은 대부분 군인, 관료 등을 위한 공적 목적의 숙박시설에 한정되었지만 차츰 여행자가 증가함에 따라 일반 여행자들이 쉽게 이용할 수 있는 영리목적의 숙박시설이 등장하였다.

셋째, 여가의 증대와 부의 축적이다. 로마시대에 여행에 참여한 사람은 제한되어 있지만 여행에 참여한 유한계급은 충분한 여가와 부를 축적한 계층이었다.

넷째, 화폐경제의 발달은 여행자의 편리한 이동을 용이하게 하여 이동공간의 확대와 여행 기간의 연장을 가능하게 하였다.

다섯째, 지식수준의 향상과 학문의 발달도 여행수요를 증가시켰다. 학문의 발전으로 지적 수준이 향상됨에 따라 지적 욕구를 충족하고자 하는 동기와 미지의 세계를 경험하고자 하는 동경심이 증대되었다.

여섯째, 여행자가 안심하고 다른 지방을 여행할 수 있도록 치안유지가 잘 되었다.

2) 중세시대의 관광(A.D. 476~1450년)

로마제국의 멸망 후 중세유럽의 관광은 약 1,000년 간 암흑의 시대(The Dark Age)를 맞이하였다. 중세사회에서는 사람들의 의식, 사고, 생활, 가치관에 종교의 영향이 커서 엄격한 종교의 철학과 윤리가 모든 사람의 일상생활을 지배하던 시기였으므로 세속적인 향락의 탐닉에 제재와 절재를 강조하였다. 종교의 근검절약을 강조하는 풍토 하에서 경제활동은 쇠퇴하였고 도로와 숙박시설은 황폐화되었다. 또한 여행의 제한으로 여행의 안전함과 편리함은 사라졌다. 여행 자체의 제한뿐만 아니라 교역과 물물교환을 위한 지역 간의 이동도 극히 제한되었다. 특히 내란, 권력의 변동, 군사적 변혁 등은 여행을 더욱더 어렵게 했다. 이러한 시대적 상황에서 여행한다는 것은 매우 위험스럽고 모험적인 행동이었다.

중세시대 사회의 정체에도 불구하고 이동이 가능했던 사람들은 군인, 종교순례자, 모험심과 호기심이 많은 소수 일반인 그리고 상인이었다. 대부분 여행은 중세사회가 신 중심의 사회였기 때문에 성지순례를 위한 종교여행이 가장 대표적이었다. 성지순례 여행(Pilgrim)은 주로 가족단위로 예루살렘, 로마, 스페인의 산티아고 드 콤파스텔라(Santiago de Compastela)와 같은 성지였다. 그들은 수도원이나 교회에서 숙박하고, 여행을 통하여 신앙심을 높이면서 종교관광을 즐겼다. 이 당시에 예루살렘을 방문하는 순례자를 위한 안내문을 보면 당시의 관광객의 속성이 어떠했는지 부분적으로 알 수 있다.

"여러분은 예루살렘에 도착하는 즉시 먼저 주님의 무덤이 안치되어 있는 예배소에서 예배를 드려야 합니다.(생략) 얼마 전까지만 하더라도 무덤의 문을 완전히 개방하여 순례자들이 무덤에 입 맞출 수 있고 만져 볼 수도 있도록 허용하였습니다. 그러나 이곳을 찾는 방문객들이 무덤벽에 새겨진 조각들을 깨어 기념으로 가져 가려는 사례가 많아 술탄(Sultan) 황제께서는 무덤 주위에 벽을 쌓도록 하시어 왼쪽 입구 외의 곳에서는 무덤을 만질 수 없도록 하셨습니다."

십자군 원정(1096~1270년)으로 교황의 권위가 하락하고 세속적인 왕권이 강화됨에 따라 경제, 문화 등 여러 가지 변화가 일어났다. 이에 따라 13세기와 14세기에는 종교적 순례여행이 시간이 흐르면서 세속적인 즐거움을 위하여 혹은 교육적 목적을 위한 여행으로 변해갔다. 또한 14세기 후반에 베네치아의 마르코 폴로(Marco Polo)는 실크로드를 거쳐 중국과 아시아를 여행하며 「동방견문록」을 저술함으로써 당시 사람들의 호기심과 모험심을 자극하였다.

3) 근대시대의 관광(1450~1945년)

(1) 문예부흥시대의 관광

중세의 암흑시대를 벗어나 문화발달의 여명을 비친 르네상스가 이탈리아에서 시작되면서 학문과 예술의 꽃을 피우게 한 인문주의가 새로운 시대를 풍미하였다. 중세시대의 침체와는 달리 인간중심의 가치관이 부여되고 많은 사람에게 더 많은 자유를 부여하자는 자유사상이 태동하였다. 교회에서도 인간에게 여가는 필요한 것으로 인정하고, 지상에서 노동과 여가는 다 함께 인간의 행복추구에 도움을 준다고 인식하였다. 또한 인간사회에 대한 인문주의적, 인본주의적 접근으로 인간에 대하여 재평가가 이루어지기 시작하여 '자기발전은 여가의 중요성을 인식하는데서 비롯된다'고 주장하기도 하였다. Piero Paolo Vergerio는 '인간은 일만을 위하여 모든 것을 희생시킬 수 없다' 라고 주장하여 노동에 대한 가치를 부여하는 당시의 사상을 비판하고 인간다운 삶을 영위하기 위하여 여가의 중요성을 간접적으로 강조하였다.

14세기에서 17세기까지 지속된 문예부흥 시기는 농업생산성의 향상과 도시의 부활, 교역의 증대, 신대륙 발견, 예술 · 문학의 발전, 신기술의 발전 등 혁신적인 사회변화가 일어난 시대였다. 이러한 변화는 중세시대의 종교적 지배에서 벗어남을 의미했고, 개인적인 성취는 물론 세계에 대한 이해와 탐험의 욕구를 자극한 계기가 되었다. 특히 14세기에서 16세기에 걸친 대항해와 지리상의 발견은 인간 정신세계의 변혁을 가져왔으며, 이는 근대사회를 태동시킨 원동력이 되었다. 무엇보다도 지리상 발견은 유럽 중심의 세계관을 탈피하는 계기가 되었다. 또한 지중해를 중심으로 했던 상권이 대서양을 횡단하여 신대륙까지 원거리 무역으로 확대됨에 따라 상업목적의 여행도 증가하였다.

르네상스시대의 도래로 인하여 순례여행이 쇠퇴하는 경향이 있었으나 여전히 주요한 여행행태였으며, 서서히 견문확대를 위한 여행으로 전환되었다. 이 당시 몇몇 여행에 관한 저서들은 여행행태에 대하여 다음과 같이 기술하고 있다.

> *"먼길을 여행할 때에는 반드시 먹을 것을 충분히 준비하라. 설령 그것이 개가 달려들 때 줄 미끼로 사용할 지라도 꼭 필요한 것이다. 그리고 수첩과 적색 필기도구도 항상 지녀야 한다. 마차를 타고 다닐 때 여자와의 동승은 피하도록 하라.(생략) 여관에 들 때는 대형 그림이나 사진틀 뒷쪽을 잘 살펴서 비밀 구멍이나 창문이 없는지를 확인하여라. 여자들은 여행을 해서는 안되며 결혼한 남자도 가능하면 자제하는 게 좋다."*

(2) 계몽시대의 관광

서구에서는 18세기에 종래의 종교적이며 초자연적 사고에서 해방되면서 진취적인 사고와 사상이 합리주의와 실용주의로 나타났다. 이러한 새로운 사고의 영향을 받아 여가 및 여행에 대하여 재평가가 이루어졌고, 이는 곧 여행발전에 긍정적인 영향을 주였다.

계몽시대에는 16세기 초에 나타나기 시작한 그랜드 투어(Grand Tour)가 활발히 진행되었다. 그랜드 투어는 본래 엘리자베스 여왕이 16세기 초 직업정치가와 대사

(大使) 계급의 행정적, 외교적인 교육을 위해 2~3년 간 여러 나라의 문화를 경험하는 여행형태에서 출발하였다. 당시 상류계층의 젊은이들이 교육이수 목적으로 유럽 전역을 장기간 순회여행을 하였는데, 이러한 관습이 17~18세기에 일반화되었다.

그랜드 투어의 출발 중심지는 프랑스라고 볼 수 있다. 프랑스에서는 불어교육을 포함해서 춤, 펜싱, 승마 그리고 그림 등의 전인적 교양교육이 실시되었는데, 이러한 전인교육을 받기 위하여 학생들은 이탈리아로 가서 조각, 음악, 미술을 공부하는 풍조가 있었으며, 귀로 길에 독일을 비롯하여 스위스, 네덜란드, 벨기에, 룩셈부르크 등지를 경유하면서 여행하였다고 한다. 그랜드 투어 초기의 여행기간은 40개월 정도였으나 점점 줄어들었다. 그랜드투어 참여자는 귀족, 문호, 시인, 귀족의 자녀들이었으며, 대부분 영국사람이었다. 참여동기는 대부분 교육목적이었다. 초기에는 여행을 통해 지식을 습득하려는 외교관, 정치인 등 전문직업을 위한 실용적 연수였다. 그 이후에는 대부분 지주계급과 그 자녀들을 위한 교육적 동기가 대부분이었으며 그 외에 문화, 건강, 호기심, 과학, 예술 등 다양한 동기에 의한 여행도 있었다. 특히 18세기 후반에 이르러서는 교육목적보다 즐거움을 추구하기 위한 관광으로 변화하였다. 이 당시 여행에 관하여 괴테가 쓴 내용을 기술하면 다음과 같다.

> *'토볼레(Torbole)라는 곳에서 괴테가 화장실에 대하여 물어보았다. 그러자 종업원은 "저쪽 안마당에 있어요"하고 대답했다. 괴테가 안마당으로 가서 화장실을 아무리 찾아도 보이지 않아서 정확하게 다시 물었다. 그때 종업원은 "안마당 아무 곳에서나 용변을 보세요"하고 대답하였다.'*

(3) 산업혁명시대의 관광

18세기 후반부터 시작된 산업혁명은 근대사에 큰 변화를 가져오게 한 요인으로 작용하였다. 생산방식이 인력에서 기계로 전환되면서 나타난 노동생산성의 급격한 향상, 농촌문화에서 도시문화로 전환되면서 나타난 도시화, 그리고 중산층의 빠른 성장, 높은 교육수준, 기계화로 인한 여가의 증가와 레크리에이션에 대한 수요증가, 교통수단의 발전 등 경제적 · 사회적 변혁은 전반적인 사회구조에 새롭게 나타난 혁명이였다. 이러한 시대적 배경은 관광에 지대한 영향을 주어 근대적 관광발전의 기초를 제공하였다.

산업혁명 이후 관광발전에 큰 영향을 미친것은 바로 교통의 혁신적인 발달이다. 1814년 영국의 스티븐슨(Stevenson)이 증기기관차를 발명한 후, 1825년에 스톡턴 달알링 철도의 개설과 각 지역을 잇는 철도망이 정비되었다. 1830년에는 증기기관차가 맨체스터와 리버플 사이를 왕래함으로써 지역 간 관광객의 이동에 영향을 주었다. 해상교통 수단에서도 1807년 플톤(Fulton)은 증기선을 실용화함으로써 관광이동에 영향을 주었고, 1840년에는 사바나호(Savana)가 대서양 횡단에 성공하였다. 그 후 선박운송은 놀라운 발전을 거듭하여 대서양을 횡단하는 영국인과 미국인의 중요한 교통수단이 되어 국제관광을 촉진하였다. 육상교통에 있어서도 도로망의 개설과 함께 1890년대에 개발된 자동차는 1920년대에 가서 대량생산 체제를 갖추어 인류의 공간적 이동성을 급증시켰다. 자동차의 대량이용은 새로운 도로의 건설을 촉진하였으며, 이는 곧 관광발전에 크게 기여하였다.

교통기관 발달과 더불어 19세기 말에는 정기 휴가제도가 도입되었고, 소득수준이 향상되어 일반 근로자들도 도시적인 생활에서 일탈하려는 욕구가 점점 증대하여 여행에 할애하는 풍토가 조성되었다. 이 당시 일반대중에게 가장 인기를 끌던 곳은 온천과 해변 휴양지였다. 온천(SPA)이란 말의 어원은 샘이란 뜻을 가진 'ESPA' 에서 유래된 단어로서, 이 단어는 벨기에의 SPA라는 마을에서 따왔다고 한다. 당시 온천을 즐길 수 있었던 부류는 특권 소수층에 한정되었으므로 그 수는 많지 않았다. 온천수의 의학적인 효과로 인하여 온천에 대한 인기는 19세기 말까지 지속되었다. 해변 휴양지도 마찬가지였다. 해변 휴양지가 일반대중에게 인기를 끌게 된 것은 바닷물이 간경화증과 수종증, 통풍, 임질, 괴혈병 등의 치료에 효험이 있다는 의료인의 영향 때문이다. 해변 휴양지는 처음에 로마인들에 의해 개발되었고, 18세기에는 일부 특권층이 찾게 되었으며, 19세기 말에 이르러 대중화되었다. 영국과 프랑스의 지중해 해안은 처음에는 건강을 위한 휴양지로 개발되었으나 후에는 레크리에이션 목적으로 보편화되었다.

숙박시설은 19세기 중엽 호화로운 호텔이 등장하기 전까지만 해도 중세적인 숙박시설인 인(Inn)과 같은 숙박시설이 대부분이었다. 19세기 경제력이 있는 신흥자본가의 등장, 관광객의 증가와 기호 변화 등 사회 · 경제적인 발전을 배경으로 등장한 호텔은 종래 가업적인 숙박업을 근대적인 기업으로 전환시켰다. 최초의 근대적 호텔은 1807년 독일의 온천 휴양도시였던 바덴바덴에 건립된 '바디쉐 호프 호텔(Badische Hof)'로 건축구조, 시설, 서비스 등 여러 면에서 근대적 호텔로서의 성격을 갖추고 있었다. 그후 1850년 파리의 그랜드 호텔(Le Grand), 1874년 베를린 카이저 호프 호텔(Kaiser), 1876년 프랑크프루트 호프 호텔(Frankfurt Hof), 1880년 파리 리츠 호텔(Ritz) 등 유럽 각지에 근대적 호텔이 등장하였다.

근대관광 발전의 획기적인 변화는 여행사의 등장이다. 영국인 목사였던 토마스 쿡(Thomas Cook)은 1841년 금주동맹 대회에 참가하는 회원들을 모아 단체 대절열차의 운행을 시도하여 성공하였다. 이는 남을 위하여 여행을 처음으로 대행해 준 최초의 단체할인 여행이었다. 그 후 계속적으로 여행수속을 의뢰하는 사람이 속출하여 1845년에는 단체여행을 조직화하고, 교통기관이나 숙박시설을 알선하는 것을 전업으로 하는 여행대리업을 경영하였다. 이것이 바로 현대관광에서 중요한 역할을 담당하고 있는 여행사이다. 이처럼 토마스 쿡이 시작한 여행대리업은 차츰 경영으로서의 지위를 확립하게 되었고, 그 업무내용도 여행자의 욕구를 더욱 만족시켰다.

토마스 쿡은 누가 무엇이라고 하여도 일반대중을 손쉽게 즐거움을 위한 여행에 참가시켰다는 점에서 그의 공헌은 대단한 것이다. 이 점에서 토마스 쿡을 근대관광산업의 아버지로 부르고 있으며, 또한 그의 등장 이후를 근대관광시대라고도 한다. 다른 말로 표현하면 토마스 쿡 목사 이전의 관광시대를 'Tour' 시대라고 하고, 토마스 쿡 이후 2차 세계대전까지의 시대를 'Tourism' 시대라고 한다.

(4) 제1차 세계대전시대 이후의 관광

제1차 세계대전(1914~1918년) 직후부터 1945년 2차 세계대전이 종료되기까지의 기간은 관광현상 측면에서 보면 근대 말기에 해당한다. 이 기간의 관광활동은 현대

관광으로 전환되는 과도기였다. 1차 세계대전으로 유럽에서 귀족계급이 사라지고, 그 대신 산업혁명 이후 경제적 부를 축적한 북미의 부유층이 유럽의 휴양지를 찾아 국제관광을 하였다. 특히 신흥부유층의 여행수요에 맞추어 전시에 사용하던 군함을 여객선으로 개조하여 대서양을 횡단하였다. 도로교통에 있어서도 자동차의 이용이 활발해졌으며, 이는 곧 주요한 이동수단으로 이용되면서 관광형태의 변화와 이동의 편리성을 증대시켜 관광의 대중화에 큰 영향을 주었다.

특히 1차 세계대전 이후부터는 경제회복 및 상호이해를 위하여 국가적인 차원에서 정부가 관광에 관여하기 시작하였다. 정부의 관광에 대한 새로운 인식으로 1925년 관광관련 최초의 세계기구인 관설 국제관광협회(ICOTO : International Congress of Official Tourist Traffic Association)가 설립되었다. 또한 정부의 관광에 대한 정책으로 1939년 스위스에서는 국민관광 육성을 위한 정책적 수단으로 스위스 관광금고(Schweizer Reise Kasse)를 마련하였다. 일시적으로 많은 관광비용을 부담할 수 없는 관광객을 위하여 장기적으로 할인된 스탬프를 발행함으로써 국민의 관광활동을 재정적으로 지원을 했다. 이 할인 스탬프는 승차, 승선권을 구입하거나 호텔의 숙박비를 지급할 때 현금과 마찬가지로 사용할 수 있다. 이러한 국민복지적인 차원에서의 관광정책이 오늘날의 복지관광을 태동시킨 계기가 되었다.

이 시기의 관광은 교통수단의 편리성과 정부의 관광에 관한 제도적 지원으로 활성화가 되는 듯 하였으나, 1929년 미국에서 시작된 대공황과 2차 세계대전으로 국제관광은 급격히 감소하였다.

4) 현대관광(1945년 이후)

(1) 현대관광의 발전요인

현대사회를 일반적으로 후기 산업사회, 탈 공업화 사회, 정보화 사회, 지구촌 시대 등 여러 가지 차원에서 서로 다른 시각으로 명명하고, 각각의 특징에 따라 현대사회를 분석하고 있다. 이러한 시대적 현상의 특징들이 사회전반에 미친 영향의 정도는 서로 다르게 나타나지만 아마도 가장 큰 영향을 준 사회변화는 관광객의 대 이동으로 나타난 관광현상일 것이다. 따라서 관광은 이제 개인, 사회, 국가에 있어서 절대적으로 필요한 없어서는 안 될 인간의 기본적 욕구로 등장하고 있다. 과거 일부 특권층 즉, 일정한 지불능력과 여가가 주어진 계층만 향유하는 비생산적인 활동이 관광이다라고 인식되던 것이, 현대사회에서는 누구나 쉽게 즐길 수 있는 문화활동의 일부로서 다양한 체험을 통하여 삶의 질을 향상시킬 수 있는 적극적이고 필수불가결한 생활양식으로 인식되고 있다. 특히 경제적 능력과 여가를 활용할 수 없는 계층에게 국가가 사회복지 정책의 차원으로 또는 제도적으로 지원하여 경제적 문제로 관광활동에 참여하지 못하는 계층에게 경제적으로 보조하거나 또는 유급휴가제도를 정착화함으로써 현대관광은 대중화, 대량화 추세로 전개되고 있다. 이러한 변화로 인하여 전 세계는 마치 관광물결의 홍수 속에서 생활하고 있는 것처럼 느끼고 있다.

미래학자 허만칸의 '향후 2000년'과 도쿠야마 지로의 '3T(Tele-Communication, Transportation, Tourism) 시대'의 도래에 관한 미래학자들의 전망에서도 현대관광의 한 단면과 향후 미래관광의 발전 가능성을 증명하고 있다. 실제로 유네스코 보고서에서는 현재 국제 간의 자본흐름은 석유산업이 제1 순위이지만 2000년대에서는 관광산업으로 순위가 바뀔 것으로 예측하고 있으며, 세계국가가 1년에 지출하는 예산에서도 관광이 차지하는 비중이 가장 클 것으로 전망하고 있다. 이를 가능케 한 가장 중요한 요인은 다음과 같이 설명할 수 있다.

첫째, 삶의 질 향상이다. 기존의 과거사회에서 인간이 추구한 가장 큰 가치는 생존을 위한 물질이였지만 시대적 환경변화의 속도 속에서 이제는 인간에게 가장 요구되는 가치는 관광을 통한 개인의 자아실현과 이를 통한 삶의 질 향상이라고 볼 수 있다. 인간은 기본적 욕구가 충족되면 점차 단계적으로 높은 욕구를 충족시키고자 노력한다. 이러한 것들이 물질적으로 충족된 단계 이후에는 그 이전의 사고, 가치관, 생활 방식에 새로운 변화가 일게 되고 결국 새로운 가치관과 태도가 나타난다. 이를 예시하면 다음과 같다.

물질적 풍요, 물질적 충족을 누리면 인간은 정신적, 문화적 풍요를 갈구하게 된다. 일부 사람들을 제외하고는 다수의 사람들은 이러한 경향과 태도를 띠게 된다. 또한 물질적 소비행위에서도 타인보다 많이 소비하는 것으로써 자기의 신분과 지위를 과시하는 것만으로는 자신의 위치를 더 이상 정당화시킬 수 없다. 상대적 빈곤감의 극복수단이 물질적으로 모두 해소할 수 없다는 것을 인식하게 된다. 과시적, 무비판적, 무원칙한 소비행동 양식을 자성하고 상식적으로 유익한 체험을 바탕으로 가치 있는 소비양식을 택한다. 남보다 많이 돈을 쓰는데 관심이 있기 보다는 일정한 돈을 얼마나 유익하게 쓸 것인가에 보다 큰 관심을 가지려는 지적 태도가 나타난다.

따라서 경제발전에 따른 물질적 풍요시대의 도달이 전 단계에서는 Maslow가 주장한 인간욕구 5단계설에서 알 수 있듯이 인간은 생리적, 사회적 욕구의 충족을 위한 생활이라면 도달단계에서는 자기실현을 위한 욕구가 남아 있어, 이를 성취하기 위해 여러 가지 수단과 방법을 이용하거나 노력을 한다. 결국 자아실현 욕구단계에서는 자기계발과 인격완성, 인간다운 삶의 추구, 개성과 가치관의 표현을 위한 인격도야 등을 달성하기 위하여 관광활동에 관심을 갖고 많은 시간과 경비를 투자하게 된다. 즉 관광활동을 일상생활의 일부이며 생산활동의 연장, 문화적 생활의 필수적 요소로 인식하게 된다. 따라서 대부분 자아실현의 초기단계에서는 관광활동도 빈도, 횟수의 양적 충족으로 만족하지만 후기에 이르면 질과 가치를 모색하는 방향으로 관광활동을 하게된다.

둘째, 이동성의 증대현상이다. 현대사회의 가장 두드러진 특징 중의 하나는 이동성(mobility)의 증대로 인한 무국경시대(Borderless Age)의 도래를 들 수 있다. 인간의 이동 욕망을 충족시켜 줄 수 있는 이동수단의 발전은 새로운 세계에 대한 상호침투가 맹렬히 일어나도록 가속화시켰고, 이에 따라 우물 안의 개구리 같은 기존의 닫힌 세계(closed world)는 막을 내리고 새로운 열린 세계(open world)가 등장하였다. 이를 가능케 한 가장 중요한 요인은 바로 교통수단의 발전이라고 볼 수 있다.

교통이 현대관광의 발전에 지대한 영향을 미친 경우는 여러 가지 측면에서 설명할 수 있다. 가장 중요한 요인은 관광객의 이동욕구를 자극시킬 수 있는 거리에 관한 개념의 변화를 들 수 있다. 현대 관광객은 출발지에서 관광목적지에 이르는 거리에 대하여 지리상의 공간거리를 의식하기보다는 시간상의 거리 즉 관념거리를 중요시 여긴다. 과거와 같은 느린 속도의 교통수단과 도보여행을 하던 시대의 '얼마나 거리가 먼 곳' 인가라는 거리의 개념과는 달리 '몇 시간 소요되는 거리', '얼마나 시간을 절약할 수 있는 거리' 인가를 관광행동에 앞서 생각한다. 실제로 공간적 이동의 개념이 거리(mi1es)에서 시간(time)의 개념으로 변함에 따라 종래의 왕복여행시간에 소요되었던 시간은 크게 단축하였고, 단축한 시간만큼 순수한 관광소요시간으로 전환할 수 있게 되어 질적인 관광, 만족스런 관광이 실현되고 있다.

셋째, 기존사회와 다른 새로운 사회등장이다. 사회구조의 변화에 의한 '새로운 사회(new society)' 등장을 들 수 있다. 기성사회에 대한 대조적인 의미에서 오늘날의 사회를 새로운 사회라고 규정짓는 것은 다음과 같은 특성에 근거를 두고 있다. 첫째, 대중적 소비(consumerism)는 막연하고 무 비판적인 모방심리가 크게 작용하지 않고, 합리성과 자기 나름의 세계관과 가치관에 따라 생활하려고 한다. 이러한 대중적 소비가 현대인의 속성으로 나타나고 있다. 둘째, 현대인은 강한 개성에 의한 특징적 행동으로 양보다 질, 가치를 추구하고 아마추어적인 태도를 넘어서 전문가적 태도(protessonalism)를 견지하려는 경향이 강하게 나타난다. 셋째, 현대인은 자기완성을 위해 교육적, 문화적 분야에 많은 투자를 하며 취미생활과 관광활동에 많은 관심을 갖는다. 넷째, 현대인은 집단적인 행동에 수동적으로 참가하지 않고 능동적으로 조직결성과 모임을 주도하기를 좋아하고 능동적으로 참여하는데 그 가치를 부여하는 경향이 높다. 집단적 행동의 하나인 대규모 단체관광보다도 전문성을 살린 소규모 단위(affinity group)로 이루어지는 관광활동을 택하고 있다.

네째, 정보사회의 진전이다. 현대사회는 많은 정보채널을 통하여 대량정보 공급의 홍보 속에서 살고 있다. 과다한 양적 정보의 공급은 대중에게 정보 선별능력을 약화시켜 과도한 정보전달이 그 전달과정에서 오도를 유발할 소지가 많아졌다. 따라서 이러한 양적 정보를 종합적이고 체계적으로 소화처리할 수 있는 강력하고 효과적인 미디어의 등장이 불가피하게 되었고, 이로 인하여 컴퓨터, 데이터 뱅크라는 장치가 등장하였다. 전산화된 정보의 생산, 공급, 이용을 일상생활화하고 있는 오늘날 '신매개체 사회(New Media Society)'에 가장 큰 영향을 미치고 있는 매개체는 텔레비전이다. 텔레비전을 통하여 거의 모든 정보를 입수하고 이를 각자의 직업, 생활, 교육, 생산, 소비 등 각 분야에 유익한 정보로 전환하여 사용하고 있다. 단순한 시청자 차원이 아닌 즉, 정보의 가공, 재생산자라는 생산자적 입장에서 입수된 정보를 가공하고 부가가치가 높은 고단위 정보를 생산하여 각 분야에 활용하고 있다.

관광분야도 예외는 아니어서 각종의 관광정보가 관광행동의 의사결정 및 관광행동에 중요한 가치로 점차 인식되고 있다. 대부분 과거의 관광객은 관광매체를 통하여 관광활동에 참여하는 경향이 강하였으나 현대관광객은 관광매체로부터 기본적인 정보만을 입수하고 나머지 관광을 즐기는 방법은 관광객 스스로 결정하고 즐기는 태도가 지배적이다. 이러한 상황과 여건에서는 기존의 여행사의 기능과 역할이 변화되어 이로 인하여 여행사 정보에만 의존하던 관광객의 태도도 변화하여 좀 더 알차고 보람있는 여행을 할 수 있는 전문적 정보를 필요로 하고 찾게 된다. 최근 관광선진국에서 관광객들이 택하는 관광형태는 특수한 소재를 상품화한 것 즉 관광활동의 내용이 주제가 있고, 전문성이 있으며 관심과 흥미가 있는 내용을 찾기 위하여 각종의 관광정보를 수집하고 있다.

(2) 현대관광을 바라보는 시각

현대사회의 큰 변혁 속에서 관광을 바라보는 시각도 다양한 접근이 이루어지고 있다. 이를 몇 가지로 요약하면 다음과 같이 설명될 수 있다.

첫째, 정치적 차원에서 관광을 해석하는 시각이 있다. 관광은 선택된 정책이다(Tourism is a chosen policy)라는 시각이다. 이는 관광이 한 국가의 타 산업과 비교해 보았을 때, 최고정책 결정자의 정책결정 과정에서 가장 큰 우선순위를 부여받아야 한다는 입장이다.

둘째, 사회문화 및 환경적 차원에서 관광을 이해하려는 시각이 있다. 관광은 필요악이다(Tourism is a necessary evil)라는 시각다. 이 견해는 관광의 부정적 측면을 강조한 입장이다. 초기의 관광학 연구는 대부분 관광의 경제적 편익(economic benefit) 관점에서 진행되었다. 관광은 관광부문뿐만 아니라 다른 부문에까지 경제적 이익을 주며, 국가와 지역사회의 생존 가능한 경제대안으로써 세계 각 지역에서 매우 중요시 여기는 외화 수입원이다. 이 뿐만 아니라 관광은 자연환경과 인문환경을 보존해 주고, 과거의 전통을 부활시켜 주며, 문화적 공연을 적극적으로 활용한다. 그리고 관광은 범문화적 교류와 지구평화를 위한 유일한 수단이라는 비 경제적인 특징 즉, 사회적 편익(social benefit)이 있다. 그러나 시간이 경과함에 따라 관광은 새로운 문제로 도전을 받고 있다.

관광은 대개 계절적이고 비숙련직을 발생시키며, 관광업체 및 대형업체에만 이익을 준다. 또한 관광은 자연경관을 파괴시키고, 지역주민들과 그들의 문화를 상품화하며, 관광목적지의 사회구조를 파괴한다. 더 나아가 관광은 관광객과 관광산업을 통하여 문화적 종속으로 발전된다. 이로 인하여 관광은 사회적 비용(social cost)을 증가시키고 결국 관광 이 관광을 파괴할 것(Tourism destorys tourism)이라는 시각이 나타나기 시작하였다.

세째, 현대관광을 복지관광 차원에서 이해하는 시각이 있다. 관광은 가진 계층과 가지지 못한 계층 사이의 간격을 줄여주는 지렛대 역할을 수행(Tourism plays a role to lessen the gap between the unprivileged class and the privileged)한다는 시각이 있다. 이 견해는 복지관광(social tourism)의 등장과 함께 나타난 시각으로 관광은 지역 간 복리수준의 차이를 극복시키고 사회적 단층현상을 제거하며 소외받은 계층 즉 도시영세민, 공단근로자, 노인, 노약자, 양로원 입주자, 신체장애자 및 청소년에게 관광기회를 제공함으로서 삶의 보람과 가치를 제고시키는데 크게 기여하고 있다는 입장이다.

복지관광은 복지국가 실현을 위해 사회복지정책의 일환으로 보고 그 대상을 사회복지의 협의 대상인 국민전체로 규정하고 있는 견해도 있지만 현재에는 관광을 경험하지 못하는 사람들과 경험하더라도 일반대중이 느끼는 만족감을 경험하지 못하는 상대적인 약자에게 초점을 두어야 한다. 사실상 관광은 과거에 비해 실제적인 참가에 제한을 받기보다는 관광경험의 만족감에서 약자는 제한성을 느낀다. 장애자도 마음만 먹으면 관광을 할 수 있지만 시설이 미비하기 때문에 불편을 느끼게 된다. 따라서 복지관광은 여가 및 관광권이 어떠한 이유에서든지 침해받지 않도록 비참여 계층에게는 관광참여기회를 제공하고 참여의 질이 낮은 계층에게는 관광경험의 내용과 질이 경제적, 신체적, 정신적 제약으로 불만족스러운 것이 되지 않도록 최선을 다해야 한다.

네째, 관광을 경영적 차원에서 해석하려는 시각이 있다. 관광은 사업이지 자선이 아니다(Tourism is a business, not charity)라는 시각다. 이 견해는 최근 세계질서의 중심축이 군사력에서 경제력으로 전환되어 형성됨에 따라 등장한 시각으로 지구촌에서 벌어지고 있는 관광전쟁의 한 단면을 대변하는 입장이다. 후진국과 개발도상국은 물론 오히려 선진국이 더욱더 치열한 관광전쟁에서 승리하기 위하여 갖은 노력을 경주하고 있다. 외래관광객을 유치하기 위하여 스위스는 눈과 얼음을, 이탈리아는 과거의 역사를, 스페인은 태양과 모래를, 프랑스는 나폴레옹을 상징화하여 자국의 국토성, 자원성, 역사성, 민족성과 연계하여 관광상품 개발에 적극성을 보이고 있다. 따라서 세계 각 국가의 최고정책 결정자들은 오직 관광을 통한 국가경제발전이라는 경제적 생존전략을 모색하고 있다.

다섯째, 관광을 국제평화의 가교적 차원으로 해석하려는 시각이 있다. 관광은 평화에 이르는 여권이다(Tourism is a passport to peace)라는 시각다. 이 견해는 관광의 근본적인 본질은 평화를 추구하는 행위다라는 입장이다. 관광은 타국, 타지역의 사람과의 만남, 자연과의 만남, 문화와의 만남을 통하여 상호배타적이고 폐쇄지향적인 사고를 탈피할 수 있다. 이는 새로운 세계와의 만남으로 인하여 이해적이고 우호적인 가치관과 세계관을 갖도록 하며 더 나아가 국가 간의 친선도모를 조성할 수 있는 분위기를 창출할 수 있다. 따라서 관광은 이동을 통하여 해로운 세계를 이해할 수 있고 평화의 본질을 수행할 수 있는 촉진제 역할을 한다.

2 관광현상의 역사적 변화과정

인류역사의 시작과 함께 나타난 관광은 시 · 공간의 환경변화에 따라 관광현상 자체도 뚜렷한 구분을 지으면서 발전해온 것이 사실이다.

그러나 현대사회에 접어들면서 관광은 관광객의 단순한 이동에서 나타나는 현상으로 보기에는 다소의 무리가 따르기 때문에 관광현상을 명확히 구분하기가 매우 어렵다. 왜냐하면 앞에서 논의된 관광역사를 통하여 분석해보면 관광현상은 첫째, 사회계층상으로 볼 때 관광의 참여계층은 상류층에서 점차적으로 중류층, 하류층으로 확대되고 있으며, 유급휴가제와 같은 제도적 장치로 일반근로자들의 관광기회를 보장함에 따라 대중관광으로 발전되고 있다는 점 둘째, 시대적 환경변화에 따라 사람들은 자신의 여가에 대한 욕구가 더욱 다양화되고 있다는 점 셋째, 관광수요가 급증하고 여행에 따르는 이동수단 및 각종 편의시설이 획기적으로 발전함에 따라 관광관련 기업들의 경쟁적 환경도 급변하고 있다는 점 등으로 인하여 매우 복잡하게 나타나고 있다. 이러한 현상들을 시대별로 구체적으로 살펴보면 다음과 같다.

표 1-6 | 관광의 변화과정

발전단계 (유형)	자연발생적 관광단계	매개사업적 관광단계	개발육성적 관광단계
시 기	고대~18C 전반	18C 중반~20C 전반	20C 후반
관광성격	개인적 차원	사업적 차원	국가적 차원
관광동기	종교적 향상	이윤추구	이윤추구, 국민복지
관광요소	시장+대상	시장+기업+대상	시장+대상+기업+행정+교통
관광계층	특권층, 부유층	부유층, 중산층	전국민(대중)
정부역할	역할 무의미	자유방임적 역할	주도적 역할
정부개입	정부 무개입	간접적, 소극적 개입	직접적, 적극적 개입

1) 자연발생 단계(Tour 시대)

고대부터 18세기 중엽까지의 관광형태로서, 이 시대의 관광은 순수한 개인적인 차원에서 자연발생적으로 이루어졌다. 관광객의 이동행위 수단과 여건의 제약으로 주로 일상생활권의 범주를 크게 벗어난 활동이라기보다는 지역적으로 멀리 떨어져 있지 않은 생활공간 내에서 이루어졌다. 관광의 주체인 참여자도 노동에서 제외되고, 이동이 자유로운 일부 제한된 특권층에 의하여 관광행위가 이루어졌기 때문에 아주 미미한 관광현상만이 존재하였고, 사회현상의 아주 조그마한 부분에 포함되었다.

이러한 이유는 관광활동에 참여하는 수가 극히 제한적이었기 때문에 관광객으로 인한 관광현상은 거의 존재할 수가 없었다. 즉, 이 시대의 관광현상이란 곧 일부 제한된 특권층의 이동행위가 전부라고 볼 수 있다. 또한 고대인들 대부분의 생활양식이 생활을 위한 노동이 전부였기 때문에 관광이란 곧 노동을 의미한다고 볼 수 있다. 다시 말해서 이들은 노동을 통해서 생활의 만족을 찾았으므로, 이로써 얻어지는 생산성은 동시에 관광활동에서 얻는 만족과 같을 정도로 노동이 개인생활의 전부를 지배했다.

2) 매개발전 단계(Tourism 시대)

자연발생적인 단계를 벗어나 매개발전시대(18세기 이후~2차 세계대전까지)가 전개됨에 따라 사회적인 변화는 여러 가지 측면에서 나타났다. 보다 세분화된 산업사회로 발돋움하기 시작하면서 지금까지 사회현상에 공존해오던 관광현상이 여러 가지 요인으로 인하여 사회현상과 상호작용을 하게 되었다. 관광참여계층도 자연발생적인 단계와는 달리 범위가 확대되어 관광수요가 증가하였다.

공간적 이동수단과 조건이 발전됨에 따라 지역적인 범위를 벗어난 관광행동으로 전환되었으며, 생활양식 또한 변화되었다. 자연발생 단계의 생산방식이 산업성장에 따른 분업화와 기계화로 전환됨에 따라 생활형태의 새로운 양식이 나타나기 시작하였다. 기존의 생활양식인 노동을 통한 만족보다는 새로운 생산을 위한 수단으로 관광이 점차 필요하게 되었다.

매개발전 단계에서 전반적인 사회변화(social change)는 사회현상과 관광현상 간의 상호작용으로 인하여 관광활동을 위한 관광환경을 제도적으로 유도할 만한 기능이 출현하게 되었다. 즉 생존을 위한 생활과 생활의 재창조 및 노동의 재생산을 위한 관광활동의 분리가 일어나게 되었다. 다시 말해서 사회변화에 따라 인간의 심리변화가 가속화되었으며, 지금까지 사회현상 속에 공존기능을 하였던 인간의 관광현상은 그 속에 새로운 형태로서의 관광환경의 창조가 필요해졌다. 이는 인간의 재생산을 위한 관광활동 대상으로서 관광과 이러한 대상과의 연결을 가능하게 해 줄 관광알선 및 관광시설의 출현을 낳게 하였다.

이 시대의 두드러진 관광현상은 관광시장, 관광대상에 관광사업이 개입하여 관광현상을 주도하기 시작하였다는 점이다. 이 당시에도 자연발생적인 단계와 마찬가지로 관광발전을 위한 여건조성에 정부의 영향력이 없었다는 점이다.

이러한 관광현상의 세분화에 의하여 출현한 관광알선과 관광시설들은 그 구성의 복잡화에 의하여 통제와 관리가 필요하게 되었다. 결국 매개발전 단계에서의 관광현상은 자연발생적 단계와는 달리 인간의 관광활동 편의를 제공하기 위하여 공익성보다는 영리성을 추구하게 되었다.

결론적으로 매개발전 단계의 관광현상은 자연발생 단계에서 인식하고 있는 관광현상과는 달리 사회현상과 관광현상에서 관광객의 관광목적 행위를 만족시키기 위한 모든 관광대상과 행위의 일체를 포함하는 것으로 보아야 할 것이다.

3) 개발육성 단계(Mass Tourism, Social Tourism 시대)

(1) 개발육성 단계의 특성

세계 2차 대전 이후부터는 Mass Tourism, Social Tourism 시대라고 표현한다. 학자에 따라서는 이를 좀 더 세분화하여 Popular Tourism, National Tourism을 포함하여 표현하기도 한다. 2차 대전을 전후로 하여 급속하게 발전하기 시작한 산업사회의 출현은 인간생활에 보다 복잡하고 다양한 사회조직과 기능을 요구하게 되었다. 이러한 공업화 현상과 더불어 현대의 과학문명 발전은 인구구조에 있어서 비례적인 인구증가를 초래하였다. 아울러 공업성장에 따른 인구의 도시집중에 의한 도시화 현상은 오늘날 급격한 사회변화 요인으로 작용하게 되었다. 그러므로 현대사회는 이러한 사회변화 요인으로 말미암아 매개발전적 사회보다는 더욱 복잡한 사회조직을 갖게 되었다고 볼 수 있다.

사회가 기능적으로 점차 복잡화되면서 관광현상도 다기능화되었다. 관광활동의 공간적인 개념이 교통혁신으로 시간적인 개념으로 변화됨에 따라 관광현상이 국토 전역 또는 국가 간의 이동으로 나타나기 시작하였다. 또한 산업화로 인한 경제성장은 현대인에게 관광의 필수품 시대를 가능하게 했다. 즉, 이 시기는 사회적인 변화로 인하여 전국민이 여행에 참여하는 관광참여의 민주화가 가능해졌고, 이로 인하여 관광의 대량이동과 관광의 대중화 사회가 가능해졌다. 관광의 대중화로 관광현상이 복잡하고 다양해짐에 따라 관광이 중요한 사회적 문제로 등장하게 되었다.

결국 종래의 관광대상과 관광매체로 구성된 관광현상이 개발육성 단계에 들어서면서 관광교통 기능, 관광시장 기능, 관광행정 기능으로 점차 분화되고 복잡한 현상으로 나타나게 되었다. 개발육성 단계에서는 매개발전 단계에서 추구하였던 관광사업의 영리위주 관광구조 원리에서 벗어나 관광구조의 복잡성을 통제하기 위한 관광행정 기구의 출현이 불가피하게 되었다. 이때의 관광행정 기능은 사회변화에 따른 환경을 통제하고, 사회현상과 관광현상의 상호작용을 매개 · 통제하는 기능까지도 포함한다.

(2) 대량관광, 대중관광 및 복지관광

① 대량관광(mass tourism)

대량관광은 역사적으로 볼 때, 구석기 시대부터 존재해 온 것으로 추측하고 있으나 일반적으로 인간의 욕구구조나 인간의 관광동기적인 측면에서 보면 20세기에 접어들면서 나타난 현상으로 볼 수 있다. 대량관광 현상은 도시화와 공업화로 인한 부의 증대, 자동생산 체제로 돌입된 산업혁명 이후부터 본격화되기 시작하여 20 세기에 접어들어 교통기관의 발달, 노동시간의 단축에 따른 여가의 증대와 더불어 급속하게 발전되었다. 특히 매스컴의 발달이 인간의 소비행동과 구매력을 자극하게 되고, 또한 부의 증대와 단조로운 도시생활은 무엇인가를 통하여 결핍된 욕구를 해결하고 싶어하는 행위가 관광으로 나타나 관광의 대중화 현상을 초래하였다.

이렇게 볼 때 대량관광은 더욱 심한 도시화와 환경오염의 영향으로 건전한 생활환경을 갈구하는 현대인의 위락심리를 더욱 배가시켜 줄 것이기 때문에 대량관광 현상은 계속적으로 증가할 것이다. 여기서 의미하는 대량관광은 관광참여자의 양적인 측면을 의미하는 형태를 의미한다. 즉 관광이 성립될 수 있는 조건인 여가, 경제적 소득, 관광에 참여할 수 있는 심리적 요인 등이 주어져 개인의 능력에 따라 자연발생적으로 관광활동에 참여하는 것을 의미하며, 관광참여 비율이 대량화 현상으로 전개되는 것을 의미한다.

② **대중관광**(popular tourism)

대중관광은 20세기의 지배적인 관광현상으로써 자연발생적으로 관광행위에 참여하는 것을 의미한다. 대중관광은 대량관광과 마찬가지로 여가비나 여가에 대한 정책적 지원이 필요없는 사회계층이 관광활동에 참여하는 형태라고 볼 수 있다. 이러한 대중관광은 대량관광과는 달리 양적 개념보다는 질적 측면을 강조하고 있으며, 대량관광 이후에 나타나는 현상이다. 다만 관광정책은 대중관광의 여건개선에 필요한 제반사항을 연구해야 하기 때문에 국민관광 및 복지관광과 연관된다고 하겠다.

③ **복지관광**(social tourism)

가. 복지관광의 개념

복지관광은 경제적, 신체적인 것으로 인하여 관광에 참여하지 못하는 계층에 의하여 행해지는 관광의 한 유형으로 가능한 한 모든 서비스를 전적으로 제공받는 관광의 유형이다. 즉 사회적 지원이나 개인이 소속되어 있는 집단의 지원없이는 관광비용을 충당할 수 없는 계층을 위하여 정부 또는 다른 조직들이 여러 방법으로 휴가를 지원하거나 노동계층을 위하여 휴가시설을 보조하는 관광의 형태를 의미한다.

국가나 학자에 따라 복지관광의 개념은 의견이 분분하여 아직 명확한 정립이 이루어지지 않고 있으나 몇 가지를 살펴보면 다음과 같다.

- Charles J. Metalka : 경제적 혹은 신체적 이유 때문에 관광에 참여하지 못하는 사람들에게 비상업적 관광의 경험을 갖게 하기 위하여 정부가 보조금을 지급하여 관광에 참여케 하는 것
- 세계관광기구(WTO) : 휴식권 행사가 극히 어려운 시민들을 위하여 사회가 추구해야 할 목표
- 前田勇 : 관광이 국민후생에 큰 효과가 있음을 주목하여 정부나 지방공공단체가 관광을 활성화시키기 위한 제시책을 취하는 것과 관광을 국민 일반의 것으로 넓혀 나가는 것

이상과 같은 정의를 살펴볼 때 복지관광은 제3자의 지원을 받아서 참여하는 저소득층의 관광을 근간으로 관광의 권리를 행사하기 어려운 계층에 대한 사회정책적인 지원의 성격을 강하게 내포하고 있다고 볼 수 있다. 따라서 복지관광은 여가를 국민의 기본권으로 인정하고 이 권리를 행사할 수 있는 실제적인 기회를 주기 위하여(복지관광의 목적), 국가 · 지방자치단체 · 각종 사회단체 등(복지관광의 주체)이 신체적 · 정신적 · 금적적 · 기타 여러 가지 이유로 관광활동에 제한을 받는 계층을 대상으로(복지관광의 대상) 관광경비 또는 관광정보를 직접 제공하거나 그들을 수용하는 비영리 관광시설에 자금을 지원(복지관광의 방법)함으로써, 개인의 개성과 취미를 발전시키고 다른 사람을 보다 잘 이해할 수 있도록 공공의식과 책임감을 습득(복지관광의 효과)할 수 있는 장을 마련해 주는 사회정책적 조치이다.

나. 복지관광의 등장배경

복지관광이 등장한 배경은 역사적 접근법에 의한 배경과 사회학적 접근법에 의한 배경에 따라 다른 견해를 보이고 있다.

첫째, 역사적인 계기를 중심으로 본다면 복지관광은 다음과 같은 상황에서 등장

하였다. 1930년대 제2차 세계대전 직전 나치스트와 파시스트들이 군수산업체 노동자들의 노동생산성을 높이기 위해 실시한 단체여행에서 출발하였다고 보는 견해가 있다. 그러나 이 당시 독일의 나치스트나 파시스트들은 군수산업체에 종사하고 있는 노동자들의 노동생산성을 높이기 위해 단체위안여행을 의도적이고 강제적으로 실시하였기 때문에 많은 문제점이 있다.

이러한 단체위안여행에 대해서 당시 스위스 관광연맹 총재인 F. Ehrenspeger은 강제적인 단체여행이 가진 비 인간적 위험성을 통찰하고 스위스 국민 중 관광에 참여하지 못하는 계층이 강제가 아니고 자유의사에 따라 관광할 수 있는 방법론을 모색하게 되었다. 1937년 F. Ehenspeger는 스위스 노동조합의 장이 되면서부터 국회의원과 유지들의 협력을 받아 관광비참여 계층의 자유로운 관광활동을 위하여 정부가 참여하도록 강력히 영향력을 행사하게 되었다. 이런 과정에서 스위스 카렌대학의 W. Hunziker는 이론적 근거를 확립하기 위해 노력하였고, 1939년 6월 스위스 여행금고협동조합이 창설되었으며, 스위스 정부는 특별입법조치를 취하게 되었다. 특별입법조치에 의해 당초 3년간에 5만 프랑을 그후 계속해서 스위스관광협회를 통한 금액을 보조받아 관광의사가 있음에도 불구하고 참여하지 못하는 계층에 대한 자유로운 관광활동을 하게 하는 계기를 조성하게 되었으며, 이를 복지관광의 출현이라고 보는 견해가 있다.

둘째, 관광현상의 발전과정에서 보면 대량관광 · 대중관광의 등장과 복지관광은 깊은 관계가 있다. 제2차대전 직후 대형 점보제트기의 출현은 국가 간의 이동을 보다 용이하게 하였으며, 도시화 · 공업화의 진전은 가처분소득의 증가, 소비유형의 변화, 여가의 증대, 매스컴의 발달, 교통수단의 개선 등을 개선시켜 대량관광 · 대중관광의 수요를 증대시켰다. 이러한 관광현상의 과정 중에 관광이란 부유계층이나 지배계층의 전유물이 아니라는 인식이 팽배하게 되었고, 인간 누구나 참여할 수 있는 생활의 일부로서 받아들여진 것이다. 따라서 기업주는 유급휴가와 보상관광(incentive tour)을 제도화하게 되었고, 국가는 저소득층의 관광참여 방안에 대한 정책적인 지원

안을 마련하게 되었다. 이러한 과정상에서 복지관광이 등장하게 되었다고 보는 견해가 있다.

다. 복지관광의 대상

복지관광을 복지국가 실현을 위한 사회복지정책의 일환으로 보고 그 대상을 사회복지의 광의적 대상인 국민전체로 규정하기도 하며, 사회복지의 협의적 대상인 사회적 약자로 한정하기도 한다. 국민전체를 대상으로 하는 경우는 국민관광진흥과 차별화를 할 수 없다. 또한 국가가 무한의 대상에 대하여 무한의 책임을 지고자 한다면 그 어떤 계층에 대하여도 만족할 만한 혜택을 줄 수 없으므로 복지관광의 대상은 어느 정도 한계를 정하는 것이 바람직하다. 따라서 협의적인 관점에서 복지관광의 대상을 설정하면 다음 〈표 1-7〉과 같다.

표 1-7 | 복지관광의 대상

대 상	문 제 점	과 제
청소년	· 관광을 즐기는 방법을 체계적으로 모른다 · 즐기는 방법이 사회화되지 않았다.	· 관광을 즐기는 자발성, 주체성의 육성 · 관광도덕 육성 · 가정단위의 관광과 더불어 개인, 다른 사회집단을 중심으로 한 관광의 참가기회 제공
장애자 · 고령자	· 관광참가를 보장할 사회적 조건 미정비 · 관광에 관한 지식 결핍	· 장애와 남은 기능을 활용한 관광개발 · 관광에 참가할 수 있도록 설비, 제도적 정비 · 관광에 관한 정보제공, 참가의욕 고취
시간적 장애층	· 관광할 시간이 없다.	· 주휴 2일제, 유급휴가 완전 실시 등
경제적 장애층	· 관광할 경제적 여유가 없다.	· 여행자금의 대부, 할부제도, 보조금 등의 도입
정보소외 장애층	· 관광에 관한 정보를 입수할 수 없거나 입수할 기회가 부족하다. · 정보를 이해, 이용할 수 없다.	· 관광에 대한 기초정보를 정리하여 쉽게 이용할 수 있도록 한다. · 관광에 관한 정보를 알기 쉬운 형태로 제공한다. · 정보의 이용과 이해의 방법에 관한 계몽
기능적 장애층	· 관광, 레크리에이션을 즐길 수 있는 기능, 기술의 결핍으로 참가기회가 제약되어 있다.	· 관광을 즐기기 위한 자발성, 창조성 육성 · 각종 트레이닝의 기회 제공 · 이용이 쉬운 시설과 서비스 제공 장려

제5절 | 관광학의 연구대상과 체계

1 관광학의 성립배경

학문이란 여러 가지 논의가 있을 수 있다. 학문은 어느 사물이나 사실에 관한 현상을 관찰 · 실험하면서 그 현상의 구조나 법칙을 탐구하는 인간의 물리적 인식활동과 그의 소산으로서 이론적으로 체계화된 지식의 총체라고 말할 수 있다. 따라서 학문은 사물, 사실, 현상을 이해하기 위하여 무엇이든지 이치를 따지는 행위이고, 무엇이든지 의심스럽게 보고 다시 검토하는데서 시작되는 진실을 탐구하는 행위라고 볼 수 있다. 이처럼 진실을 발견하기 위하여 이치를 따지는 방법에 대하여 끊임없이 반성하고 점검하는 것이 바로 학문활동의 시작이다. 결론적으로 학문은 아직 모르고 있던 진실을 밝혀 새로운 지식을 만들어 내는 제조업과 같은 성격을 지닌다. 이러한 학문이 성립되기 위해서는 조건이 있어야 한다.

첫째, 기본적으로 논리와 실천지향적인 이론이 있어야 한다. 학문이 진실을 탐구하는 행위라고 하더라도 논리화되지 않은 체험에 의존하거나 논리적 타당성이 입증되지 않은 사사로운 확신을 근거로 한다면 학문이 아니다. 마찬가지로 어떤 실증적인 학문이라도 논증한 사실을 종합해서 이론적인 일반화를 이룩해야 만이 학문으로서 성립될 수 있다.

둘째, 학문이 성립되기 위해서는 고유의 연구대상과 방법이 존재해야 한다. 학문은 기본적인 논리와 이론을 바탕으로 다른 학문과 구별되고 자기의 독립성을 주장할 수 있는 고유의 인식대상과 방법이 존재할 때 학문적 체계를 인정받을 수 있다.

이러한 학문의 조건은 모든 학문에 적용됨으로 관광학도 예외는 아니다. 따라서 관광학이 학문으로서 독자적인 영역을 구축하기 위해서는 학문의 논리와 이론을 바탕으로 다른 학문과 중복되지 않는 독창적인 영역과 연구방법이 존재해야 한다. 이러한 관점에서 본다면 아직도 관광학의 연구에는 여러 가지 미흡한 것이 있다. 그 중에서 가장 문제는 바로 관광학 자체만의 독특한 연구대상의 독립성이다. 사실 관광학의 연구대상인 관광현상은 인류역사의 시작과 함께 나타나기 시작하였다. 그러나 관광학의 연구가 진행된 것은 실제로 근대산업사회 출현 이후부터라고 할 수 있다.

이처럼 관광학이 다른 학문에 비해 비교적 역사가 짧아 학문적 영역을 구축하는데 많은 어려움이 존재하고 있다. 이 사실로 인하여 관광학에 대한 독창적인 방법론과 개념의 틀이 모호하다는 이유로 학문으로서의 존재가치를 논의하는 경우가 있다. 물론 관광현상이 복잡하고 다면적인 성격을 지니고 있어 인접학문과의 교류로서만 학문적 체계를 구축할 수 밖에 없다는 학문적인 성격에서 기인된 결과이기도 하다. 또한 사회현상을 다루는 사회과학 계통의 학문에 있어 이런 경험은 모두 존재한다고 주장할 수도 있다. 이유가 어찌되었든 관광학이 이 학문 저 학문으로부터 필요한 방법론을 도입하여 짜맞추는 조립식 학문이 아닌 독립과학으로서의 영역과 방법을 위해서는 관광학에 관하여 끊임없이 연구가 진행되어야 한다.

실제로 관광학에 관한 학문적 관심은 근대산업사회가 등장하면서 태동하기 시작하였는데, 크게 두 가지 요인에 의하여 나타나기 시작하였다. 즉 근대산업사회의 등장으로 인한 여가의 확대와 사회구조의 변화에 의한 인간의 본질문제가 제기되면서 관광학이 학문으로서의 연구가치가 논의되기 시작되었다고 볼 수 있다. 구체적으로 설명하면 관광학의 성립 요인은 다음과 같다.

첫째, 여가의 증대다. 관광학의 성립요인은 여가의 문제가 현실적인 인간의 기본적 욕구로 등장하기 시작하면서 대두되었다. 근대산업사회 변화 중에서 가장 큰 변화는 인간의 노동력이 기계화로 대치되면서 여가가 급속하게 증가되었다는 것을 들 수 있다. 특히 후기 산업사회에서 여가의 문제는 일부계층에게 국한된 문제가 아니라 국민전체의 문제가 되었다. 더우기 후기산업사회에서는 물질적 풍요보다는 정신적 풍요를 더 높게 평가하는 경향이 대두되었고, 노동 중심의 생활보다 여가 중심의 생활을 추구하는 의식구조도 현저하게 나타나기 시작하였다. 그리고 여가 그 자체야말로 현대생활에 있어서 없어서는 안될 인간생활의 필수적 요소로 인식하였다.

둘째, 사회구조 변화이다. 관광학의 성립요인인 사회구조의 변화는 인간의 자율적 사고가 사회전반을 지배하는 사회구조의 변화를 의미한다. 전통 농업사회의 사회구조는 노동이 인간생활을 지배하는 사회였으며, 근면과 절약이 강조되었다. 아직 사회적 분화가 기초단계에 머물러 있었기 때문에 여가라고 하는 것은 일체의 생산적 노동에서 면제된 유한계급이나 하는 비생산적이고 향락적인 과시적 소비(conspicuous consumption)의 형태로 인식되었다. 그러나 산업사회에 접어들면서 기계문명에 의한 인간의 소외문제가 제기됨에 따라 인간은 노동을 위해서 모든 것을 희생시킬 수 없다는 인간 본질의 문제가 사회문제화되기 시작하였다. 이로 인한 인간본질에 관한 사고의 자율적인 전환은 사회적 통제를 약화시켰고 제도화, 구조화되었던 전통 농업사회에서 볼 수 없었던 새로운 문제가 사회적 관심사로 등장하게 되었다. 이러한 시대적인 변화는 비생산적이고 낭비적이며 향락적인 여가와 관광이 창조적이며 재충전적인 가치로 등장하기 시작하였다.

2 관광학의 연구대상

연구란 연구주체인 연구자가 특정대상을 이해하기 위하여 전개하는 지적활동을 의미한다. 이를 통해 지식이 창출되며, 창출된 지식이 체계화됨으로써 학문이 성립된다. 따라서 학문의 성립은 인간의 지적행위인 연구를 하는 주체인 연구자가 연구의 기반 즉, 연구 대상을 설정하여 지적활동에 관여할 때 가능해진다. 그러므로 연구대상이란 지적활동의 대상으로 파악할 수 있다. 좀더 구체적으로 표현하면 연구대상의 성립은 연구의 주체인 연구자와 객체인 대상이라는 두 실체에 의하여 이루어지는데, 일반적으로 대상자체에 의하여, 주체의 주관에 의하여, 대상이 주체에 작용하여, 주체가 대상에 작용하여 설정됨으로 상당히 포괄적이다. 연구대상은 복잡하고 광범위하여 한꺼번에 대상의 세계를 바라볼 수 없는 경험대상이다.

이처럼 직접 경험대상을 한꺼번에 인식할 수 없으므로 이러한 경험대상을 일정한 관점에서 추상화하여 인식대상으로 재구성할 때 비로소 인식할 수 있다. 여기서 말하는 인식대상과 경험대상은 분명한 차이가 있다. 어떤 학문이 다룰 수 있는 범위 내지 재료를 경험대상이라고 하고, 이러한 재료를 다루는 관점 내지 보는 방법에 따라 대상을 파악할 때 인식대상이라고 한다. 따라서 어떤 학문이 그 재료가 되는 경험대상을 어떻게 보고, 범위 내지 분량을 다루느냐에 따라 연구대상이 달라질 수 있다.

이상과 같은 연구대상의 개념적 특성을 바탕으로 관광학상에서 제기된 연구대상의 문제를 파악하면 다음과 같다.

① 글릭크스만

관광학이란 관광의 기초, 원인, 수단 및 영향을 극히 넓은 범위에 걸쳐 연구하는 과학으로 파악하고 있다.

② 자파리

일상거주지를 떠나 있는 인간에 관한, 그리고 그 인간의 욕구에 대응하고 있는 산업에 관한, 그리고 마지막으로 그 인간과 산업이 관광 대상지의 사회문화적 경제적 및 물리적 환경에 미치는 영향에 대한 연구를 하는 학문으로 연구대상의 범위를 설정하고 있다.

③ 윤대순

관광학이란 관광의 주체인 관광객, 매체인 관광기업, 객체인 관광대상과 이의 합으로 나타나는 관광현상을 연구대상으로 삼는 종합과학이며 실천학문으로 파악하고 있다.

④ 안종윤

관광학은 현대인과 직접적인 관련이 있는 학문으로써 연구대상은 관광현상이 라고 주장하고 있다. 이러한 관광현상은 이동, 체재, 관광주체, 관광객체 간의 상호작용으로 나타나는 것으로 보고 있다.

좀 더 구체적으로 학자들이 제시한 관광학의 연구대상을 파악해 보면 다음과 같다.

1) 손대현의 관광학 연구대상

손대현 교수는 "관광의 이념은 평화이고 본질은 문화이며 인간에 주는 실전족 가치는 락이나 쾌의 즐거움이요, 위락이다"라고 주장하면서 이 쾌나 위락을 관광학의 궁극적 연구대상으로 설정하고 있다.〈그림 참조〉

그림 1-2 | **관광학의 체계모형**

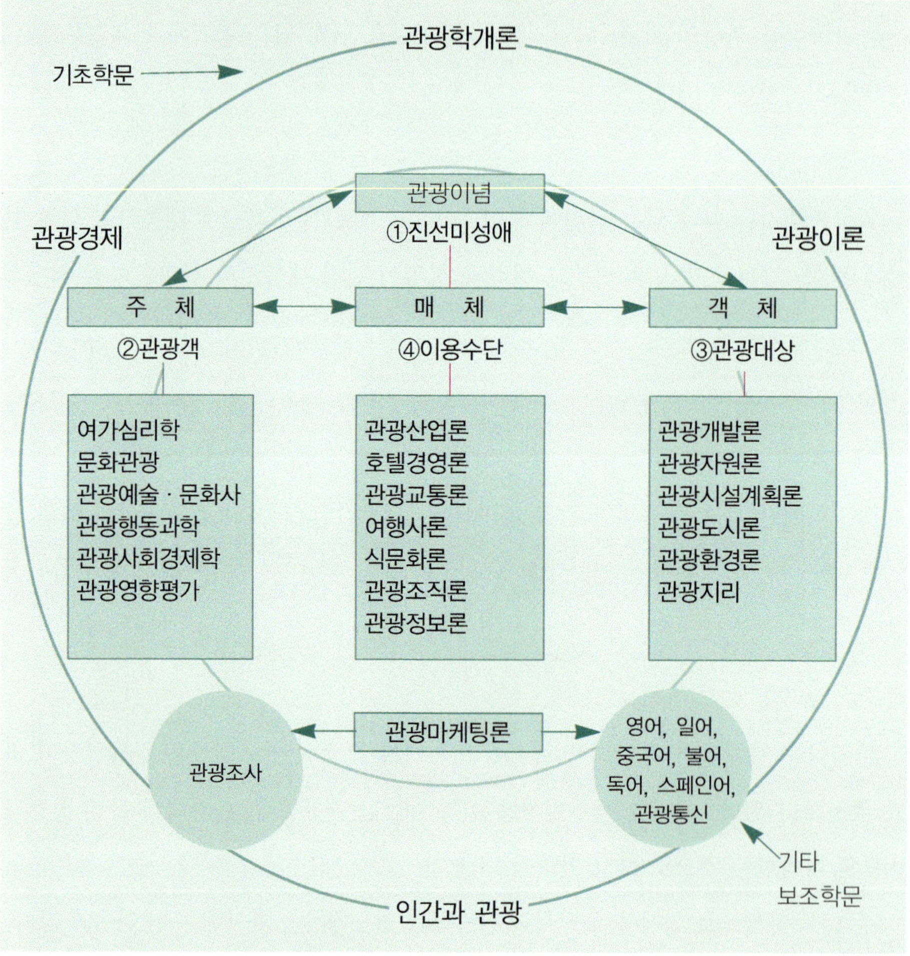

* 관광학은 주로 ①②③④의 상호작용에 관해 연구한다.

** ②와 ③을 연결하는 관광마케팅, 조사, 외국어 과목이 있다. 그리고 외곽에 있는 관광학개론, 관광경제, 관광이론, 인간과 관광은 원론적 성격의 과목들이다.

*** 우리나라 대부분의 관광경영학과는 ④의 매체 중심에서 교과목에 치중하고 있다.

2) Murphy의 관광학 연구대상

머피(Murphy)는 관광학의 구성요소와 인접사회과학의 연계성을 바탕으로 관광학의 연구대상 체계를 제시하고 있다. 머피의 견해는 관광학의 구성요소를 바탕으로 관광학의 연구대상인 관광현상을 종합사회과학적 성격내지 복합성으로 인식하고 있다.〈그림 참조〉

그림 1-3 | 관광의 구성요소와 사회과학과의 연계성

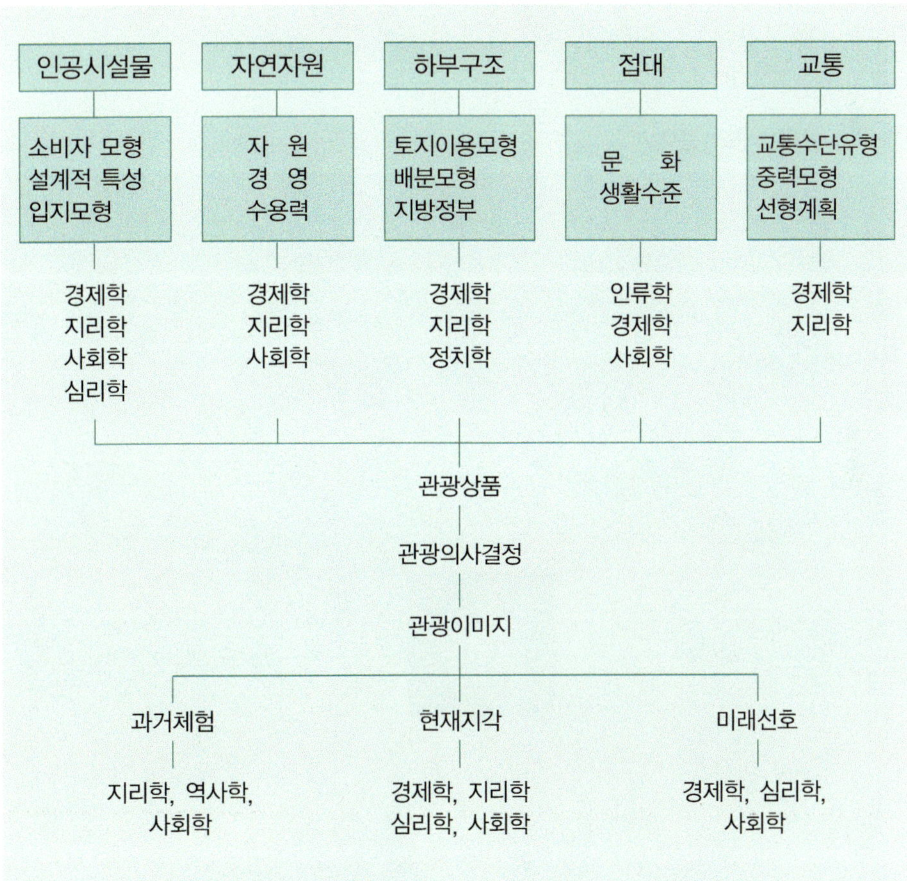

3) Jafari & Ritchie의 관광학 연구대상

미국과 유럽에서의 관광학 연구 흐름은 크게 두 가지 경향이 있다. 유럽에서는 관광경제에서 출발한 TCA(Theoretical Continental Approach)와 같은 관념과 추상주의의 접근경향이 있으며, 미국과 영국은 호텔과 관광경영과 같은 경험을 중요시 하는 미시 경제학적 접근방식인 PASA(Pragmatic Anglo-Saxon Approach)가 주류를 이루고 있다. TCA는 주로 종합사회과학적 연구방법이고, PASA는 응용과학적 연구방법이라고 볼 수 있다. Jafari & Ritchie는 유럽과 미국지역의 각종 학설을 정립하여 연구대상을 인접과학 차원에서 다음 〈그림 1-4〉와 같이 설정하였다.

그림 1-4 | 관광연구와 분야

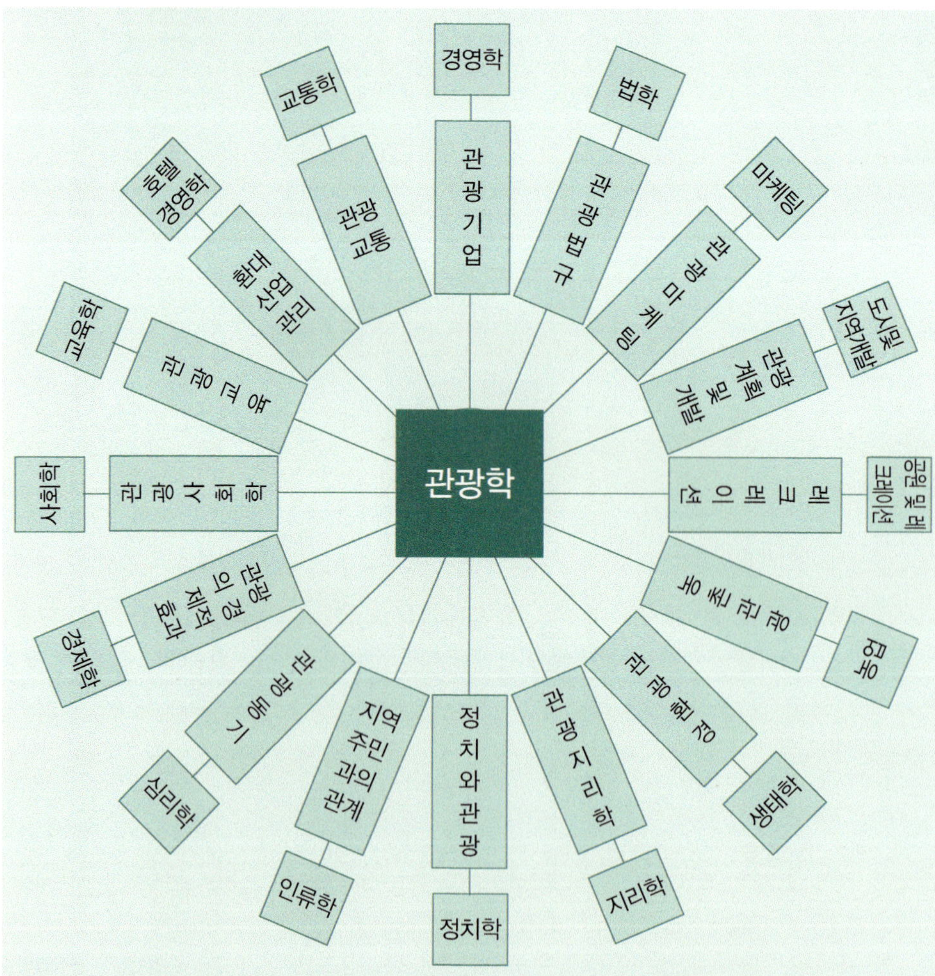

3 관광학의 학문적 성격

관광이란 복잡하고도 미묘한 사회문화현상이며 경제현상이고 또한 인간활동에 커다란 영향을 미치는 활동이다. 이러한 인간활동을 이론적으로 체계화하기 위해서는 무엇보다도 먼저 해결하지 않으면 안 되는 것이 바로 학문의 전 영역을 차지하는 학문의 성격론 규명이다. 이러한 학문의 성격론은 학문에 대한 대상의 세계를 어떻게 인식하는가에 따라 성격론을 규명할 수 있다. 따라서 관광학의 성격 규명도 관광학의 연구대상에 의하여 결정지어져야 한다.

사실 관광학의 성격론은 관광론 성립 당시부터 거론되어온 문제이다. 관광학의 성격은 단적으로 표현하면 사변적이라기보다는 실증적인 학문이라고 한다. 왜냐하면 관광학은 항상 실천적인 의식과 결부되어 왔기 때문이다. 여기서 실천적이라고 하는 것은 반드시 기술적, 실용적인 것만을 의미하는 것은 아니고 실증을 통한 과학적, 객관적이어야 한다는 것이다.

또한 관광학은 학문의 성격상 종합사회과학과 개발과학으로서의 응용과학으로 규정할 수 있다. 왜냐하면 관광학의 연구대상인 관광현상은 한마디로 다양하고 복잡

그림 1-5 | **관광학 체계**

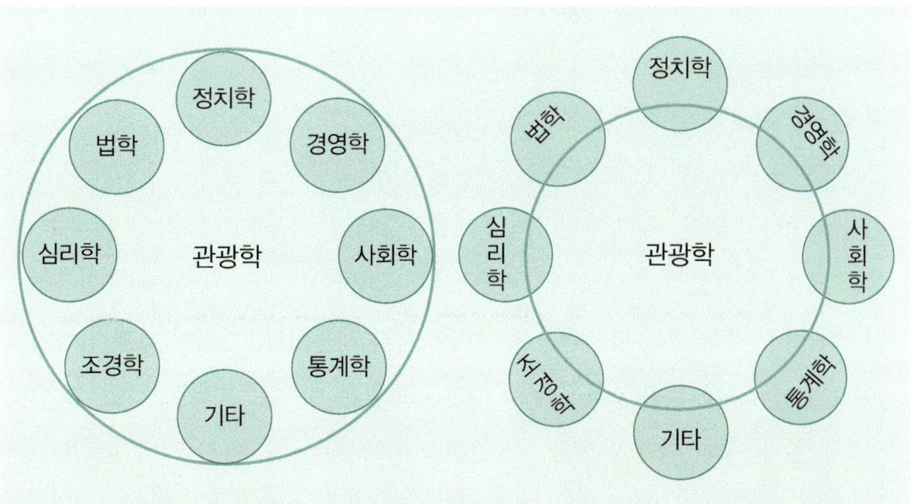

하다. 따라서 그러한 관광현상을 이해하기 위해서는 경제학, 법학, 지리학, 심리학, 사회학 등 제 학문분야에서 발전된 이론을 적용하지 않으면 해결할 수 없다. 그러므로 어느 특정학문에 의존하여 관광학 연구를 하기보다는 다양한 학문분야로부터 다각적인 접근이 이루어지고 있다.

이상과 같은 내용을 바탕으로 藍田正志는 관광학의 성격을 '위로부터의 관광학'과 '아래로부터의 관광학'으로 구분하여 전자를 종합사회과학으로서의 관광학이라고 하며, 후자를 개별과학의 응용분야로서의 관광학이라고 규정하고 있다.〈그림 1-5 참조〉

4_ 관광학의 인접학문

1) 관광경제학

관광행위는 인간의 주요 경제활동 중의 하나로 간주되어 왔다. 즉, 관광은 인간의 소비활동 중에 발생하는 한 부분이다. 그런데 일반적으로 관광은 구매가격이 높고 관광에 대한 소비자의 관심 정도가 높기 때문에 관광객들은 자신의 관광의사결정에 신중을 기한다. 의사결정이란 관광객이 자신의 욕구를 충족시키기 위한 대안들을 평가해서 특정 안을 선택하는 일련의 과정을 말한다. 여기에서 경제학적인 설명이 설득력을 가지게 된다. 즉, 관광의사 결정자는 최소의 투입으로 최대의 관광효과를 얻으려 한다고 가정할 수 있기 때문이다.

이미 많은 나라들이 관광에 대한 소비지출에서 산출되는 경제적 가치에 커다란 의미를 부여하고 있다. 특히 후진국이나 개발도상국들이 자국의 경제부흥을 위한 수단으로 국제관광객들의 유입에 다각적인 노력을 기울이고 있다. 이는 외화획득원으로서 관광이 가지고 있는 잠재력을 높이 평가하기 때문이다. 관광이 경제적 가치에서 여타의 산업보다 우위를 차지할 수 있는 나라들은 대부분 관광을 국가적인 전략산업으로 한다. 국가 간에 발생하는 산업전략의 핵심은 국가들 간의 비교우위와 기업의 경쟁우위를 최적으로 결합하는데 있다. 비교우위는 장소 특유의 우위라고 할 수 있으며 이는 특정 활동을 어느 국가에서 수행할 것인가에 대한 의사결정시 중요하고, 산업특유의 우위 또는 기업의 경쟁우위는 부가가치 사슬의 여러 활동 중에서 어떠한 활동에 자원과 노력을 집중하여 경쟁력을 가질 수 있는가에 대한 의사결정에 영향을 미치게 된다.

이러한 이유로 인하여 구미의 경우 관광행위의 규명에 경제학적 이론과 방법론을 가장 많이 적용시켰다. 이는 관광학을 경제학이라는 개별과학의 응용학으로서 연구하려는 입장이다. 즉 관광현상의 경제적 측면을 그 연구의 대상으로 하는 학문이다.

관광의 경제 측면의 연구는 여러 경제학자들에 의해 이미 축적된 경제이론들을 기초로 연구되고 있다. 대부분 많은 연구에서 관광이 경제적으로 외화획득, 고용창출, 지역간의 경제적 격차를 극소화하는데 크게 기여하고 있음을 제시하고 있다. 경제학의 이론들을 토대로 이루어진 관광의 효과에 대한 분석들로는 무역수지의 효과, 승수효과(multiplier effects), 투입(input)/산출(output) 분석(I/O analysis), 고용창출효과, 전시효과(demonstration effects) 등을 들 수 있다.

경제학의 이론에 근거한 관광연구는 인간의 경제활동과정에서 야기되는 관광수요와 공급에 관련된 여러 경제적 문제들에 대한 사고의 체계를 정립하는데 크게 기여하고 있다. 왜냐하면 경제학이란 인간이 자신의 무한한 욕망을 충족하기 위한 수단이 제한되어 있으므로 그 제한된 수단을 가장 유효하게 선택하는 과정에서 인적 및 물적 자원을 어떻게 분배하고 소득을 어떻게 처리하는가를 관찰하여 이에 관한 일반적인 법칙을 규명하는 학문이며, 자원의 분배과정에서 일어나는 경제적 · 사회적 문제가 무엇인가를 인식하고 이들 문제를 적절히 해결할 수 있는 방법을 찾아내는 학문이기 때문이다.

2) 관광사회학

사회학은 조직화된 인간의 공동체적인 행동, 사회구조적인 상호작용, 그리고 그것의 변화에 관한 조직적인 연구라고 할 수 있다. 관광사회학은 관광학을 이러한 사회학의 응용학으로 연구하려는 입장이다. 관광현상이 복잡 다양해지고 특히 국내관광이 번창해지면서 여가선용의 문제가 본격적으로 논의됨에 따라 사회학적인 측면에서 관광현상을 분석하려는 경향이 뚜렷해지고 있다.

관광이란 정주지를 벗어나는 인간의 이동과 더불어 목적지에서 일정기간 체재하는 활동을 의미하므로 관광수용지역의 사회구성원들과 사회적인 접촉을 하게 된다. 이러한 사회적인 교류는 각종 이해 관계와 관련한 여러 가지 문제들을 일으킨다. 그러므로 사회적인 상호접촉관계에서 발생하는 여러 문제들을 규명하는 것은 관광학 연구의 주요 이슈가 된다. 특히 접촉되는 사회집단 간의 문화적 이질성이 클수록 각각의 이해관계에서 발생하는 문제는 더욱 커지게 된다. 그러므로 양자 간의 상호작용에 의해 발생되는 문제들에 대한 이해는 학자들 뿐만 아니라 정책적인 차원에서도 커다란 관심사가 된다.

관광사회학에 관한 대부분의 연구들은 관광객들과의 상호 접촉으로 인해 발생되는 수용지역주민들의 언어, 문화, 사회적 규범, 고용구조 등의 변화에 초점을 두고 있다. 이러한 연구결과들에 의하면 사회 · 문화적으로 긍정적인 측면과 부정적인 측면이 공존하고 있는 것으로 나타나 있다. 예컨대, 관광으로 인한 긍정적인 효과는 새로운 고용의 창출, 지역사회의 현대화, 상호 간의 문화적 교류 등을 들 수 있다. 부정적인 효과로는 범죄, 구걸, 고유한 전통의 파괴 등이 있다. 관광객 과 관광수용지역주민들 간의 사회적 접촉으로 발생되는 여러 문제에 대한 연구는 양자 간의 상호 교류과정에서 발생되는 사회적 제효과(諸效果)에 관한 연구이다. 그러나 사회적인 접촉에서 일어나는 효과들은 단순히 인적인 상호 접촉에서 오는 결과라고만 볼 수 없다. 왜냐하면 그것은 정치, 사회적 구조 등의 환경적 요인에 의해 영향을 받기 때문이다.

3) 관광경영학

경영학이란 한 마디로 말하여 경영에 대하여 연구하는 학문을 의미한다. 경영학이 연구대상으로 하는 경영은 일반적으로 우리들의 경제생활의 실체가 되고 있는 바로 개별경제를 포함한다고 볼 수 있다. 따라서 관광경영학은 이러한 경영학의 응용학으로서 연구하려는 입장이다. 즉 관광현상의 경영적 측면을 그 연구의 대상으로 하고 있다. 종합적인 과학으로서의 경영학의 중심과제가 조직론에 있다는 것은 잘 알려진 사실이지만, 1959년 스위스의 훈지커가 발표한 관광경영학은 관광경영과 그 조직으로 구성되어 있고, 글자 그대로 조직론이 중심을 이루고 있다. 훈지커에 따르면, 관광경영이라는 학문의 개념은 '그에 적합한 생산수단을 계속적으로 결합시킴으로써, 관광재와 용역을 경제적인 방법으로 제공함을 목적으로 하는 경제단위를 가리키며, 하나의 특수 혹은 개별경제' 라 규정하고 있다. 그리고 관광경영의 연구대상과 범위를 체재경영, 여행경영, 그리고 여행 및 체재를 위한 급부(給付)를 수반하는 경영으로 분류하고 있다.〈그림 1-6 참조〉

그림 1-6 | 관광경영의 위치(훈지커)

총체현상으로서의 관광	
경제적 범위로서의 관광	
관광경제	관광경영
기업 범위	경영 범위
공통의 특징 1. 동일경제 단위 2. 생산수단의 계속적인 결합 차별적 특징 1. 인식대상 : 외부와의 제관계 2. 목적 : 수익취득에 따른 재산보유(조달, 판매) 3. 계정과목 : 자본, 비용, 수익 또는 손실 4. 기업성과의 척도 : 자본의 수익성	공통의 특징 1. 동일경제 단위 2. 생산수단의 계속적인 결합 차별적 특징 1. 인식대상 : 경영내부의 사건 2. 목적 : 결부의 제공 3. 계정과목 : 경영상의 필요자산, 원가결부가치, 경영, 성과 4. 경영성과의 척도 : 결부제공의 경제성

4) 관광심리학

사람들은 '왜' 여행을 하고 관광을 하는가에 관한 일련의 의사결정과정을 설명하려면 의사결정자인 관광객의 심리적 과정을 이해할 필요가 있다. 심리학적 접근에 의해서 우리는 사람들이 여가시간에 왜 관광을 하기로 결정하였는가 하는 문제를 이해할 수 있다. 또한 관광객이 특정 목적지를 선택하고 특정 이용과 교통수단 및 활동유형을 선택하는 근본적인 이유를 설명할 수 있게 된다. 즉 관광객의 태도, 성격, 동기 등과 같은 심리적 변수들에 대한 이해를 통해서만이 관광객들의 행동 이유를 근본적으로 설명할 수 있다.

바로 관광심리학은 이러한 심리학의 응용학으로써 연구하려는 입장이다. 심리학은 개인의 속성, 인식과정, 인지 등 개인의 행위와 그 행위의 바탕에 놓여 있는 생리적 요소 간의 상호작용 관계를 중점적으로 연구하는 과학이다. 즉 사회학이 2인 이상의 집단사상에 관한 학문이라면 심리학은 한 개인의 사상에 관한 학문이다. 따라서 관광이라는 여가활동을 행하는 개인의 심리현상을 연구하는데 있어, 심리학은 사회집단으로서의 분석을 행하는 사회학 못지 않게 중요한 인접 과학이다.

대표적으로 관광심리학적인 차원에서의 연구동향을 보면, Mill(1986)이 Berne(1964)의 교류분석(Transactional Analysis ; TA) 이론을 토대로 관광객의 행동을 연구하였다. TA이론이란 개인의 성격을 부모(parent), 성인(adult), 그리고 유아(child)라고 하는 세 가지 부류의 자아상태(ego state)로 나누어 각각의 구분되는 특징들을 설명한 이론이다. 이는 관광을 함에 있어서 성인 자아상태 성격의 소유자는 합리적인 의사결정을 내리며, 부모 자아상태 성격의 소유자는 교육적, 문화적 목적의 여행동기에 의해서 관광을 한다는 것이다.

그러나 관광심리학의 연구는 이제까지 구미에 있어서조차 심리학 이론 측면에서 관광학에 대한 체계적인 연구는 별로 없었다. '관광현상에 대한 이해수단으로서의 심리학적 개념은 아이러니컬하게도 과대 이용되기도 했고 과소 이용되기도 했다' 라는 자파리의 지적과 같이 특정이론은 지나치게 동원되는 반면에 여타의 일반 이론이나 분석수단은 너무나 도외시되어온 것 같다.

5) 관광지리학

지리학이란 장소와 환경, 그리고 이들 양자 간의 관계를 주 연구대상으로 삼는 학문이다. 그러므로 지리학에서는 인간과 산업을 포함하여 대지, 바다, 공기 그리고 동식물의 분포 등을 다루는 학문이다. 여기서 장소란 공간(space) 및 지지적(chorographic) 관점에서의 일반 지표를 말하며, 환경이란 토지의 형태 · 기후 · 토양 · 식생 · 동물 · 광물재 등의 물리적 환경과 경제 · 사회 · 정치 · 도시 등의 문화적 환경을 뜻한다.

관광지리학은 관광학을 이러한 지리학의 응용학으로써 연구하려는 입장으로 관광현상의 지리적 측면을 그 연구의 대상으로 하고 있다. 관광학에 있어서 지리학의 중요성은 이미 오래 전부터 인식되어 왔으며, 관광현상 연구에 가장 많은 기여를 한 학문 중의 하나라 해도 과언은 아니다. 실제로 이미 약 50년 전인 1930년대에 관광연구가 등장했다고 한다. 그 뒤 1960년대가 되어서야 유럽 및 북미의 연구저술물에 관광현상의 지리학적인 연구가 자주 등장하여 관심이 증가하기 시작했다. 그 관심 증가의 증거는 1972년 국제지리학회(International Geographical Uion) 내에 관광 · 위락연구소 분과위원회를 설치한 데서도 찾아볼 수 있다. 특히 최근에 이르러서는 상당수의 응용지리학도들이 지리학을 관광현상 분석에 적합한 학문이라고 생각하고 있다. 또한 지리학부 내에 관광지리학 강좌를 개설하고 있는 학교도 있을 정도이다.

관광을 연구함에 있어서 지리학자들은 자신들의 학문적 관점에서 여타 학문의 연구자들보다 관광이 지역적 · 공간적 불균형을 초래하는 이유를 설명하여 왔다. 가령 유사한 지역들 또는 국가들 간에 관광수급에 현저한 차이를 나타내고 있는 이유는 무엇인가 하는 문제의 연구 등이다. 지리학적 연구에서는 이러한 이유를 관광지의 공간적(spacial), 시역적 정체성의 차이에서 기인한 것으로 설명하고 있으며, 이러한 차이는 결국 커뮤니케이션에 의해 형성된 이미지(image)와 깊이 관계된 것으로 보고 있다.

지리학적 측면에서 환경(environments)이란 포괄적으로 자연 경관을 포함한 여타의 관광자원에 대한 외적 환경이며 관광자원의 소재들이 결합된 상태이다. 관광의사결정자들은 대안목적지를 평가할 때 대안목적지의 전반적인 환경을 고려하게 되는데, 경관, 기후 등의 자연적 환경뿐만 아니라 정치, 문화 등 사회적 환경에서 비롯되는 어떤 특성들을 비교하게 된다. 그리하여 관광객들은 새로운 환경에 대한 경험, 즉 '환경의 변화를 추구' 하기 위한 특정 관광목적지를 최종적으로 선택하게 된다.

지리학적 접근에서 관광-환경(tourism-environments)과 관계된 주요연구 주제중의 하나가 '수용력(carrying capacity)' 이다. 수용력이란 일반적으로 관광활동으로 인하여 관광지의 생태계에 특별한 변화를 초래하지 않으면서 관광객의 경험 만족도를 극대화시킬 수 있는 관광공간의 최대 수용량을 말한다. 그러나 실제적으로 관광객의 혼잡도는 관광객의 느낌에 따라 각각 다르게 나타날 수 있으므로 특정 공간의 이용밀도와 관광객의 만족도는 반비례적인 관계를 갖는다. Shechter는 이용밀도가 높을수록 관광활동의 적정 공간으로 느끼는 사람들의 비율이 격감한다는 사실을 밝혔으며, 특히 사생활의 보호가 요구되는 곳일수록 혼잡도는 관광객의 만족도에 커다란 영향을 미치게 된다는 사실을 발견하였다.

한편, 지리학적 접근에서 빈번히 연구되어온 이론으로 동력모델이 있다. 이 모델의 기본적 이론은 관광목적지까지의 공간적 이동거리가 관광효용을 체감시키는 요인으로 작용하지만 일정한 이동 거리의 범위 내에서는 그것이 무차별하다고 보고 있다. 그러므로 일정한 범위를 벗어난 공간적 이동거리는 그것이 멀수록 관광을 제약하는 요인으로 작용하게 된다. 아울러 관광지의 공간적 규모와 매력도는 관광유발요인이 되며 관광지와 인접한 도시의 인구수는 관광수요의 원천이 된다.

위의 지리학적 접근들은 관광을 설명함에 있어 우리에게 많은 이론적 뒷받침을 제시하여 주고 있으나 여기에도 설명의 한계가 있다. 가령, 중력모델은 관광수요발생에 대한 일종의 일반화된 확률 방정식의 한 형태이기 때문에 특정 관광지에 대한 수요를 예측하는 데 유용한 이론이 될 수는 있으나 근본적으로 왜 수요자들이 특정 관광지를 선택하는가에 대한 이유를 설명할 수 없는 것과 같다.

6) 관광생태학

관광생태학은 관광학을 생태학의 응용학으로써 연구하려는 입장이다. 관광생태학에 관한 연구는 관광연구분야에서 상대적으로 뒤늦게 출현하였다. 그와 관련된 연구들은 대부분 관광의 질을 창출함과 동시에 환경의 질을 보존하기 위해 환경보호주의자들과 관광 이해관계자들이 공동연구를 함으로써 상호이익을 취할 수 있는 환경의 질에 초점을 맞춘다.

관광생태학에 관련된 연구논문들은 최근에 이르러서 많이 연구되고 있다. 즉 이러한 논문들은 대부분 적절한 관광(appropriate tourism), 생태관광(ecotourism), 연성관광(soft tourism), 책임있는 관광(responsible tourism), 인간대 인간의 관광(people to people tourism), 통제된 관광(Comtrolled tourism), 소규모 관광(small sca1e tourism), 촌락 관광(village tourism), 녹색 관광(green tourism), 자연 관광(nature tourism) 등에 초점을 두고 연구되고 있다.

예를 들면 이러한 관광생태학의 연구는 세계 도처에서 생태관광의 차원에서 도입되고 있다. 케냐나 칼라하리에서처럼 공원과 야생동물들의 존속여부가 관광객들에게 달려 있는 곳도 있다. British Colombia의 Port Alberm에서는 벌목을 행하는 것보다 훼손되지 않은 숲과 관광객들로부터 더 많은 이득을 얻을 수 있다는 판단 아래 미송의 벌목을 방지하기 위해 자연보호주의자들과 관광기구들이 함께 결속하기도 한다. 또한 자마이카의 경우 다양한 조직체들이 쌀 생산이나 이탄 채굴보다는 습지, 야생동물, 그리고 관광에 대한 의사결정을 내리기 위해 결속하기도 한다. 이러한 것들과 함께 Daltabuit와 Pi-Surlyer의 유카탄반도에 대한 연구, Haida에 관한 May의 논문, 파나마에 대한 Cflapin의 논문 등은 이에 대한 여러 가지 협동적인 전략들을 보여준다.

또한 생태계 보전이나 생태변화에 관심이 있는 학자들은 세계야생동물기금(World Wildlife Fund)과 같은 기구들과 마찬가지로 생태관광을 건전한 생태계를 유지하는데 필수적인 전략으로 파악하고 있다.

7) 관광인류학

관광학을 인류학의 응용학으로써 연구하려는 입장이다. 인간의 언어 · 사회구조 · 신앙 · 품성 등 인간사회의 지리역사적 현상을 관찰대상으로 다루는 학문인 인류학은 아마도 사회과학 중 가장 포괄적인 학문 중의 하나라고 규정해도 무방할 것이다. 보통 인류학은 형질인류학(physical anthropology), 문화인류학(cultural anthropology), 고고학(archeology), 언어학(linguistics) 등의 4개 세부과학으로 분과되며, 이 학문은 이론이나 연구대상에 있어 사회학과 구분이 사실상 불분명하다. 그러나 선사고고학, 종족언어, 인류학 등 미개사회(preriterate society) 연구를 중심 연구과제로 삼음으로써 사회학과 독립성을 꾸준히 유지해 나가고 있는 인간연구과학이다.

관광의 인류학적인 접근에서는 인종적인 특성에 따른 관광의 형태나 영향 등에 초점을 두어 연구함으로써 우리에게 또 다른 관점에서 많은 시사점들을 제시하여 주고 있다. 그 중에서 관광객과 관광객을 수용하는 지역사회(host community)와의 관계에 관한 연구들이 있다. 이들 연구에 따르면 예컨대 관광객들을 수용하는 지역사회나 국가들에 있어서 만약 그 지역사람들이 경제적으로 빈곤하고 기술적으로 낙후되어 있다면, 관광객들의 유입에 따른 사회적 갈등이나 문화적 충격이 상대적으로 더 커질 수 있다는 것이다.

인류학의 접근방법론이 그렇듯이 이 분야 학자들의 관광관계연구는 대부분 저문명지역에 개발된 관광지와 그 주(主) · 객(客, host-guest)에 대한 관찰, 참여, 면접 등을 통해 외래관광객과 원주민의 접촉에서 발생되는 문제를 양적이나 질적으로 파악해 가는 기법을 상용하고 있음을 볼 수 있다. 그 외에도 이들의 관심분야는 가히 관광현상의 전반이라 해도 과언이 아니다. 왜냐하면 그라번(Graburn)이 지적하듯, 이 글의 이제까지의 관심사는 크게 나누어 첫째, 관광지 및 관광자체의 성격, 둘째, 주객관계를 포함하여 관광이 원주민과 그 사회에 미치는 사회 · 경제 · 문화적 충격에 관한 연구에까지 이르렀기 때문이다.

따라서 관광도 사회현상 내지 인간현상이라고 전제한다면 관광행위는 당연히 인류학자 특히 문화인류 학자들의 관심영역에 포함될 수 있다. 최근 들어 실제로 구미 등에서는 이 분야 학자들에 의한 관광현상연구가 활발히 진행되어온 것이 사실이며, 앞으로도 이 분야 학자들의 기여가 크게 기대된다.

참·고·문·헌

김봉규, 한국관광학 원론, 학서당, 1996.
김상훈, 관광학개론, 도서출판 범하, 1996.
김사헌, 관광경제학, 경영문화원, 1988.
김원인, 관광학원론, 학문사, 1995.
김인호, 경영학 연구방법론, 창지사, 1992
김진섭, 관광학원론, 대왕사, 1994.
김진섭, 현대관광사업론, 대왕사, 1987.
김진탁, 현대관광학총론, 백산출판사, 1996.
손대현, 관광론, 일신사, 1993.
손대현, 한국문화의 매력과 관광이해, 일신사, 1995.
윤대순, 관광경영학원론, 백산출판사, 1992.
이근, 관광자원론, 학문사, 1996.
이연택, 관광학연구의 이해, 일신사, 1994.
이장춘, 최신국민관광개발론, 대왕사, 1994.
이항구, 관광학서설, 백산출판사, 1995.
최승이, 국제관광론, 대왕사, 1993.
김규호, 『지방화시대의 관광개발계획의 수립방향』 관광연구, 영남관광학회, 1992.
이연택, 『한국관광산업의 발전과 사회적 책임』 관광연구논총, 한양대 관광연구소, 1990.
한국관광공사, 국민복지관광활성화 방안, 1992.
한국관광공사, 2000년대 관광환경분석과 전망, 1988.
給木忠義, 現代觀光論, 有裵閣, 1974.
小各達男, 觀光事業論, 學文社, 1994.

前田勇, 觀光職論, 學文社, 1978.

律田昇, 國際觀光論, 東京經濟新報社, 1969.

末武直義, 觀光論入門. 法律文化社, 1974.

小池洋一, 足翊洋保 編著, 觀光學擺論, 1989.

Anand, M. M, Tourism and Hotel Industry, Prentice-Hall of India, 1976.

Burkart, A. T & Medlik S, Tourism : Past, Present and Future, Heinemarln, 1987.

Edgell, D. L. International Tourism Policy, Van Nostrand Reinhold, 1990.

Hudmarl, L. E & Hawkins, D. E. H, Tourism in Contempory Society : An Introductory Test, Prentice-Hall, 1989.

Kadt, E. Tourism : Passport to Development, Oxford Univeristy Press, 1979.

Inskeep, E. Tourism Planning, Van Nostrand Reinhold, 1991. Lundberg, D. E. The Tourist Business, Coinlers Publishing Co., 1974.

McIntosh, R. W. & Goldner C. R. Tourism : Principles, Practics, Philosophies, John Wiley & Sons, Inc., 1986.

Mil, R. C & Morrison, A. M. The Tourism System, Englewood CUffs, New Jersey, 1985.

Murphy, P. E. Tourism : A Community Approach, Metherln, 1987. Wahab, S. Tourism Management, Tourism Interrnational Press, 1975.

02 제2장

관광발생론

제1절 | 관광발생의 기본적 요인

관광이란 직·간접적으로 관련된 여러 변수들이 환경과 지속적인 상호작용에 의해 발생된다. 그것은 관광객들의 지각, 동기, 태도, 학습 등의 심리적 요인에 의하여 발생되는 경우도 있고, 조직이 통제할 수 없는 사회, 문화, 정치, 그리고 자연환경 등과 같은 외적 환경변화에 의하여 발생할 수도 있다. 관광발생에 관련된 심리적인 요인은 제3장에서 구체적으로 논의하기로 하고 본 장에서는 기본적인 관광발생의 구성 요인을 중심으로 전개하고자 한다.

1 관광발생의 성립인자

1) 가처분소득의 증대

가처분소득(disposal income)이란 개인의 소득 중 기타의 공제부담을 제외한 나머지 부분으로서 개인이 자유스럽게 사용할 수 있는 소득을 의미한다. 경제생활 수준의 향상과 함께 가처분소득 가운데서도 의식주에 비하여 관광, 오락, 그리고 예술 감상활동과 같은 이른바 문화비(cultural expenses)의 비율이 높아지고 있다. 엥겔의 법칙에 의하면 가계소득이 증가하면 할수록 식품에 지출되는 소득은 점점 그 비중이 낮아지고 내구성 소비재 또는 서비스에 대한 지출이 많아진다. 이러한 이론은 최근에 와서 식품에 지출되는 소득의 비중이 점점 낮아지고 문화비에 관련된 지출이 많아짐에 따라 입증되고 있다. 이러한 요인은 관광의욕을 직간접적으로 자극하고 이로 말미암아 관광은 매년 급속도로 증가하고 있다. 결국 가처분소득의 증가는 관광객의 욕구를 자극하므로 위락활동에 지출할 수 있는 수요자들의 능력이 커지는 한편 보다 장거리 여행을 가능하게 한다.

2) 여가의 증대

여가란 노동시간, 생리적 필수시간 등을 제외한 개인의 자유시간을 의미한다. 개인의 하루 생활 중에서 식사나 수면 등과 같은 생리적인 필수시간, 노동, 그리고 출퇴근과 같은 노동에 부수되는 시간을 공제한 임의적인 시간을 의미한다. 〈표 2-1 참조〉 이상적인 시간의 배분에 의하면 24시간 중노동(8시간), 생리적 시간(8시간), 여가(8시간)로 구분되는데, 이러한 분류에 의하면 우리 인생의 1/3(one third of our time)은 여가로 주어진다.

산업혁명 이후 과학기술의 발달과 기술혁신으로 사무자동화(office automation), 공장자동화(factory automation), 가정자동화(home automation) 등으로 대치됨에 따라 노동시간이 대폭적으로 감소되는 추세에 있다. 이와 같은 노동시간의 단축은 기

표 2-1 | 시간의 유형

시 간 유 형	내 용
근로시간(work time)	노동시간
보존유지시간(maintenance time)	생리적 시간으로 수면, 식사시간 등
소비시간(consumption time)	교통시간, 상품구매를 위한 소비시간
문화시간(cultural time)	독서, 산책, TV시청, 영화감상 등 문화활동 시간
사교시간(social time)	가족, 친지, 친구와의 상호작용 시간
한가시간(idle time)	한가한 시간

술혁신에 의한 노동생산성의 향상과 함께 여가의 증대를 가져왔다.

따라서 이미 선진국에서는 국가복지정책에 힘입어 노동활동에 돌려지던 국민의 에너지가 여가욕구로 대체됨으로써, 노동 제일주의로부터 생활 제일주의로의 전환이 현저하게 나타나고 있다. 이러한 현상으로 이제 관광에 관한 욕구가 일반대중으로 보편화되는 단계에 이르게 되었다.

3) 교통수단의 발달

제2차 세계대전 후부터 발달하기 시작한 각종 교통수단의 등장은 여행시간은 물론 여행거리를 단축시켰다. 특히 항공교통수단의 비약적인 발전은 세계를 시간적·공간적으로 거리의 개념을 단축시키는 일대 전환점을 마련하였다. 최근 제트여객기의 등장에 따라 60시간 이내에 지구를 일주할 수 있게 됨과 동시에 항공노선의 개척 또한 이를 뒷받침하게 되었다. 또한 초음속 대형점보제트 여객기의 등장과 벌크운임제도(Bulk Fare System)의 고안으로 대량 수송시대를 맞이하게 되어 여객운임을 대폭적으로 값싸게 만들었다. 이러한 신속하고 안전한 교통수단의 발달은 누구나 원하는 곳이면 쉽게 여행할 수 있는 여건을 조성하였으며, 더 나아가서 질적인 관광이 가능해져 보람있고 만족스러운 관광이 실현되고 있다.

종래의 관광은 관광목적지까지의 왕복시간이 많이 소요되어 관광지에서의 실제 소비시간은 상대적으로 적어 충분한 관광활동을 즐기지 못하였다. 그러나 교통수단의 발달로 인하여 이전보다 왕복 소요시간은 크게 단축되었고 단축된 시간만큼 순수한 관광활동시간으로 전환할 수 있게 되어 관광시간이 길어졌다.〈그림 2-1 참조〉

그림 2-1 | 교통수단 발달에 의한 시간변화

출발(장시간)	현지관광시간(단시간)	귀로(장시간)
출발(단시간)	현지관광시간(장시간)	귀로(단시간)

이러한 경향은 앞으로도 관광을 더욱 용이하게 할 것이며 특히 초음속 비행기의 실용화, 수직 이착륙기의 발전 및 실용화, 초대형 여객기 출현 등이 현실화되면 관광은 더욱 더 발전될 전망이다.

특히 교통수단의 발달로 인해 기존의 공간개념이 새로운 거리의 개념으로 변화 됨에 따라 지역 간 · 국가 간의 관광이동은 활발해질 것이다. 이는 관광객이 느끼는 관광목적지까지의 거리저항이 사라졌기 때문에 향후에는 관광이동이 급증될 것이다. 여기서 제시된 거리저항이란 관광객이 관광목적지를 방문할 때 느끼는 각종 경제적 거리저항, 사회 · 문화적 거리저항, 심리적 거리저항, 계량적 거리저항, 정치 · 외교적 거리저항 및 시간적 거리저항도를 종합하여 나타난 결과를 의미한다.〈표 2-2 참조〉

표 2-2 | 거리의 유형

구 분	내 용
시간거리	시간(time)
경제거리	교통수단별 요금체계, 물가수준, 환율
사회 · 문화거리	문화적 친숙감, 문화적 이질감, 언어의 유사성, 역사적 관계, 종속관계, 사회적 안정도
심리거리	국가 및 지역에 대한 인지도, 물가, 목적지의 내부교통
계량거리	마일(mile)
정치 · 외교거리	정치적 안정도, 외교관계 유무, 비자유무, 관세

4) 가치관의 변화에 의한 생활양식의 변화

가치관은 어떤 특정 상황에서 어떤 행위를 하게 만드는 신념으로, 이 신념은 지속적이기 때문에 관광연구에 있어서 중요한 의미를 갖는다. 또한 사회의 문화 역시 그 사회에 소속된 구성원들이 공유하고 있는 가치관에 의하여 형성되며, 이러한 문화의 표현들이 생활양식이라고 볼 수 있다. 따라서 개인의 가치관이 어떻게 변화되고 형성되느냐는 생활양식에 커다란 영향을 미친다고 볼 수 있다.

오늘날 사회를 기성사회와 대조적 의미인 새로운 사회(new society)로 규정짓는 것은 무비판적인 모방사회가 크게 작용하지 않고, 합리성과 자기나름의 세계관(self-image)과 가치관에 따라 생활하기 때문이다. 강한 개성(personality)에 의한 특징적 행동으로 양보다는 질의 가치를 추구하고, 아마츄어적인 태도를 넘어서 전문가적 태도(professonalism)를 견지하려는 경향이 강하게 나타난다. 자기 완성을 위해 교육적, 문화적 분야에 많은 투자를 하며 취미생활과 여가생활에 많은 관심을 갖는다. 그리고 집단적 행동에 수동적으로 참여하지 않고 능동적으로 조직을 결성하고 모임을 주도하기를 좋아하며 능동적으로 참여하는데 그 가치를 부여하는 경향이 있다.〈표 2-3 참조〉

표 2-3 | 생활양식의 변화

구 분	기 존 사 회	현 대 사 회
단체활동	참가(attendance)	참여(participation)
규모	집단(formal group)	소규모 · 개인(party, singles, informal group)
태도결정	여론, 정보, 동조	자신의 경험, 지식, 가치관
의사결정	공통된 의사(agreement, rule, custom)	개성(personality, individualty, self-image)
욕구충족	수량(volume, quantity)	품질(quality, value)

이러한 현대사회의 특성에 의해서 관광활동을 일상생활의 일부, 생산활동의 연장, 문화적 생활의 필수적 요소로 보게 된다. 따라서 현대사회는 돈을 얼마나 많이 쓰느냐에 평가기준을 두는 것이 아니라 어떠한 방법으로 가치있고 보람있게 쓰고 즐기는가에 초점을 두고 있다. 때문에 대부분의 사람들은 자기완성을 위해 관광활동에 많은 투자를 하고 있다.〈표 2-4 참조〉

이상에서 제기된 관광발생의 성립인자 외에도 세부적인 요소로서 도시화의 증대, 교육수준 향상, 정치적 안정, 관광 기반시설의 확충, 유급휴가제도의 발달, 여성의 사회진출, 관광산업의 발달, 소비유형의 변화, 현대인의 위락심리 변화 등을 들 수 있다.

표 2-4 | 관광활동 유형의 변화

구 분	기 존 사 회	현 대 사 회
참여자 규모	단체관광(여행사 알선, 직장, 친목단체 관광)	소규모 단체관광 및 개인관광(가족관광, DIY관광, 개인관광)
여행거리	근거리, 중거리	장거리화(도서, 벽지, 해외여행)
목적의식	양 중심 (참가횟수, 과시, 기념소비 등)	질 중심(문화, 교육, 체험, 자기개발, 취미생활 등)
관광활동성	정적 관광(휴식, 감상 등)	동적 관광(놀이, 레포츠, 탐구, 모험)
여행수단	대중교통수단	항공기, 자가용
전문성	단순관광(구경, 관람, 휴식, 요양)	세분화된 목적형(SIT) 관광
자연활용	단순히 자연관광으로 인식	생태관광, 녹색관광으로 발전
활동공간	평면적 공간	입체적 공간
이용시설	저렴한 숙박시설(여관, 민박 등)	고가숙박시설, 가족적이고 실용적인 시설공간(호텔, 별장, 콘도, 산장, 모텔 등)

2_ 관광발생의 행위인자

1) 관광객의 정의

관광객이란 관광행동의 주체이며 관광할 수 있는 주인공을 의미한다. 그러나 이처럼 관광객의 정의는 간단한 문제가 아니다. 사람을 보는 관점도 여러 가지 방법이 있는 것처럼 관광객의 개념을 파악하는 데도 매우 다양한 방법과 기준이 이용되고 있다. 왜냐하면 관광객의 정의는 관광객의 역할, 관광객의 동기, 관광객의 성격, 체재기간, 관광목적, 이동거리, 관광참여자의 수, 교통수단, 연령, 성별, 관광객의 생활양식, 활동, 여행방향에 따라 관광객의 본질을 달리할 수 있기 때문이다.

실제로 관광객(Tourist)의 용어는 1800년 초기에 옥스포드 영어사전에서 사용되면서 일반화되기 시작하였다. 사전적 정의에 의하면 관광객은 여행자와의 개념과 다르게 정의되고 었다. 여행자(Traveler)는 '한 장소에서 멀리 떨어져 있거나 낯설은 다른 장소로 가는 사람' 으로 공간적 이동에 촛점을 두고 해석하고 있다. 반면에 관광객은

'즐거움, 문화 또는 레크리에이션을 위하여 여행하는 사람(One who travels for pleasure, culture or recreation)' 으로 공간적 이동의 목적을 중심으로 해석하고 있다. 구체적으로 학자들의 정의를 보면 다음과 같다.

① Segalen의 정의

관광객이란 여행을 통하여 다양한 감동을 조달하는 자라고 정의하고 있다.

② Boorstin의 정의

관광객이란 탐구노력이 결여되어 있는 수동적인 개인으로 정의하고 있다.

③ MacCannell의 정의

관광객이란 체험을 추구하기 위해 전 세계로 활약하는 현실인이라고 정의하고 있다. 또한 관광객은 방문하는 장소에 대해 서로 다른 반응을 나타내는 장소 소비자(place consumer)라고 표현하기도 한다.

이러한 관광객의 본질을 Lundberg는 여행객과 방문객의 종합개념으로 보고, 관광객이 될 수 있는 요건으로서 심리적 측면을 강조하여 관광목적이 즐거움(pleasure)을 수반하면 관광객으로 간주하고 있다. 그러나 이러한 개념은 숙박, 거주유무, 교통수단의 여건 등의 면에서 보면 그다지 정확한 정의는 되지 못한다. 반면에 E. Cohen은 관광객을 자발성, 여행기간, 여행방향, 여행거리, 여행빈도, 일반적 목적, 특정적 목적 등을 바탕으로 정의를 내렸다.〈그림 2-2 참조〉

상기의 관광객 정의는 일시적이며 자발적 여행으로서 비교적 먼, 그리고 비거주적 귀환여행 사이에 신기함과 변화에 의한 즐거움을 기대하며 여행하는 자라고 하여 관광구조와 관광객의 상호유기적 관계를 바탕으로 정의를 내리고 있다.

그림 2-2 | E. Cohen의 관광객 모형

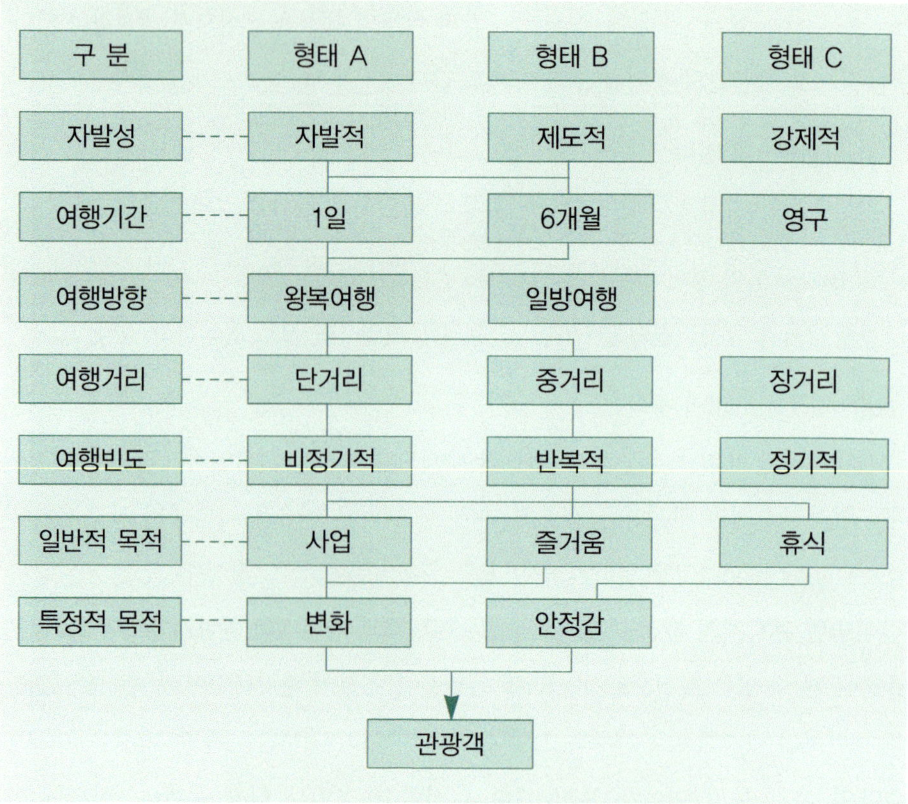

2) 관광객의 유형

(1) Cohen의 관광객 유형 분류

Cohen은 관광객들이 추구하는 친밀성(Garniliarity)과 새로운 것(novelty)에 대한 경험의 추구정도 및 여행계획에 관여하는 정도에 따라 관광객의 유형을 분류하였다. 분류된 각각의 유형들이 친밀성과 새로움을 추구하는 정도는 관광객들이 속해 있는 사회, 문화 등의 제도적 환경과 개인이 선호하는 관광형태에 따라서 결정되는데, 그 유형은 다음과 같다.

① 조직적 형태의 대중관광객

관광객들은 사전에 타인이 계획한 상품을 구매하여 관광을 하기 때문에 여행일정의 주요 내용들이 관광객 자신들의 의사결정에 의하여 이루어지는 것이 아니라 여행사와 같은 여행조직업자가 설계한 관광에 참여 하는 관광객들이다. 이 경우는 대부분 유명 관광지 중심의 관광형태이기 때문에 관광의 친밀성의 경험은 극대화되는 반면에 새로운 것에 대한 경험의 정도는 극소화된다.

② 개별여행 형태의 대중관광객

관광객들은 전적으로 타인에 의해 사전에 계획된 여행에 참여하기도 하지만 타인에 의하여 계획되었다 하더라도 여행의 일정이나 시간을 어느 정도 자신의 의도에 따라 변경할 수도 있다. 그러나 관광활동 프로그램의 주요 부분들은 사전에 미리 계획된 여정에 따라 행하여짐으로, 여기에 참여하는 관광객들은 일반적으로 조직화된 형태의 대중관광객들과 마찬가지로 자신이 속해 있는 사회적 환경에 의해 많은 영향을 받는다. 또한 이들은 관광수용 지역사회(host community)의 구성원들과 직접적인 접촉을 통한 상호교류의 기회를 거의 갖지 못함으로 지역주민의 일에 무관심한 경향이 있다. 그러므로 이러한 유형의 관광객들은 조직적 형태의 대중관광객과 비슷한 경험을 한다.

③ 탐험 형태의 관광객

이러한 유형의 관광객들은 자신이 직접 계획한 여행일정에 따라 관광을 한다. 이들은 여러 사람들에게 비교적 덜 알려진 장소를 찾아 탐험적이고 모험적인 여행을 하려고 하며, 또한 관광지역사회에 관하여 많은 부분에 관심을 갖고 깊이 이해하려고 한다. 때문에 이들을 수용하는 지역주민들과 어느 정도 융합하기를 희망한다. 따라서 이들의 대부분은 아직 관광지로서 알려지지 않았거나 개발이 되지 않은 지역을 선호함으로써 관광을 통한 새로움을 추구하려는 경향이 강하게 나타난다.

④ 방랑 형태의 관광객

이러한 유형의 관광객들은 탐험형태의 관광객들과 마찬가지로 자신이 독자적으로 여정을 계획하여 관광활동에 참여한다는 면에서는 공통점이 있지만 탐험형 관광객들보다도 관광수용 지역사회의 문화와 풍습, 그리고 의식주와 같은 생활습관에 동화되는 정도가 강하다는 것에 차이가 있다. 그러므로 이들은 어떤 형태의 관광객들보다도 새로운 것에 대한 경험의 추구가 강하게 나타나는 경향이 있다.

이상의 내용에서 보면 관광객의 유형은 크게 두 가지로 분류될 수 있다. 일반적으로 여행사에서 계획된 관광에 참여하는 관광객들은 일종의 제도화된 관광의 형태(institutional tourism)이고 자신의 계획에 의한 관광의 형태는 비제도화된 관광(non-institutional tourism)이라고 볼 수 있다.

(2) Lundberg의 관광객 유형

인간의 본질적인 성격은 크게 내향적 성격소유자와 외향적 성격소유자로 분류한다. 이와 유사한 방법으로 Psychocentrics와 Allocentrics로 분류하기도 한다. Psycho-centrics 유형은 문제를 피하고 자기 중심적인 것에 관심을 기울이고 일반적으로 보수적이며, 비모험적이다. Allocentrics 유형은 모험적, 자기 확신적, 호기심이 많고, 진취적이며 새로운 경험을 추구하는 경우이다. 다시 말해서 내향적 성격소유자(Introverts)와 Psychocentric Person, 그리고 외향적 성격소유자(Extroverts)와 Allocentric Person 간에는 서로 유사성을 지니고 있다.

이러한 성격의 유형을 바탕으로 관광객의 유형을 분류하면〈그림 2-3 참조〉 Psychocentrics 성격소유자는 Coney섬, 마이애미 해변과 같이 잘 알려지고 수많은 사람들에 의하여 방문됐던 안정적인 목적지를 선택한다. Allocentrics의 성격이 강한 성격소유자는 모험적이고 호기심이 많고 정열적이며 진취적인 사람으로 남태평양, 중동, 아프리카와 같은 대개 신비스러운 목적지에 매료되어 선택을 한다. 그러나 여행에 대한 모험심이나 공포심도 갖고 있지 않은 소위 Mid-centrics은 여행의 대중관광 성향을 나타내며, 그들은 하와이, 카리브해지역, 유럽 등과 같은 지명도가 높은 곳을 관광목적지로 선택하게 된다.

그림 2-3 | Psychocentrice-Allocentrice의 척도

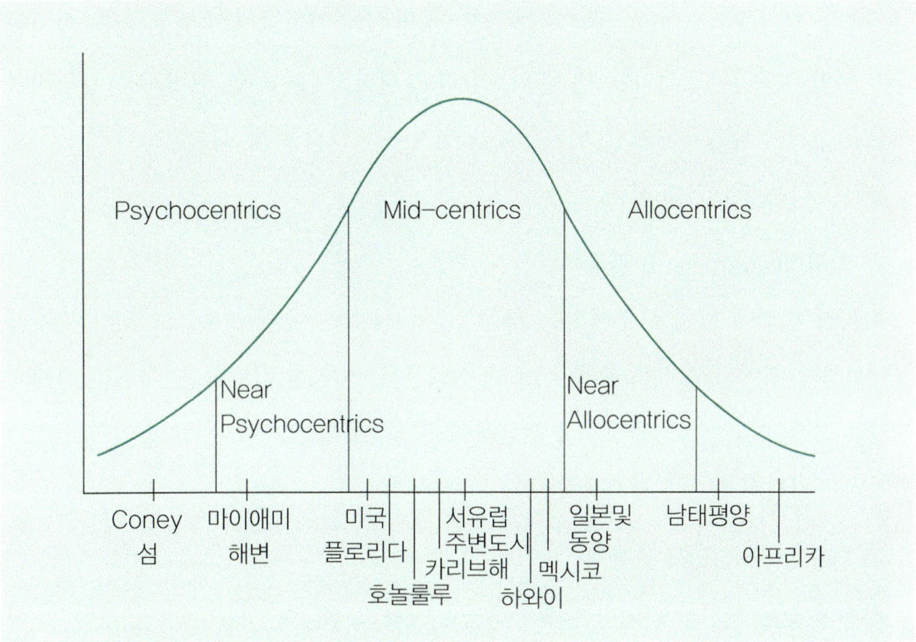

이상의 내용을 바탕으로 인간의 중요한 가치를 생활에서의 다양성에 기초하여 관광객 유형을 5가지로 범주화 하면 다음과 같이 설명할 수 있다.

① 모험형(adventure) 관광객

자기생활에서 가장 강력한 변화욕구를 가진 사람이라고 할 수 있다. 이들은 어떤 위험을 무릅 쓰고서라도 새롭고 색다른 것을 찾아 관광활동을 즐기려고 한다.

② 관심형(respect) 관광객

관심형은 모험형과 유사하게 모험에 관심을 두고 있고, 새롭고 색다른 것을 시도하고 싶어하지만 그렇게 하기 전에 어느 정도 신중을 기하는 경우가 많다. 이들은 새롭고 색다른 것을 추구할 때 모험보다는 사람의 생명과 존경에 더 가치를 부여하고 있다.

③ 신중형(deliberateness) 관광객

신중형 관광객은 새롭고 색다른 경험을 가장 먼저 할려고 시도해 보지는 않지만 다른 일반 사회구성원보다는 먼저 시도할려고 한다. 예를 들면 신비로운 관광지를 제일 먼저 여행하거나 새로운 여가활동을 먼저 시도하려고 하지는 않으나 일반사회 구성원 보다는 빨리 시도하려고 한다.

④ 회의형(skepticism) 관광객

회의와 의심에 가치를 부여하는 사람들은 대다수의 여론이 새롭고 색다른 것을 정당화하기 전에는 그것을 보통 시도하지 않는다. 이러한 사람들은 대부분 관광지 개발로 명성이 있는 유명관광지를 선택하여 관광활동을 즐기며, 개발 중이거나 미개발지역은 약간의 시간을 필요로 한다.

⑤ 전통형(tradition) 관광객

전통에 높은 가치를 부여하는 관광객들은 새롭고 색다른 것에 의심을 가진다. 이러한 관광객들은 매년 같은 지역을 여행하는 경우가 많다. 예를 들면 매년 같은 호수가의 별장에서 휴가를 즐긴다. 이것은 그들이 신기성이나 새로운 것을 추구하려는 욕구보다는 생활공간을 떠난 변화의 욕구에 더 관심을 둔다는 것이다.

3 관광발생의 목적인자

1) 이동의 형태

관광은 이동을 전제로 나타나는 현상이다. 인간의 이동은 본능적 행위이므로 인류역사의 형성 초기부터 이루어져 왔다. 인류역사의 형성 초기의 이동은 대부분 동물의 위협을 피하고, 또는 추위와 더위를 피하는 등 각종 인간의 생명을 위협하는 요인으로부터 벗어나 안전한 생활을 위한 생존의 이동이였다. 이동을 위한 유랑생활과는 달리 농경사회가 진행되면서 인류는 이동보다는 정주의 생활이 정착되었다. 정착생활 후 대부분 생활권을 떠난 이동은 부족한 물자를 충족하기 위한 물물교환이었다. 이동수단은 도보의 형태였기 때문에 장거리 이동은 사실상 이루어지지 않았다. 이 당시의 이동은 단순히 생활을 위한 이동이었기 때문에 관광을 위한 이동이라고 해석하기는 여러 가지 측면에서 문제가 있다. 고대사회, 중세사회에서는 일부 제한 되었지만 우마를 이용한 단거리 및 장거리 이동이 이루어져 즐거움을 추구하기 위한 관광이 싹트기 시작하였다. 대부분 종교적인 목적이 주종을 이루고 있지만 휴양, 휴식, 요양 등의 관광목적에 의한 이동형태도 나타났다.

인간의 이동이 관광에 영향을 미친 가장 획기적인 요인은 산업혁명 이후라고 볼 수 있다. 기존의 폐쇄지향적인 공간의 개념을 개방지향적인 것으로 전환시킨 증기선, 철도 등의 교통수단의 등장은 인류 대이동의 시발점이었다. 특히 도시화의 진전은 도시민들로 하여금 도시생활의 무력함과 공해로부터 해방을 자극하는 요인으로 등장하였고, 이로 인하여 생활권을 떠나 새로운 전원적 자연과의 만남을 통하여 휴양, 휴식을 갈구하게 되었다. 또한 각종 숙박시설과 여행사의 등장은 관광지로 쉽게 접근할 수 있도록 관광객의 편의를 제공해 주었으며, 교육기회의 증대로 인한 지식수준 향상은 새로운 세계에 대한 도전과 체험을 통한 견문확대 및 자기개발의 기회를 확대시켜 주었다. 이러한 인간의 이동욕구를 자극하는 각종 요인들은 결국 관광의 대중화를 자극하는 중요한 변수로 등장하고 있다.〈그림 2-4 참조〉

그림 2-4 | **이동에 따른 관광형태의 변화**

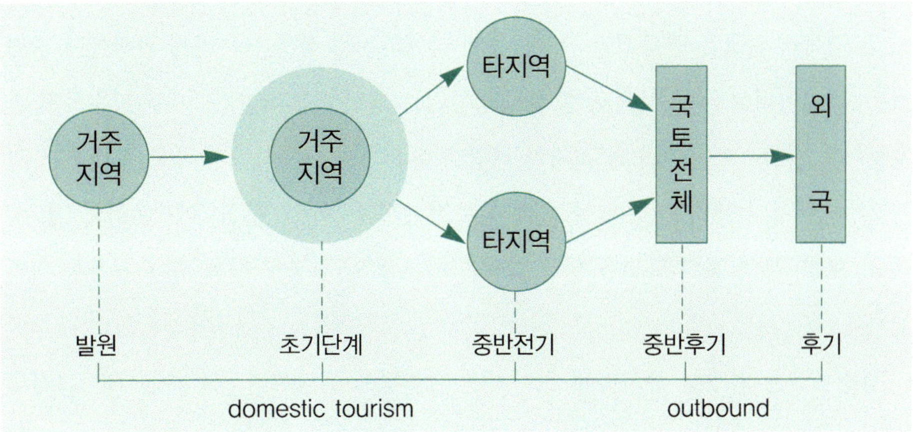

세계 2차대전의 종료 이후 각종 군용기가 민간항공기로 전환되면서 대량으로 수송이 가능한 항공기가 등장하고, 이에 따라 기존의 거리(mile)의 개념이 시간(time)의 개념으로 바뀌지고 국가 간의 이동이 활성화됨에 따라 관광을 위한 이동이 이제는 생활의 필수적인 현상으로 나타나기 시작하였다. 특히 현대사회의 생활양식이 물질중심보다는 정신추구의 삶의 질을 가치있는 것으로 추구하고, 정보혁명으로 인한 정보의 공유현상으로 국가 간, 지역 간의 이동성 증대에 영향을 미침에 따라 관광이동현상은 한 국가의 현상이라기보다는 대이동의 물결이라고 표현될 만큼 세계적인 현상으로 등장하고 있다.

2) 관광목적의 유형

관광은 자유의지에 의한 목적지향적 활동이다. 관광은 자기의 자유시간 내에서 생활의 변화를 추구하려는 인간의 기본적 욕구충족을 위하여 미지의 자연이나 문화 등의 환경을 배경으로 위로욕구 충족, 심신의 피로회복, 인간성 회복 등을 달성하려는 일련의 목적지향적 행위라고 볼 수 있다. 따라서 관광목적은 관광객이 관광행위를 하기 전에 관광활동을 통하여 달성하고자 하는 구체적인 성과로서 일반적으로 순수관광 목적과 겸목적 관광으로 구분할 수 있다.

순목적 관광은 관광활동의 내용이 주로 새로운 것(novelty)을 찾고 즐거움을 추구하기 위한 위락, 오락, 요양, 휴양, 휴식, 감상 등의 순수한 관광활동으로 구성되어 있다. 겸목적 관광은 관광객이 관광활동에 참여하는 목적을 단순하게 관광에만 주력하는 것이 아니고 다른 목적도 함께 달성하려는 행위를 의미한다. 이것은 순목적 관광보다도 관광수요는 비교적 적지만 관광소비나 체재일수가 많기 때문에 대부분 관광선진국에서 성행하고 있다. 예컨데 겸목적 관광은 학술, 문화, 예술, 회의, 업무, 종교, 보건, 무역 등의 목적을 위한 활동을 하는 동안 관광도 함께 하는 경우를 의미한다.

관광목적은 외형상 유사하게 보이지만 본질적으로 다르다. 시대에 따라 그리고 그 시대의 신분, 계층, 장소에 따라 차이를 보여왔고 사회적 신분상승, 경제적 안정, 개인의 권익, 개방적 환경 등 환경요인에 따라 여러 가지의 형태가 나타나고 있다. 〈표 2-5 참조〉

표 2-5 | 관광목적과 활동형태

목 적	배경 및 동기	관광활동 형태
건강증진	정신적·육체적 피로회복, 스트레스 해소	휴식, 휴양, 휴가, 온천관광, 동계스포츠, 산악관광
자기개발	자기발전, 성장, 성취감	취미생활, 사교활동, 수집활동, 놀이, 게임
가정충실	가족화목, 대화기회 마련	가족관광, 부부관광, 주말관광, 회식, 외식
교육효과	새로운 정보수집 및 일상업무 활용	체험관광, 수학여행, 견학, 이벤트 참가, 답사, 탐사
차별성 강조	경쟁의식, 동류집단 의식, 상이한 취향, 기호	식도락관광, 쇼핑관광, 동호인 단체관광, 모험관광
결속 강화	기업문화, 노사화합	수련대회, 위로휴가여행
생산성 제고	시장경쟁, 판매확대	인센티브관광
고객관리	거래처 확보, 판매확대	인센티브 관광
자연애호	환경문제, 자연보호	생태관광, 사파리
노동공존	농촌경제회행·지원유휴농지 활용	녹색관광, 관광농원관광

4 관광발생의 대상인자

관광발생을 체계적인 관점에서 보면 관광객이 관광행동의 주체이고, 관광목적지는 관광객체로서 관광대상이라고 볼 수 있다. 그리고 이들 두 요소는 관광발생의 필요충분조건이다.

일반적으로 관광지는 다음과 같은 조건을 구비한 곳을 의미한다. 관광지는 관광객이 자신의 일상생활공간을 떠나 체험할 수 있는 자연관광자원, 인문관광자원, 그리고 관광시설들이 한 가지 이상이 있어야 하며, 이들 관광자원의 이용가치를 제고시키기 위한 숙박시설, 음식시설, 편익시설 등이 설치되어 있어야 한다. 또한 관광자원에 접근할 수 있는 교통시설이 설치되어 있으며 정보서비스가 이루어지는 공간이어야 한다.

그러나 관광목적지는 관광지와는 다소 다른 측면이 있다. 관광목적지는 물리적 또는 추상적인 관광지가 관광객에 의하여 선호, 선택, 소비, 이용되는 지역으로 규정할 수 있다. 따라서 모든 관광지가 관광목적지가 된다고 볼 수 없으며, 관광목적지는 일반적인 관광지보다 협의의 개념이라고 할 수 있다. 현실적으로 관광지는 많아도 관광목적지는 없을 수도 있으며 관광지가 아닌 곳도 관광 목적지가 될 수 있다. 공급이 수요를 창조한다는 세이의 법칙(Say's Law)에 비유해 보면 관광지를 만들어 놓기만 하면 관광객들이 몰려들어야 할 것이나, 불행하게도 현실은 그렇지 않다. 잠자는 관광지를 깨워서 수요가 있는 관광목적지로 변신시켜야 한다. 즉 관광지는 관광객에 의하여 지속적으로 선호, 이용될 때에 한하여 관광목적지로서의 의의와 가치를 평가받을 수 있다.

관광목적지는 다양한 구성요소의 집합체로서 하나의 완성된 관광상품이다. 일반적으로 상품에 대한 선호 및 소비는 소비자의 유형에 따라 다르고 시간이 경과함에 따라 인기도 즉, 수요량이 등락을 하게 되며 여기에는 몇 가지 패턴이 있는 것으로 알려져 있다.

관광목적지 요소를 매력물 요소, 교통시설 요소, 숙박시설 요소, 지원시설 요소, 기반시설 등으로 구분하여 설명하면 다음과 같다.

1) 매력물 요소

어떤 지역이든 관광객을 유인하는 데는 독특한 관광매력이 있기 마련이다. 이러한 매력요소는 주로 자원적 특성에 바탕을 두고 있다. 그 첫째로는 자연적 매력요소로서 자연자원의 특이한 지형, 기후, 산악, 해안, 호수, 온천, 희귀한 동·식물군 등이 될 수 있고, 둘째로는 인공적 매력과 역사적 또는 현대적 매력요소로서 유서깊은 사찰, 기념물, 역사적 건축물, 또는 카지노나 주제공원 같은 인위적 자원 등이 될 수도 있다. 셋째로는 인적·문화적 매력요소로서 언어, 음악, 무용, 민속 등과 같은 자원이 될 수도 있다.

2) 교통시설 요소

역사적으로 관광은 교통기술의 발전과 밀접한 관계를 가지고 이루어졌다. 제2차 세계대전 후에 자동차의 자가소유가 급증함에 따라 유럽 지역에서는 국민관광이 급증하였고, 최근 항공 기술의 발달은 국제관광의 양적 증가에 중요한 요인으로 작용하고 있다. 최근의 교통시설 요소의 개발로 인하여 여행거리 연장, 전국이 1일 관광시대, 여행시간의 단축으로 인한 관광시간 증가, 근거리 지역의 주말관광권화 등의 현상이 나타나고 있다.

3) 숙박시설 요소

현대 관광객에게 있어서는 각양각색의 숙박시설에 대한 이용이 가능하게 되었다. 숙박시설을 기능적인 측면에서 분류하면 다음과 같다. 첫째는 영업부분으로 호텔, 모텔, 하숙, 휴가촌 캠프 등이 있고, 둘째는 비영업부분으로 영구주거용 시설을 친지에게 제공하는 형태나 제2의 주택으로 본인 소유나 장기 임대형 등이 여기에 속한다. 또한 캠핑이나 카라반시설은 중간형태의 숙박시설로서 개별텐트나 트레일러 이동 주택시설은 영업적 캠핑장에 주로 설치가 가능한 것이다.

4) 지원시설 요소

관광목적지 요소로서 매력물 요소, 교통시설 요소, 숙박시설 요소 등은 매우 필수적인 요소로 중요하다. 그러나 이외에도 관광기념품과 생활필수품, 의류, 의약품, 식료품 그리고 잡화용품 등을 판매하는 다양한 시설과 서비스도 관광목적지에서 요구된다. 또한 레스토랑, 은행, 미용실, 의료센타 등도 필요한 지원시설에 해당된다.

5) 기반시설 요소

앞에서 언급된 시설과 서비스를 지원하기 위해서 필요한 것이 적절한 기반시설이다. 도로, 주차시설, 철도, 항만 등과 같은 교통기반시설 이외에도 전기와 하수 및 오물처리시설과 같은 형태의 공공시설이 기본적으로 요구되는 기반시설이다.

5 관광발생의 촉진인자

관광발생의 촉진인자는 관광정보와 홍보를 들 수 있다. 관광객이 관광지가 있다는 것을 모르면 관광발생이 성립되지 않는다. 따라서 관광지를 알리고 한 발 더 나아가 다른 관광지에 비하여 경쟁우위를 차지하려면 관광정보의 배분이 중요하다.

관광정보는 크게 두 가지로 구분할 수 있다. 정보수혜자가 정해진 목표지향적 관광정보와 수혜자가 정해지지 않은 비지향적 관광정보가 있다. 관광객이 정해진 목표지향적 관광정보는 관광지 안내 등 구체성을 띠는 반면에 비지향적 관광정보는 교양과 일반적인 소개를 목표로 한다.

관광객의 경우, 처음에는 일반적인 정보를 추구하다가 여행 출발시간이 가까와짐에 따라 구체적인 정보를 원한다. 따라서 같은 곳을 소개하더라도 구체성 정도를 달리하여 여러 가지의 정보체계를 갖출 필요가 있다. 또한 관광객 시장을 세분화하여 원하는 정보를 파악하고 그에 알맞는 책자 발간 등의 노력을 하여야 한다. 구체적으로 관광객의 발생을 촉진할 수 있는 관광정보원을 보면 다음과 같다.

1) 브로셔(Brochures)

브로셔는 관광객이 이용할수 있는 가장 유용한 정보원이다. 많은 관광기업들은 관광유람선, 목적지, 숙박시설 등에 관한 자세한 정보를 담은 브로셔를 관광객에게 제공한다. 이러한 브로셔는 관광객이 호감을 느낄 수 있도록 디자인되어 관광발생을 촉진해야 한다.

브로셔의 형식은 일반적인 방법으로 다양한 관광지를 설명해야 한다. 예를 들면 루어 북(lure book)이 있다. 루어 북은 관광객을 어떤 관광지로 끌어들이기 위해 계획된 다양한 소책자를 의미한다.

결론적으로 브로셔는 관광정보가 관광객에게 어떤 이익을 제공해야 하며 관광객이 보다 즐거운 여행을 할 수 있도록 어떻게 도울 수 있는가에 초점을 두어야 한다.

2) 안내책자(Guide Book)

관광 안내책자는 관광객을 위하여 쓰여지는게 일반적인 원칙이다. 일반적으로 이러한 안내책자는 다음과 같은 유형이 있다.

① 포롬머 가이드(Frommer Guides)

숙박시설, 식당에 관한 정보 및 관광정보 제공

② 베데커 가이드(Baedeker Guides)

목적지까지의 교통수단과 관광대상에 관한 정보 제공

③ 포더 가이드(Fodor Guides)

지도와 일반 정보 즉, 숙박시설, 식당, 박물관 등의 정보 및 여행상품에 관한 평가 제공

④ 갯 업 엔 고(Get up and Go)

관광객 서비스와 정보원에 관한 서술 및 경치 설명

⑤ 미웰린 가이드(Miche l in Guides)

빨간 책자에는 주로 서유럽의 호텔 및 식당요금을 게재하고, 녹색 책자에는 지역의 문화, 역사, 관광매력물에 관한 정보 제공

3) 간행물

관광의 간행물은 유형이 상당히 많지만 대부분 전문지와 가이드 북으로 나눌 수 있다. 이러한 간행물(예 : Travel Weekly, Travel Agent, Travel Trade, Travel Age, Tour and Travel News)들은 관광지에 대한 최신의 전문적인 관광정보를 제공한다. 대부분 간행물들은 관광상품에 관한 정보와 목적지에 대한 설명, 그리고 관광산업의 발전과 변화 상황이 게재되고 있다.

4) 관광전시회(Trade Shows)

관광전시회는 관광객으로 하여금 짧은 시간에 많은 정보를 얻을 수 있는 기회를 제공한다. 이러한 전시회는 공급자가 일정한 디스플레이(display)나 매장(booth)을 통하여 홍보활동하는 것으로서, 관광객이 이에 참여하여 새로운 정보를 취득할 수 있다.

5) 관광기사

관광기사는 관광지에 관련된 내용이 일반인에게 인기 있는 잡지나 신문 등에 게재되어, 이를 통하여 정보를 습득하는 경우를 말한다. 이러한 관광지에 관련된 글에는 각 관광목적지의 역사, 문화, 정치적 상황에 대하여 다루고 있으며, 또한 현재 호텔요금에 대한 정보, 이상적인 관광지, 관광목적지역에서 피해야 할 사항 등에 관한 정보를 제공하고 있다.

6) 구전

관광발생에 영향을 미치는 중요한 정보원 중의 하나는 구전이다. 직접 관광지에서 관광활동을 체험한 경험들은 다른 관광객에게는 중요한 정보원이다. 즉 특정 지역을 방문한 사람에게서 듣는 정보는 다른 어떤 정보원보다 믿을 수 있고 선택 가능한 것이다.

제2절 | 관광발생 구조 이론

관광이 발생하기 위한 구체적인 조건은 무엇인가? 관광의 실체를 이해하기 위 한 구조 내지 개념적 틀(conceptual framework)은 학자마다 약간의 견해 차이를 보이고 있으나, 대략 다음과 같이 보는 것이 일반적이다.

1 Bernecker의 관광발생 구조

관광발생 구조에 관한 가장 일반적인 주장은 관광주체, 관광객체, 관광매체 등 세 가지 요소가 결합 및 상호작용하여 발생한다는 것이다. 구체적인 내용을 보면 다음과 같다.

1) 관광주체

관광주체는 관광을 행하는 주체로서 관광객을 의미한다. 관광객은 생활권을 떠나 다시 돌아올 목적으로 이동을 하고 목적지에서 체재하며, 결국에는 정신적, 육체적 휴식을 얻으려는 소비자이다. 그러한 과정에서 관광객은 목적지에 경제적, 사회적 영향을 미치고 또한 영향을 받기도 한다.

2) 관광객체

관광객체는 관광대상을 의미한다. 관광대상은 관광객의 관광욕구를 충족시켜 주는 모든 것을 의미한다.

3) 관광매체

관광매체는 관광객과 관광객체를 연결시키는 기능을 하는 것이다. 관광매체의 기본은 이동수단과 정보에 있다. 이동수단을 담당하는 것은 교통에 관련된 것이고, 정보를 담당하는 것은 여행사를 비롯한 중개기업을 의미한다. 또한 매체에서 빼놓을 수 없는 것이 숙박시설, 식음료시설, 유흥시설 등의 관광사업이다.

2 Leiper의 관광발생 구조

관광발생의 틀은 관광발생지역, 관광목적지역, 통과지역 또는 경유지, 관광산업체 그리고 환경 등과의 개방적 상호작용에 의하여 발생된다고 보는 견해이다. 구체적인 내용을 살펴보면 다음과 같다.

1) 관광발생지역

관광발생지역은 관광객들이 출발하는 지역이며 관광객이 자신의 지역으로 다시 되돌아 오는 최종 도착지이기도 하다. 또한 관광발생지역은 관광수요의 잠재원으로서 잠재수요자들이 관광발생을 자극하거나 동기부여를 하는 공간으로서 관광관련 사업체들이 마케팅 활동을 하게 되는 주요 대상지가 된다.

2) 관광목적지역

관광목적지역은 관광객이 자신의 활동을 위해 한시적으로 체류하게 되는 임시적인 도착관광지이다. 이러한 관광목적지역은 관광발생지역에서 부족한 어떤 질적 특성인 관광매력을 내재하여 일시적인 유입(pull)을 자극하는 장소로서 유인요소가 존재해야 한다.

관광객이 지각하는 목적지역의 관광매력에 대한 질적 수준은 그들이 예상하는 관광경험에 대한 기대에 직접 반영되는 것으로써 잠재된 관광객들을 실제관광객으로 활성화시켜 그곳으로 유인하는 작용을 한다. 그러므로 관광발생 지역의 공간적 환경은 관광객을 배출(push)하는 역할을 하고 관광목적지역의 공간적 환경은 관광객을 유입하는 작용을 하게 된다.

3) 통과지역 및 경유지

통과지역 및 경유지는 관광발생지역과 관광목적지역을 공간적으로 연결하는 관광경로를 의미한다. 통과지역 및 경유지는 여행 중에 잠시 머무는 중간거점(stopover points)을 제공할 뿐만 아니라 이동시간의 효율성과 밀접한 관계를 가지며 관광흐름의 방향과 규모를 설정하는데 중요한 역할을 한다.

4) 관광산업

관광산업체는 관광객에게 관광의 편의를 제공하여 주는 산업적 요소를 의미한다.

관광산업은 소비자인 관광객들의 욕구를 충족시켜 주기 위하여 조직적으로 자원을 조달하거나 생산하는 기능적 단위기업들의 집합체를 의미한다. 이러한 관광산업은 기능적으로 매우 다양할 뿐만 아니라 입지 또는 지리적 여건에 따라서도 다양한 기능을 가진 기업들로 이루어져 있으나 일반적으로 여행사, 숙박업, 교통업, 요식업, 기타 관광관련 서비스업 등으로 구성된다.

5) 환경

환경은 관광의 존재, 존속, 그리고 성장하는데 영향을 미치는 외부적인 요소를 의미한다. 관광이란 외부환경으로부터 단절된 상태에서 이루어지는 폐쇄시스템(closed system)이 아니라 외부환경과 끊임없는 상호작용 속에 생성, 유지 그리고 발전되는 개방시스템(open system)의 성격을 갖는다. 따라서 관광발생지역, 관광목적지역, 통과지역 및 경유지, 관광산업체 등에 환경이 어떻게 상호작용하느냐에 따라 관광발생 구조는 여러 가지 형태로 나타날 수 있다.

3_ Mathieson & Wall의 관광발생 구조

관광발생의 구조는 동태적(dynamic), 정태적(static), 결과적(consequential) 요소가 복합적으로 상호작용하여 구성되어 있다. 동태적 요소는 관광객의 동기와 욕구 즉 수요자에 관한 것이며, 정태적 요소는 관광목적지의 수용력(carrying capacity)을 의미한다. 결과적 요소는 관광의 결과적 요소로서 경제적 영향, 물리적 영향, 사회적 영향을 의미한다.〈그림 2-5 참조〉

그림 2-5 | Mathieson & Wall의 관광발생모형

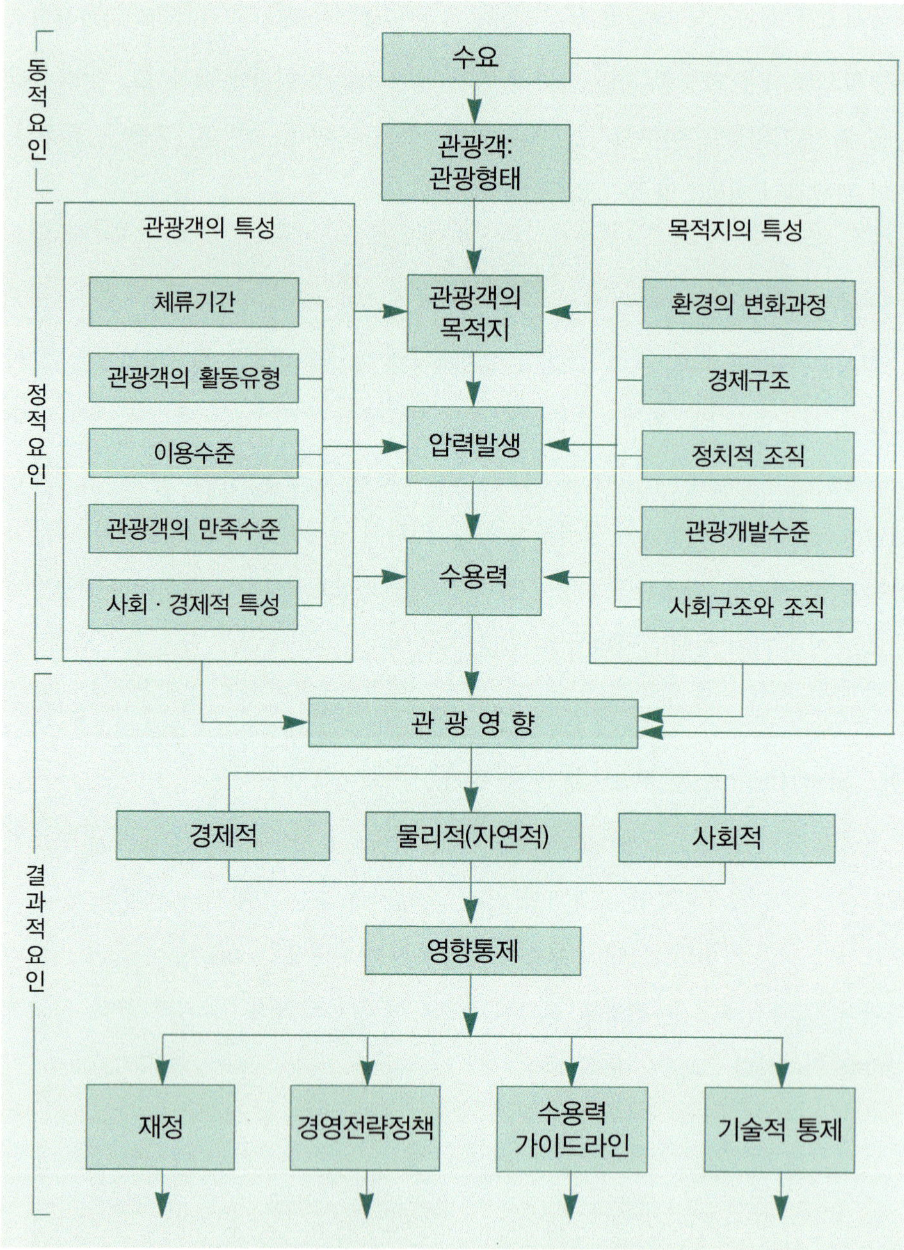

참 · 고 · 문 · 헌

김성혁, 관광학원론, 형설출판사, 1994.

김원인, 관광학원론, 학문사, 1995.

김진섭, 관광학원론, 대왕사, 1994.

김진탁, 현대관광학총론, 백산출판사, 1996.

박상수, 국제관광원론, 형설출판사, 1995.

손대현, 관광론, 일신사, 1993.

손대현 외 1인 편역, 여가관광심리학, 백산출판사, 1993.

오상훈 편역, 관광객, 일신사, 1994.

윤대순, 관광경영학원론, 백산출판사, 1992.

이장춘, 최신국민관광개발론, 대왕사, 1994.

이장춘, 통일과 관광개발, 대왕사, 1995.

이장춘, 통일 · 관광 · 정치, 대왕사, 1995.

표성수 외 1인, 최신관광계획개발론, 형설출판사, 1994.

오상훈, 『관광자의 성격과 관광목적지의 관계에 관한 연구』 한양대 박사학위 논문, 1992.

윤창운, 『국토공간의 변화와 관광 · 위락활동의 변화전망』 지방화시대의 관광개발, 일신사, 1995.

한국관광공사, 2000년대 관광환경 분석과 전망, 1988.

木忠義, 現代觀光論, 有裵閒, 1974.

小삼達男, 觀光事業論, 學文社, 1994.

前田勇, 觀光擺論, 學文社, 1978.

律田昇, 國際觀光論, 東京經濟新報社, 1969.

未武直義, 觀光論入門, 法律文化社, 1974.

小池洋一, 足翊洋保 編著, 觀光學漸論, 1989.

Anand, M. M. Tourism and Hotel Industry, Prentice-Hall of India, 1976.

Burkart, A. T. & Medlik, S. Tourism : Past, Present and Future Heinemarln, 1987.

Chubb, M. & Chubb, H. R. one Third of our Time? John Wiley & Sons, 1981.

Craus, R. Recreation and Leisure in Modern Society, Prentice-Hall, 1972.

Edgel1,D.L.International Tourism Policy, Van Nostrand Reinhold, 1990.

Hudmarl, L. E. & Hawkins, D. E. H. Tourism In Contempory Society : An Introductory Test, Prentice-Hall, 1989.

Inskeep, E. Tourism Planning, Van Nostrand Reinhold, 1991.

Inlayo, E. & Lance, P. Jarvis, The Psycholgy of Leisure Travel, CBI, 1981.

Kadt, E. Tourism : Passport to Development, Oxford Univeristy Press, 1979.

Lundberg, D. E. The Tourist Business, Cohners Publishing Co., 1974.

McIntosh, R. W. & Goldner, C. R. Tourism : Principles, Practics, Philosophies, John Wiley & Sons, Inc., 1986.

Mil, R. C. & Morrison, A. M. The Tourism System, Englewood Cliffs, New Jersey, 1985.

Murphy, P. E. Tourism : A Community Approach, Metherln, 1987.

Wahab, S. Tourism Management, Tourism Interrnational Press, 1975.

03 제3장

관광객 행동론

제1절 | 개요

관광객 행동론 연구의 기본목적은 사람들이 왜 여행을 하는가(Why people travel)를 설명하고자 하는데 있다. 또한 관광객이 목적지, 교통수단, 여행사 등의 관광관련 결정에 대한 이해의 기초를 제공하며, 동시에 여러 결정에 영향을 미치는 요인을 분석하는데 있다. 따라서 본 장의 분석수준은 생물적, 생리적 과정들과 인지적, 정신적 과정, 개인차, 개인 간의 행동, 그리고 비교문화적 또는 집단간 행동 등을 심리학적 접근을 통해서 탐구하고자 한다.

관광객의 행동에 영향을 미치는 요인은 매우 많기 때문에 관광객의 행동을 설명하기란 쉽지 않다. 심리학 이외에도 다른 사회과학자들이 관광행동을 설명하고 있다. 집단행동을 연구하는 사회학, 대 인간의 행동을 연구하는 사회심리학, 사회와 문화를 연구하는 사회심리학, 금전의 소비방법을 연구하는 경제학도 있다. 그러나 본 장의 구성은 주로 심리학적 측면에서 관광객들이 관광목적지, 항공여행, 여행거리, 관광광고 등을 어떻게 지각하고 소비와 여행을 위해 어떻게 학습하며, 또한 성격이 그러한 결정에 어떻게 영향을 미치는가를 파악하고자 한다. 그리고 어떤 동기가 개인의 관광의사 결정에 영향을 미치는가, 동기들이 어떻게 상호작용하는가, 태도는 어떻게 형성되고 이 태도가 관광객의 행동에 어떻게 영향을 미치는가를 이해하고자 한다. 또한 여러 가지 집단의 영향이 어떻게 관광행동에 작용하는가를 파악하고자 한다.

제2절 | 관광객의 의사결정 과정

관광객은 관광을 하기 위하여 관광에 관련된 많은 결정을 하게 된다. 그러나 일반적으로 관광객은 3가지 유형의 관광행동 접근방법을 통해 관광행동을 결정하게 된다. 일상적 의사결정 과정(Routine decision making), 자극적 의사결정 과정(Impulsive decision making), 포괄적 의사결정 과정(Extensive decision making)의 유형으로 나타나게 된다.〈그림 3-1 참조〉 이 중 일상적인 의사결정은 관광객이 이미 방문경험이 있는 경우에 행동하는 결정과정이고, 자극적 의사결정 과정과 포괄적 의사결정 과정은 방문경험이 없는 경우에 내리는 결정과정이다.

그림 3-1 | 의사결정의 연속체계

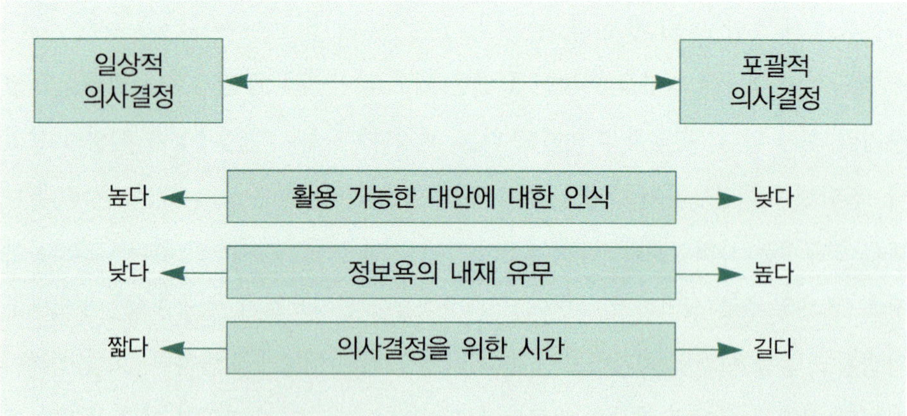

일상적 의사결정 과정은 관광객들이 방문한 경험이 있는 장소를 재방문하려고 할 때, 방문한 경험이 만족스러웠거나 적어도 가 볼 만하였다고 판단하고 다시 동일한 대안을 반복적으로 선택하는 것을 의미한다. 다시 말하면 관광객들이 다른 대안에 대한 정보를 탐색하거나 평가하지 않고 과거에 방문한 장소를 반복적으로 방문하는 것을 의미한다. 이러한 일상적 의사결정 과정 유형의 관광객은 관광 행동결정을 매우 빠르게 결정하기 때문에 정신적 노력은 거의 들지 않으며 관광행동결정자의 평소 습관에 많은 비중을 두게 된다.

자극적 의사결정 과정은 관광객이 관광에 관련된 정보수집을 위하여 비교적 많은 시간과 노력을 투입해서 의사결정을 하는 것이 아니라 상당히 충동적으로 의사결정을 하는 형태를 의미한다.

포괄적 의사결정 과정은 관광객이 의사결정에 상당한 노력과 시간을 투입하여 정보를 수집하고 대안들을 평가한 다음 신중하게 대안을 선택하는 것이다. 이는 대체로 관광객이 시간의 여유는 있으나 관광에 관련된 지식이 없고 관광상품이 고가인 경우에 해당되는 의사결정의 유형이다. 따라서 포괄적 의사결정자는 관광행동 결정에 있어서 상당히 많은 시간과 노력으로 결정하기 때문에 정보수집의 시간이라든지 대안의 평가에 많은 시간을 할애해야 한다.

상기에서 제기된 내용을 바탕으로 관광객의 행동과학적 관점을 고려하면 다음과 같다.〈그림 3-2 참조〉

① 욕구나 여행욕에 대한 느낌

여행욕구는 신중히 고려된 욕망의 교차에 대한 어떤 느낌으로 나타난다.

② 정보수집과 평가

잠재관광객은 관광기업으로부터 정보를 받고, 광고와 브로슈어(brochure)를 연구하게 되며, 친구나 친지에게 여행경험을 듣게 된다. 정보는 여행의 제한적 요소에 의해서 평가된다. 즉 여행에 사용하고자 하는 시간과 돈, 여행의 효용성, 가능한 목적지의 접근성 등에 의하여 평가된다.

그림 3-2 | 관광객의 의사결정 과정도

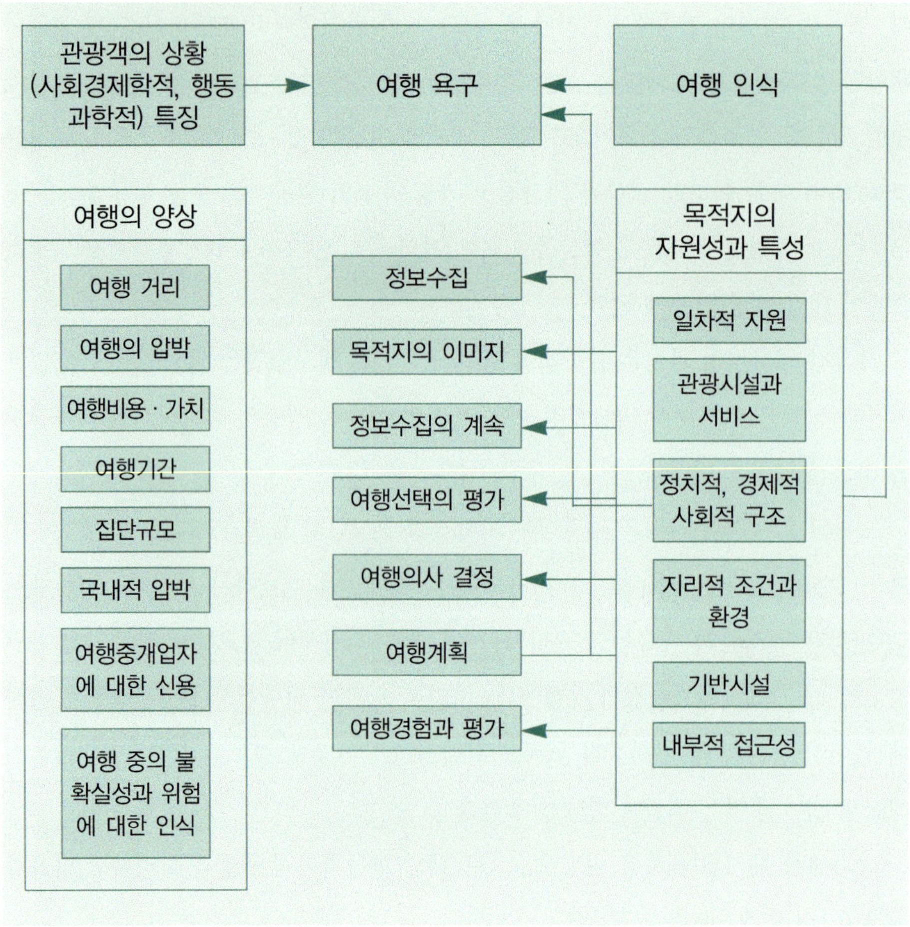

③ 여행결정

결과적으로 목적지, 여행형태, 숙박시설, 활동 등이 선택된다.

④ 여행준비와 여행경험

예약이 확인되고 자금이 결정되면 여행 준비물을 준비한 후 경험을 위한 여행이 시작된다.

⑤ 여행만족도 평가

여행과 체재활동이 진행됨에 따라 경험을 평가하게 되고 이러한 평가의 결과는 여행의사 결정에 영향을 미친다.

제3절 | 관광행동의 영향요인

관광객들이 어떻게 관광의사 결정을 하는가를 이해하려면 그들의 선택에 영향을 미치는 심리적인 요인들을 고찰하여야 한다. 관광행동에 영향을 미치는 요인은 학자에 따라 여러 가지로 해석할 수 있으나 일반적으로 다음 〈그림 3-3〉과 같이 범주를 한정하고자 한다.

그림 3-3 | 개인의 관광행동에 영향을 미치는 요인

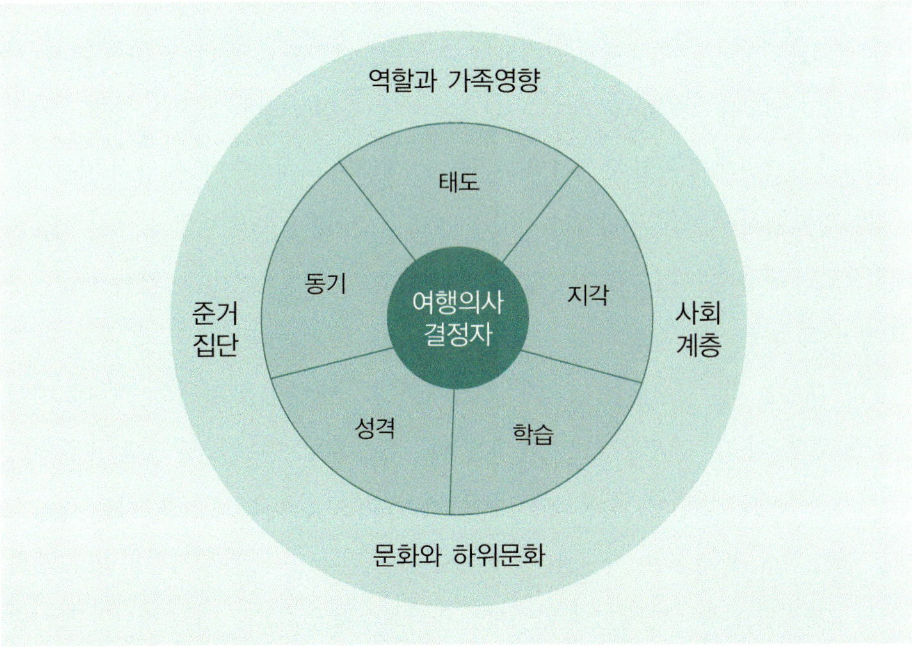

관광행동에 영향을 미치는 내부적 · 심리적 요인은 지각, 학습, 동기, 태도이다. 지각이란 각 개인이 주변세계에 대한 의미 있는 심상을 만들기 위하여 정보를 선택, 조직, 해석하는 과정이다. 학습은 경험에 근거한 개인의 행동변화를 말하며, 성격은 각 개인이 하는 행동의 형태이며 또한 경험과 행동을 질서있게 연결시키는 지적구조를 말한다. 동기는 어떤 목적을 달성하기 위하여 개인의 행동을 유도하는 내적 충동력이라 할 수 있다. 또한 태도는 어떤 대상, 사상, 그리고 다른 사람에 대한 공정적이거나 부정적인 감정과 지식으로 구성되어 있다. 이러한 심리적인 요인들은 관광행동에 대하여 내부적 영향으로 작용하지만 진공상태에서는 작용하지 않는다.

또한 관광의사 결정에는 관광객의 외부적 요인과 타인에 의해서도 많은 영향을 받는다. 이러한 타인의 영향을 사회적 영향요인이라고 한다. 사회적 영향요인은 크게 역할과 가족의 영향, 준거집단, 사회계층, 문화와 하위문화로 나눌 수 있다.

1 지각(perception)과 관광행동

지각이란 우리가 주변세계를 이해하는 과정으로 간주할 수 있다. 우리의 대상, 사상, 그리고 행동을 지각한다. 일단 머릿속에 인상이 형성되면, 그것은 다른 인상과 결합되어 개개인에게 어떤 면에서 의미가 있는 형태로 조직화한다. 따라서 지각이란 감각기관을 통하여 포착된 환경과 자극의 상태를 언어적으로 의미를 붙여서 행동의 기반으로서 활용하는 기능을 말한다. 즉 지각은 감각 세계를 형성해 가는 과정이라고 할 수 있겠다.

어떤 대상을 지각하는데는 일반적으로 2가지 요소가 영향을 미친다. 첫째로 자극요인이 있다. 이 자극요인은 크기, 색상, 소리, 감촉, 모양, 주위 환경 등과 같은 자극 그 자체의 특성을 말한다. 둘째로는 인적요인이 었다. 인적요인은 감각작용(시력, 청력), 지능, 성격, 과거경험, 가치관, 동기, 분위기 등과 같은 관광객 자신의 변수를 말한다. 그렇지만 관광객의 행동에 있어서는 자극요소와 인적요소 어느 하나만으로 관광객이 어떤 상황에서 어떻게 반응할 것인가를 설명할 수 없다. 따라서 이 두 가지 요소 모두가 관광객의 총체적 지각에 영향을 미치기 때문에 실제로 이들을 분리하는 것은 불가능하다.

우리가 어떤 대상을 볼 때, 그것은 조직화된 전체로서의 형태를 지각하는 것이다. 따라서 대상에 대한 지각을 이해하기 위해서는 각 요소들이 어떻게 형태로 조직되는가를 이해해야 한다. 일반적으로 형태를 설명하는데 적용되는 법칙은 다음과 같다.

1) 유사성의 법칙(law of similiarity)

유사성이란 다른 조건이 동일하다면 유사한 물건을 같은 것으로 조직화하는 것을 말한다. 예를 들면 사람들은 푸에르토리코, 버뮤다, 자마이카는 여러 가지 면에서 각각 독특한 면을 지니고 있음에도 불구하고 매우 비슷한 것으로 지각한다. 또한 하와이인과 동양 사람을 비슷한 부류로 분류하는데, 그 이유는 외관상에서 유사성을 보이고 있기 때문이다.

2) 근접성의 법칙(law of proximity)

근접성이란 다른 조건이 동일하다면 서로 근접해 있는 물건을 같은 것에 속하는 것으로 지각하는 것을 말한다. 예를 들면 아직도 많은 사람들은 각 국의 독특한 면이 존재하지만 스위스는 알프스 산, 이탈리아는 로마, 하와이는 해변 등과 같이 명명하는 것은 대표적인 독특한 대상물을 근접성에 의해서 지각하고 있기 때문이다.

3) 대칭성의 법칙(law of symmetry)

대칭성이란 대상의 전체를 일부만 보고 균형 잡힌 형상을 만들어 지각하는 것을 말한다. 이 원리는 사람들은 균형에 대한 욕망을 가지며, 필요하다면 완전한 전체성, 즉 완결성을 얻기 위해 누락된 요소를 보충한다는 것이다. 예를 들면 제주도에 대한 일부분의 이미지 광고를 통해서 보는 사람은 제주도 전체에 대하여 지각을 한다.

4) 배경성의 법칙(law of context)

배경성이란 대상 속에 있는 환경을 지각하는 것을 말한다. 예를 들면 관광객이 우도라는 섬에 대하여 아는 것이 없는 상태에서, 그것이 제주도에 위치한 섬이라고 듣게 될 경우, 그는 우도에 대하여 어떤 지각을 형성하게 될 수 있다. 이 경우 제주도는 배경으로서 작용한다.

이러한 자극으로서의 지각은 사람마다 서로 다른 시각을 가지고 지각하게 된다. 이는 바로 인적요인이 각각 다르기 때문이다. 관광현상의 지각에 서로 다른 영향을 주는 요인에는 관심(interests), 기대(expections), 성격(personality), 사회 계층(social position)이 있다. 구체적으로 살펴보면 다음과 같다.

(1) 관심

지각은 선택적이다. 우리가 지각하고자 선택하는 것들은 우리가 관심을 갖고 있는 것과 관련이 있다. 다시 말해 우리의 관심은 우리에게 관련이 없거나 중요하지 않은 것을 여과시키는데 기여한다. 예를 들면 일본을 여행하고자 하는 사람은 다른 나라에 대한 뉴스보다 일본에 관한 뉴스를 더 쉽게 주목한다.

(2) 기대

관광현상에 대한 우리의 지각은 사전경험과 기대에 의하여 영향을 받는다. 사람은 어느 정도까지는 자기가 보고자 하는 것을 기대하고 지각한다. 육상경기에서 주자는 출발신호를 기대하기 때문에 어떤 기침이나 움직임과 같은 자극조차도 총소리로 지각되어 실제 총소리에 앞서 뛰쳐 나가게 된다.

예를 들면 하와이에 처음 오는 관광객은 야자수가 늘어선 가로수, 파도타기를 즐기는 갈색의 하와이인들, 비키니 차림, 와이키키 해변에 밀려오는 거대한 파도 등을 보기를 기대한다. 이러한 관광객들의 사전기대에 따라 관광활동만을 할 뿐 하와이의 식당, 하와이의 도시, 조용한 파도 등에 대해서는 거의 보지 못하고 알지 못한다.

(3) 성격

성격이란 개인이 그의 주변세계에 대하여 반응하는 일관된 형태이며, 개인이 주변세계를 조직하고 지각하는 형태에 영향을 미친다. 1971년 캐나다 관광국에서 항공여행자와 기차여행자의 성격을 연구한 바가 있다. 이 결과에 의하면 항공여행자는 강한 리더십 성향을 보이면서 매우 활동적이고 자신감이 있는 사람들로 나타났으며, 기차여행자는 자신감이 약한 반면 안전욕구가 강한 수동적인 성격소유자들로 나타났다. 따라서 항공여행은 매우 모험적이고 기차여행은 매우 안전지향적인 것으로 지각되고 있다.

(4) 사회계층

관광객은 자신이 처해 있는 사회계층에 따라 다양한 지각을 한다. 중류계층은 하위계층보다 여행에 흥미가 더 많으며, 여행경험에 대한 지각은 하위계층보다 쉽게 형성한다. 그러나 하위계층은 가족적인 사고방식으로 인하여 여행보다는 가정의 도구, 가구구입에 관심을 갖게 됨으로 여행에 대한 가치를 별로 인식치 않게 된다.

상기의 내용을 바탕으로 관광객이 거리에 대하여 어떻게 지각하고 있는지 한 가지 사례를 들어 보면 다음과 같다.

관광은 이동성을 바탕으로 성립되기 때문에 시간과 공간을 통하여 일어난다. 따라서 관광객의 행동에 시간과 거리에 대한 지각은 매우 큰 영향을 미친다. 만일 전 가족이 서울에서 경주까지 자동차로 여행한다면 가족 모두 그 여행이 6시간 소요된다는 것을 알거나 듣게 된다. 그러나 가족구성원이 느끼는 6시간의 지각은 각각 다르다. 아버지는 장거리 여행에 익숙해 있기 때문에 6시간을 긴 시간으로 보지 않는다. 그러나 어머니와 아이들은 함께 차안에서 온종일 보낸다는 것으로 지각하게 된다.

이러한 지각은 두 가지 형태로 관광행동에 영향을 미친다. 하나는 관광행동 억제요인으로 작용한다. 거리가 멀수록 관광비용도 커지게 되어 관광행동이 일어날 가능성은 더욱 더 희박해진다. 이 말은 관광과 관련하여 어떤 비용이 발생한다는 것이다. 관광객이 한 장소에서 다른 장소로 관광할 경우 발생하는 비용에는 경제적 비용, 시간적 비용, 편의적 비용, 신체적 비용, 그리고 정서적 비용이 있다.

이들 비용이 관광을 억제시키는 요인이라고 볼 수 있다. 따라서 어떤 관광활동에서 이 모든 비용의 합을 보상해 줄 수 있는 편익이 더 크지 않는다면 관광행동은 일어나지 않을 것이다.

한편 거리의 지각이 관광을 촉진하는 경우도 있다. 원거리 관광목적지는 관광비용이 발생할지라도 단지 멀리 위치해 있다는 이유만으로 관광객에게 매력적일 수 있다. 대부분 관광객이 방문하는 관광목적지가 유사한 관광자원의 매력성을 지니고 있다면 관광활동과 경험은 약간의 정도의 차이는 있지만 별로 차이가 없다. 근본적으로 관광객들은 관광목적지에서 동등한 관광행동을 하고 동등한 경험을 느낄것이다. 이런 경우에는 관광목적지의 거리가 원거리일 경우가 매력을 끄는 요인이 될 것이다. 원거리로 인하여 관광비용이 발생하여 단거리 관광목적지를 선택할 수도 있지만 단지 멀다는 이유 때문에 관광지에 대하여 매력적일 것이라는 지각을 할수 있다.

2 학습(learning)과 관광행동

학습은 인간행동을 이해하는 기본적 과정이다. 대부분 개인의 문화적 가치, 태도, 욕구성취, 환경에 대한 지식, 개념, 아이디어, 동기 및 개인적 · 사회적 욕구충족의 방법 등의 인간행동은 학습의 결과이다. 예를 들어 Mark라는 사람이 최근 자기집 근처에 개설한 여행사를 통하여 여행하기로 결정하였다면, 그는 이 여행사의 존재를 알고 학습하여 행동한 것으로 볼 수 있다. 이러한 학습은 대부분 사전의 경험과 정보에 의해서 이루어진다. Mark는 지방신문에서 읽은 광고 때문에 그 여행사에 관심이 있었다(정보를 통한 학습). 그가 3~4년 전부터 이용해 왔던 기존의 여행사는 더 이상 그가 좋아할 만큼 개인적 관심을 제공해 줄 것 같지가 않았다. 가까운 친구도 새로 개설한 여행사를 이용해 보니 개인적 서비스가 좋았다는 조언을 해주었다(경험에 의한 학습). 경험에 의한 학습은 본질적으로 일반화(generalization)와 관련이 있다.

관광객이 보통 여행결정을 하는데 있어서 시간과 노력을 최소화하고자 노력하는

데, 이를 행하는 한 가지 방법이 일반화이다. 일반화는 어떤 사람이 과거와는 다르나 그와 유사한 상황에 대해 반응한 것과 같은 방식으로 주어진 상황에 반응할 때 일어난다. 예를 들면 어떤 사람이 일본을 가기 위하여 대한항공을 몇 번 이용하였는데 양질의 서비스를 받았다고 생각한다면 다음에 미국을 갈 때에도 대한항공을 택하여 여행을 할지도 모른다. 이처럼 일반화의 개념은 과거에 좋은 체험을 한 사람은 비록 현재 다르게 반응이 되어도 과거와 동일한 방법으로 반응할 때 일어난다.

또한 학습은 습관에 의해 기인된 결과이기도 하다. 이러한 이론을 심리학자들은 자극반응이론(stimulus-response theory)이라고 한다. 이 이론에 따르면 개인은 특정 자극이 어떤 식으로든 보상을 줄 가능성이 있을 때, 그 자극에 반응하기 위하여 학습을 하게 된다. Pavlov의 유명한 실험에 의하면, 종소리(자극)를 낸 후 곧바로 개에게 음식이라는 보상이 뒤따를 경우 개는 종소리에 대한 반응으로 침을 흘리게 되는 것을 배우게 된다. 얼마 후 개는 종소리만 들어도 침을 흘리게 된다. 물론 종소리에 뒤이어 항상 음식이 제공되는 것이 아니라는 것을 알 때까지 그렇게 한다.

마찬가지로 관광객도 이러한 과정을 통하여 학습하게 된다. 관광객이 혼자 관광지를 방문하게 될 때, 숙박시설의 결정에 있어서 많은 경험과 시도 끝에 학습되어 지게 된다. 즉 관광객이 쉬고 싶은 욕구(자극)에 숙박시설을 찾게 되고(반응), 관광객이 이를 통해 휴식공간과 서비스를 제공받게 된다. 예를 들면 자동차 여행객은 Holiday Inn이 믿을 만한 숙박시설이라는 사실을 시행착오를 통해 학습하게 될 것이다. 휴식욕구(자극)를 해결하기 위하여 홀리데이 인(반응)을 찾게 되었고 그 결과 유쾌한 휴식(보상)을 보냈다. 이처럼 반응이 보상을 제공하는 한 여행객은 계속해서 홀리데이 인을 찾을 가능성이 크다. 또한 상용 여행객이 여행사를 통하여 여행계획을 짜는 것이 많은 시간을 절약해 준다는 사실을 알 수 있다. 여기서 절약된 시간은 보상에 해당되며, 여행객이 여행을 계속하여(자극) 이러한 보상을 받는 한 여행사의 서비스(반응)를 계속 받고자 할 것이다.

학습은 일생을 통해 널리 미치는 활동이다. 학습은 요람에서 무덤까지 계속된다. 또한 학습은 문제해결 상황에 대처하기 위한 새로운 정보의 지속적인 이용과도 관련이 있다. 우리의 감정, 정서, 자기개념, 그리고 총체적인 성격을 개발하는데 있어서 중요한 역할을 한다.

3 성격(personality)과 관광행동

성격이란 학습, 지각, 동기, 정서, 역할 등의 혼합요소로서, 간단하게 표현하면 다른 사람과 구별되는 개인의 고정적인 행동특성이라 할 수 있다. 다시 말하면 성격이란 환경에 대한 적응이나 대인관계에서 비교적 일관성 있는 개인의 행동양식이나 사고양식의 특징적인 소질(disposition)이라고 한다. 이 소질은 타고난 소질(선천성 소질)과 경험적으로 학습(후천성 소질)하여 얻은 소질로 나눈다. 사람의 성격, 성품, 즉 인성(人性)에서 성질 또는 기질이라고 하는 것은 선천적인 것이며, 성격은 후천적인 행동양식이라 분류하기도 한다. 그러나 분명한 것은 성격은 타고난 소질보다는 후천적인 소질을 강조한다. 이러한 성격과 성격에 의한 관광객 행동특성을 유형화한 이론들을 살펴보면 다음과 같다.

1) Karen Horney의 성격 유형

Karen Horney는 인간이 상호간의 반응을 보이며, 불안감을 해소하려고 싸워 나가는 방법에 따라 인간을 3가지 집단으로 분류하였다.

① 추종 지향형(compliant orientation)

추종형은 사람들과 가까워 지려하며 사랑, 애정, 승인 등과 같은 요구가 특징이다.

② 공격 지향형(aggresive orientation)

공격형은 사람에 대해 적대적이며 성공, 칭찬, 명성을 얻기 위해 박차를 가하려는 요구가 특징이다.

③ 독립 지향형(detached orientation)

독립형은 사람을 멀리하고 자기만족, 독립, 주도면밀함이 특징이다.

2) Mayo의 성격유형

Mayo는 성격의 유형을 크게 내향성, 외향성, 양향성(兩向性)으로 구분하여 설명하고 있다. 구체적인 내용은 다음과 같다.

① 내향성(introverts)

자기자신의 내면적 세계만을 추구하려는 특징을 가진 유형

② 외향성(extroverts)

타인과 외부의 객관적인 세계만을 추구하려는 특징을 가진 유형

③ 양향성(ambivert)

내향성 적인 면도 있고 외향성 적인 면도 있어 어느 한쪽에 속하지 않는 유형

3) Plog의 관광객 행동유형

Plog는 Mayo의 성격유형과 비슷한 분류체계로 사람을 자기 중심형(psychocentrics)과 타인 중심형(allocentrics)으로 구분하였다.〈표 3-1 참조〉 자기 중심

표 3-1 | 성격과 관광행동

자기 중심적(Psychocentrice)	타인 중심적(Allocentrics)
· 친근성 있는 관광목적지를 선호 · 목적지에서의 평범한 행동을 추구 · 어느 정도 긴장완화를 위한 일광욕과 유흥이 있는 장소를 선택 · 활동량이 낮은 수준 · 드라이브가 가능한 목적지를 선호 · 큰 규모의 숙박시설, 가족 중심형 레스토랑과 쇼핑시설을 선호 · 가족적인 분위기를 선호하고 이국적인 분위기를 배제한 친숙한 유흥을 선호(예 : 가족식당, 햄버거 하우스 등) · 완전히 관광활동이 계획되어 있는 Package Tour를 선택	· 관광객이 찾지 않는 관광지를 선호 · 타인이 방문하기 전에 새로운 경험을 맛보고자 함을 즐김 · 새롭고 평범하지 못한 신기한 장소를 선택 · 활동량이 높은 수준 · 비행기로 갈 수 있는 목적지를 선호 · 어느 정도 좋은 음식이 제공되지만 초현대식이거나 체인화된 대규모 호텔이 아닌 곳과 관광객에게 매력이 거의 없는 곳을 선호 · 새로운 사람과 만날 수 있는 곳이나 외국의 문화를 접할수 있는 장소를 즐김(예 : 선술집) · 여행 계약 중 기본적인 것(교통수단과 호텔 등)만 사전 준비하고 나머지는 비교적 자유스럽고 융통성 있게 대처

형은 문제가 거의 없으며 자기 자신에만 관심을 갖는다. 이런 유형은 대체로 불안하며 제지를 받으며 모험심도 적다. 이에 반해 타인 중심형은 자신감이 있고 호기섬이 많으며 모험섬도 강하다. 이런 유형은 대부분 외부지향적이며 삶의 영역을 확대하고 심지어는 자신의 생명까지도 실험하고자 한다.

4) 성격특성에 의한 사례유형

성격특성에 따른 관광행동의 유형을 캐나다 성인을 대상으로 특질론적 접근법에 의해 분석된 결과를 보면 다음 〈표 3-2〉와 같다.

표 3-2 | 성격특성과 캐나다인의 휴가여행

휴가유형	성격특성
휴가 여행자 휴가 비여행자 비 휴가자	신중, 활동적, 사교적, 외향적, 호기심, 자신감 신중, 수동적, 자제, 진지 불안
자동차 여행자 항공 여행자 기차 여행자 버스 여행자	신중, 활동적, 사교적, 외향적, 호기심, 자신감 매우 활동적, 매우 자신감, 신중 신중, 수동적, 고독형, 비사교적, 걱정, 의존적, 정서불안 의존적, 걱정, 민감, 적대적, 호전적, 자제력 부족
국내 여행자 국외 여행자	외향적, 활동적, 태평 자신감, 신중, 용감, 충동적, 잘 믿는 경향
남성 여행자 여성 여행자	신중, 용감 충동적, 태평, 용감
친구, 친척 방문자 휴양지 방문자 관광여행자 야외활동자	수동적 활동적, 사교적, 신중 신중, 민감, 정서불안, 자제력의 부족, 수동적 용감, 활동적, 비사교적, 걱정, 까다로움
동계 여행자 춘계 여행자 추계 여행자	활동적 신중 정서안정, 수동적

4_ 동기(motivation)와 관광행동

앞에서 설명된 학습, 지각, 성격들은 관광여부나 여행방법, 목적지와 항공사 선정, 여행사의 이용여부 등의 여행결정시 영향을 주고 있다. 그러나 이러한 요인들은 사람들이 왜 여행을 하는가에 대해서는 단지 한정된 설명만을 하고 있다. 어떤 사람은 일주일씩 휴양지에 가족과 함께 가서 휴가를 즐기는데 비하여, 또 다른 사람들은 집에서 책이나 읽거나 아이들과 영화관에서 보내기도 한다. 그렇게 하도록 하는 동기는 무엇인가?

동기란 어원적으로 라틴어의 'movere', 즉 움직인다(to move)라는 뜻에서 파생되었다. 철학적으로는 이동의 뜻인데, 이 이동은 '물질의 성질'이며, 인간의 가장 큰 관심문제 중의 하나이다. 동기란 무엇인가라는 개념적 설명은 모든 행동에는 원인이나 이유가 있게 마련인데 심리학에서는 이것을 동기라고 한다. 따라서 동기란 행동을 일으키는 내적 충동력(driving force) 및 심리적인 에너지를 말한다. 이러한 동기는 학습, 지각, 나아가 집단과 문화에 의해서 영향을 받는다. 동기는 또한 개인의 성격과도 밀접한 관계가 있다. 성격과 용기는 확연하게 구분하기가 어렵지만, 일반적으로 성격은 주변세계에 대한 일관된 반응이다. 반면에 동기는 사람이 그 주변세계에 어떻게 적응하는냐에 영향을 마친다. 따라서 성격이란 행동의 습관적인 형태와 행동의 특성으로 설명되며, 반면 이러한 행동은 동기에 의해 영향을 받는다.

동기는 크게 본질상 생리적 동기와 심리적 동기로 구분할 수 있다. 생리적 동기는 생물적 요구에서 나오는 것이다. 이러한 요구에서 나오는 동기는 학습된 것이 아니라 신체 내의 어떤 생리적 조건에 뿌리를 둔 생리적인 충동이다. 또한 심리적인 동기는 사회적 환경에 의해 만들어진 후천적 요구에 의해서 나온다. 이러한 동기는 학습된 것이며, 학습은 출생 후부터 시작된다. 이러한 동기의 유형은 여러 가지가 있을 수 있으나, 몇 가지만 예를 들면 다음과 같다.

1) Maslow의 인간욕구 단계설

Maslow의 인간욕구 단계설은 7단계로 구분하고 있는데, 사람들의 동기와 관련된 욕구들을 일정한 위계에 따라 배열하면 다음과 같다.〈그림 3-4 참조〉

그림 3-4 | 인간욕구 7단계

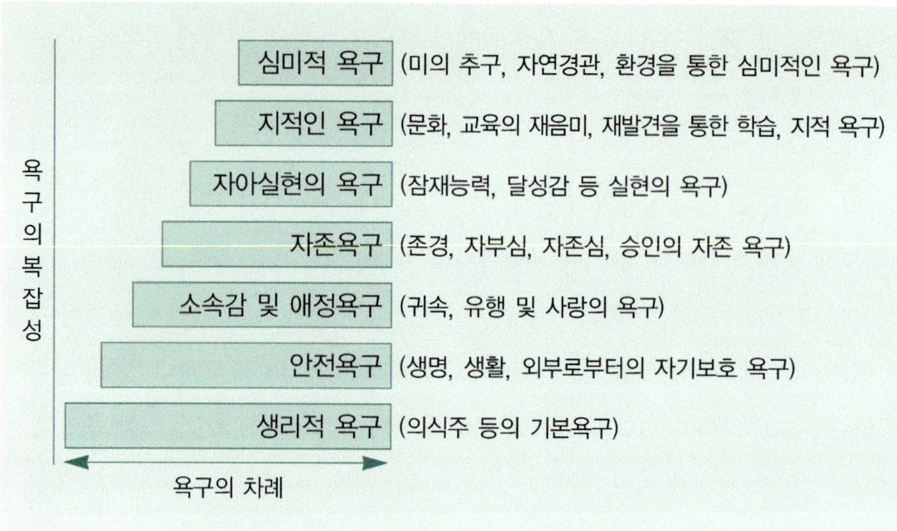

① 생리적 욕구

인간의 가장 기본적인 욕구로서의 생리적 욕구는 생명을 유지하기 위한 욕구로 식욕, 성욕, 산소의 필요성과 같은 인간의 욕구를 말한다. 이 욕구는 모든 욕구중에서 가장 우세한 욕구가 된다.

② 안전욕구

생리적 욕구 위에 안전욕구가 있다. 안전욕구는 위험, 위협, 퇴직 등으로부터 벗어나고자 하는 욕구이다.

③ 소속감 및 애정욕구

인간이 신체적으로 안전하게 되고 자신의 안전문제에 대한 두려움을 갖지 않게 된다면, 그 다음단계로 사회적 욕구(social needs)가 그의 행동에 가장 영향을 주게 된다. 이러한 소속감 및 애정욕구는 귀속, 유행 및 사랑의 욕구를 포함한다.

④ 자존욕구

사회적 욕구 위에 존재하는 욕구에는 자존의 욕구가 있다. 이것은 타인에게 존경을 받고, 명예를 누리고자 하는 욕구를 포함한다.

⑤ 자아실현의 욕구

자아실현 욕구는 자기실현이나 자신이 갖고 있는 잠재력 실현 및 지속적인 발전과 창조적이 되기 위한 욕구들을 말한다.

⑥ 지적인 욕구

자기실현 욕구의 충족단계를 거치면 문화나 교육을 통한 지적욕구가 나타나 어떤 특정한 대상이나 경험에 대한 재음미와 발견을 통한 이해와 배움을 추구하게 된다.

⑦ 심미적 욕구

가장 심층에는 심미적 욕구가 있다. 이는 외적인 아름다움보다는 오히려 정서적, 감상적인 측면이 강조되는 내적인 아름다움을 추구하고자 하는 욕구이다. 따라서 환경 문제에 관심이 많거나 자연경관의 관람, 감상을 즐기고자 하는 사람들의 욕구 표현 현상으로 나타난다.

2) Thomas의 관광동기

Thomas는 동기를 크게 교육문화적 동기, 휴식과 즐거움의 동기, 종족지향적인 동기, 기타 동기로 구별하면서, 18가지의 관광동기 유형을 제시하고 있다.〈표 3-3 참조〉

표 3-3 | Thomas 관광동기 18가지

유 형	관 광 동 기
교육문화적 동기	타국의 견문확대, 명소감상, 새로운 것의 이해, 특별행사의 참여
휴식과 즐거움의 동기	일상성 탈피, 즐거운 시간향유, 낭만적 경험 추구
종족지향적 동기	조상의 생활터 방문, 종족의 묘지방문
기타 동기	기후, 건강, 스포츠, 경제, 모험, 우월성, 동조, 역사 체험, 세상을 알고자 하는 욕망

3) McIntosh의 관광동기

McIntosh는 인간의 기본적 관광동기를 신체적 동기, 문화적 동기, 대인적 동기, 지위 및 위광 그리고 지위동기로 구분하여 제시하고 있다.〈표 3-4 참조〉

표 3-4 | McIntosh의 관광동기

동기유발의 범주	동 기 부 여
신체적 동기 (physical motivations)	· 심신의 일신 : 치료 또는 자발적인 건강유지의 목적 스포츠 참여 · 즐거움 : 쾌락, 흥분, 낭만, 오락 그리고 쇼핑
문화적 동기 (cultural motivations)	· 타국의 사람 및 장소에 대한 호기심, 음악, 조각 등의 예술과 민속에 관한 흥미 올림픽과 같은 국가 및 국제적 특별행사의 실경험
대인적 동기 (personal motivations)	· 친구 및 친척을 방문, 새로운 사람을 만나고 사귐, 색 다른 환경에서 새롭게 특별한 경험의 모색 · 일상적인 사회적 환경에서 벗어나고자 하는 욕구, 여행을 통해 새로운 사람과의 만남, 순례여행과 같은 정신적 이유에서 사람, 장소방문 여행 그 자체를 위한 여행
명예 또는 위광 그리고 지위동기 (prestige and status motivation)	· 취미활동, 학습 또는 사업, 교육적 기여, 자아실현, 감각적 몰입, 회의참여 패션추구

5 태도(attitude)와 관광행동

태도란 일정한 대상에 대해서 어떤 특정한 방법, 즉 우호적이거나 비우호적인 방식으로 행동하거나 반응하는 비교적 지속적으로 학습된 경향을 말한다. 따라서 태도는 속성상 선택적인 것이 아니라 학습되며, 비교적 오랫 동안 지속되며, 행동하도록 동기를 주어 우리가 행동을 익히고 방향을 정하는데 도움을 주며, 좋고 싫음을 나타내는 평가적인 요인들을 갖추고 있다. 이러한 태도에 관련된 내용을 구체적으로 살펴보면 다음과 같다.

1) 태도의 구성요소

태도는 일반적으로 3가지의 구성요소로 구분된다. 즉 지식요소(knowledge component), 감정요소(feeling component), 선입관요소(predisposition component) 등으로 구성된다. 이 3가지 요소들은 상호일치성을 가지면서 태도의 전반적인 결정에 영향을 준다.〈그림 3-5 참조〉

① 지식요소

개인이 자신의 환경 내에 있는 다른 사람, 장소, 사건, 생각, 경험 가운데 어떤 측면에 대해 가지고 있는 신념이나 의견을 의미한다. 이러한 신념이나 의견은 어느 시점에 처한 개인이 사실로써 지각된 유형적 증거에 근거하고 있다.

② 감정요소

어떤 대상물에 대한 개인의 정서적 판단을 의미한다. 그 대상물은 좋거나 나쁜 것으로 판단된다.

그림 3-5 | 태도의 구성요소

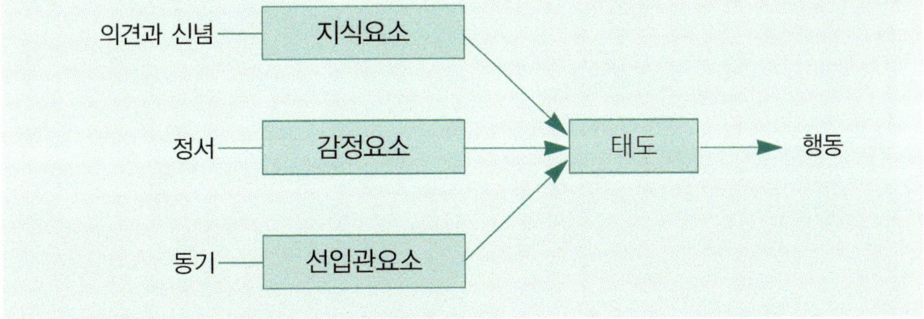

③ 선입관요소

어떤 대상, 사람, 혹은 상황에 대해 호의적으로 또는 비호의적으로 반응하는 경향을 말한다. 만약 어떤 대상에 대해 부정적으로 태도를 취한다면 그 대상이나 그 대상과 관련된 것을 공격하고 파괴하고 비난하며 무시하거나 아니면 거부하기도 할 가능성이 있다. 만약 태도가 긍정적이라면 그 대상을 도와주고 보상을 얻고 또한 구입하거나 감싸주게 될 가능성이 있다. 따라서 선입관요소는 긍정적이든 부정적이든 어떤 대상에 대하여 반응을 보이는 경향을 말한다.

2) 태도와 여행의사 결정

태도와 여행결정 사이의 관계 파악은 태도의 변화가 어떻게 이루어지며 또한 그것이 어떻게 행동을 변화시키는지를 이해할 수 있다. 대부분 소비자 의사결정과 마찬가지로 여행의사 결정 과정에 있어서도 의사결정자는 수많은 심리적 단계를 거쳐야 한다.〈그림 3-6 참조〉 이러한 태도와 행동 간의 관계는 신념과 의견, 감정과 선

그림 3-6 | 태도와 여행결정 과정

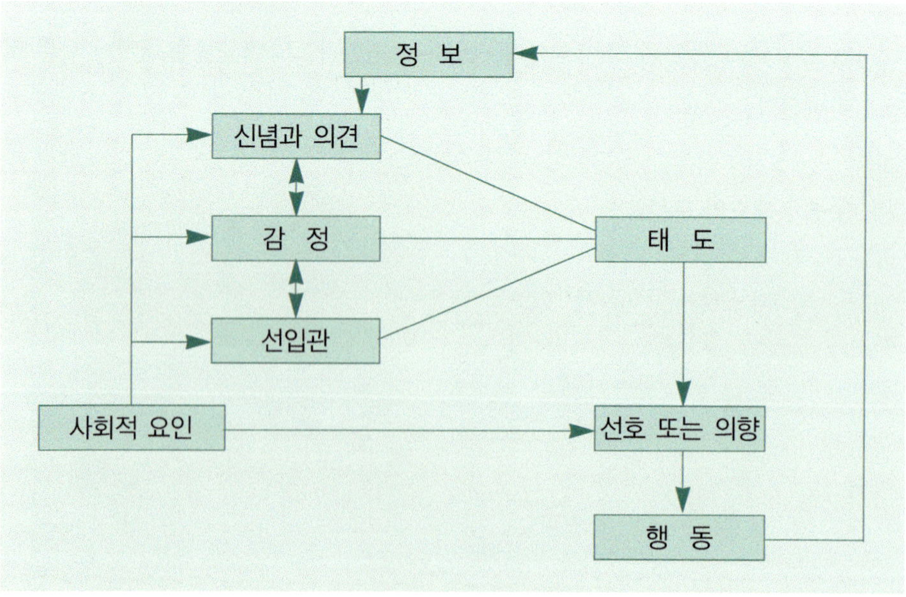

입관으로 구성되어 있다. 이렇게 형성된 태도는 어떤 식으로 행동하려는 선호(preference) 또는 의향(intention)을 낳게 된다.

이때 사회적 요인(soical factor)은 선호와 의향이 어떤 행동을 유발시키는지의 여부에 중요한 영향을 미친다. 예를 들면 성직자가 카지노와 나이트클럽에서 유흥을 즐기고 싶은 욕망과 의욕, 감정을 가지고 있다 해도 그가 속해 있는 종교 집단의 반대적인 영향을 그가 인식하게 되면 그는 이러한 유흥을 자제하게 된다. 이렇게 사회적 요인은 관광객의 태도결정에 큰 영향을 주며 태도를 변화시키기도 한다.

6_ 사회환경적인 요인과 관광행동

관광객의 행동은 항상 어떤 욕구와 욕망의 충족을 목적으로 전개된다. 이때 관광객은 가족, 준거집단, 역할 및 지위 등에 의해 행동의 영향을 받으며 문화에 의해서도 행동의 영향을 받게 된다. 구체적인 내용을 사회적 결정요인과 문화적 결정요인으로 구분하여 설명하면 다음과 같다.

1) 사회적 결정요인

관광행동에 영향을 주는 사회적 요인으로는 가족, 준거집단, 역할 및 지위가 있다. 구체적인 내용을 살펴보면 다음과 같다.

① 가족

관광객에 있어서 가장 광범위하고 지속적으로 영향을 주는 것은 소집단으로서의 가족이다. 가족은 관광객으로 하여금 그의 행동에 의하여 구매하는데 정보를 제공할 뿐만 아니라 그의 가치관념을 형성하는데 도움을 준다. 따라서 마케팅 관리자가 제한된 관광매체를 통해 마케팅 계획을 성공적으로 수행하려면 관광객에게 영향을 미치는 가족에 관한 최근 정보와 자료를 입수해야 한다.

② 준거집단

관광객의 행동결정에 있어 친구, 직장동료, 이웃, 클럽동료들로 이루어지는 소집단에 의해 강한 영향을 받게 되며 관광객 자신이 속해 있는 준거집단(reference group)에 의해서 영향을 받는다. 따라서 마케팅 관리자는 관광객의 구매의사결정이 준거집단에 의하여 영향을 받는지, 만일 그렇다면 어느 준거집단에 의해 영향을 받는지를 파악할 필요가 있다.

그러므로 관광상품과 같이 관광객이 속해 있는 준거집단의 영향을 크게 받을 경우 그 준거집단 내의 의견선도자(opinoin leader)와 접촉하는 것이 효과적인 마케팅 기법이 된다. 특히 호텔의 경우 사회 저명인사나 유명한 배우 등을 통하여 관광상품 광고를 하는 것도 바로 이 때문이다.

③ 역할과 지위

관광객은 개인적으로 보아 생애를 통하여 많은 집단에 참여하게 되며 각 집단에서의 역할 및 권력을 행사하는 직위를 갖게 된다. 이러한 역할과 지위는 그 사람의 관광행동에 영향을 준다. 관광행동 결정에 있어서 그가 관광행동의 의사가 없어도 그의 지위와 사회적 역할에 의하여 관광활동을 하게 되는 것이다. 이러한 것을 반여가(anti-leisure) 또는 반관광(anti-trip)이라고 표현한다.

2) 문화적 결정요인

관광행동에 광범위한 영향을 미치는 요소로서 문화, 하위문화, 사회계층의 역할 등을 들 수 있다. 이러한 문화는 개인의 욕구와 행동의 가장 근본적인 결정요인이 되며, 이 문화는 다시 하위문화(sub-culture)를 갖게 된다. 구체적인 내용을 살펴보면 다음과 같다.

① 하위문화

하위문화는 관광객으로 하여금 훨씬 더 구체적인 일체감과 사회화를 부여해 주게 되는데, 이러한 문화가 마케팅에 갖는 의미는 관광시장기회를 부여한다는 것이다.

즉 문화의 차이로 인하여 관광상품의 구매가 이루어지지 않는 시장이 있을 경우 다른 문화를 가진 관광상품으로서 관광시장에 적응시킬 수가 있게 되는 것이다.

② 사회계층의 역할

관광객은 그가 속해 있는 사회적 계층에 의해서도 영향을 받는다. 그것은 관광객의 관광행동 결정에 있어서 사회계층은 관광객으로 하여금 관광행동의 범위, 경제적 여유, 시간적 여유 등을 제한하는 요소로 작용하기 때문이다. 또한 문화나 여가활동도 사회계층에 따라 차이가 나타나게 된다.

상류층일수록 여가시간의 선용과 여가활동의 참가는 보다 적극적이다. 하류층은 그들의 여가를 고작 TV시청이나 가까운 술집 방문 등에 소일하지만 상류층일수록 관광, 스포츠 활동을 통해 그들의 여가를 소비하게 된다. 그러나 관광 마케팅 측면에서 볼 때는 특정개인이나 특정 가족보다는 사회계층의 생활양식이 더 큰 의미와 중요성을 갖는다. 왜냐하면 사회계층은 결혼, 가족구성과 교육, 직업, 생활문화 및 소비와 같은 제 영역에 깊숙히 영향을 미치고 있기 때문이다. 이렇게 볼 때 관광사업에 있어서 개인의 생활양식보다는 각 사회집단이나 사회계층의 생활양식이 훨씬 더 중요하게 된다.

참 · 고 · 문 · 헌

김원인, 관광학원론, 학문사, 1995.
박상수, 국제관광원론, 형설출판사, 1995.
손대현, 관광론, 일신사, 1993.
손대현 외 1인 편역, 여가관광심리학, 백산출판사, 1993.
오상훈 편역, 관광객, 일신사, 1994.
표성수 외 1인, 최신관광계획개발론, 형설출판사, 1994.
오상훈, 『관광자의 성격과 관광목적지의 관계에 관한 연구』 한양대 박사학위논문, 1992.

給木忠義, 現代觀光論, 有裵聞, 1974.

小各達男, 觀光事業論, 學文社, 1994.

前田勇, 觀光擺論, 學文社, 1978.

律田昇, 國際觀光論, 東京經濟新報社, 1969.

未武直義, 觀光論入門, 法律文化社, 1974.

小池洋一, 足翊洋保 編著, 觀光學擺論, 1989.

Arland, M. M. Tourism and Hotel Industry, Prentice-Hall of India, 1976.

Burkart, A. T. & Medlik, S. Tourism : Past, Present and Future, Heinemann, 1987.

Edgell, D. L. International Tourism Policy, Van Nostrand Reinhold, 1990.

Hudman, L. E. & Hawkins, D. E. H. Tourism in Contempory Society : An Introductory Test, Prentice-Hall, 1989. Inskeep, E. Tourism Planning, Van Nostrand Reinhold, 1991. Jmayo, E. & Lance, P. Jarvis, The Psycholgy of Leisure Travel, CBI, 1981.

Kadt, E. Tourism : Passport to Development, Oxford UIliveristy Press, 1979.

Lundberg, D. E. The Tourist Business, Coilners Publishing Co., 1974.

McIntosh, R. W. & Goldner, C.R. Tourism : Principles, Practics, Philosophies, John Wiley & Sons, Inc., 1986.

Mill, R. C. & Morrison, A. M. The Tourism System, Englewood Cliffs, New Jersey, 1985.

Murphy, P. E. Tourism : A Community Approach, Mettlenn, 1987.

Wahb. S, Tourism Management, Tourism Interrnational Press, 1975.

04 제4장

관광영향론

관광영향은 관광객이 관광목적지를 방문하여 관광활동을 함으로써 발생하는 결과적 요소(consequential element)를 의미하며, 이러한 영향은 관광객, 관광목적지, 그리고 지역주민 등이 복합적으로 작용하여 그 상황에 따라 부정적, 긍정적으로 나타난다. 이러한 관광의 영향은 크게 경제적 영향, 사회문화적 영향, 환경적 영향 등으로 구분된다.

제1절 | 개요

1 긍정적 영향

관광의 경제적 측면에서의 긍정적 영향이란 관광객의 이동으로 관광배출지역 및 관광목적지역의 경제에 미치는 경제적인 편익(economic benefit)을 의미한다. 관광배출국 입장에서 보면 관광객의 이동증가는 국가 간 · 지역 간의 인적교류라는 일면이 있을 뿐만 아니라 국제수지가 흑자일 때 자국의 통화팽창을 방지하고 나아가 인플레이션을 억제하여 국민경제의 안정화를 도모할 수 있는 수단으로 활용될 수도 있다.

관광목적지역에서는 외래관광객의 입국으로 국민경제 향상과 발전은 물론 관광산업의 발전, 고용증대, 국민소득 창출, 조세수입의 증대, 산업구조의 개선, 산업연관 효과, 무역의 촉진 등 여러 가지 긍정적인 효과가 있다. 본 절에서는 주로 관광목적지역에서 나타나는 경제적 영향에 대하여 설명하고자 한다. 이러한 관광객들의 이동에 따른 경제행위에 의해서 발생되는 경제적 영향은 크게 직접적인 효과, 간접적인 효과, 그리고 유발효과로 구분된다.

① 직접적인 효과

관광수요가 발생하는 국가나 지역, 즉 관광배출지역이나 지역의 관광소비자들이 관광을 공급하는 지역이나 국가, 즉 관광객을 수용하는 국가나 지역은 관광객이 지출하는 금액은 수입으로 유입된다. 이처럼 유입은 관광산업과 관련된 기업의 발전에 곧 그 국가나 지역경제의 1차적으로 직접 긍정적인 영향을 미치게 된다.

② 간접적인 효과

이는 관광소비로 지출되는 금액이 2차적으로는 관광산업과 간접적으로 관련된 여타의 산업에도 파급되어 당해 국가나 지역의 경제와 고용에 긍정적인 효과를 가져다주는 것을 말한다. 가령, 관광객들이 숙박을 위해 지출한 돈은 직접적으로 호텔의 수입에 영향을 미치지만, 이것은 또 다시 호텔에 필요한 자재를 납품하는 회사, 그리고 납품업체와 관련된 업체들에게도 경제적인 영향을 미치게 된다.

③ 유발효과

이는 직·간접적인 경제적 효과가 근로자들의 임금으로 지불되어 가계소득에 영향을 미치며, 그것이 또 다시 소비의 창출을 낳고 재순환되는 과정에서 생산을 촉진함으로써 유발되는 종합적인 효과를 말한다.

1) 국제수지 개선의 효과

국제수지(balance of international payment)란 일정 기간 한 나라의 국제거래로 인

하여 발생한 외국에 대한 화폐지불과 외국으로부터 화폐수취(受取)를 대조시킨 것을 의미한다. 즉 한 나라의 대외경제 관계의 총체를 일정 기간 수취하고 지불한 상품, 서비스, 자본 등을 유통구조 면에서 파악한 것이라고 할 수 있다. 이러한 국제수지를 여러 가지 경제적 거래의 복식부기 원리에 의하여 체계적으로 분류하여 작성한 표를 국제수지표라고 한다.〈표 4-1 참조〉 오늘날 국제수지편제 방법은 나라마다 다소 차이가 있지만 우리나라를 비롯한 대부분의 국가에서는 국제통화기금(International Monetary Fund)의 국제수지 편제기준에 따라 작성하고 있다.

표 4-1 | **관광수지표**

수 취 항 목	지 급 항 목
· 외래관광객 국내관광소비 · 상품수출(관광쇼핑 상품 등) · 국제운송료 · 해외로부터의 국내관광산업부문에 대한 투자 · 해외 관광산업투자에 의한 수입 · 해외 관광산업부문에 취업한 자국민의 노동 수입 · 관광광고 등에 따른 수입	· 자국민의 국외관광소비 · 원자재의 수입(설비품, 식료품 등) · 국제운송료 · 관광산업부문에 대한 해외투자 · 국내에 투자한 해외자본에 대한 지불(이자, 배당금 등) · 관광산업부문의 외국인 고용에 대한 임금 지불 · 관광광고 등에 따른 해외지출

국제수지표에서 관광수지는 경상수지 중 무역외 수지에 해당하는 것으로 운송, 보험 등과 함께 용역거래의 주요항목이다. 여기서 말하는 관광수지(balance of international tourism payment)란 일정 기간 한 나라의 관광거래에서 국외관광객이 지불한 화폐와 외래관광객으로부터 수취한 화폐를 대조시킨 것을 의미하며, 관광수지표는 일정 기간 국가 간의 관광거래에서 발생한 화폐적 흐름을 수취와 지불로 구분한 것을 말한다.

일반적으로 무역외 수지에서 용역거래는 국가 간의 교류가 증가할수록 높아진다. 특히 관광은 소유권의 이전이 발생하지 않으면서도 통화의 흐름이 발생되므로 전 세계적으로 경제에서 관광이 차지하는 비중은 날로 증가하고 있다.

전반적으로 보면 국제관광수입이 국민총생산에서 차지하는 비중은 스페인과 오스트리아와 같은 특정국을 제외하면 약 3% 정도의 수준이며, 수출액에 대한 비율은 10% 이하를 차지한다. 이러한 비율은 결코 크다고는 볼 수 없으나 단일산업으로서는 다른 여타의 산업보다 매우 큰 비중을 차지하고 있는 것이다.

2) 국민소득의 창출효과

국민소득(National Income)이란 한 나라의 경제 활동 또는 경제적 성과의 지표인 동시에 국민들의 경제적 복지의 양적 지표라고 할 수 있다. 일반적으로 국민소득 개념에는 넓은 의미의 국민소득인 국민총생산(Gross National Product), 국민순생산(Gross Net Product)과 좁은 의미의 국민소득(National Income), 개인소득(Personal Income), 가처분소득(Disposal Income) 등이 포함된다.

관광의 경제효과에서 국민소득은 이상과 같은 여러 개념 중 국민총생산을 의미한다. 국민소득의 개념을 국민총생산의 개념과 동일한 의미로 사용할 때, 국민총생산이란 일정 기간 한 나라의 국민이 생산한 최종생산물의 시장가치의 합계로 정의할 수 있다. 따라서 관광의 경제적 효과로서 국민소득 창출 효과란 관광객의 지출이 한 나라의 국민경제에 주입(injection) 요인이 되어 일정 기간 한 나라의 국민이 생산한 최종생산물의 가치를 증가시키는 현상 또는 그 결과를 의미한다.

관광으로 인한 국민소득의 창출효과는 관광활동으로부터 창출되는 일련의 관광상품과 서비스(용역)이며, 이에 대한 수요와 소비가 발생됨으로써 생산과 소득에 순환적인 영향을 미치게 된다. 그러므로 관광에서 유발되는 국민생산 및 소득의 효과는 순환생산 및 소득효과, 승수효과, 그리고 외화가득률로 설명할 수 있다.

(1) 외화가득률

외화가득률(rate of foreign exchange earning)이란 외래관광객으로부터 획득한 관광수입에서 이를 얻기 위해 투입하는 원재료 및 각종 물품등의 수입비용을 차감한 차액과 관광수입의 비율을 의미한다.

특히 외래관광객에 의한 관광수입은 외화가득률이 일반 산업에 비하여 훨씬 높기 때문에 외화획득에 있었서 총아적 역할을 하고 있다. 우리나라 같이 중공업 부분이나 고무제품 공업과 같이 원자재를 대부분 수입에 의존하고 있는 국가에서는 외화가득률이 50% 이하이나 우리나라의 평균은 65.2%를 나타내고 있다. 이에 반하여 관광의 경우 외화가득률은 91.2%로 나타난다. 일반산업과 관광산업과의 효과 관계를 〈표 4-2〉에서 보면 잘 알 수 있다.

표 4-2 | 관광산업과 일반수출산업과의 관계

구 분 / 액 수	관광 부문	일반수출 부문
수출액(백만 달러)	269	3,230
외화가득율(백만 달러)	247	2,103
외화가득률(%)	91.8	65.2
수입액(백만 달러)	23	1,116
수입유발액(%)	8.2	34.8

위에서 보면 외화가득률이 관광부분에 있어서는 91.8%인데 비하여 일반산업분야에서는 65.2%로 관광부분이 1.4배나 높게 나타난다. 아울러 수입 유발비율은 관광부분이 82%인데 비하여 일반산업 부분에 있어서는 348%의 높은 비율을 나타내고 있어 일반수출부분이 관광부분보다 약 4배의 높은 수입을 형성하고 있다. 이것은 일반상품의 수출에 있어서는 제품에 따라서 다르나 일반적으로 외채의 금리, 원재료, 기계류 등의 수입비용과 운송비를 공제하여야 하기 때문에 외화가득률이 그 만큼 낮아지지만, 관광의 경우는 해외선전 및 판촉비와 관광객이 소비한 물품(주로 양주와 외국식료품)의 국내수입에 소요되는 비용 등이 차지하는 비율은 통상 10% 미만으로 나타난다.

그리고 관광에 의한 외화획득은 일반제품수출 등의 상품무역에 의한 외화획득과는 달리 또 다른 하나의 유리한 특징이 있다. 곧 상품무역에 있어서는 각 나라의 보호무역에 의한 관세장벽, 민족자원주의에 의한 원자재의 수입곤란, 수출시장에 있어서 환경의 악화 등의 문제를 항상 안고 있다. 경우에 따라서는 수출대상국 국민의 민족감정, 국제경제정책 등의 영향을 받아 상품배척이라는 문제가 일어나는데 반하여 관광은 오히려 국제친선이나 문화교류에 기여하면서 외화를 얻을 수 있다는 점이다.

(2) 승수효과(multiplier effect)

승수란 한 국가의 국민경제가 순환하는 과정에서 한 지역 또는 부문에서 발생한 최초의 투자 · 소득 · 고용의 변화가 최종적으로 얼마만큼 소득의 증가를 가져오는가를 나타내는 것을 의미한다. 따라서 관광승수란 관광부문에서의 투자 · 소득 · 고용 등의 변화가 한 국가의 경제에서 발생시키는 소득의 변화를 말한다고 볼 수 있다.

예를 들면 관광객들이 최초로 지출하는 돈은 순환하면서 이른바 소비의 승수효과를 낳게 된다. 관광의 승수효과는 산업 구조, 기술의 발달 등 여러 가지 조건에 따라 일정하지는 않으나 연구된 결과에 의하면 보통 관광객들이 최초로 지출한 돈이 1년간에 3.2~4.3배의 수준으로 증가하는 것으로 나타나 있다. 이는 처음 1달러의 지출이 일년 동안에 3.2~4.3달러의 소득증가를 가져다준다는 것을 의미한다. 관광승수효과는 판매액 또는 생산, 고용수준 및 임금 등으로도 평가할 수 있다.

체키보고서의 내용을 분석해 보면〈표 4-3 참조〉, 관광객이 당초 지불한 1,000달러의 소비액은 외래관광객이 직접 지출한 것으로 관광목적지의 국민경제적 입장에서 볼 때는 소득으로 간주된다. 그러므로 관광소비는 국민경제 내부에서의 회전수

표 4-3 | 관광객지출 1,000달러에 대한 5회 거래 후의 연간 승수분석

지출항목	거래 횟수					연소비액	달러당 연간 회전수
	1회	2회	3회	4회	5회		
숙박비	250	250	178.00	112.00	64.50	854.50	3.42
식음료비	320	320	211.00	137.00	63.50	1,050.50	3.28
상품구입비	250	250	149.00	89.50	48.50	787.00	3.15
관광오락비	100	100	70.50	41.50	25.00	336.50	3.365
지상교통비	50	50	29.00	16.50	7.50	153.00	3.06
기타	30	30	16.50	9.00	4.50	90.00	3.00
계	1,000	1,000	654.00	405.00	213.00	3,272.00	3.27

로 그것이 곧 국민소득 증가의 승수효과를 의미한다. 이때의 승수는 평균 3.27에 해당된다.

(3) 순환생산 및 소득의 효과

이것은 특히 외국관광객들에 대한 유치활동, 관광투자, 소비활동과 같은 여러 활동들이 국민생산과 소득의 순환과정에 유입되어 발생되는 효과로써, 관광으로부터 얻게 되는 수입은 순환생산과 소득의 증가요인이 되고, 반면에 지출은 감소 또는 누출요인이 된다. 관광에서 획득된 소득은 관련산업의 수입을 증대시키는 한편, 고용을 촉진시키면서 순환소득의 증가로 나타나게 된다.

3) 재정수입의 증대 효과

재정수입이란 국가 · 공공단체의 공공재 공급 및 이전지출(移轉支出)을 행하기 위한 재원으로서 정부가 조달하는 화폐를 말한다. 관광의 경제적 영향은 국민소득 창출, 국제수지 개선 뿐만 아니라 관광목적지의 재정수입 증대를 기대할 수 있다. 외래관광객에 의한 숙박비, 식음료비, 유흥 · 오락비, 기념품 구입비, 관광교통비 등의 지출은 관광목적지의 기업매출과 이윤을 증대시키고 조세수입을 증대시키는 원천이 된다. 또한 외래관광객이 관광목적지에서 공공재를 이용할 때 지불하는 사용료는 관광목적지의 재정수입이 된다. 관광에 따른 재정수입의 원천은 다음과 같이 두 가지로 대별할 수 있다.

첫째, 조세수입의 증가이다. 일반적으로 조세는 국가 · 공공단체와 같은 공권력의 주체가 공공재 공급, 이전지출 등을 위해 반대급부를 제공하지 않고 국민으로부터 강제적으로 획득하는 화폐를 말한다. 따라서 관광은 국가 또는 공공단체의 재정수입을 증대시키는 원천이 된다.

둘째, 관광객에게 공공재를 공급함으로써 얻는 반대 급부로서의 사용료는 재정수입의 원천이 된다. 일반적으로 간접편익에 한정되는 공공재의 공급은 국가 또는 공공단체가 세금을 통해 부담하지만, 직접편익에 해당되는 공공재의 경우는 편익의 주체에게 사용료를 부과한다. 예를 들면 외래관광객이 관광목적지에서 관광행위를 하는 동안 치안의 유지로 안전하게 관광행위를 할 수 있는 경우와 같이 간접적인 편익을 받는 경우 치안이라는 공공재는 국가 또는 공공단체가 세금으로 그 비용을 부담한다. 그러나 외래관광객이 공원, 고궁 등을 관람하는 경우에는 직접적인 편익을 얻는 것으로 일정한 사용료 및 관람료를 지불하게 된다. 이처럼 외래관광객이 지불하는 사용료 또는 관람료는 재정 수입의 원천이 된다. 실제로 체키보고서의 경우 관광소비에 부과되는 세금의 총화는 전체 관광수입 중 약 10%에 해당된다고 설명하고 있다.

4) 고용창출의 효과

관광산업은 특성상 서비스 지향적인 산업이기 때문에 타산업에 비하여 높은 고용기회를 부여한다. 따라서 관광산업을 노동집약적인 산업(labour intensive industry)이라고 부른다. 다시 말해 관광상품은 기계화에 의한 대량생산과 상품의 표준화가 불가능하므로 사람의 세심한 손길에 의해서 생산되어 고객에게 전달하여야 하기 때문에 상대적으로 여타의 산업보다 더 많은 노동력을 요구한다. 이러한 특성으로 인하여 다른 산업보다도 더 많은 일자리를 필요로 하게 된다. 뿐만 아니라 관광산업의 발전은 또 다른 산업발전에 기여하게 됨으로 새로운 고용을 창출하게 된다. 이는 관광지출과 소득이 순환되는 과정에서 여러 산업에 파급되어 더 많은 일자리를 제공하게 되는 것이다. 이렇게 볼 때 관광산업이 발전함으로써 나타나는 고용효과는 직접고용, 간접고용, 유발고용의 효과로 나누어 분석할 수 있다.

첫째, 직접고용은 관광객의 소비로부터 직접적으로 유발되는 고용으로 가령 숙박업, 요식업 등과 같이 관광산업에서 창출하는 고용이다.

둘째, 간접고용은 관광산업에 재료 및 원료나 반제품을 공급하는 농업이나 건설업 등과 같이 관광산업에 관련된 기업이나 조직에서 창출하는 고용이다.

셋째, 유발고용은 관광에서 얻게 된 소득이 재소비되어 여러 조직이나 기업에 유입되어 창출되는 고용이다.

아쳐(Archer. B.)는 관광객의 1차 소비가 거의 같은 금액의 수익을 발생시키므로 관광소비의 단위당 발생하는 고용은 일반적인 소비로 발생하는 것보다 2배 이상이 된다고 했다. 즉 영국 화폐 10,000파운드를 소비할 경우에 일반기업은 2.39의 직업이 발생되고, 관광산업은 4.83의 직업이 발생된다고 하였다. 가장 빠른 관광산업을 성장시킨 잠비아(Gambia)에서는 관광호텔 객실수 1,000실에 대하여 5,000개의 직업(jobs)이 있어야 한다고 하였다.

고용효과를 측정할 수 있는 방법으로서 고용승수가 많이 적용되고 있다. 이는 관광객의 최초의 한 단위 소비지출 증가가 지역 내의 고용기회를 얼마나 증대시켰는가를 나타내는 것이다. 인도의 경우에 있어서 국제관광은 고용승수가 2.82이고 국내관광은 3.58로 나와 국내관광의 고용효과가 큰 것으로 나타나고 있다. 우리 나라의 경우 전 관광산업의 고용승수가 1.27인데 반하여 국제관광은 1.41로 나타나 인도와는 반대로 국제관광이 고용효과가 큰 것으로 나타나고 있다.

2 부정적 영향

1) 산업구조의 불안정화

관광과 같은 3차 산업은 기본적으로 1, 2차 산업의 상황에 달려있다. 즉, 1, 2차 산업이 호황이면 3차 산업은 자연히 호황을 맞게 된다. 반대로 1, 2차 산업이 불황이면 관광산업은 커다란 타격을 받게 되어 갑자기 실업이 증가하게 되고 사회가 불안정해진다. 이는 곧 경제의 불안정뿐만 아니라 사회 및 정치적인 불안정을 의미한다. 물론 3차 산업이 1, 2차 산업의 성장을 도울 수도 있으나 기본적으로 국가의 기간산업은 1, 2차 산업이라고 할 수 있다.

관광은 어느 나라를 막론하고 2차적인 문제로 나타난다. 왜냐하면 가장 기본적인 생계가 보장되고 난 후에 관광이 부차적으로 고려되어지기 때문이다. 따라서 관광산업이 산업구조에서 차지하는 비중이 지나치게 클 경우 전체 산업의 불안정을 초래하기 쉽다. 또한 지역이나 국가경제의 의존도가 외국에서 온 국제관광객을 주대상으로

한 관광산업에 지나치게 의존할 경우, 국가는 관광송출국의 경제에 종속될 가능성이 커진다. 가령, 선진국들이 불황을 겪을 경우, 국가경제는 결국 경제력이 튼튼한 선진국에 예속될 가능성이 그만큼 커질 개연성이 있는 것이다. 이는 한 국가 내에 있는 어떤 지역에 있어서도 마찬가지 원리가 적용된다.

2) 사회간접자본의 투자증가에 따른 문제

관광이 활성화되기 위해서는 이에 따르는 도로나 상하수도 등의 사회하부시설들이 잘 갖추어져 있어야 한다. 이를 위해서는 사회간접자본(social overhead capital)을 절대적으로 필요로 한다. 자본에는 공장이나 기계, 또는 기술이나 지식과 같이 직접적으로 생산에 사용될 수 있는 자본만이 아니라 간접자본으로 생산에 도움이 되는 자본도 있다. 예를 들어, 교량, 도로, 항만 등은 비록 그것이 직접적으로 재화나 용역의 생산을 담당하지는 않는다 할지라도 이것들이 없이는 생산된 재화가 운반되고 유통되는데 막대한 지장이 있어서 시장의 크기를 제한하게 될 것이며, 시장의 크기가 제한된 상황하에서는 도저히 궁극적인 생산의 확대를 바라기 힘들 것이다. 그러므로 도로, 항만, 교량 등은 간접적이기는 하나 생산에는 없어서는 안 될 자본이다. 이러한 자본을 사회간접자본이라 한다.

사회간접자본의 투자는 관광을 활성화하는데 가장 기본적인 투자의 우선순위가 된다. 그런데 이를 위한 무리한 투자나 외국자본의 대량유입이 관광수입으로 만회되지 않을 때에는 국가재정에 어려움을 줄 수 있다. 물론 장기적으로는 그것이 관광수입에 커다란 도움을 줄 수 있다 하더라도 국가의 경제란 현재를 무시하고 미래지향적으로만 향할 수만은 없는 것이다.

3) 고용의 불안정성

관광산업에서의 고용은 몇 가지 측면에서 문제가 있다. 이를 간략하게 요약하여 제시하면 다음과 같다.

첫째, 일반적으로 관광산업은 계절성을 띠게 되는 경우가 많으므로 고용이 불안정할 수밖에 없다. 즉, 비수기에는 고용이 줄고 성수기에는 반대로 고용이 증가하여 고용이 불안정해진다. 이것은 단순히 개인적인 문제가 아니라 사회적인 문제로 파급될 수 있다.

둘째, 관광산업에서는 대인관계의 기술을 제외한 특별한 기술이 없어도 일할 수 있는 분야가 많아 일의 성취감이 낮다. 뿐만 아니라 종사원들은 고객의 개인별 취향에 맞는 서비스를 하여야 하기 때문에 일에서 오는 스트레스가 커서 자신의 일에 대한 만족감이 낮을 수 있다.

셋째, 일반적으로 다른 직종에 비해 보수가 낮고 연중무휴로 운영되기 때문에 종사원들은 자신의 일에 대한 사기가 저하되어 이직률이 높아질 수 있다.

4) 물가의 상승

대부분의 경우 극소적으로 나타나는 현상이지만 관광의 부정적인 효과로 물가상승 문제를 들 수 있다. 관광지에서는 일반적으로 관광수요자들이 증가할 때 물가상승을 부추겨 특별한 이유없이 관광소비자들 뿐만 아니라 지역주민의 지출을 증가시키게 되고, 자원의 분배를 왜곡함으로써 건전한 상거래 질서를 무너 뜨리는 결과를 초래하게 된다. 지역의 경제는 가급적이면 물가의 앙등이 없는 것이 바람직 하다.

물가의 상승은 관광지에서 많은 관광객들이 판매가격에 대해서 완전한 지식을 갖고 있지 못하거나 가격순응적 행동으로 나간다고 해서 현실적으로 받아들여서는 안된다. 이는 특히 관광객들 뿐만 아니라 현지의 주민들도 자신들의 생활에 필요한 재화나 용역의 구매에 대한 비용이 상승하게 되기 때문에 바람직하지 않다.

제2절 | 사회문화적 영향

관광현상은 복합적이고 다면적인 현상임으로 관광객의 이동으로 인한 관광배출지역과 관광목적지역과의 상호과정을 통해 여러 가지 현상으로 나타난다. 관광은 관광객의 개인적인 경험일 뿐만 아니라 이질적인 사회 · 문화가 만나는 장이기도 하다. 따라서 사회문화적 영향을 획일적으로 규정하고 정의하는 것은 어려운 문제이다.

사회문화적 영향의 개념규정에 있어서 이러한 난점으로 인하여 문제가 제기될 수 있지만 총체적으로 규정하면 다음과 같다. 사회문화적 영향이란 관광객의 이동으로 관광배출지역과 관광목적지역의 사회구조 · 문화구조에 미치는 변화의 총체로서 정의할 수 있다. 그러나 일반적으로 관광의 사회문화적 영향은 관광목적지역에 미치는 영향만을 의미하기도 한다. 이러한 개념규정을 바탕으로 본 절에서는 사회적 영향을 파악하기 위한 기초이론으로 사회적 상호작용을 고찰하고자 하며, 또한 문화적 영향을 파악하기 위하여 문화접변을 설명하고자 한다.

1 관광의 사회적 상호작용

1) 사회적 상호작용 개념

상호작용이란 사회적 행위가 작용 · 반작용으로 옮겨가면서 나타나는 행위의 주고 받음을 의미한다. 여기에는 상징적 의사소통(symbolic communication)이 내포되어 그것을 통하여 서로의 행동에 영향을 미치는 사회적 상호성(相互性)의 역동과정(力動過程)을 말한다. 즉 인간의 사회적 행위의 작용과 반작용이 반복되는 역동과정으로, 이 과정에서는 서로의 행동에 영향을 미치게 되는 상호성이 존재하게 된다.

관광은 사회문화적으로 다른 사람들과 만난다. 즉 관광목적지의 지역주민과 관광객의 직 · 간접적 접촉과 상호작용이 이루어지는 장이다. 관광목적지 지역주민과 관광객의 상호작용이 지속적 · 반복적으로 이루어지면 이들 사이에는 일정한 유형과 태도가 형성된다. 일반적으로 관광목적지 지역주민과 관광객 사이의 유형과 태도는 긍정적 상호작용과 부정적 상호작용, 갈등, 교류와 접촉 등으로 나타난다. 이를 구체적으로 살펴보면 다음과 같다.

(1) Jafari의 사회적 사호작용

Jafari는 관광목적지의 지역주민과 관광객 사이의 사회적 상호작용은 집단의 수와 성격에 따라 다음과 같이 구분하고 있다.

① 각각 동질성을 가진 주민사회와 관광객의 상호작용

문화적 동질성이 있는 주민집단과 관광객의 만남을 통해 상호작용이 이루어지는 경우이다. 이 경우 관광객과 주민 사이에 가장 단순한 형태의 상호작용이 나타나며 문화적 현상의 복합성은 낮다.

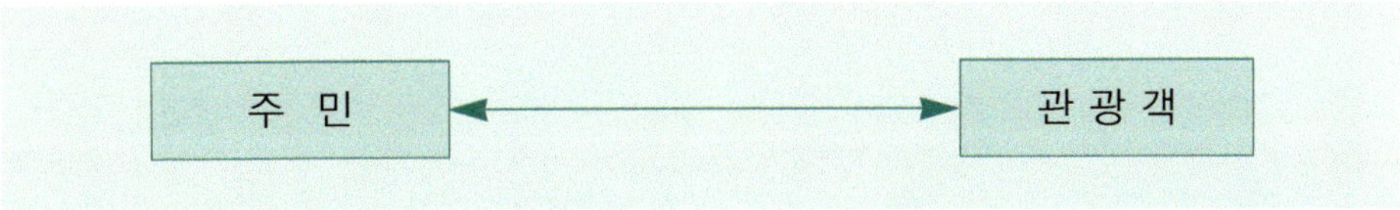

② 이질성을 가진 주민사회와 동질성을 가진 관광객의 상호작용

문화적으로 이질성이 있는 여러 주민집단과 관광객 사이에 상호작용이 발생할 경우 관광객은 다수의 문화와 상호작용을 하기 때문에 그 지역의 특수한 사회문화적 특성을 식별하기가 어렵다,

③ 다수민족으로 이루어진 관광객과 동질성을 지닌 주민 간의 상호작용

동질성을 지닌 하나의 주민집단과 문화적 이질성을 지니고 있는 여러 집단의 관광객 사이에 상호작용이 발생하는 경우다. 이 경우 주민은 관광객들의 다양한 문화

와 그들 문화와의 차이를 발견하려고 한다. 따라서 주민과 관광객 사이의 상호작용은 복합성과 복잡성을 동시에 지니게 된다.

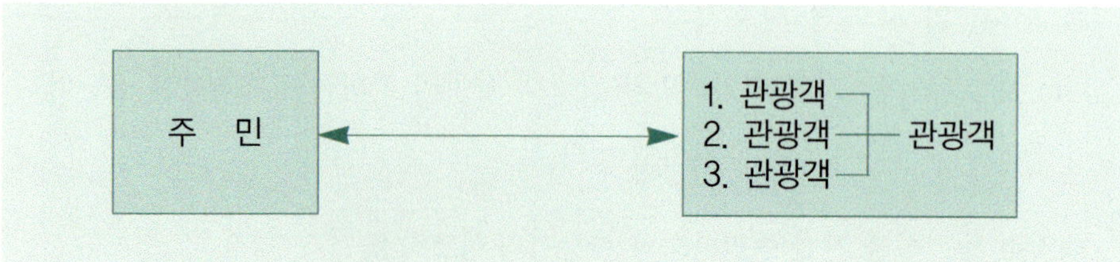

④ 이질성을 지닌 주민과 이질성을 지닌 관광객

문화적 이질성이 있는 다수의 주민집단과 다수의 관광객 집단 사이에 발생하는 상호작용이다. 이러한 경우 문화적 복합화 과정을 거쳐 문화의 혼합이 발생한다.

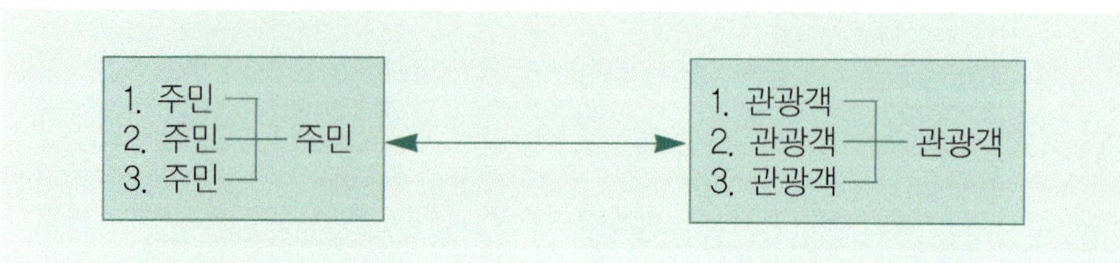

(2) Doxey의 사회적 상호작용

Doxey는 관광목적지에서 주민과 관광객 사이에 발생하는 상호작용에서 나타나는 태도와 감정을 시간적 차원에 따라 다음과 같이 5단계로 변화한다고 설명하고 있다.

① 행복감의 단계(The level of euphoria)

주민들은 관광개발, 외래관광객 유치에 열성적이고 단기적으로 증가하는 소득이나 가시적인 효과로 행복감을 느끼게 된다. 이 단계에서는 관광개발에 대한 투자가나 외래관광객은 모두 환영을 받게 되고 이들과 주민은 서로 감정적으로 만족감을 느끼게 된다.

② 무관심의 단계(The level of apathy)

관광개발이 가속화되었을 때 나타나는 단계이다. 이 단계에서는 관광목적지 주민과 외부투자가나 관광객의 상호작용은 형식적인 관계에 지나지 않는다. 관광객은 단지 경제적 부를 가져다 주는 경제 활동의 대상으로 인식된다.

③ 분노의 단계(The level of irritation)

관광목적지 주민이 관광에 대해 부정적인 시각을 갖고 관광객의 행동에 의심을 품게 되는 단계이다. 이 단계는 관광객의 행위 구조가 다르기 때문에 구행동을 받아들여야 한다는 태도보다는 그들의 행위에 대하여 분노를 느낀다.

④ 적대의 단계(The level of antagonism)

관광목적지 주민의 짜증과 불만이 직접적으로 표출되는 단계이다. 모든 관광목적지의 사회적 문제를 관광객의 탓으로 돌리고 관광객을 증오한다.

⑤ 묵인의 단계(The final level)

주민은 관광객의 행위를 더 이상 관여할 수 없는 현상으로 인식하고 그들은 가시적으로 그들의 태도를 드러내지 않는다. 그러나 주민은 항상 관광객의 행위를 주시하고 있으며 언제라도 적대적 태도를 보일 수 있는 잠재성을 가지고 있다.

2) 사회적 상호작용의 특징

관광목적지에서 이루어지는 관광객과 지역주민의 사회적 상호작용은 여러 가지 특징을 가지고 있다. 관광객은 관광목적지에서 관광종사원, 간접적으로 관광산업에 관련된 주민, 관광산업과 직접적으로 관련이 없는 주민 등과 만날 수 있다. Kadt는 관광객과 주민 간의 사회적 상호작용이 3가지 상황에서 발생한다고 한다.

첫째, 관광객이 주민으로부터 상품이나 서비스를 구매하는 곳에서, 둘째, 관광객과 주민이 같은 장소에 있다는 것을 서로 발견할 수 있는 곳에서(예 : 해변가의 모래사장, 나이트 클럽 등), 셋째, 관광객과 주민이 정보와 아이디어를 교환할 목적으로 만나는 곳에서 발생된다.

이러한 관광객과 주민 간의 사회적 상호작용은 목적과 기대의 네트워크(network) 속에서 이루어 진다. 관광객은 활동적인 이동성을 가졌으며, 목적지에서 휴식을 원하고, 자유로운 여가를 즐기며 목적지에서 여러 가지 경험을 한다. 반면에 주민은 상대적으로 비 활동적이며, 주민이 관광사업체에 고용되어 있는 경우라면, 방문객의 욕구와 요구를 충족시키기 위해 준비하는 시간에 많은 부분의 생활시간을 소비하게 된다.

또한 관광객과 주민 간의 사회적 상호작용은 의도적으로 조절되기도 한다. 주민에게 미치는 부정적인 영향을 줄이기 위해 관광객의 방문을 제한하거나 일정한 지역으로 보내기도 하며, 반대로 상호 간의 진정한 대화를 위한 기회를 제공하는 경우도 있다.

좀 더 구체적으로 관광객과 주민 간의 사회적 상호작용의 특징을 살펴보면 다음과 같다.

■ 관광객과 주민의 관계는 일시적인 것이다.

관광객이 특정한 목적지에 체류하는 기간은 대체로 짧다. 이 기간 동안 관광객은 현지주민들이 자신과는 다른 국적이나 문화를 갖고 있기 때문에 그들과의 사회적 상호작용을 통하여 새로운 경험을 하고자 한다. 그러나 주민의 입장에서는 단지 관광시즌에 만나는 관광객은 단지 피상적인 관계(superficial relationships)로만 인식한다. 또한 관광객과의 접촉을 반복경험(tautological experiences)에 불과한 것으로 간주한다.

관광객은 고객으로서 주민에게 낮은 수준의 서비스를 받게 되면 관광목적지를 재방문하지 않으며, 이렇게 되면 관광객과 주민 간의 사회적 상호작용은 일시적 것이 된다. 반면에 높은 수준의 서비스를 제공받아 반복방문이 이루어지는 곳은 매년 관광객이 같은 숙박시설이나 같은 장소를 찾게 되므로 보다 친밀하고 두터운 관계로 발전하게 된다.

■ 관광객과 주민의 관계는 접촉기간의 기간과 강도(intensity)에 영향을 주는 시간적 · 공간적 제약을 받게 된다.

대량관광의 발달로 많은 관광객은 여행사가 제공한 여행상품에 의하여 서비스를 제공받기 때문에 숙박시설, 레스토랑, 관광지 등은 여행사(tour operator)에 의해 통제를 받거나, 요금수준에 의해 간접적으로 제약을 받게 된다. 또한 관광목적지의 관광서비스나 접대시설은 어느 특정한 복합단지 내에서 집중적으로 제공하게 된다. 관광객을 이처럼 특정지구 내로 고립시킴으로써 관광시설을 벗어나 관광객이 주민을 접촉하기란 쉬운 일이 아니다. 따라서 여행알선의 형태가 발전하게 되고 휴양시설이 복합단지화됨에 따라 관광객과 지역주민들 간의 접촉은 점차 줄어들게 되고 또 피상적인 것이 되고 만다.

■ 관광객과 주민의 관계는 자발성이 결여되어 있다.

관광객에 대한 주민들의 사고는 처음에는 자발적인 환대가 이루어지게 되나 점차적으로 시간이 지남에 따라 상업적인 상호관계로 전환된다. 특히 오늘날 대부분의 여행이 여행사가 주최가 되어 관광지, 숙박시설 등을 예약함에 따라 관광객은 여행사가 제공하는 안락함, 편리함과 무위험의 경험 등을 추구하게 된다. 이로 인해 관광객은 현지주민과의 빈번하고 자발적인 접촉기회가 줄어들게 된다. 따라서 사회적 상호작용은 더욱 경직되게 되고 통제를 받으며, 관광객과 주민의 관계는 하나의 현금을 소비하는 활동으로 인식된다.

■ 관광객과 주민의 관계는 성격적으로 불평등하고 불균형의 관계를 나타낸다.

관광객의 소비와 행동은 주민들과의 관계에서 물질적인 불평등으로 존재한다. 주민은 이러한 문제에 대하여 열등의식을 느끼게 되며, 이러한 정신적인 열등의식을 보상받기 위해 관광객의 부(wealth)를 착취하기도 한다.

또한 관광객과 주민의 상관관계에서는 만족의 수준과 인간상호 관계에 대한 신기함을 느끼는 감각이 서로 다르기 때문에 불평등이 존재한다. 관광객은 휴가기간을 통하여 만족스러운 여행을 제공받기를 원하며, 또 방문지역에 대한 새로운 경험과 신기함을 만끽하고, 방문자로서의 주민과의 만남을 만족해 한다. 반면에 주민들에게는 관광객과의 만남이 일상적인 것이 되어 버렸기 때문에 관광객에 대한 신기함과 서비스 제공에 대한 만족감은 그다지 새롭지 못하고 피상적인 것일 수 밖에 없다.

2_ 사회문화적 영향 범위

관광현상은 그 자체가 복잡한 체계로 구성되어 있어, 관광객의 이동으로 나타나는 사회문화적 현상 또한 매우 광범위하다. 이에 대한 이해를 돕기 위하여 사회문화적 영향에 관한 몇 가지 연구결과 통하여 범위를 설정하면 다음과 같다.

1) 세계관광기구(WTO)의 범위

세계관광기구에서는 관광의 사회문화적 영향을 크게 사회적 영향과 문화적 영향으로 구분하였다. 이를 다시 긍정적 영향과 부정적 영향으로 나누고 있다.〈표 4-4 참조〉

표 4-4 | 관광의 사회 · 문화적 영향

사회적 영향	긍정적	사회구조의 변화	-취업구조의 변화(농업에서 서비스업) -토산품 생산의 발달 -소득격차의 해소 - 교육기회의 증가
		가족구조의 변화	-여성 지위향상 및 역할 변화 -자녀에 대한 관용적 태도
		주민의 시야확대와 국외자에 대한 편견 해소 윤리적 태도 및 규범의 변화	
	부정적	주민의 양극화	-소득격차 -관광산업 종사자의 유리
		가족구조의 파괴	-이혼의 증가 -성의 개방성 증가
		소비지향 사회	-매춘 -약물 및 알코올중독 -퇴폐행위
문화적 영향	긍정적	지역문화의 발전(민속예술, 박물관) 자연환경의 보호 경관의 유지 역사적 유물, 유적의 보존 현대적 건축양식 도입	
	부정적	토착문화의 소멸 자연경관의 파괴 및 상실 유적지 파괴 전통적 건축양식과 현대적 양식의 부조화 인간미 상실	

2) Pearce의 범위

Pearce는 관광현상이 관광목적지의 주민과 지역사회, 관광객에게 미치는 사회문화적 영향으로 인구구조, 취업구조, 가치관, 전통적 생활양식, 소비양식, 관광객에 대한 편익 등으로 구분하고 있다.

Pearce는 세계관광기구의 구분과 같이 사회적 영향과 문화적 영향으로 구분하지 않고, 사회적 영향은 구조적 변동으로, 문화적 영향은 사회의 내용으로 다루고 있다.〈표 4-5 참조〉

표 4-5 | **관광의 사회 · 문화적 영향**

구분	내용	
인구구조에 대한 영향	· 인구의 규모 · 가족 규모의 변화	· 성별, 연령별 인구구성의 변화 · 농촌에서 도시로의 인구 이동 및 도시화
취업구조 변화에 따른 영향	· 언어와 언어구사력 수준의 변화 · 여성노동력 수요의 변화	· 부문별 고용분포의 변화 · 계절적 고용의 증가
가치관의 변화	· 정치의식의 변화 · 종교적 가치관의 변화	· 사회적 가치관의 변화 · 도덕의 변화
전통적 생활양식의 변화	· 예술, 음악, 민속의 변화 · 일상적인 생활양식의 변화	· 습관, 관습의 변화
소비양식의 변화	· 질적 변화	· 양적 변화
관광객에 대한 편익	· 편안한 휴식과 레크리에이션 · 시야 확대로 관광객에게 대한 편견 해소 · 관광객과 주민 간의 사회적 접촉	

3) Fridgen의 범위

Fridgen는 관광이란 직접적 또는 간접적으로 지역사회와 주민에게 사회문화적 영향을 주고 있다고 하면서, 지역사회구조에 미치는 영향의 예로 어떤 사람들은 관광으로 부터 직접적인 편익을 얻고 심지어는 그들의 생계를 관광에 의존하고 있는 사람들이 있다. 반면에 어떤 사람들은 편익을 받지 못하고 오히려 관광으로 인하여 교통혼잡, 무질서한 상업지구의 혼잡 등으로 심한 피해를 경험하게 되어 사회구성원 간의 갈등이 심화되어 사회구조를 더욱 복잡하게 만든다고 지적하고 있다. Fridgen

는 관광의 사회 문화적 영향에 대한 여러 연구에서 나타난 범주를 검토하면서 다음과 같이 설정하고 있다.〈표 4-6 참조〉

표 4-6 | 관광의 사회 · 문화적 영향

구분	내용
사회적 상호작용	· 사회적 장벽의 해체 · 단위사회에 대한 문화적 이해와 인식의 제고 · 단위사회 구성원들의 갈등 완화 · 비인간적, 사업주의적 관계 형성 · 관광객 행태와 현실과의 괴리에 따른 분노 · 건강과 질병률의 변화 · 국가 간 상호이해와 평화의 증진
도덕 및 종교적 규범	· 성에 대한 행위규범의 변화 · 범죄율, 매춘, 절도, 도박의 증감 · 새로운 도덕률과 행위규범 첨가 · 전통적으로 유지된 종교적 관례의 변화
사회적 규범	· 관광객의 의복과 행동을 모방하는 현상 발생 · 가족구조의 약화 및 가족의 행동변화 · 성의 역할과 가족의 역할에 대한 기대의 변화 · 지역사회 내 갈등의 발생 · 국외자에 대한 태도 변화 및 관광객과 주민 간 갈등 유발 · 지역사회의 새로운 행동규범과 생활양식의 생성(예 : 의복) · 관광객으로 인해 국경일과 지역 기념일을 함께 쉬는 관행의 생성 · 관광객에 대한 긍정적, 부정적 고정관념의 생성
문화적 방식과 활동	· 문화의 전통과 관습에 대한 자각의 증가 · 전통 공예품, 건축에 대한 높은 가치 부여 · 문화적 전통과 관습의 붕괴 · 전통음식과 언어에 대한 주민들 사이의 역할 변화 · 문화적, 교육적인 교류기회의 증가 · 지역 공예품과 민속행사의 역할과 변화
일상활동	· 생활의 진보속도의 증가 · 지역사회 일상활동의 급속한 변화 · 관광객의 영향으로 생활양식의 변화 · 국외자에게 관광목적지의 긍정적 인상을 형성 · 지역이 세계의 일부라는 인식 형성 · 물리적, 인적 혼잡의 증가 · 해변, 레스토랑, 박물관 등과 같은 지역관광 자원, 시설 간의 경쟁 증가 · 지역 내에서 여흥을 즐길 수 있는 기회의 증가 · 노동 양식과 수단의 변화(농업, 서비스 등)

3 사회적 영향의 실제

관광의 사회적 영향은 관광객의 이동으로 인한 관광목적지역의 사회구조의 변화를 의미한다. 여기서 의미하는 사회구조란 예측할 수 있는 상호작용 관계들로 양상화된 사회조직의 총화를 말한다. 본래 인간은 사회적 동물이기 때문에 다른 사람하고 관계를 맺지 않고서는 살아갈 수 없다. 사회학에서는 인간이 살아가는데 있어서 다른 사람들과 관계를 맺는 것을 상호작용이라고 한다. 이러한 상호작용 관계의 총화(總和)가 바로 사회구조라고 할 수 있다. 따라서 사회구조는 사회 내에 존재하는 개개인의 대인관계에서 파악된 행동의 원리이고, 하나의 사회가 존재하고 존속하는 것은 이러한 행동원리가 사회에 질서를 주기 때문이다. 사회구조의 개념을 요약하면 다음과 같다.

첫째, 사회 구조는 인간 상호작용의 규칙적인 양상이다.
둘째, 사회구조는 인간의 상호작용을 통해서 이루어진다.
셋째, 사회구조는 도표로 표시할 수 있는 모양을 가지고 있다.
넷째, 사회구조는 권력이나 명예, 경제적 차원과 같은 상호작용에 있어서의 어느 측면을 표시한다.

결론적으로 보면 관광으로 인하여 관광목적지역의 주민과 관광객 사이에 상호작용이 지속적 · 반복적으로 이루어지면 이들 간에 어떤 뚜렷한 유형이 나타난다. 이를 구조(structure)라고 하고, 사회체제가 이러한 구조를 지니게 되는 것을 사회구조라고 한다. 이처럼 사회구조는 사회의 어떤 형상이 반복되면서 질서와 규칙성에 따라 일정한 유형을 이루고 있는 상태를 말한다. 따라서 관광의 사회적 영향은 바로 관광객이 이동하여 주민과의 상호관계를 통하여 관광목적지의 사회구조가 어떻게 질서와 규칙성에 따라 변화되는가를 의미한다고 볼 수 있다. 이러한 개념을 염두해 두고 관광으로 인한 관광목적지의 사회구조 변화를 설명하면 다음과 같다.

1) 인구구조 변화

(1) 인구규모의 변화

한 지역이 관광목적지가 되었을 때 그 목적지에 나타나는 가시적인 현상 중의 하나는 인구규모의 변화이다. 인구규모의 변화는 인구구조 변화의 양적인 측면을 의미한다. 일반적으로 관광목적지에서의 인구규모 변화는 세 가지 차원, 즉, 흡인요인(pulling factors), 배출요인(pushing factors), 흡인요인과 배출요인의 작용으로 살펴볼 수 있다.

① 흡인요인에 의한 변화

한 지역이 관광목적지로 성장하면서 다른 지역으로 부터 인구를 끌어들이는 요인에 의해 인구가 증가하는 경우를 말한다. 예컨데 전통적인 농촌사회가 관광개발로 서비스업 중심으로 산업구조가 개편된다면, 새롭게 개편된 산업구조에 맞추어 인력수요가 증가한다. 즉 관광목적지의 호텔, 여행사, 관광관련산업 등의 분야에서 필요한 노동력 인구가 유입된다.

② 배출요인에 의한 변화

한 지역이 관광목적지로 성장하면서 인구규모를 감소시키는 경우를 말한다. 예를 들어 농업 중심의 산업구조를 이루고 있던 사회가 서비스업을 중심으로 산업구조가 변화되는 경우 관광산업에서 필요로 하는 숙련 노동력을 갖추지 못한 사람들은 취업을 위해 다른 지역으로 이주하게 된다.

③ 흡인요인과 배출요인의 균형에 의한 변화

한 지역이 관광목적지로 성장하면서 전통적인 산업구조와 관광산업이 균형을 이루는 경우 인구규모의 적정화와 인구의 자동조절이 이루어진다.

관광으로 인한 인구규모의 변화를 보면, 스페인 관광지에서 관광 투자 후 많은 노동력의 이주가 있었고, 또한 플로리다의 경우 디즈니월드와 기타 관광매력물의 건설로 1970~1980년 사이에 29.7%의 인구가 증가하였다.

(2) 인구구성의 변화

관광의 인구규모의 변화는 인구구성의 변화를 초래한다. 인구규모의 변화가 양적인 변화라고 한다면 인구구성의 변화는 질적 측면의 변화이다. 인구의 질적 측면인 연령 · 성별 · 직업 · 인종 · 종교 · 교육수준 · 소득수준 등의 구성비가 변화하는 것을 말한다.

뉴질랜드의 한 관광지에서는 인구구성을 전국 평균과 비교하였을 때 20~30대 인구와 여성인구가 과대하게 나타나고 있으며, 또한 영국 농촌지역에서도 리조트개발로 인하여 외부인이 많이 유입하였는데, 특히 별장을 소유한 은퇴자의 유입으로 고령 인구가 많아 불균형 상태인 농촌지역사회의 연령구조를 더욱 악화시켰다.

2) 직업구조 변화

관광은 지역의 경제구조를 변화시키기 때문에 직업구조를 변화시킨다. 관광산업의 발전은 직업구조의 다양화, 직업종류의 확대, 직업의 이동을 촉진시킨다. 즉 숙박시설, 음식점, 교통기관, 여행사 등의 관광산업의 발전은 관광객에게 직접적으로 서비스를 제공하는 인력뿐만 아니라 관광관련시설을 관리하는 부수적인 인력 또한 증가시키게 되어 직업의 다양화를 촉진한다.

바하마의 경우 관광은 많은 생활방식을 변화시키고, 물질적 생활수준의 향상을 가져왔으며, 직업의 구조도 변화시켰다. 전통방식으로 목선(木船)을 만드는 사람, 농부 등의 직업이 급격히 감소하고 수위, 안내인, 여급(女給) 등과 같은 새로운 직업이 생겼다.

이러한 직업구조변화에 미치는 몇가지 사례를 설명하면 다음과 같다.

첫째, 관광산업발전에 따른 수혜자의 분화현상이 나타난다. 숙련 근로자, 부동산업자, 무역업자, 보험중개인, 의사, 변호사 등은 관광발전으로 인한 편익집단이고 교육자, 종교지도자, 언론기관 편집자 등은 불편익 집단이다. 이러한 분화현상은 관광산업이 발전하면 할수록 더욱 심화된다.

둘째, 인력수급의 단기적 불균형 현상이 발생한다. 고용기회의 증가, 직업의 다양화 등으로 인력의 수요가 증가하지만 단기적으로는 그 수요에 공급이 대응하지 못하기 때문에 발생한다. 따라서 증가한 인력수요에 대응하기 위해 단기적으로 다른 지역으로부터 인력이 유입되며, 이는 지역의 정체성 약화, 주민의 불쾌감과 분노 유발, 지역의 주민과 이주자 사이의 갈등 현상 등의 새로운 문제를 유발한다.

셋째, 관광산업의 발전은 관광목적지의 전통적인 산업 구조에 부정적인 영향만을 주는 것은 아니다. 스페인의 전통적인 농촌지역에서 관광산업의 성장으로 과일 · 야채 등에 대한 소비가 증가되어 신속한 판매가 가능해졌고, 이로 인하여 전통적인 자급자족의 농업을 상업화 단계로 발전시키는 계기를 마련하였다.

3) 가족구조의 변화

(1) 가장의 권위약화

한 지역이 관광지로 개발되면 지역의 산업구조가 복잡해진다. 외래관광객의 유입으로 지역주민과 접촉이 증가되며 이와함께 사회적 다양성 또한 증대된다. 한 지역의 관광목적지가 사회의 각 구성원에게 사회적 다양성 증대, 사회 · 경제적 지위 향상, 자율성의 증대 등의 영향을 미친다. 이에 따라 자녀의 결혼 · 구혼에 대한 부모의 영향력 약화, 부모에 대한 존경심의 감소, 가족성원에 대한 통제력의 약화 등 전통적으로 유지되어 오던 가장의 권위가 약화된다. 예를 들면 남편이 농업이나 천한 일자리를 갖고 있고 아내가 관광부분에 고용되어 팁을 포함한 높은 급료를 받으면 가정의 불화가 일어난다. 또한 남편은 일을 열심히 하지 않거나 농업을 포기하고 새로운 일자리를 구할지도 모른다. 일련의 이러한 현상으로 가장의 권위는 점점 약해져 간다.

(2) 여성의 역할변화

관광목적지에서 관광산업을 중심으로 한 산업구조로의 더 많은 여성에게 고용기회를 제공한다. 이에 따라 가사적으로 대부분의 시간을 보내던 여성들의 경제적 능력이 향상된다. 여성의 사회 · 경제적 지위 향상은 가족성원으로서 그들의 영향력을 증대시킨다.

바하마의 경우 관광이 도입되기 전에는 자영업 이외에는 여성고용이 드물었는데, 관광이 도입됨으로써 많은 여성들이 취업하게 되었다.

(3) 가족구성원의 유대약화

가족구성원의 역할이 분화되고 그들이 각기 다른 사회 · 경제적 역할을 맡게 됨에 따라 그들 사이의 유대가 점점 약화된다. 가족구성원으로서 경제적으로 협력하는 것은 당연하다. 그러나 각 구성원들이 상호 독립적인 경제활동 주체로서 그 역할이 분화됨에 따라 그들 사이는 전통적으로 혈연적 관계를 바탕으로 하는 협력관계가 점점 약화되고 경제적 협력을 중심으로 형식적인 관계로 변하게 된다. 일례로 말타(Malta)에서 다음과 같은 원인에 의해 가족의 유대관계가 약화되는 것으로 연구되었다.

첫째, 관광은 자녀들이 디스코장, 기타 여가활동 장소에 출입하는 것을 자극함으로써 가족의 세력을 벗어나게 하였다.

둘째, 관광의 발전으로 고용기회가 증가됨에 따라 전통적으로 어머니의 통제하에 있던 미혼여성들이 집 밖에서 활동하게 되었다.

셋째, 외래관광객의 증가와 함께 외래인과의 결혼 증가현상 등으로 가족구성원 사이의 유대를 약화시켰다.

(4) 세대 간의 갈등

관광의 발전은 관광목적지에 많은 변화를 가져온다. 이러한 변화는 관광개발에서와 같이 그 지역의 물리적 환경변화에 그치지 않는다. 외래관광객이 증가하면 사회적 변화를 쉽게 수용하는 젊은층의 가치관을 변화시킨다. 그들이 외래관광객들의 문화를 모방함으로써 나타난 가치관의 변화로 인하여 사회적 변화를 쉽게 수용하지 않는 세대의 가치관과 괴리현상이 발생한다. 또한 이러한 세대 간 가치관의 괴리현상은 가족구성원 간에도 나타나 심한 갈등을 일으킨다.

4) 사회문제의 증가

(1) 범죄의 증가

관광의 부정적 영향으로 범죄의 증가는 사회 · 문화적 요인이 복합적으로 작용하여 나타난다. 구체적인 요인을 살펴보면 다음과 같다. 첫째, 관광의 속성에서 그 원인을 찾을 수 있다. 관광객은 사회 · 문화적으로 다른 환경에서 일시적으로 체재하기 때문에 범죄에 대한 대응력이 약하다. 때문에 관광객이 쉽게 범죄의 표적이 된다. 또한 관광목적지에서 범죄 예방활동과 관광객 활동의 자유와는 반비례 관계에 있다.

둘째, 관광객에 대한 분노와 증오가 잠재하고 있는 경우를 들 수 있다. 관광목적지에서 관광객의 소비행위와 생활양식에 대한 주민의 분노와 증오는 범죄의 동기를 제공한다. 관광목적지에 비하여 상대적으로 부유한 관광객의 유입은 사소한 범죄를 유발할 수 있으며 지중해, 카리브해, 라틴아메리카의 몇 나라에서는 심각한 문제가 되고 있다.

셋째, 관광목적지의 인구밀도 증가에 따라 범죄가 증가한다. 관광목적지에는 성수기에 일시적으로 많은 사람이 체재하기 때문에 치안당국의 노력에도 불구하고 범죄의 발생 가능성은 높아진다.

넷째, 전시효과가 범죄의 원인이 된다. 전시효과의 부정적인 영향 중의 하나는 청소년의 범죄 행위 증가이다. 청소년들은 전시효과의 영향에 민감하기 때문에 관광객들의 생활양식을 모방하여 쉽게 일탈행위를 한다. 그들은 약물의 과용, 알코올의 남용 등과 같이 사회 · 문화적 규범을 위반하면서 일탈행위를 한다. 이러한 일탈행위는 가택침입, 절도, 무단침입과 같은 범죄행위로까지 발전하기도 한다.

다섯째, 주민과 관광객의 소득격차는 경제적 범죄의 주요 원인이다. 관광목적지 주민과 관광객 사이의 1인당 소득격차가 클 때 강도 등 재산범죄가 증가한다. 특히 관광목적지에서 실업자들은 생계유지를 위한 방편으로 범죄행위를 한다. 이러한 범죄행위는 크게 관광객의 소비양식에 대한 불만과 실업자들이 생계를 위한 손쉬운 방법 등으로 구분된다.

실제로 관광으로 인한 범죄발생의 사례를 살펴보면, 하와이에서 농촌지역을 리조트 단지로 개발한 후 범죄는 5년만에 거의 3배로 증가한 사례가 있고, 또한 호놀룰루지역에서는 지역주민보다 관광객이 더 많은 범죄의 피해를 당했다. 관광객은 재산범죄에서 주민보다 더 높은 비율을 나타냈고, 또한 강도, 강간 같은 강력범죄도 희생자가 더 많은 것으로 조사되었다.

(2) 도박

도박이 관광에 의해서만 영향을 받는 것은 아니지만 관광은 도박을 자극하여 사회적인 부패와 범죄, 마약, 매춘 등 여러 가지 사회문제를 일으킨다. 물론 도박으로 인한 경제적인 편익효과도 있다. 미국의 경우 아틀랜틱시티에서는 쇠퇴해 가는 리조트지역을 부활하고 고용창출, 조세수입의 증대, 지역경제 활성화 등의 목적으로 도박을 합법화하기도 하였다. 실제로 네바다주에서는 주정부의 재정수입 중 36%가 도박으로 차지했고, 또한 도박은 주 전체 고용의 27.9%를 차지하고 있어 지역경제에 큰 역할을 하고 있다.

그러나 도박은 관광목적지에 긍정적인 영향보다는 사회문화적으로 부정적인 영향을 더 크게 미친다. 도박이 관광목적지에 미치는 부정적인 영향으로 다음과 같은 점을 들 수 있다.

첫째, 도박으로 인한 입법 · 사법 · 행정당국의 부패는 정치적 부패를 조장하거나 가속화시킨다. 경찰당국이 도박사업의 운영자와 밀접한 관련을 갖고 있는 경우 이들의 부패는 사회질서의 혼란을 가중시킨다.

둘째, 생산지향적인 가치관을 변화시킨다. 도박이 관광목적지의 경제적 편익을 증가시키는 것으로 인식되고 있지만 그 편익은 일부사람들에 편중되어 있다. 이러한 영향으로 관광목적지의 주민들이 갖고 있는 노동에 대한 보람을 잃게 되고, 이는 결국 생산의욕을 저하시키는 요인으로 작용하여 경제적으로 부정적인 영향을 미친다. 또한 도박은 지역주민이 소비지향적 가치관을 갖도록 변화시킨다.

셋째, 공공재에 대한 비용의 상승과 투자상승을 수반한다. 도박은 도박자를 위하여 경찰, 소방 등 공공서비스와 도로, 교통과 같은 공공시설을 요구하게 되어 공공재의 생산비용을 증가시킨다. 도박의 합법화가 외래관광객의 수를 다소 증가시키지만, 이에 대응하여 공공재에 보다 많은 비용을 발생시킨다. 관광객이 일시적으로 증가하면 공공재 수요도 증가하지만 수용증가에 따른 비용의 대부분은 재정에서 충당해야 하기 때문에 지역재정은 심한 압박을 받는다.

넷째, 도박산업의 확대는 지역의 산업구조를 단순화시켜 다른 산업의 성장을 억제한다. 다른 산업의 종사자들이 도박에 관심을 갖게 되면 다른 산업의 발전에 노력을 하지 않을 것이다. 따라서 그 지역의 산업은 다양성을 상실하게 되고 이러한 산업구조의 단순화는 실업을 발생시키는 원인이 된다. 이러한 산업구조의 단순화는 특별한 기술이 없는 주민을 계속 실업자로 남게 한다.

다섯째, 경제가치 분배의 형평성을 상실한다. 도박의 합법화에 따른 경제적 편익은 극소수에게 돌아가고 대부분의 부동산 또한 그러한 편익을 얻고 있는 이들이 소유하게 된다. 이처럼 경제가치분배가 형평성을 상실함에 따라 대부분의 사람들은 주택 등 부동산을 구입하거나 소유하기가 어렵게 된다.

여섯째, 사회적 비용(socisl cost)과 사회문제의 증가를 가속화시킨다. 도박은 주민 사이의 갈등의 심화 등 사회적 문제를 일으킨다. 또한 조직적 범죄 · 매춘 · 폭력 등 문제를 증가시켜 사회문제를 더욱 복잡하게 만든다. 또한 관광목적지에서 도박의 합법화는 단기적으로 관광객를 증가시키고, 경제적 편익을 증가시키지만 장기적으로 보면 도박은 폭력 · 범죄 · 매춘 등 사회문제로 관광목적지로서의 매력을 감소시킨다. 그리고 도박은 저소득층의 도박풍조, 공공재의 수요증가, 산업구조의 취약, 토지투기의 증가 등 사회 · 경제적 비용이 편익을 초과한 현상을 발생시킨다.

(3) 매춘

관광이 지역사회에 미치는 영향 중 간과할 수 없는 문제가 바로 성을 상품화하는 매춘의 문제이다. 이 매춘은 고대사회에서부터 여행과 함께 존재해 온 가장 오래된 직업이다. 관광목적지에서 여성들의 매춘이 증가되고 있는 조건은 다음과 같은 몇 가지가 있다.

첫째, 관광의 절차가 매춘과 그 고객에게 매력적인 관광장소와 환경을 제공해 왔다.

둘째, 관광이란 것이 엄격한 일상생활로부터 탈피해 돈을 쾌락적으로 사용할 수 있게 한다는 것으로 인식되어져 왔다. 따라서 매춘이 생존하고 확산할 수 있는 환경을 조성했다고 볼 수 있다.

셋째, 관광사업이 여성을 고용함에 따라 여성들의 경제적인 지위를 높이게 되었고, 또한 이것은 여성에게 자유화라는 것을 인식케 하였으며, 새로운 경제적 수준을 얻기 위해서는 매춘과 어쩔 수 없는 관계를 맺게끔 하였다.

넷째, 관광이라는 것이 보편적인 도덕을 흐트리는 희생물로서 여겨져 왔기 때문이다. 특히 매춘이 성행하고 있는 나라들의 대부분은 후진국이나 빈민국이어서 외래관광객을 끌어들릴 수 있는 관광환경이 조성되어 있지 않기 때문이다. 구체적인 내용을 살펴보면 다음과 같다.

첫째, 빈민국들은 정치적 · 경제적 강국으로부터 외화를 획득하기 위하여 관광산업 이외의 별다른 대안이 없다. 둘째, 관광객을 유치하는 나라는 아름다움(여성)을 대량관광의 희생양이 되게 하거나 감수토록 하는 예가 적지 않다. 셋째, 심리적으로 볼 때 빈민국들은 여성의 복종을 강조하여 여성의 의사에 관계없이 돈을 벌도록 강요하고 있다. 실제로 성의 천국으로 불리우는 태국의 경우는 매춘이 증가한 원인을 다음과 같이 분석하고 있다. 태국은 경제개발과정에서 도시와 농촌의 불균형 현상이 심화되었다. 농촌의 인구가 도시로 이주하였지만 이들에게 일자리는 제한되어 있다. 따라서 그들은 경제적 빈곤을 극복하는 수단으로 매춘행위를 하게 되었으며 한편으로는 빈곤이 불러온 가정의 파탄으로 독신여성들이 가족을 부양하기 위하여 매춘행위를 시작하였다. 태국에서 매춘이 증가하게 된 또 하나의 원인은 1960년 미국의 군대에 의해서 시작되었으며, 그들이 떠난 후 구조적으로 매춘이 감소했지만 태국 정부가 매춘을 관광촉진의 수단으로 인식함에 따라 다시 증가하였다.

한국에서 매춘이 문제가 된 것은 일본인이 이 땅에 대량으로 밀려오게 된 1970년대 전후였다고 볼 수 있다. 1970년대 우리 나라의 관광산업은 단기간에 보다 많은 외화를 벌어들일 수 있는 가장 손쉬운 방법으로 성을 상품화하였다. 이러한 매춘은 일본관광객을 대상으로 시작하였으며, 일본인 관광객을 유치하는 일에서 시작되는 성의 상품화는 여행사가 시작하고 요정은 파티와 여자를 소개하고 호텔은 이들의 숙박장소로 이용되었다.

4 문화적 영향의 실제

문화는 사회의 내용이며 한 사회의 생활양식의 총체를 의미한다. 문화를 향유하는 주체는 한 사회 개개인의 구성원들이며 그들이 모여 전체로서 하나의 문화공동체를 형성하고 있다. 또한 사회구성원은 문화의 창조와 발전에 주체적인 역할을 한다.

관광은 이질성 있는 문화가 상호작용하는 과정이므로, 관광으로 인한 문화적 영향은 관광목적지의 문화에 뿌리깊게 자리한다. 관광이 관광목적지의 문화적 변화에 미치는 영향은 실로 광범위하여 문화적 가치를 지닌 모든 양식에 나타난다. 따라서 관광의 문화적 내용은 긍정적 영향뿐만 아니라 부정적인 영향까지도 포함한다. 구체적인 내용을 살펴보면 다음과 같다.

1) 문화의 변동

문화변동은 문화진화, 문화전파, 문화접변 등을 통하여 나타난다. 문화변동 중 문화진화는 내부적인 요인에 의한 것이고, 문화전파와 문화접변은 외부적인 요인에 의해 변화한다는 점에서 양자를 구별할 수 있다. 구체적인 내용은 다음과 같다.

(1) 문화진화

문화진화는 기본적으로 조직의 확대와 고도의 에너지 집중 및 이질성의 증대이며 한편으로는 적응적 수정을 통하여 다양성이 증대되고, 다른 한편으로는 저급한 형식에서 고등의 형식으로의 진보를 생성시키는 것을 말한다.

(2) 문화접변

문화접변은 이질적인 문화가 직접적인 접촉을 통하여 한 문화가 다른 문화에 영향을 미치든가 서로 영향을 끼쳐, 그 중 하나 또는 모두에 변화가 일어나는 과정을 말한다.

(3) 문화전파

문화전파는 한 문화의 요소나 특성 등 문화가치가 다른 문화로 번져 나가는 것으로, 이는 무역, 이주, 전쟁, 전도적 접촉 등을 통해 나타난다.

결국 문화진화는 문화의 내적변동을 말하고, 문화전파는 한 사회의 문화가 다른 문화와 접촉하는 과정인 문화접변을 통해 나타난 일련의 변화를 말한다. 광의로 보면 문화접변은 문화전파를 포함하고 있지만 문화전파가 외적인 영향을 받아들인 쪽에서 변화가 일어나는 반면, 문화접변은 문화적 수용뿐만 아니라 문화적 상호작용, 동질화 등 문화적 접촉에 따른 모든 변화과정을 총칭한다는 점에서 단선적 변화과정인 문화전파보다 포괄적인 개념이다.

2) 전시효과에 의한 가치관의 변화

전시효과(demonstration effect)란 관광지 주민들이 관광객의 행동을 관찰함으로써 생기는 태도 · 행동 · 가치관의 변화를 의미한다. 이러한 전시효과는 다음과 같이 지역사회의 내적 사회구조를 변화시킬 수 있다.

① 사회구조 내에서의 여성의 역할

관광이란 자유성으로 인하여 여성의 역할이 확대, 강조된다.

② 지역사회의 결합력 변화

지금까지의 전통적인 지역사회구조가 다양화된다.

③ 인구통계학적 구조의 변화

관광시설 등의 건설에 따른 관광의 발전은 외부로 부터의 많은 노동력이 유입되는 결과를 초래하기 때문에 인구통계학적 변화를 가져오게 된다. 관광사업체의 서비스 업종은 젊은계층의 이주를 촉진하기 때문에 외부로부터의 인구유입효과를 가져와 인구통계학적인 구조변화를 자극한다.

④ 제도적인 구조와 조직체의 의식변화

관광으로 인한 외부노동력의 유입은 그 지역사회의 민족의식과 사회유대를 붕괴시킨다. 이것은 지역사회의 결속력을 약화시키는 동시에 사회구조 내의 제도적 의식을 약화시키며, 그 지역의 고유한 상품인 서비스의 질을 퇴화시킨다.

이러한 변화를 가져오는 전시효과는 부정적인 영향과 긍정적인 영향으로 나타난다. 전시효과는 대체적으로 지역주민들에게 부정적인 영향을 주는 것으로 인식되고 있다. 그 이유는 관광객들만을 위한 화려한 호텔과 관광시설들, 관광객의 자유스러운 행동과 소비형태 등은 주민들의 경제적 욕망과 사고방식을 과잉으로 상승시킨다. 관광객의 부는 부러움을 유발하고, 이는 지역주민의 허탈감을 조성할 수 있다. 또한 관광객의 단순한 물리적 존재는 행동모방의 욕구를 자극하게 되는데, 특히 젊은이는 전시효과에 민감하여 외부관광객의 영향을 쉽게 받게 된다. 이러한 영향으로 청소년들은 가족의 통제권 밖으로 나가게 되고, 여성은 경제적 인 독립은 물론 외국인과의 결혼 등으로 나타나 전통적인 사회구조를 변화시킨다.

전시효과는 긍정적인 측면도 있다. 전시효과는 지역주민들에게 자신들이 결여되어 있는 것을 자각하게 하고 열심히 일을 하게 하거나 자기사회에 보다 더 적극적으로 적응하도록 자극한다. 예를 들면, 키프러스에서는 관광이 기성세대에게 열린마음, 더 큰 관용, 더 폭 넓은 견해를 갖도록 하였으며, 그리스에서도 젊은이 사이에서 태도의 민주화와 현대화는 젊은 서구 관광객과의 접촉을 통해서 일어났다고 한다. 이처럼 관광객들의 방문은 지역사회의 부족한 점을 고칠 수 있는 역할을 제공하기도 한다.

3) 관광지 공간과 모형문화

관광지를 방문한 관광객은 관광목적지의 실상을 보고 싶어하지만 현실적으로는 언어장벽, 정해진 관광코스, 짧은 여정, 관광지의 지리에 밝지 못한 점 등의 여러 가지 제약이 따르므로 욕구충족이 쉽지 않다. 관광지역 주민들도 자신의 생활이 방해되는 것을 원하지 않기 때문에 관광객의 공간과 주민의 생활공간을 의도적으로 분리한다. 그리고 관광객의 편의를 위해 진짜와 비슷한 공간을 만든다. 이처럼 관광객을 위해서 만들어진 공간을 무대화된 고유성이라고 부른다.

실제로 하와이의 폴리네시안 문화센타는 모형문화의 성공적인 사례라고 볼 수 있다. 폴리네시아에서 이미 사라진 문화를 성공적으로 무대에 올렸으며 폴리네시아를 여행하지 않고 이국적인 문화를 한 곳에서 볼 수 있도록 만들었다. 폴리네시아인들을 고용하였으며, 그곳에 학생들을 불러와서 장학금을 지급하고, 문화센타가 있는 하와이 지역주민들의 일생생활에도 방해가 되지 않았다고 한다. 우리나라의 경우 민속촌, 제주도 해양민속촌 등이 모형문화의 실체라고 할 수 있다.

4) 문화의 상품화

문화의 상품화란 지역의 고유한 문화가 외부인들에게 관광으로 인하여 빈번하게 노출됨에 따라 문화가 외부인들의 취향에 맞추어지고, 상품적 가치를 더하기 위해 변형된 형태를 띠게 되는 것을 말한다. 이러한 문화의 상품화는 다음과 같은 문화적 변동을 일으킨다.

① 문화본질의 왜곡

관광객이 다체롭고 빠르게 움직이는 전통문화를 접하고자 하는 경우 문화는 본질이 왜곡되어 가고 세속화되어 간다.

② 문화의 정체성(identity) 상실

문화의 본질에 대한 왜곡현상이 가속화되면서 문화는 표류하게 되고 정체성을 상실하게 된다.

③ 문화적 변용과 발전

관광객이 일상적인 생활에서 벗어나 관광활동을 하는 것은 다양한 욕구에 바탕을 두고 있지만, 이질적 문화에 대한 호기심은 관광의 욕구를 동기화 하는 과정에서 중요한 역할을 한다. 따라서 관광객의 호기심을 충족시키기 위해 전통문화는 관광객의 동기를 충족시킬 수 있는 양식으로 변용되고 포장되기도 한다.

이상과 같이 관광목적지에서 문화의 상품화는 주로 관광객의 욕구에 부응하는 과정에서 발생한다. 이러한 현상은 관광목적지의 상품을 구성하는 요소로 문화적 요소의 중요성이 강조되고 있음을 뜻한다. 문화의 상품화는 전 세계적인 현상이며, 관광목적지 주민과 관광객 사이의 문화적 이질성이 낮은 선진국에서도 문화의 상품화는 뚜렷하게 나타나고 있다. 실제로 미국의 버몬트 마을은 관광객이 몰리는 여름에는 관광객만을 위한 교회를 따로 운영하며, 공예품도 산업화된 제품으로 만들고 있다. 프랑스의 작은 알프스 관광지도 개발이 진전됨에 따라 지역문화는 외부소비를 위한 민속으로 바뀌어졌다고 한다. 이외에도 튀니지아의 결혼식 무대공연, 북미 인디언 민속춤 공연 등은 문화의 상품화 사례라고 볼 수 있다.

관광으로 인한 문화의 상품화가 부정적 영향만을 초래하는 것은 아니다. 소멸되었거나 사라지는 전통문화의 재현에 도움을 준다는 긍정적인 측면도 있다. 관광객 때문에 주민들은 자신들의 문화에 대하여 새로운 인식을 통하여 주체성을 강화하고 문화의 가치를 재발견하는 등의 긍정적 영향도 있다. 키프러스에서는 민속공연의 증가를 가져왔고, 세이셀에서도 전통문화는 관광객의 애호로 소생되었고, 오스트리아에서도 문화적 장벽을 없애는데 큰 도움이 되었다고 한다.

5) 예술품과 공예품의 변화

관광객은 관광의 기념으로서 지역의 예술 · 공예품을 사고 싶어한다. 때문에 문화의 물질적 요소가 변화하게 되는데, 이는 긍정적인 측면도 있고 부정적인 측면도 있다. 예술과 공예품이 관광객을 위하여 크기가 달라지거나 다른 재료, 또는 새로운 기법을 모방해서 변화가 초래될 수 있다. 따라서 관광은 종종 공예품의 전통적 가치를 떨어뜨리기도 하고 때로는 값싼 모형품으로 전화(轉化)시키기도 한다.

이러한 현상은 흔히 공항주위에서 대량으로 값싼 공예품의 판매과정에서 나타난다. Graburn은 공항 주위에서 관광객이 도착할 때 또는 떠날 때 싼 가격으로 팔리는 공예품을 공항예술이라고 부르고 있다. 공항예술은 대체로 단순성, 양적 증가, 대량생산 등의 특징을 지니고 있으며, 전통적 · 기능적 예술을 상업예술 또는 기념품 예술로 변화시킨다. 이러한 내용을 중심으로 Graburn은 예술의 변화과정을 다음과 같이 분류하고 있다.〈그림 4-1 참조〉

그림 4-1 | 관광예술의 변화과정

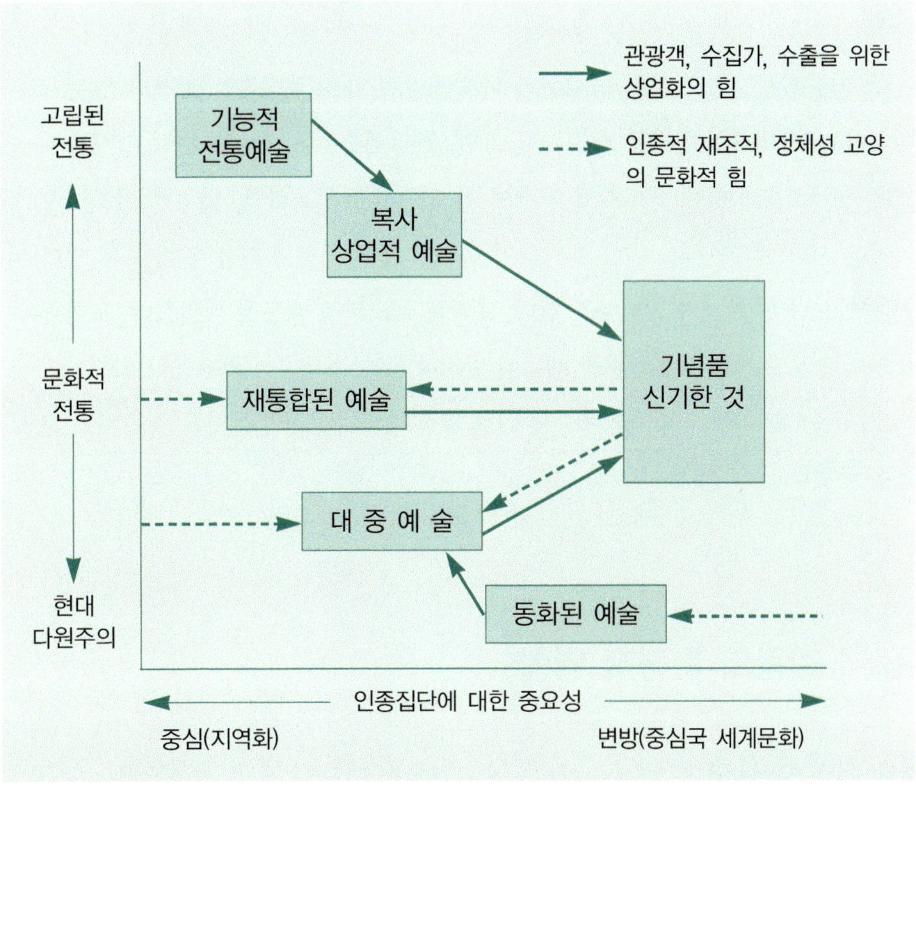

① 기능적 예술 : 주민들에게 의미를 지닌 예술

② 상업적 예술 : 특별한 고객을 위해 만든 것

③ 기념적 예술 : 더 넓은 청중을 위해 만든 것

④ 동화된 예술 : 외부인 것의 모방

또한 Popelka와 Littrel은 공예품의 변화를 다음과 같이 두 가지 모형으로 설명하고 있다.

첫번째 모형에서의 예술적 변화는 관광객 사이의 상호작용에 의해 발생되며, 여기서 변화는 생산의 발전에 초점을 두고 있다.

두번째 모형에서의 공예품의 변화는 생산자와 소비자인 관광객 사이의 커뮤니케이션을 통해 연결하는 판매자에 의해 일어난다. 따라서 공예품의 변화는 판매자에 초점을 두고 있으며 판매자는 생산자와 소비자를 연결하는 매개자 역할을 한다.

그러나 관광객으로 인한 공예품과 예술품의 변화는 부정적인 측면만 있는 것은 아니다. 아프리카의 공예품 연구에서 보면, 관광예술품이 형태가 변하고 재료도 새로운 것이 도입되었으나 이것이 타락에 이르지 않았다고 한다. 대부분 아프리카 국가들은 지역 예술인들을 위한 센터를 만들었고, 관광객의 편의를 위해 호텔, 공항에서 팔았으나 별 문제가 없었다고 한다. 조각학교도 관광 때문에 세워졌다. 또한 남태평양의 경우도 전통공예는 관광 때문에 발전하였고, 소득기회를 제공하였으며, 말타의 경우에서도 관광객의 지역예술에 대한 관심은 말타인들의 문화유산 평가에 큰 도움을 주었다.

제3절 | 관광의 환경적 영향

1 관광과 환경

현재 세계가 직면한 가장 큰 두 가지 문제는 사회정의 실현과 생태계의 질서보전이다. 자연은 관광의 최대 자본이기 때문에 최근 자연중심의 관광수요가 늘고 있는 추세이다. 현대 관광객의 관광산업은 세계를 변화시키는 중요한 촉매자일 뿐더러 사람의 생명유지와 환경관리에 중요한 영향자이다. 과거에 관광은 무공해산업으로 Clean Industry, Smokeless Industry라고 불렀지만 이제는 관광객의 대이동현상으로 자연과 환경파괴의 대이동으로 인식되고 있다. 따라서 향후 관광에 참여하는 기회는 계속적으로 증가할 것이고, 또한 이를 뒷받침하는 관광개발의 사업도 늘어나 관광수요와 공급간에 따른 불균형 문제는 새로운 문제거리로 등장하게 될 것이다. 동시에 한정적인 자연환경자원에 대한 과다한 관광개발과 관광객의 과밀현상으로 인한 관광자원의 가치하락도 중요한 해결문제로 등장하게 될 것이다.

관광은 사람과 사람의 만남, 사람과 자연이 만나면서 얻게 되는 경험의 즐거움이므로 일상생활권을 떠나 자연환경과 인공환경과의 만남이다. 이러한 입장에서 볼 때 대부분의 환경이 곧 관광대상이 될 수 있어 환경의 이용은 관광산업의 성공을 위해 필요한 도전 요소이며, 필수조건이 된다. 이처럼 관광경험의 질이 환경조건에 의해 크게 의존된다면 한정된 자연환경은 관광분야에 있어서 매우 중요한 분야이다.

환경을 바라보는 시각은 크게 두 가지 견해가 존재한다. 기술 중심주의(technocentrism)와 생태 중심주의(ecocentrism) 환경관이 있다. 기술 중심주의 환경관은 자연의 효율적인 개발과 관리를 옹호하는 입장으로서 자연환경을 효율적으로 이용하여 인류의 발전은 물론 궁극적으로는 자연환경의 보전까지도 기대할 수 있다는 입장이다. 생태 중심주의 환경관은 자연환경의 보존에 절대적인 가치를 부여함으로써 자연은 인간의 이용대상이 될 수 없으며, 더 나아가 어떠한 형태의 자연개발과 관리도 정당화될 수 없다는 입장이다.

이와 유사하게 관광과 환경을 보는 시각도 개발지향적인 접근을 옹호하는 입장과 생태계 보존을 강조하는 생물중심적(biocentric) 접근을 옹호하는 입장이 있다. 개발지향적 접근을 옹호하려는 입장에서 보면 관광산업은 특별히 양질의 환경을 유지시키는데 큰 관심을 가지고 있으며, 관광은 단순히 그 환경을 지속시키는 것보다도 직접적으로 보전을 도와줄 수 있다는 것이다. 구체적으로 관광은 첫째, 현존하는 역사 유적지, 건축물 및 기념물의 재건을 할 수 있으며, 둘째, 오래된 건물과 장소를 완전히 다른 새로운 관광시설로 변형시킬 수 있고, 셋째, 자연자원의 보전에 대한 자극제 역할을 할 수도 있다.

생물중심적 접근을 옹호하는 입장에서 보면, 관광으로 인해 많은 자원이 통제되지 않고 지나치게 이용되면 관광지 매력물의 질적인 저하 뿐만 아니라 수질, 대기질, 야생동물 등의 환경파괴를 초래한다. 또한 교통혼잡, 급수문제, 소음공해, 건축공해, 성수기의 시설 부족 현상, 지역주민과의 분리 등과 같은 심각한 문제를 일으킨다는 것이다. 그러나 환경에 대한 관광의 영향은 일률적인 것이 아니라 관광지의 경제 · 사회 · 문화 · 정치조건에 따라 상이한 것으로, 그 영향 정도는 관광지의 이용강도, 생태계의 탄력성, 관광개발인의 시간적 관점, 관광개발의 변형 특성에 따라 달라진다. 세계관광기구(WTO)에서 "환경은 관광의 기본이다(The environment is tourism's base)"라고 규정하고 있듯이 환경은 관광활동의 촉진과 관광의 질을 결정하는 중요한 자원이므로 관광과 환경간의 관계를 상호배타적인 것으로 간주해서는 안 될 것이다.

특히 현대관광이 대량화 추세를 보임에 따라 환경의 질을 유지하고 개선하는 것이 관광에 있어서 무엇보다도 중요하다. 관광을 위한 환경적 질의 요소에는 대기의 질, 물의 질, 환경적 청결, 소음수준, 하수처리 능력, 차량 및 보행자의 혼잡정도, 건축환경의 미학, 조경화 정도, 그리고 건물, 조경, 도로 등이 포함되며, 이러한 환경적 요소의 질을 개선하기 위하여 관광객과 지역주민 양자의 노력이 필수적이다.

따라서 관광은 환경문제에 대하여 오염과 훼손의 원인 제공자이기도 하며, 반대로 환경문제로 인한 피해자이기도 하다. 결국 환경은 관광을 위해서(for tourism) 뿐만 아니라 관광으로부터(from tourism) 보호를 받아야 하므로 양자가 상호배타적일 필요는 없다. 그러므로 관광산업은 관광과 환경 사이의 공생적 관계(symbiotic relation)를 극대화함과 동시에 갈등관계를 극소화할 수 있도록 주의깊고 균형잡힌 계획을 통해 다른 어떤 산업보다도 환경에 대하여 적극적이고 능동적인 대응을 필요로 한다.

2 환경파괴의 원인

관광환경 파괴현상은 포괄적인 원인과 구체적인 원인에 의하여 발생된다. 특히 관광환경 파괴의 근본적인 원인으로는 여가수요의 증대를 들 수 있다. 이는 무제한적인 관광성장의 원인이 되며, 이로 인하여 관광은 폭발하게 되고 결국 환경파괴를 초래한다는 것이다. 구체적인 내용을 보면 다음 표 4-7과 같다.

표 4-7 | 관광환경의 파괴원인

포괄적 원인	→	구체적 원인	→	광의의 공해현상	↔	구체적 공해현상
급속한 사회 경제의 발전	관광수요증대	생태계를 무시한 개발		자연환경의 파괴		대기오염
산업구조의 변회		관광산업의 거대화		지역사회 붕괴		수질오염
소비생활의 다양화		소비물질의 다양화		역사적 풍토와 문화유산의 손상, 파괴		소음, 진동
여가의 증대		공해대책 수립의 지연		범죄, 인위적 재해		악취, 토양오염
관광가치의 변화		관광시설의 불비				형상변화
관광 대중화		자연보호 대책 부진				쓰레기
교통의 발달		환경위생 대책 부진				
도시환경의 악화		관광태도의 상대적 저하				

3 환경파괴의 유형

관광인구의 증가와 더불어 관광객의 과다이용으로 발생되는 환경파괴는 여러 가지 유형으로 살펴볼 수 있다. 이 중 자연환경 파괴는 동물자원의 살해, 쓰레기, 오물 폐기물에 의한 환경오염 등이 있으며, 문화환경의 파괴는 주민의 유대관계 파괴, 소비패턴의 변화, 지역문화의 붕괴, 문화유적 훼손 등이 나타난다. 관광환경 공해는 교통혼잡, 급수문제를 비롯하여 수용능력 초과에 의한 생태계 파괴 등이 나타난다. 구체적인 내용은 다음 〈표4-8〉과 같다.

표 4-8 | 환경파괴의 유형

자원종류		관련요인	자원 및 환경오염	외국의 예
자연환경	동물자원	야생동물의 살해	· 먹이사슬 위협, 번식지 상실, 서식지 변화	Mt. Kenya, Sambury Kichwa, Amboseli Tempo arenin Mara
		밀렵행위	· 기념품을 위한 밀렵(모피, 상아, 알, 꼬리 등)	
	식생자원	채집활동	· 종의 구성변화	Tsavo Aberdares Masai Mara
		화재의 발생	· 식생의 소실	
		쓰레기 오염, 오물	· 토양의 형질변화로 식물성장 둔화	
		인공물 투입(보행자, 자동차 등)	· 식물군의 파괴, 식물군 변화	
	수질자원	폐기물 불처리	· 해안, 호수, 강 등의 오염으로 건강 위협 · 물의 영양소 변화로 물고기 수, 종의 구성, 성장률 변화	Kuinga Love Canal 미나마따 Pennsylvania
		선박 등에서 원유의 유출	· 수중 동식물의 생존 위협 · 해수욕 관광객 불쾌감	
	대기자원	대기오염	· 자동차의 집중현상으로 대기오염 심각 · 가스 사용증가로 대기오염	Meuse 계곡
인문환경	사회자원	주민의 양극화	· 소득격차, 관광객과 현지 주민의 양극화, 사회적 유대관계 타락, 사회 응집력 변화 · 위험스런 가치관과 관념의 팽배	Bali Island Hawaii Thailand

표 4-8 계속

자원종류		관련요인	자원 및 환경오염	외국의 예
인문환경	사회자원	가족구조 파괴	· 이혼증가, 성개방 · 혈족관계 파괴	
		소비지향 사회	· 생활비용확대, 금전주의, 물질주의, 소비주의 팽배 · 도박, 매춘, 음주 등의 증가, 비행과 마약, 도둑질 성행, 퇴폐현상 등	
	문화자원	교육환경 악화 지역문화 붕괴	· 청소년 비행증가 · 수입문화(관광객 문화)유입, 전통문화상실, 미풍양속 쇠퇴, 원시마을의 소실 · 문화의 상업화, 상품화 등	
		문화재 · 유적지 파괴	· 과다한 관광객 이용, 문화재의 도굴, 절취	
관광환경		생활물자 폭등	· 계절에 따른 식음료값의 폭등	Ambogeli Nweu, Keekork Ngai Ndeithya
		교통혼잡	· 생활의 지장, 지역주민에게 있어 흉기화	
		급수문제	· 하수오염에 따른 지하수 수질오염	
		소음문제	· 음식점의 스피커 경음(네온사인), 차량경음, 고성방가 등	
		건축공해	· 시골마을 개발로 과도한 인공적 건설 · 자연환경과 건축물과의 부조화	
		수용능력 초과	· 성수기의 시설부족으로 공급실패로 이로 인한 환경공해로 건강위험 증가 · 환경적 압박으로 생태계 변환	

4_ 환경파괴의 실제

1) 관광과 수질

경제개발협력기구(OECD) 보고서에서 보면 관광객이 즐겨 찾던 호수가 수질이 오염됨에 따라 방문자 수가 종래의 절반으로 떨어진 사례도 있고, 해변이 오염됨에 따라 방문자의 25%나 감소된 경우도 있다. 브라타니에서는 해안에 기름이 쏟아짐에 따라 관광객 수가 50%나 감소된 예도 있다.

Wall과 Wright는 물을 중심으로 한 관광객 행동에 미친 영향을 조사하고 다음과 같은 결론을 내리고 있다.

첫째, 하수폐기물의 부적절한 처리로 인하여 병원균이 수질에 섞여 들게 되면 이것은 해안, 호수, 강 등지에서 물 중심의 위락을 즐기는 관광객에게 잠재적인 건강 위협요인이 된다.

둘째, 물에 영양소를 더하게 됨으로써 영향전달 과정이 빠르게 진행되는데, 이로 인하여 잡초가 지나치게 성장함으로 결국 수중의 비용해 산소 수치를 높여 물고기 수, 종의 구성, 성장률을 바꾸어 놓는다.

셋째, 선박, 자동차 등의 기름 유출은 수중 동식물의 생존을 위협하고 그곳에서 수영 하는 관광객에게 불쾌감을 준다.

넷째, 수상차량의 가솔린 유출로 호수, 강 등에 독성이 스며들여 수중 동식물에 악영향을 미친다. 특히 골프장 건설은 건설자체가 산림과 환경에 큰 파괴를 가져오며 잔디보호를 위한 농약이나 비료사용은 심각한 수질오염으로 지적되고 있다.

2) 관광과 대기의 질

관광이 미친 대기의 질적 상태에 대한 영향에 관한 조사자료는 미흡하지만, 관광이 교통수단(자동차, 배, 기차, 버스, 비행기 등)을 이용하여 이동함으로 대기오염에 미친 영향 정도는 어느 정도 추론할 수 있다. 그러나 일부 전문가들은 관광오염에 주는 악영향은 문자 그대로 받아들일 수 없다는 견해도 있다.

3) 관광과 식생

식생은 많은 관광지역에서 주요 관광자원 중의 하나이다. 관광활동이 식생에 미치는 영향은 다양하다. 구체적인 내용을 보면 다음과 같다.

첫째, 관광객에 의한 꽃, 식물, 버섯의 채집이 종의 구성에 변화를 유발한다.

둘째, 텐트 기둥과 땔감을 위한 고의적인 나무베기는 그 숲의 환경을 보호하기 위한 어린 나무들의 나이구조를 변화시킨다.

셋째, 관광객에 의한 부주의는 큰 화재를 일으켜 식생을 변화시킨다.

넷째, 쓰레기를 과도하게 쏟아버림으로써 은연 중에 토양의 영양상태를 변화시키며, 공기와 빛을 차단하여 생태적으로 손상을 입힌다.

다섯째, 보행자와 자동차 교통은 식생군에 직접적인 영향을 미친다. 이것은 이용자의 빈도가 취약한 식생군에 과도하게 의존할 때 문제가 발생한다. 예를 들면 주요한 거목주변을 걷는 행위는 그 나무의 뿌리에 손상을 주며 진균류(버섯류)의 수요를 줄인다.

4) 관광과 야생동물

동아프리카에서는 지난 15년간 연간 30%씩 야생동물공원이 증가하여 왔고 북미의 사파리 공원, 유럽 및 호주의 야생동물원도 급속히 증가하고 있다. 이것은 인공적인 도시동물원에서 보다는 자연 상태에서 웅장한 아프리카 야생동물을 구경하는 것이 더 큰 만족을 주기 때문이다. 그런데 이처럼 공원에 관광객이 찾아들면서 야생동물 서식지는 환경적 변화를 겪고 있다. 그 변화로는 다음과 같은 것이 있다.

(1) 번식장애

야수들이 거닐고 사냥하는 것을 관찰하는 것이 야생공원(wildlife safari) 관광의 핵심이다. 이러한 자연의 순진무구함과 폭력성을 즐기기 위한 관광객의 활동은 야생동물의 사적자유를 해치게 되어 먹이사슬을 위협하게 된다. 예를 들면, 차 위에서 사진을 찍어 사자, 치타 등의 사냥을 방해하여 많은 육식동물들에게 먹이를 인위적으로 놓치게 만든다. 또한 소형버스 운전자의 급작스런 행동으로 새끼동물을 어미로부터 잃게 만든다. 동물을 추적하는 것으로 많은 동물들이 심장 쇼크사를 일으킨다.

특히 무분별한 사진촬영 행위가 야생동물의 번식에 악영향을 미치게 되는데 이에 대한 예로써 갈라파고서스 군도해안에서는 많은 종의 번식이 현저하게 줄어드는 사례도 있다. 즉 근접한 거리에서 사진촬영을 시도하여 알과 새끼들을 둥지에서 빠져나가게 하여 다른 육식동물의 희생양이 되기도 한다. 게다가 공원 및 관광지 개발로 도로를 개설함으로써 야생동물을 이동하게 만들고, 이는 결국 이전에는 번식지였던 곳을 잃게 만든다.

(2) 야생동물 살해

관광객에 의한 무차별한 사냥과 낚시는 야생동물 수를 줄이며 살해한다. Kraus는 국립공원 연구에서 자동차 교통의 증가에 따라 사슴, 토끼 등의 야생동물들이 차로 인하여 많은 손실을 당했다고 보고하고 있다.

(3) 기념품과 밀렵

아프리카 야생동물을 이용한 모피, 가죽, 상아, 장식물, 뿔, 꼬리 등의 기념품에 대한 수요는 동아프리카의 무역을 성행시키며 변덕스런 관광객의 기호를 맞추기 위하여 야생동물들을 밀렵하는 현상이 증가하고 있다.

5) 기타 환경파괴

(1) 교통혼잡

스위스 연맹이 주말관광지에서 실시한 조사결과를 보면 방문객들은 교통혼잡 문제를 가장 시급히 개선해야 할 과제로 지적하고 있다. 이는 바로 관광객 이동에 따른 환경파괴가 심각하다는 것을 입증하는 것이다.

(2) 급수문제

그리스 미코노스 섬에서 보면 관광객이 증가함에 따라 급수가 큰 문제로 제기되고 있다. 1950년대 초반 이후 물부족 현상이 더욱 심화되고 있고, 호텔측에서 하수처리용 부패탱크 속에 하수오물을 버려왔기 때문에 지하수가 오염되어 더 이상 지하수를 사용할 수 없게 됨에 따라 급수가 더욱 더 큰 문제가 되고 있다.

(3) 소음공해

일상생활을 떠난 관광객들의 무분별한 행위 가운데 하나는 남의 사정을 무시한 채 떠들어 대거나 또는 야간에 고성방가를 함으로써 관광지에 거주하는 지역주민의 생활환경을 방해하고 있다.

(4) 건축공해

아름다운 자연환경에 거대한 호텔건축물이 들어서 주변과 미적인 부조화를 만들고 있다. 이러한 경우 미관상의 불쾌감을 줄 뿐만 아니라 경제적으로도 불이익을 낳는 결과가 된다. 그리스의 미코노스섬의 경우 수백 년의 전통을 가진 토착장인의 창작품인 기묘한 건축물이 있는데, 이 섬이 세계적인 관광지가 되면서 건물외관에는 신경을 쓰지 않고 관광객을 숙박시키려고만 새로운 건축물을 지어 고유의 건축양식이 파괴되고 있다.

5 환경영향의 최소화 방안

1) 환경정보시스템의 구축과 환경관리체계 확립

복잡한 환경문제를 효율적으로 대처하기 위해서는 환경정보시스템의 구축이 필수적이다. 환경정보시스템은 계획수립단계에서는 목표설정에 도움이 되고, 계획실행단계에서는 계획목표의 달성상황을 확인해 줌으로써 계획의 수정 기회를 마련해 준다. 계획완료단계에서는 계획성과에 대한 평가작업을 수월하게 해 준다. 이러한 관점에서 본다면 환경보전상의 과제 뿐만 아니라 환경 이용상의 과제에 대하여 적절히 대응하기 위해서는 자연환경이나 환경오염, 경관자원 등의 지역환경정보는 물론 사회경제구조 동향, 환경이용 동향 등의 지역사회 동향, 그리고 환경관련정보를 종합적으로 조사 · 해석 · 평가 · 관리하는 환경정보시스템을 신속히 구축하여 관광개발의 계획수립과 사업실행 및 평가에 활용하는 것이 바람직하다.

또한 환경보전의 지침으로서 명확하고도 확고한 환경관리원칙을 확립해야 한다.

그 내용으로는 실질적인 환경영향평가제도의 도입과 실시, 환경보전을 고려한 관광시설물의 공간배치, 오염인자가 비용을 부담하고 기업 스스로 환경을 보호하는 기업환경주의 도입, 자연환경 보전지역의 지정확대, 환경보전 투자 촉진제 도입, 관광개발 허가와 같은 공권력 억제, 환경전문인력의 양성과 지원 등을 들 수 있다.

2) 대안적 관광개발의 확산

대안적 관광개발은 경제적 수익의 극대화만이 아니라 자연환경과 사회문화적 요소를 고려하고 최대화가 아닌 적정화의 목표하에 비교적 소규모의 관광개발을 통해 관광의 경제적 이익을 직접적으로 해당 지역사회에 가져다 준다. 또한 비차별적 마케팅전략을 통한 대중시장에 소구하는 대중관광시대의 마케팅 방법과는 달리 차별적 마케팅을 통해 환경보전 중심 사고의 경향이 있는 특수한 관광세분시장에 소구하려는 관광개발 방법이다. 따라서 이러한 대안적 관광개발이야 말로 관광의 환경에 대한 부정적 영향을 감소시켜 나갈 수 있다. 이는 곧 경제적 · 기술적 측면만을 강조한 hardware 중심형 개발전략보다는 환경보존과 지역주민의 의사를 고려한 software 중심형 개발전략을 도입해야 한다는 것과 동일한 의미로 볼 수 있다.

따라서 지금까지의 일률적인 대단위 리조트형 관광개발을 지양하고 지역특성에 맞는 소규모의 관광개발을 지역주민이 주체가 되어 행함으로서 지역의 고유성에 바탕을 둔 다양한 프로그램의 지역특화형 관광개발을 해야 한다. 또한 생태관광과 같은 질적 관광 및 특수목적 관광, 지역 주민 혹은 인근지역의 기존 촌락으로 운영되는 비교적 소규모의 관광시설을 이용케 하는 촌락관광, 농장 활동에 참여하는 농장관광 등과 같은 대중관광의 표준화된 형태에서 탈피한 관광개발의 방식을 활성화하고 촉진해야 한다.

3) 관광객 유인 개발방식(Honeypot Development) 도입

관광객 유인 개발방식이란 환경적으로 보다 민감한 지역에 압력을 경감시키기 위해 환경적으로 덜 민감한 지역에 관광시설의 개발을 촉진하는 방법을 말한다. 예컨대 인구밀집지역에 위락공간을 개발하여 이용자들을 유인함으로써 환경적으로 민감한, 보다 멀리 떨어져 있는 지역을 보호하는 방법이다.

또한 관광객 유인 개발방식은 훌륭한 관광자원이 있는 지역에 관광시설을 개발할 경우 일어날 주변환경이나 관광자원의 불가피한 훼손을 근본적으로 방지하기 위한 개발방식이다. 즉 주요관광자원이 있는 곳에서 멀리 떨어진 곳이나 환경훼손의 우려가 없는 유휴지에 관광시설지구를 설정하고 필요한 시설을 개발하여 관광객이 그 주요자원으로부터 일정거리 떨어진 곳에서 체재토록 함과 동시에 아울러 숙박, 식사, 오락 등의 휴식활동을 위한 시설은 설정된 관광지구 내부에서 이루어 질 수 있도록 하여 환경보전과 관광자원보전 및 관광객 이용편의 도모는 물론 유휴지 개발효과를 거둘 수 있는 개발방식이다.

4) 구획제의 실시(Zoning)

구획제란 관광객 활동을 집중시키거나 분산시키기 위해 특정토지의 이용을 제한하는 것이다. 즉 환경에 민감한 지역에 대한 극도의 압력을 제한시키기 위해 보전지구, 위락 및 관광객 시설용도 지구 등과 같이 특정지역을 환경의 민감도에 따라 다차원적으로 분류하여 관광공간을 창출하는 것이다. 이러한 구획제는 토지관리에 대한 광범위한 프레임워크(framework)를 제공해 주며, 보전과 관광객 이용이라는 두 가지 요구 사이의 균형을 맞춰 주는 전략이라고 할 수 있다.

따라서 환경 영향을 최소화하기 위해서는 전술한 환경정보시스템을 기초로 구획제를 실시함으로써 환경에 민감하거나 회복력이 약한 지역을 보호지역으로 지정하여야 한다. 이를 통해 각 지구의 제약조건과 잠재력을 도출하여 관광지 관리를 위한 지구별 관리계획의 수립과 환경보전을 위한 세부적인 지침을 제시하고, 아울러 지구별로 관광개발과 도입시설 및 관광객의 활동을 제한할 필요가 있다. 이러한 구획화를 실시하는 경우에는 관광자원 이용행위를 구역에 따라 제한시키는 행위의 구획화

뿐만 아니라 체재기간을 제한하는 것과 같은 시간의 구획화도 고려해 볼 필요성 이 있다.

5) 최적 수용력 평가에 기초한 관광개발 추진

일반적으로 최적 수용력(carrying capacity)이란 환경을 훼손하지 않으면서 관광객이 관광시설을 최대한 사용하며 만족을 얻을 수 있는 최대 관광객 수라고 말할 수 있다. 그러나 관광지 개발시 관광객의 이용편의 측면만을 강조하면 자연환경이 훼손될 우려가 크고, 지나치게 환경보호에 치중하면 관광객의 욕구나 필요한 민간투자의 의욕을 충족시키기가 어려운 까닭에 그 적정선을 결정하는 데 어려움이 있다. 그러므로 특정환경을 적정하게 이용하여 환경보전과 이용을 동시에 도모하기 위해서는 생태계 수용력을 정확히 측정하여 과다한 이용과 포화상태가 발생하는 수준을 알고 있어야 일시에 집중하는 과다한 관광객의 흐름을 규제하거나 분산시키는 정책을 추진할 수 있다.

따라서 관광객의 수용한계 기준인 최적 수용력에 대한 객관적인 기준을 설정하고 부하한계를 초과하지 않는 한계 내에서 관광객의 관광활동을 허용하여야 한다. 요컨대 적정수용력을 초과하여 환경이 이용될 때에는 환경은 물론 관광활동의 질까지도 손상되는 것이다. 그러므로 환경적으로 민감한 지역에서의 관광관리는 수용력의 개념을 이용해야 하며, 수용력의 결과 이러한 수용력을 초과하지 않게 하는 관리기법의 적용이야말로 관광지 계획에 있어서 기본이라 할 수 있다.

6) 이용강도의 배분(rationing use intensity)

이용강도를 배분하는 방법으로서 다음과 같은 기법들이 활용될 수 있다.

(1) 윤번이용제(Rotating use)

이용이 집중되는 지역에서는 생태계의 파괴를 영구화시키지 않기 위하여 적정시간을 설정하여 윤번제로 이용을 금지시킨다.

(2) 입장객 수의 제한

일정지역을 출입하는 방문객의 수를 조절하기 위하여 단체 또는 개인의 수를 제한시키는 것이다. 예컨대 관광지를 일반여행지역, 시범지역, 통제지역으로 분류하여 일반여행지역은 개인여행자와 단체여행객에게 개방하고, 시범지역은 단지 단체방문객에게만 개방하며, 통제지역은 특권과 감독권을 가진 단체객에게만 개방하는 것이다. 또한 관광시간을 설정하여 관광지역이 환경적으로 영향을 받기 쉬운 상태에 있을 때 출입을 금지할 수도 있다.

(3) 예약제 및 선착순 이용

우편, 전화 또는 직접예약을 통해 관광지 이용을 예약하게 함으로써 이용자 수를 관리할 수 있다. 그런데 예약제만 의존하게 되면 사전계획을 수립하지 않은 사람의 이용을 배제하기 때문에 형평의 문제가 발생함으로 선착순 이용제를 병행하는 것이 효율적이다.

7) 접근성의 조정

(1) 교통수단의 한정

관광지에 이르는 접근로가 몇 개로 한정되어 있는 관광지에서 도착하는 교통수단을 규제함으로써 관광객을 자연도태시켜 절대수를 감소시킬 수 있다. 이를테면 자가용을 규제하여 버스만 통과시키는 기법을 적용할 수 있다.

(2) Park and Ride 시스템의 도입

이는 자가용이 지방교통체계에 영향을 주고 많은 사람들의 관광경험을 손상시키는 곳에서 채택되면 유용한 방법이다. 방문객들은 관광지의 입구에 주차를 하고 그 내부로의 관광을 위해서는 셔틀버스 같은 공공교통체계를 이용해야 한다. 이러한 시스템을 도입하기 위해서는 관광지내 셔틀버스, 미니열차 등과 같은 내부교통체계가 잘 정비되어 있어야 한다.

(3) 접근로의 조정

과잉이용되고 있는 접근로의 끝 부분을 막아버리든가 접근로를 지정하여 이용량 및 이용패턴을 조정할 수 있다. 또한 새로운 도로의 건설시 환경적으로 민감한 지역은 우회하도록 만들어져야 한다.

8) 기타

(1) 요금의 차등화

이용자가 밀집되는 장소와 이용자가 적은 장소, 그리고 성수기와 비수기 등에 따라서 입장료 또는 사용료를 차등부과 시킴으로써 과잉이용을 관리할 수 있다. 즉 밀집된 지역과, 성수기에는 요금을 비싸게 부과함으로써 이용을 간접적으로 규제할 수 있다.

(2) 법적 강제제도 도입

순시원을 상주시키거나 이용 집중시기에는 순찰 및 단속을 강화하며, 금지된 행위를 하는 관광객에게 벌금을 부과함으로써 환경훼손 행위를 방지한다.

(3) 정보제공의 확대

간단한 지도나 안내서 및 팜플렛을 이용해 해당 관광지 내뿐만 아니라 주변 관광자원의 매력적인 곳을 안내 · 홍보하고 이용패턴에 대한 정보를 제공함으로써 특정 지역으로의 이용집중을 분산시킬 수 있다.

참·고·문·헌

김상무, 관광개발론, 계명대출판부, 1991.

검홍운 외 1인, 관광개발론, 형설출판사, 1996.

이연택, 관광학연구의 이해, 일신사, 1994.

이장춘, 관광계획 · 개발론, 대왕사, 1987.

표성수 외 1인, 최신관광계획개발론, 형설출판사, 1994.

김홍운, 『관광지의 환경오염 실태와 방지에 관한 연구』 관광연구논총, 한양대 관광연구소, 1992.

손대현, 『관광개발 · 환경 · 마케팅 연결고리』 관광연구논총, 한양대 관광연구소, 1990.

이교종, 『관광의 부정적 환경영향 최소화 방안에 관한 연구』 Tourism Research, 한국관광산업 학회, 1994.

木忠義, 現代觀光論, 有裵閒, 1974.

小谷達男, 觀光事業論, 學文社, 1994.

前田勇, 觀光擺論, 學文社, 1978.

律田昇, 國際觀光論, 東京經濟新報社, 1969.

未武直義, 觀光論入門, 法律文化社, 1974.

小池洋一, 足翊洋保 編著, 觀光學擺論, 1989.

AIland,M.M. Tourism and Hotel Industry, Prentic-Hall of India, 1976.

Burkart, A. T. & Medlik, S. Tourism : Past, Present and Future, Heinemann, 1987.

Edgell, D. L. International Tourism Policy, Van Nostrand Reinhold, 1990.

Hudman, L. E. & Hawkins, D. E. H. Tourism in Contempory Society : An Introductory Test, Prentice-Hall, 1989.

InskeeF, E. Tourism Planning, Van Nostrand Reinhold, 1991.

Kadt, E. Tourism : Passport to Development, Oxford Urliveristy Press, 1979.

Lundberg, D. E. The Tourist Business, Cohners Publishing Co., 1974.

McIntosh, R. W. & Goldner, C. R. Tourism : Principles, Practics, Philosophies, John Wiley & Sons, Inc., 1986.

Mil, R. C. & Morrison, A. M. The Tourism System, Englewood Cliffs, New Jersey, 1985.

Murphy, P. E. Tourism : A Community Approach, Metherln, 1987. Pepper, D. The Roots of Morderl Environmentalism, Croonl Helm, 1984.

Wahab, S. Tourism Management, Tourism InterInational Press, 1975.

05 제5장

관광산업론

제1절 | 관광산업의 개념

1 관광산업의 정의

관광객의 욕구가 있고 구매력을 갖춘 관광객들의 집합을 관광시장이라고 본다면, 이들 시장에 대하여 제품과 서비스를 생산 및 판매하는 조직적인 사업을 관광기업이라고 한다. 이러한 기업들의 집합을 관광산업이라고 할 수 있다. 그러므로 관광산업은 동일한 관광객을 대상으로 활동하는 공 · 사기업들을 모두 포함한다. 그러나 동일한 관광객들이라 할 지라도 관광객들이 필요로 하는 요구들은 매우 다양하기 때문에 관광산업은 기능적으로 상이한 여러 종류의 기업들로 구성된다.

이처럼 관광객의 다양화 속에서 관광산업의 유형도 변화해 왔으며 관광산업부문 및 그 주변의 조건도 계속 변화하고 있는 추세이다. 이러한 과정에서 관광산업을 규정하는 개념도 역시 변화되어 다른 산업과의 상호 연관관계의 파악을 복잡하게 만든다. 이를 바탕으로 기존에 관광산업을 정의한 내용을 살펴보면 다음과 같다.

① Powell의 정의

관광산업이란 관광객의 체험을 구성하는데 조합되는 모든 요소와 관광객의 욕구 및 기대에 서비스하기 위해 존재하는 모든 요소를 의미한다.

② Leiper의 정의

관광산업은 관광객의 특별한 욕구와 서비스하는 경향이 있는 모든 기업, 조직, 그리고 시설로 구성된다고 정의하고 있다.

③ U. S. Senate Commerce, Science and Transportation의 정의

관광산업은 여행과 레크리에이션을 위해 전체적, 부분적인 면에서 교통, 상품, 서비스, 숙박시설과 기타시설, 그리고 정부 기관이 상호관련된 합성체로 정의하고 있다.

④ UNCTD(United Nations Conference on Trade and Development)의 정의

관광부문 또는 관광산업을 외래방문객 및 국내여행객들에 의해 주로 소비되는 재화와 서비스를 생산하는 산업적, 상업적 활동의 총체로 정의를 내리고 있다.

⑤ 김충호의 정의

관광산업이란 관광객의 욕구충족을 위해 제공되는 서비스와 편의를 제공하는 각종 유관산업의 총칭이다.

2 관광산업의 범위

1) 관광산업의 구성

관광산업은 관광객의 욕구에 관련된 기업들의 집합체이다. 이러한 특성으로 관광산업의 종류가 상당히 광범위하다. 일반적으로 관광산업은 민간기업에 의한 경영사업과 공적기관에 의한 공공 또는 협동사업의 통합 및 결합에 의해 성립되고 있다. 따라서 사업주체로서의 관광산업은 관광경영 기업의 집합체를 가르키는 관광산업, 관광기관, 행정기관에 의해 구성되며, 또한 기능적 측면에서 보면 관광산업은 기초적 관광산업과 부차적 관광산업으로 나누어진다. 구체적으로 살펴보면 다음과 같다.

(1) 기초적 관광산업

기초적 관광산업에는 숙박업과 교통업이 있다. 이들은 각각 이동, 체재, 여행기능을 갖고 있으며 사업활동을 위하여 기본적 서비스를 공급한다.

(2) 부차적 관광산업

부차적 관광산업은 관광산업의 부차적 역할을 하는 사업으로서 토산품업, 음식업, 레저시설업, 오락 및 유흥업이 포함된다. 이들은 기능적으로 관광객의 체재에 관한 사업을 하는 업종들이다.

(3) 관광기관

관광기관에는 전국적 규모의 조직, 또는 전 사업적 조직인 중앙의 관광기관(예 : 한국관광협회 중앙회)과 각 지역의 관광협회 및 업종별 관광협회가 있다. 중앙기관은 나라의 관광사업 전체의 발전을 기하고, 각 지역별 관광협회는 각 지역의 관광사업 및 관광산업의 발전을 위하여 조직되어 있다. 또한 업종별 관광협회는 업종 각자의 공동체 조직으로서 각 기업형태의 사업을 공동적으로 추진한다.

(4) 행정기관

행정기관은 국가 및 지방공공단체의 관광관계 행정기관 전반을 포함한다. 관광행정기관은 주로 관광사업의 지도 · 육성 · 감독 · 규제의 기능을 한다.

2) 관광산업의 범위

관광산업은 현대인 관광욕구를 충족시켜 주는 한편 관광객의 왕래를 촉진하는 일체의 인간활동이라는 측면에서 보면 복합적인 성격을 지난다. 관광산업을 기업이라는 관점에서 보더라도 다양한 관련산업분야가 있다. 이처럼 복합성을 띠고 있는 관광산업은 일반산업에 있어서의 범위와도 상당히 다르다. 따라서 관광산업의 범위와 그 구체적인 내용은 어떠한 것을 포함하는지에 대해 기능적인 측면에서 살펴보면 다음과 같다.

(1) 관광자원의 보호 및 개발에 관한 관광사업

이에 관한 사업을 전개하는 사업주체는 대부분 비영리적인 조직체로서 국가나 지방공공단체에 의해 수행되고 있다. 이러한 사업활동은 특정한 국가가 가지고 있는 관광지원을 보존하고 개발하는 사업으로서 관광사업 중 가장 기본적인 사업이 된다. 또한 이 사업에는 관광자원으로의 접근을 원활하게 해주는 관광기반시설(도로, 항만, 철도, 통신 및 교통시설의 정비와 설치 등), 그리고 숙박시설 등의 운영을 할 수 있게 하는 기본적인 관광개발사업도 포함하고 있다.

(2) 관광시설의 정비와 이용증대에 관한 관광사업

이것은 관광객들을 수용할 수 있는 시설들을 사업화한 것으로 이 사업분야에는 관광객들의 왕래를 원활하게 하기 위해 운송서비스를 제공하는 교통업과 이들에게 숙박을 제공하는 숙박업 등이 해당된다. 이 사업의 범위에는 관광객들에게 오락시설을 제공하거나 기념품을 판매하는 사업자, 스포츠 및 레저시설을 갖추고 행하는 사업자들이 포함된다.

(3) 관광객 유치 및 선전과 관련있는 관광사업

이는 관광객 유치를 통한 사회 · 경제적인 효과를 달성하기 위하여 지방공공단체의 관계기관이나 관광협회 및 관광공사와 같은 공익법인이 행하는 선전활동에 관련된 사업을 의미한다.

(4) 관광객의 알선 및 접대에 관련하는 관광사업

이는 여행알선과 수배 그리고 안내와 관련하는 일체의 수주적(受注的)인 형태의 여행서비스 제공과 여행상품을 기획하고 개발하여 이를 관광객들에게 판매하는 사업들을 의미한다.

제2절 | 호텔

1 호텔의 개념체계

1) 호텔의 어원과 정의

호텔(hotel)의 어원을 보면 라틴어의 hospes에서 비롯되었다. 그런데 이 'hospes'는 타향인, 나그네, 객 또는 그들을 접대하는 숙소의 주인을 뜻한다. 이 hospes의 파행어로 '호스피탈리스(hospitalis)' 가 있는데, 이는 '융숭한 대접' 을 뜻하는 형용사다. 또한 'hospitalis' 의 중성형은 hospitale인데, 이 말은 '순례 또는 참배자, 나그네를 위한 숙소' 를 뜻하였다. 더욱이 hospitalis가 고대 · 중세의 프랑스어로 hospital, 현대 프랑스어로 hopital, 중세 · 초기 근대의 영어로 'hospital' 이 되었다. 이는 병원을 가리키는 말이다.

한편 hospital은 고대 · 중세의 프랑스어로 hostel이 되어 그대로 근대의 영어가 되었다. 그 다음에 's' 음이 사라져서 현대의 hotel로 쓰여지게 되었다. 즉 호텔과 호스피탈은 중세 라틴어의 호스피탈레(hospitale)에서 파생된 것으로 매우 흥미있다. 그리고 호스텔(hostel)은 중세에 있어서 ① 숙박하는 장소, ② 숙소, ③ 기숙사, ④ 대저택 등의 의미를 담고 있었으나, ①과 ②는 현재에 와서는 사용되지 않고 있고 ②의 의미를 따서 유스호스텔(youth-hostel)은 오로지 청소년을 위한 저렴한 숙박시설을 표현하는 말로 굳어지게 되었다.

또한 hotel이란 말의 뜻은 ① 대저택, ② 기숙사, ③ 숙박시설로 쓰여지고 있는데, 현재는 오로지 ③의 숙박시설의 의미를 따서 인(inn)보다는 고급시설을 가리킨다.

호텔을 사전적인 의미에서 파악해 보면 호텔은 객실과 식사를 갖추고 대중을 위하여 봉사하는 건물 또는 공공단체라고 웹스터 사전(Webster Dictionary)은 정의하고 있다. 좀 더 구체적으로 호텔에 관련된 정의를 살펴보면 다음과 같다.

① 일본의 호텔관계법령 정의

호텔이란 외객(外客)의 숙박에 적합한 양식구조와 설비를 갖고 지어진 시설을 말한다.

② 관광진흥법 정의

호텔이란 관광객의 숙박에 적합한 시설을 갖추어 관광객에게 이용하게 하고 음식을 제공하는 업을 말한다.

③ 김충호 정의

일정한 지불능력이 있는 사람에게 객실과 식사를 제공할 수 있는 시설을 갖추고 잘 훈련되고 예절이 바른 종사원이 조직적으로 봉사하여 그 댓가를 받는 기업을 말한다.

상기의 내용으로 볼 때, 호텔이란 다음과 같은 속성을 지닌다고 볼 수 있다.

첫째, 영리를 목적으로 한다.

둘째, 숙박과 부대시설을 갖추고 있다.

셋째, 무형의 인적 서비스가 제공된다.

넷째, 일정한 지불능력이 있는 자에게 사회의 공익개념을 가지고 상품을 판매하는 곳이다.

다섯째, 과거의 개념과는 달리 휴식과 오락은 물론 여가와 문화 생활 및 사업활동까지 제공되어지는 장소이다.

따라서 호텔이란 경제적으로 지불능력이 있는 불특정 고객에게 영리를 목적으로 적합한 숙박과 식음료 시설을 갖추고 무형의 인적서비스 상품을 바탕으로 공익개념의 휴식과 오락 등 여가를 즐길 수 있는 문화공간을 제공하는 기업이라고 볼 수 있다. 결국 호텔은 관광산업의 중추적인 비중을 차지하며 현대인에게 안락감을 줄 수 있는 종합형태의 사회에 봉사하는 기업으로서의 개념적 성격이 강하다고 볼 수 있다.

2) 호텔의 기능

호텔은 전통적으로 볼 때 주로 숙박 및 식음료 제공의 기능만을 강조한 개념으로 출발하였다. 그러나 현대에 들어서 호텔은 전통적인 기능인 숙박 및 식음료 제공 이외에도 사회기능이나 스포츠, 레저 및 상업적 서비스 기능과 건강관리, 비즈니스 서비스 기능까지 갖춘 종합적 성격의 기능을 갖추고 있다. 따라서 현대의 호텔은 이제 단순한 개인생활 공간이 아닌 지역사회의 경제, 문화, 예술 및 커뮤니케이션의 활용 공간으로서 기능을 갖는 기업이라고 볼 수 있다.〈표 5-1 참조〉

표 5-1 | 사회 · 문화적 측면에서의 호텔기능

각종 기능론	내　　용
① 숙박기능	수면, 휴식
② 음식제공 기능	먹는 것, 마시는 것
③ 집회공간 기능	모임, 대화
④ 문화 서비스 기능	교육, 예술, 공예, 학습
⑤ 스포츠 레저 기능	즐거움, 단련, 놀이
⑥ 상업 서비스 기능	쇼핑, 패션, 생활정보 수집
⑦ 건강관리 서비스 기능	건강의료, 헬스, 미용
⑧ 비즈니스 서비스 기능	상담, 회의, 전시회, 비지니스, 정보교환

3) 호텔의 특성

호텔은 다른 산업에 비하여 경영상의 특성, 운영상의 특성, 시설상의 특성 등이 있다. 이를 구체적으로 보면 다음과 같다.

(1) 경영상의 특성

① 인적 서비스의 의존성

호텔은 노동집약적 성격이 강한 기업으로서 생산에 제공되는 상품의 특성으로 볼 때 규격화와 자동화에는 한계가 있으므로 인적자원에 대한 의존도가 다른 기업에 비하여 상대적으로 크다고 볼 수 있다.

② 고정자산에 대한 의존성

일반적으로 기업은 건물이나 시설과 같은 고정자본보다는 상품이나 현금같은 유동자본의 비중이 크나 호텔에 있어서는 건물이나 시설의 비중이 전 투자액의 70~80%나 된다. 이는 호텔경영에 있어서 고정자본 자체가 상품성을 띠고 있음을 의미한다. 따라서 호텔은 일시적 최초의 투자의 고율성에 따라 상대적으로 자본의 회전속도가 느린 사업으로서 타 업종과 구성비가 다르다.

③ 상품공급의 비 탄력성

호텔상품은 특성상 비 보관성, 비 이동성, 비 신축성의 특성이 있다. 따라서 제조업의 경우에는 제품의 생산계획에 따라 생산되고 저장, 판매 및 소비의 과정을 거치나 호텔상품은 서비스적인 특성으로 생산과 소비가 동시에 발생한다. 이러한 생산과 소비의 동시성은 서비스의 소비행위가 발생할 때 서비스의 제공자가 함께 존재한다는 것을 의미하며 이는 또 호텔상품의 비이동성의 특징을 갖는다. 즉 저장과 이동이 불가능하여 소비자가 직접 현장에 와서 상품을 이용하거나 소비하지 않으면 안 된다.

또한 호텔객실의 경우 당일 판매에서 판매되지 못하면 상품으로서의 가치를 상실하는 시간적 소비성이 있다. 따라서 수요예측의 곤란성 때문에 객실이 판매되지 못함은 호텔경영상의 큰 낭비와 손실이라 할 수 있다.

④ 기타 경영상의 특성

호텔은 이미 전술한 내용 이외에도 다음과 같은 특성이 있다. 첫째, 하루 24시간 연중무휴로 영업활동을 하고 있다. 둘째, 업종의 구성이 객실, 식음료, 스포츠시설, 기타 부대시설 등의 복합적인 성격을 띠고 있다. 셋째, 업종구성 부분마다 상권의 범주가 다를 수 있다. 넷째, 계절적 제약과 연중 · 연도별로 또는 하루 중에도 시간에 따라 영업의 기복이 크게 나타나고 있다. 특히 휴양지 호텔의 경우 관광 성수기에 수요와 공급의 불균형이 일어나는 특징이 있다. 다섯째, 호텔 이용고객의 증가에 따라 이에 알맞는 호텔의 기본적 기능 외에 문화서비스, 유통서비스, 건강관리서비스, 정보교환, 레저스포츠 등 다양한 기능의 상품개발이 요구된다.

(2) 운영상의 특성

① 서비스의 제공

호텔 운영의 가장 기본은 양질의 서비스 제공이다. 호텔개념이 '임시적 가정' 으로 집약될 수 있기 때문에 호텔을 이용하는 고객에게 마치 가정과 같은 안도감과 유쾌함을 제공해야 한다. 이를 위하여 서비스는 필수적이다. 호텔 종사원의 서비스는 물론 종사원 각자가 맡은 직무의 성격에 따라 다르지만 기본적인 자세는 고객이 내 집에 찾아온 귀한 손님이라는 마음씨를 가지고 서비스를 제공해야 한다.

② 협동

호텔의 운영에 있어서의 특성은 협동이다. 호텔은 각기 상이한 여러 부문의 기능을 가지고 있다. 현관을 비롯하여 각 계층의 서비스 및 객실서비스에 이르기까지 다양한 서비스와 주어진 직무가 있다. 이러한 직무를 원활이 수행하고 조직의 목표를 달성하기 위해서 절실히 요청되는 것이 각 부문 간의 협동이다. 종사원 부문 간의 원활한 협동의식이 이루어질 때만이 고객에 대한 양질의 서비스를 제공할 수 있다.

③ 작업조건

호텔은 종사원의 작업조건이 가장 유리하다는 특성이 있다. 쾌적한 환경만이 고객에게 최대의 서비스를 제공할 수 있기 때문에 종사원의 작업상 조건은 자연적으로 일반제조업에 비하여 최상의 공간을 창출하고 있다.

(3) 시설상의 특성

① 시설의 단기 노후화

호텔의 시설은 그 자체가 상품이기 때문에 일반 제조업체의 시설에 비해 노후화가 비교적 쉽다.〈표 5-2 참조〉 따라서 고객에게 꾸준한 구매력을 유지하기 위해서는 잦은 개·보수를 해야 하며, 이에 따른 보수·유지비의 비율이 상당히 높다.

표 5-2 | 고정자산의 내구연한

구 분	호 텔	일 반 기 업
철근, 콘크리트건물	40	60
목조건물	23	25
냉난방기기	8	
침대	8	
전화설비	10	

② 최초투자의 고율성

호텔은 어느 산업시설에 비해 상대적으로 일시적 최초투자가 높다. 방대한 규모의 투자를 요하는 호텔은 다른 일반산업시설이 연차적으로 확장 재투자를 할 수 있는데 반하여 호텔은 시설자체가 하나의 상품으로써 판매되어야 하는 특성으로 말미암아 부분적 연차적 투자는 사실상 불가능하다.

2 호텔의 발전과정

호텔의 발달을 시대적으로 구분하면 ① 여관(inn : 토속적인 간이숙소)의 시대, ② 호화호텔(grand hotel)의 시대, ③ 상용호텔(commercial hotel)의 시대, ④ 대전환의 시대로 분류할 수 있는데 각각의 시대에서 나타나는 특징을 설명하면 다음과 같다.

1) 여관(inn)의 시대

숙박업은 매우 오래된 산업이다. 호텔이라는 말이 보편화된 것은 1800년경 영국에서 비롯되었다는 것이 통설이다. 그렇게 보면 호텔의 역사는 200년 가까이 된다. 그러나 영국에는 현재도 인(inn)이라 불리는 저요금의 대중적인 숙박시설이 남아있는데, 이 인은 1400년경부터 존재했으므로 그 역사는 600년 가까이 된다. 오늘날과 같은 산업이라 말할 수 있는 숙박시설의 건설 · 운영이 번창하게 된 것은 19세기 이후부터이지만 숙박시설 그 자체의 역사는 멀리 고대 그리스와 로마시대로까지 거슬러 올라갈 수 있다.

고대 로마시대에는 도로가 잘 정비되어 있어 여행이 성행하였는데, 맨션(mansiones)이라는 숙박시설이 있어서 여행자는 관청에서 발행하는 증명서를 제시하고 숙박할 수가 있었다. 고대 동양의 실크로드에서는 대상(隊商)들의 숙소로서 광장을 중심으로 많은 건물이 밀집한 형식의 카라반서리(caravansary)가 생겼다.

1096년에 시작하여 200년 가까이 계속된 십자군의 원정은 그것이 동기가 되어 성지순례의 여행을 성행하게 만들었다. 이 당시는 각지의 교회가 숙박시설로서의 역할을 하였고 결국에는 숙소로서 독립하여 인으로 불리어지게 되었다.

숙박시설이 여행자에 대하여 수면 · 식사 · 휴식 · 생명 · 재산의 보호, 그리고 오락과 같은 서비스를 제공하는 시설인 이상 인간이 여행을 시작하여 노숙(露宿)의 불편과 위험을 느끼기 시작한 때부터 이미 사회적으로 필수불가결한 존재가 되었다.

그런 뜻에서 숙박업의 역사는 여행의 역사이기도 하며 노숙의 여행으로부터 원시적인 형태의 숙박시설이 생겼고 또한 반대로 숙박시설의 정비가 여행을 용이한 것으로 만들었다.

이 시대의 숙소의 특징은 시설내용이 일반적으로 매우 빈약하였다. 이 시대의 여행자의 여행동기는 현대의 여가활동으로서의 여행과는 달라서 대부분의 경우 생존을 위한 여행이었다. 따라서 숙박 시설에 대한 쾌적성은 중요한 조건이 될 수 없었고 수면 · 음식 · 생명 · 재산의 보호에 관계되는 최저 필요조건을 확보하는 것이 무엇보다 우선하였다.

2) 호화호텔(grand hotel) 시대

현대의 숙박업에 결정적인 영향을 미친 숙박시설은 19세기 중엽 유럽에서 호텔이라는 명칭으로 다수 출현하였다. 19세기에 등장한 호텔은 지난달 베르사이유 궁전에서 펼쳐졌던 상류계급의 세련된 생활양식을 기초로 하여 호화로운 시설과 서비스의 내용을 특징으로 하였다. 오늘날 세계의 고급호텔로서 이른바 전통적인 호텔서비스의 방식, 예를 들면 호화성을 강조한 건물의 외관과 내장, 사치스러운 프랑스 요리와 식기류, 가구, 종사원의 복장 그리고 서비스의 방식과 같은 내용은 지난날 왕후 · 귀족의 생활양식을 그대로 상업화한 것이다.

따라서 호텔은 중세로부터 내려온 '인' 과는 전혀 이질적인 존재였다. 즉 여행자를 숙박시키는 기능 그 자체보다도 숙박과 음식에 관계되는 호화와 사치를 제공하는 장소로서 등장하였고 왕후 · 귀족의 권력이 붕괴된 후에, 궁정에 대신하여 신흥 부유계층을 위한 사교장이었다.

이러한 호화호텔 건설의 움직임이 구체적인 형태로 나타난 것은 19세기이다. 장소로서는 당시 유럽에서 가장 화려한 도시였던 파리와 그밖의 대도시 그리고 바덴바덴(Baden-Baden, 서독의 온천요양지)과 니스(Nice, 프랑스의 휴양지)와 같은 당시의 특권계층을 위한 피서지 · 피한지였다. 이 중 바덴바덴에는 바다쉐 호프(Der Badische Hof)가 세워졌는데, 이곳은 검은 산림으로 뒤덮인 온천관광지로써 로마시대부터 온천장으로 유명했던 곳으로 19세기 초엽에는 프랑스 상류계층의 목욕장으로 널리 알려지기도 하였다. 특히 나폴레옹 3세(1852~1870)시대에는 그 절정에 달하였다.

1850년 회사조직에 의한 호텔경영의 최초의 숙박업으로서 파리의 그랜드호텔이 건설되었다. 이 호텔의 명칭은 오늘날에 와서도 세계각지에서 고급호텔의 대명사처럼 사용되고 있다. 또한 1855년에는 나폴레옹 3세의 요청에 따라 호텔 드 루브르(Hotel du Lourvre)가 완성되었다. 그리고 1874년 베를린에는 카이저 호프(Kaiser Hof)가 개업하였다. 본래 'hof' 란 건물 등에 둘러싸인 장소 또는 광대한 저택을 뜻하는데, inn에서 hotel로 변천하는 과정에서 과도기적인 이름으로 쓰여졌던 호텔이다. 따라서 19세기 중엽 이후의 동향을 1850년 파리에서 건설된 호화 호텔 명칭을 따서 편의상 그랜드호텔의 시대로 부르기로 한다.

호화호텔 시대의 특색을 요약하면 주된 이용자는 특권적 부유계층이었으며, 투자가의 관심은 어떻게 하면 왕후 · 귀족의 허영심을 만족시킬 수 있는가에 두었다. 그리고 호텔조직에서는 독립 · 대규모를 특색으로 하였다. 대표적인 경영자로서는 리츠를 들 수 있다. 리츠는 확실히 호텔경영사상 최초의 위대한 호텔맨이었다. 그가 창안한 호텔경영방식은 현대에 있어서도 세계의 많은 고급호텔이 계승하고 있다. 즉 '손님은 항상 옳다' 라는 경영철학을 가지고 손님이 요구하는 것은 무엇이건 최대한으로 제공한다는 자세가 그 곳에는 있었다. 그러나 요금이 비싸고 싸고는 극단적으로 말하면 별로 문제로 삼지 않았다. 그것은 호텔을 건설하기 위한 자금을 내놓는 사람이 귀족이나 부호였다면 손님 또한 그런 계층의 사람들이였다. 따라서 경영방식은 좋은 물건을 내놓으면 손님은 얼마든지 지불한다는 생각이 전제로 되어 있었다.

리츠식 호텔경영의 한계는 종사원과의 관계에 있었다. 현대의 호텔경영에 있어서 총지배인(general manager)은 고객과 종사원이라는 두 종류의 인간관계의 측면에서 경영책임이 있다. 종사원이 만족하고 자기역량을 발휘하여 일할 수 있는 호텔이 되지 못한다면 고객이 전적으로 만족한다 해도 경영자로서는 실격이다. 그러면 리츠로 대표되는 호화 호텔시대의 호텔경영의 한계는 무엇이었는지 구체적으로 살펴 보면 내용은 다음과 같다.

첫째, 호텔시장이 왕후 · 귀족에 한정되어 있었고, 모든 계층의 사람들에게 널리 숙박기능을 제공한다는 호텔 본래의 사회적 사명에서 본다면 그 한계를 느끼게 한다.

둘째, 소유와 경영은 분리되어 있기는 했으나, 소유자에 대하여 마땅히 해야 할 책임을 다했는가 어떤가는 의심스럽다.

셋째, 호텔경영을 성립시키는 요소 가운데 하나인 종사원은 호화 찬란한 호텔 가운데서 충분한 보장을 받고 있지 못하였다. 즉 당시의 지배인은 고객을 위해서만 존재했고 종사원을 위해서는 존재했다고 볼 수 없다.

이러한 문제점에 도전한 새로운 호텔경영의 시대가 20세기 초두에 와서 유럽에서 가 아닌 미국에서 개막을 보게 되었다. 이 새로운 세대의 문을 연 인물은 다름 아닌 근대 호텔왕이라 불리어지고 있는 스타틀러(E.M. Statler, 1863~1929)였다.

3) 상용호텔(commercial hotel) 시대

1760년대에 영국에서부터 시작된 산업혁명(industrial reveloution)은 19세기에 와서 유럽대륙과 미국에도 확대되었고, 그 결과 경제활동이 매우 활발해졌다. 더욱이 산업혁명은 생산혁명으로 출발하여 교통혁명으로 발전하였으며, 이로 인하여 사람들의 여행을 용이하게 만들었다. 이러한 경제활동의 활성화와 교통수단의 발달은 사람들의 경제적 동기에서 비롯된 상용여행을 급증시켰다.

20세기에 들어와서 상용여행은 더욱 늘어났고 그것은 당연히 저렴하고 쾌적한 숙박시설에 대한 수요를 증대시켰다. 그러나 19세기 말경의 숙박시설은 왕후 · 귀족을 위한 호화 호텔뿐이었고, 일반여행자를 위한 숙소는 혼숙을 원칙으로 하였으며 욕실설비가 없는 불쾌한 것뿐이었다.

미국에 있어서도 사정은 마찬가지였다. 이민이 시작되고 얼마 후 미국에는 터벤(tavern)이라는 숙박시설이 보급되었다. 이 터번이란 유럽에서는 처음에는 술을 파는 주점이었으나 그 후 식당으로 바뀌었고, 다시 요리를 팔고 침실을 구비하여 숙박시설로서의 기능을 발휘하게 되었다. 그것이 미국으로 전해져서 식당겸 숙박시설로서 건설된 것이다. 그리고 이 터벤은 19세기에 와서 호텔이라는 명칭으로 바뀌었다.

1830년대로부터 50년대에 산업혁명이 진행된 미국에서는 남북전쟁 이후 대공업이 발달하였고 대자본가가 탄생하였다. 미국인은 그들의 손으로 유럽의 호화호텔을 능가하는 고급호텔을 건설하였다. 이 가운데서 유명한 것은 1897년 뉴욕에서 완성한 월돌프 아스터(William Waldolf Astor)가 1983년에 건설한 월돌프 호텔을 증축하여 총 1,000실(그 중 765실이 욕실이 달려 있다) 규모로 만든 것인데, 당시 세계 제1의 규모와 호화성을 자랑하여 화제를 모으기도 하였다.

이처럼 미국에 있어서 19세기 말부터 20세기 초두에 걸쳐 숙박시설의 상황은 상용여행자의 증대라는 커다란 환경변화를 맞이하였고, 한편에서는 구태의연한 시설이 영업을 하고 있었는가 하면, 다른 한편에서는 최고급호텔이 존재하는 상태였다. 그 때문에 일반여행자도 저렴한 요금으로 이용할 수 있는, 그러면서 고급호텔과 다를 바없는 시설 · 서비스를 제공받을 수 있는 호텔에 대한 강력한 사회적 요청이 표면화되게 되었다. 이러한 일반여행자의 욕구를 호텔경영의 전환기회로 포착하여 호텔업의 새로운 전기를 마련한 사람이 스타틀러였다. 스타틀러는 이 호텔을 1달러 반(당시)으로 욕실 딸린 방을(A room and a bath for a dollar and a half)이라는 선전문구를 내걸고 파격적인 가격으로 판매하기 시작하였다. 개업초년도에 3만 달러(당시로서는 거액이다)의 순이익을 올릴 만큼 큰 성공을 거두었다.

스타틀러의 호텔경영은 여러 가지 의미에서 혁신적이었다. 현대에 있어서 세계의 호텔경영이 합리적으로 세련되었다고 한다면, 그것은 대개 스타틀러의 공적에 의한 것이라 말하여도 과언은 아닐 것이다. 그가 호텔업 경영에 남긴 공로는 헤아릴 수 없으나 무엇보다도 스타틀러는 호텔이라는 사업의 사회적 존재 의의를 깊이 생각했던 최초의 호텔맨이었다는 점이다. 그가 '세계 최고의 서비스를' 이라 할 때, 그것은 결코 사치와 호화성이 전부가 아니고 편리성(convenience)이고 쾌적성(comfort)이며 가격의 타당성(reasonal price)이라고 그는 생각했던 것이다.

스타틀러의 공적 가운데서 무엇보다 먼저 꼽아야 할 점은 저가격의 실현을 위한 노력을 먼저 들어야 할 것이다. 그는 가격의 타당성 또는 저가격을 실현하기 위하여 건물의 구조 · 객실 · 객석의 설계 · 조리장의 설계 · 사용하는 집기, 각종 비품, 경영조직과 업무관리, 원가관리 그리고 그 밖의 경영관리체계 등에 대하여 능률주의에 입각한 철저한 간소화(단순화), 표준화(규격화)와 과학적인 계수관리를 추진했던 것이다. 그런 가운데서도 서비스를 도외시하지 않았을 뿐만 아니라 아이디어를 살려서 서비스의 질을 더욱 높여가면서 경영의 합리화를 실현하였다.

그러면 상용호텔 시대의 특색은 무엇인가. 또한 호텔경영에서의 위치는 어떤 것이며 장래의 호텔경영에 무엇을 남겨주었는가, 구체적으로 살펴보면 다음과 같다.

첫째, 호텔의 이용자, 즉 마케트가 그랜드 호텔시대와는 다른 일반대중이었다는 점을 들 수 있다. 그리고 숙박객의 여행목적에서 보면 상용여행자, 사업가였던 것이 특색이다.

둘째, 호텔건설의 목적 내지는 투자목적에 대해서 보면, 그랜드 호텔시대와는 달리 수익성을 충분히 고려했다는 점이다. 즉 건물, 그밖의 부대시설에 대한 투자액은 착수해 놓고 사후에 결정되는 것이 아니라, 호텔건설의 계획단계에서 개업 후의 수익성을 충분히 고려한 후에 결정하였다.

셋째, 경영방침의 성격인데, 스타틀러는 저가격을 실현하기 위하여 일정한 요금범위 내에서 어떻게 하면 질적으로 좋은 시설과 서비스를 제공할 수 있는가의 방법을 또한 과제로 삼았다. 스타틀러 이래 미국의 호텔 · 모텔경영자로서 위대한 업적을 남긴 사람들에 대하여 공통적으로 말할 수 있는 점은 그들은 보다 양질의 서비스를 저렴한 가격으로 보다 많은 사람들에게 제공하려 노력했다는 점이다.

한편 제2차 세계대전 후 미국에서는 쉐라톤(Sheraton)과 힐튼(Hilton)이라는 2대 호텔체인이 호텔업계를 2분하는 세력으로 등장하게 되었다. 쉐라톤의 창업자는 어네스트 핸더슨(Ernest Henderson 1897~1967)이고, 힐튼의 창업자는 콘라드 힐튼(Conrad N. Hilton, 1887~1979)이었다. 그런데 이 두 사람에게 있어서 공통된 점은 체인화를 강력히 추진한 것과 기존호텔을 매입하는 방법으로 실현했다는 점이다. 호텔경영에 있어서 체인화된 호텔은 독립운영의 호텔보다 기업 간 경쟁력이 강하다. 그러므로 호텔산업에서 성공한 경영자는 이러한 사정을 잘 알고 있었던 사람들이었기 때문에 체인화 전략을 중시했던 것이다.

핸더슨과 힐튼이 대호텔 체인망을 구축하게 된 배경으로 들 수 있는 것은 다음과 같다.

첫째, 미국의 호텔산업은 1920년대에 호텔 건설붐을 맞이했으나 대공황 이후 호텔업계에 도산 사태가 일어나 매입할 수 있는 호텔이 많았기 때문이다.

둘째, 체인은 독립시설보다 절대적이라 말할 수 있을 만큼 경쟁력이 강했기 때문이다.

셋째, 두 사람 모두 금융업과 부동산업에 정통하였으므로 호텔과 같은 부동산의 매매와 거액의 자금조달 방법을 누구보다도 잘 알고 있었기 때문이다.

체인화를 어떻게 구축하고 운영할 것인가는 현대의 호텔 경영에 있어서도 가장 중요한 과제로 되어 있다. 후술하는 바와 같이 힐튼은 매니지먼트 컨트랙트(management contract)라는 방식을 고안하여 신설 호텔을 늘리는데 성공하였고, 홀리데이인(Holiday Inn)의 창업자 케먼스 윌슨(Kernmons Wilson, 1913~)은 프랜차이스(franchise)의 방법으로 급속하게 체인망의 전개를 실현하였다. 이 홀리데이 인의 창업자 윌슨은 현대에 있어서 숙박산업 최대의 기업가라 말할 수 있다. 그 이유는 윌슨의 모텔경영 가운데는 스타틀러 이래 일반대중에게 보다 값싸고 보다 많은 편리성과 쾌적성을 제공하다는 상용호텔 시대의 호텔경영이 고도의 세련된 모습으로 나타나 있기 때문이다.

윌슨은 힐튼이 호텔업계에서 스타틀러의 후계자였던 것과 마찬가지로 모텔이라는 새로운 분야에서 스타틀러의 경영이념을 계승한 것이다. 그러면 홀리데이 인의 경이적인 발전을 가져오게 한 요인과 그 배경은 무엇인가를 살펴보면 다음과 같다.

첫째, 홀리데이 인 성공의 배경에는 미국인의 여행형태가 모토리제이션의 영향으로 급변했다는 것을 들 수 있다. 다시 말하면 교통수단이 역마차에서 철도로, 철도에서 자동차로 이행해 가는 과정에서 여행자가 찾는 숙박시설의 형태도 달라지지 않을 수 없었다. 따라서 홀리데이 인을 전형적인 형태로 하는 모텔은 시기적절한 대응이었다고 말할 수 있다.

둘째, 홀리데이 인은 현재 모터 호텔(motor hotel)로 불리어지고 있는 주차장을 정비한 고급호텔을 당초부터 목표로 삼았던 것은 아니고 스타틀러와 마찬가지로 저요금 전략을 철저하게 고수한 점도 경영의 특징으로 들 수 있다.

셋째, 윌슨의 저요금 숙박시설경영이 핵심이라 할 수 있는데, 윌슨은 인건비를 절약하기 위하여 여러 가지로 노력에 노력을 거듭한 결과 셀프 서비스 방식으로 결정하였다.

넷째, 홀리데이 인이 성공에 크게 기여한 것은 윌슨 자신의 인간으로서의 성실성과 투철한 경영이념을 들지 않을 수 없다.

4) 새로운 호텔의 시대

제2차 세계대전 후의 세계 호텔산업은 그랜드 호텔 시대와 커머셜 호텔 시대의 과정을 거쳐, 그리고 현대에 이르러서는 양자의 전통을 공유하면서 발전하고 있다. 따라서 현대호텔은 이러한 특성을 바탕으로 기존시장에 대한 경영노력(시장침투), 기존제품과 서비스를 새로운 시장에 팔려고 하는 노력(시장개발), 기존시장에 대하여 새로운 제품과 서비스를 개발하여 제공하려는 노력(제품개발) 등의 방향으로 연구의 필요성이 제기되고 있다.

상기에서 제기된 호텔의 발전과정을 요약하면 다음 〈표 5-3〉과 같다.

표 5-3 | 호텔의 발전단계

구 분	여관(관)시대 (여행현상의 발생과 함께)	그랜드 호텔의 시대 (19세기 후반)	커머셜 호텔의 시대 (20세기 초반 이후)	새로운 시대의 호텔 (20세기 후반)
주요 이용자	종교적 · 경제적 · 군사적 목적에 의한 여행객	특권적 부유층 계급	상용여행객	상용여행객, 관광여행객, 현지주민
투자자의 관심	자선, 자연발생적	사회적 명예	이윤추구 (중소자본)	다양한 목적, 대자본의 참여, 국민복지, 공공투자의 증대
경영방침의 성격	사회적의무	왕후 · 귀족취미 지향 부가가치의 증대	비용지향 박리다매	마케팅 지향, 지역 지향, 경영의 다각화
경영형태	독립, 소규모	독립, 중소규모	scale merit의 추구	체인화 이론의 다양화
시설의 성격	최저 필요조건의 확보	호화 찬란	시설설비의 표준화, 편리화, 간소화, 저 cost화, 하드웨어의 중시	업태 개발, 정보화 사회 대응
인적 서비스의 성격	봉사	servant	기능중시	hospitality문제 해결 entertainment
대표적 경영자		C. 리츠 A. 에스코피에	E. 스타틀러 C. 힐튼 K. 윌슨	J. 포트만 G. 트리가노

3 호텔경영 조직

1) 호텔경영 조직구성

일반적인 경영조직이란 경영목적을 달성하기 위해 필요한 각종 업무를 다수인 협동을 통해 능률적으로 집행하고 질서 있게 통일할 수 있도록 업무를 분배 · 종합하는 체계를 뜻한다. 이런 의미의 경영조직은 기업의 업종, 규모, 제품, 생산방법에 따라서 각각 다르다.

호텔경영은 경영자는 물론 여러 가지의 업무를 담당하는 종사자들과 상호협동에 의해 경영활동이 수행됨으로써 호텔 기업이 존속 유지될 수 있다. 호텔의 구성요소로서의 종사자는 경영목적의 합리적인 달성을 위해서 구체적으로 호텔 내에서 수행되는 일 또는 직무를 체계적으로 분담하지 않으면 안 된다. 따라서 호텔경영조직이란 호텔경영자 및 종사자가 수행할 직무 및 직무 상호 간의 관계라고 할 수 있다.

호텔경영 조직은 서비스 상품을 중심으로 이루어져 있기 때문에 일반 제조업체의 조직구성과는 다소 상이한 형태를 보이고 있다. 또한 호텔의 위치, 규모, 경영형태, 시설 등 여러 가지 요인에 따라 다양한 형태를 보이고 있다.

호텔조직에는 전형적 모델이란 존재하지 않는다. 그러나 모든 호텔은 다음에 제시하는 몇 가지 요소로 인하여 각각의 특성을 가지고 있다.

㉠ 호텔의 입지적 조건

㉡ 제공되는 서비스의 유형

㉢ 호텔의 구조적 형태

㉣ 지배인의 배경 및 훈련

㉤ 전체 경영진의 개성 및 능력

㉥ 호텔의 소유형태

이러한 상이한 여건에도 불구하고 호텔은 일반적으로 기능에 의한 조직 구성, 고객과의 접촉여부에 의한 조직구성 및 수입 및 지출발생별 조직구성으로 구분할 수 있다.

(1) 기능에 의한 조직구성

이 조직구성 방법은 호텔 내의 각 부서별의 기능적인 역할을 중심으로 하여 만든 조직으로 각 분야의 특성에 맞는 부문별 고유업무의 수행기능에 그 초점을 둔 것이다.

전통적으로 많은 호텔들이 이러한 분류기준을 채택하고 있으며 호텔 종사자의 기능적 역할을 기준으로 만든 것이기 때문에 해당기능에 대한 한국식 호칭(job title)은 호텔마다 차이를 보이고 있다.

그림 5-1 | 호텔의 기능에 의한 조직구성

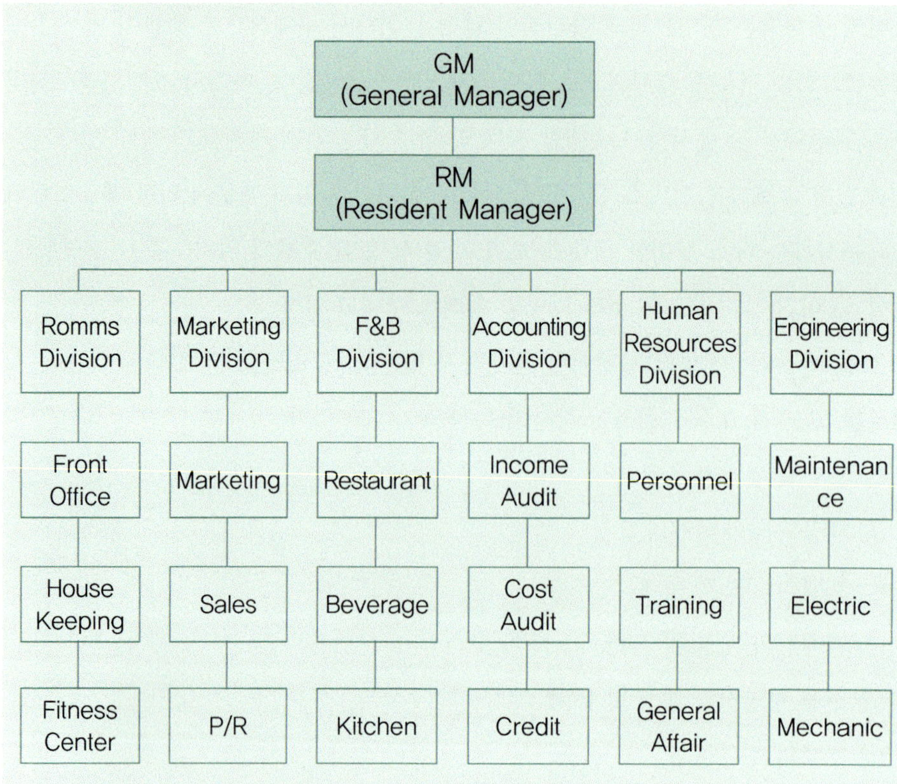

(2) 고객과의 접촉에 의한 조직구성

호텔에서 사용하고 있는 용어 중 Front of the House(접객부서)와 Back of the House(지원부서)라는 말이 있다. 접객부서는 고객이 호텔에 투숙하는 동안에 고객과 직접적으로 잡촉하는 호텔의 부서들로서 식음료부서, 프런트 오피스(Fornt office) 등이 여기에 해당되는 부서이다. 이들 부서중 프런트 오피스는 고객에 대한 모든 서비스를 주관하는 중심적인 부분이고 또한 이들 서비스를 제공함을 물론이며, 지원부서와 긴밀한 협조체제를 구축하여 고객의 편의를 제공하는 핵심부서이다.

한편 지원부서는 고객과의 접촉이 없고 고객 접객부서를 업무면에서 지원해 주는 부서들로 경리부, 인사부, 시설부, 주방 등이 여기에 속한다.

그림 5-2 | 고객과의 접촉여부에 의한 조직구성

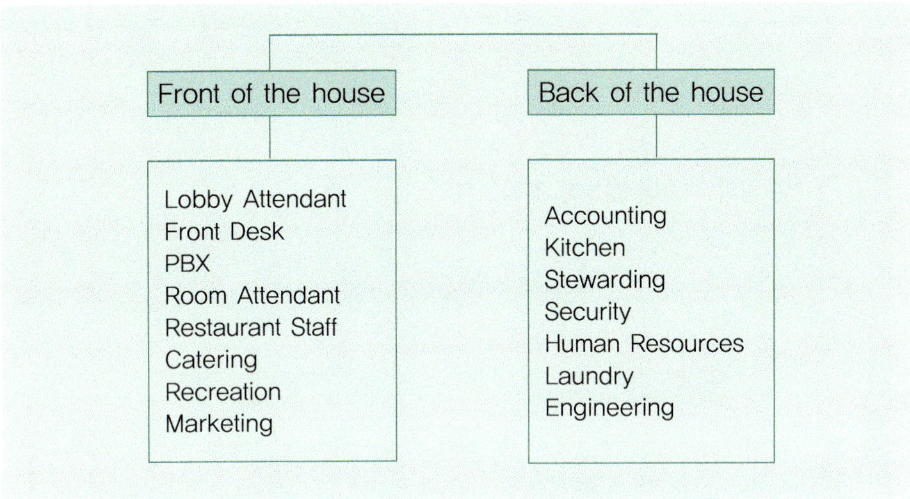

(3) 수입과 지출 발생에 의한 조직구성

수입창출 부서(revenue center)는 실제적인 호텔의 운영에 참여하여 이익을 발생시킬 수 있는 부서들로서, 이 부서들은 이익창출 부서(profit center)로 불리기도 한다.

모든 수입창출 부서의 공통적인 특성은 이들이 모두 고객에 대한 서비스를 담당하는 역할을 하고 있다는 것이다. 전화 교환실, 식음료를 판매하는 업장들 그리고 객실판매부서, 비즈니스센터 등이 이에 해당한다.

한편 비용발생 부서는 호텔내의 조직 중 매출에 영향을 주지 않고 수입발생 부서를 지원하면서 단지 비용만 발생시키는 부서들로 시설관리부, 마케팅부, 경비, 그리고 경리부 등이 여기에 해당한다.

이러한 호텔경영 조직구성은 호텔 내의 내부구조를 잘 설명해주는 방법으로서, 이를 통해 호텔은 가능한한 수입을 높이고 지출을 줄일 수 있는 전략으로 모든 업무를 진행하게 된다. 그러나 비용발생 부서라고 해서 반드시 성공적인 장애요인으로만 간주할 수 없다. 예를 들면 어느 호텔을 찾아 오는 고객들은 해당 호텔 마케팅부의 훌륭한 마케팅 전략에 따른 광고에 매료되어 호텔을 찾을 수 있으며, 고객배려 측면의 각종 시설물들을 관리하는 시설부서의 세심한 시설점검 및 관리에 따른 안락함 및 쾌적함에 의해 호텔을 이용하는 사례가 있듯이 이들 지출발생부서들은 도외시할 수 없는 것이다.

그림 5-3 | 수입과 지출에 발생별 조직구성

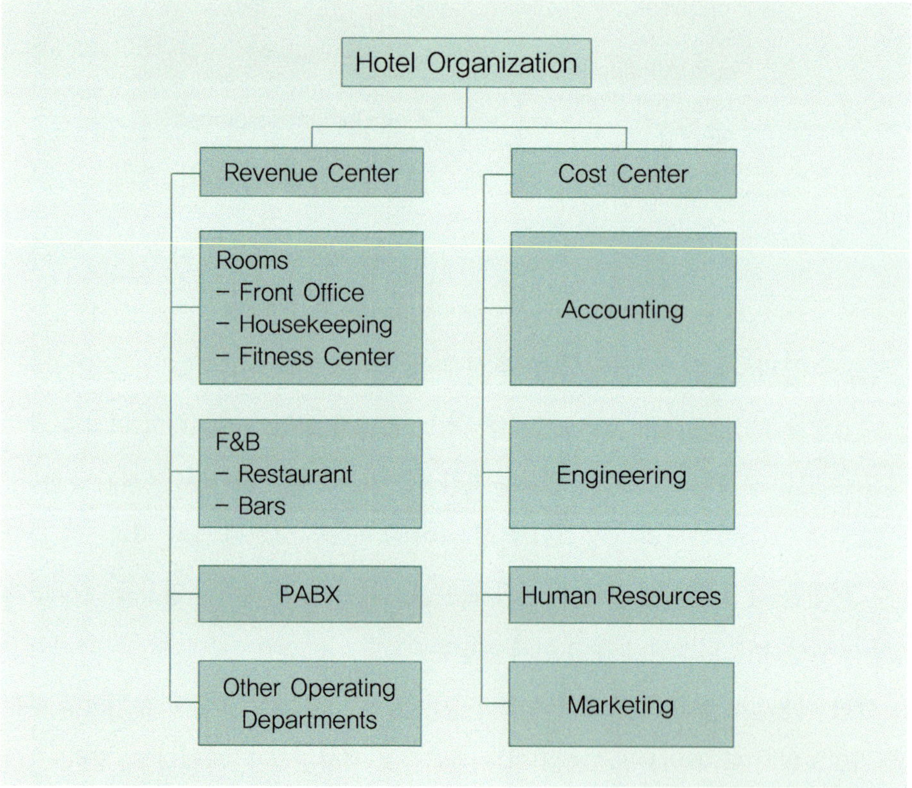

호텔 조직구성은 일반 조직원칙에 견주어 볼 때, 객실 및 식음료 부문은 라인(line) 조직에, 관리 부문은 스탭(Staff) 조직에 해당한다. 하나의 거대한 바퀴를 굴리기 위해서는 부단한 지시와 통제가 한 줄기 일사불란한 명령 계통을 따라 신속히 조치되어야 하므로 라인 조직의 필요성이 절실하며, 동시에 보이지 않는 윤활유의 역할을 담당할 전문적 두뇌의 필요성이 staff 조직을 수반하게 된 것이다.

그러나 호텔 기업도 다른 일반 기업과 마찬가지로 최대의 이윤추구를 위한 기업임에 비추어 점차적으로 경영합리화의 한 방도로서 전문적 직능제의 도입과 더불어 중대한 문제해결을 위해 위원회 조직의 병용을 아울러 추구하고 있음을 등한시 할 수 없다.

오늘날 호텔기업은 어느 때보다 더욱 절실하게 새로운 경영조직의 형태를 도입하여 자기의 개성과 특성에 알맞게 여러 가지 변화를 꾸준히 시도하고 있음을 볼 수 있다. 이로써 점차 전통적 호텔 조직의 형태는 점진적으로 직능조직 내지는 위원회 조직 등과 같은 여러 병합된 조직의 형태로 변모할 것으로 예상되고 있다.

2) 호텔의 기본구조와 직무

(1) 호텔조직의 구조

호텔조직을 크게 두 가지 부문화로 설명할 때에는 흔히 front of house, back of house로 구분하는 경우가 많다.

① front of house

글자 그대로 호텔의 전면 부문이다. 굳이 번역하자면 '객실 부문'이라고 하는 것이 가장 합리적이라 하겠다. 이 객실 부문의 중요한 업무내용은 다음 몇 가지로 요약될 수 있다.

㉠ front office ㉡ front service or uniformed service

㉢ house keeping

이 부문은 호텔의 영업부문으로서 최초의 고객을 맞이하고 서비스를 제공하며, 고객의 제반편의를 항시 지체없이 마련해 주어야 하는 부서이기 때문에 직무의 중요함도 어느 부서보다 높이 평가된다.

② back of house

일명 catering department라고 하는데, 이는 front of house 부문의 업무의 중

요도에 비해 무엇인가 뒤떨어지고 덜 중요하다는 이미지를 풍기고 있다. 지금까지 이 부문의 직무가 다소 등한시되었던 것은 부인할 수 없는 현실이었다. 그 이유는 종래까지 호텔경영의 최대 역점을 객실판매에 두었고, 식음료판매에 관해서는 그다지 신경을 쓰지 않고, 다만 투숙하는 고객의 편의 제공의 한 수단으로 간주된 데에서 연유한다고 볼 수 있다. 그러나 오늘날 호텔 경영은 수익의 극대화 추구를 위해서 객실판매 위주의 경향에서 벗어나 식음료 판매에 보다 깊은 관심을 보여주고 있다. 객실판매는 객실이란 상품의 제약성 때문에 수익의 새로운 확대를 위해 제약이 적은 식음료 판매에 의존하지 않을 수 없기 때문이다.

American Hotel Association의 다음 평가는 식음료 부문의 중요성을 가장 적절히 언급하고 있음을 알 수 있다.

"한 호텔에 있어서 최대의 진보의 기회는 음식의 준비와 이의 서비스에 놓여 있다. 이 부문이 호텔의 명성을 좌우하게 되며, 아무리 기술을 더해도 항시 부족함을 보이는 곳이기도 하다."

이 부문의 주요한 직무내용은 다음과 같이 요약된다.

㉠ purchasing & storing of food and beverage

㉡ preparation of food

㉢ services of food

㉣ food & beverage control

이상의 여러 직무는 곧 이 부문이 판매하는 상품의 내용을 아울러 결정해 주고 있다. 이는 곧 식사와 음료와 서비스이다. 식사와 음료는 유형적 제품인데 반하여 서비스는 무형적 제품이다. 전자는 일정한 수준의 기술과 감독으로써 고객에게 만족을 가져다 줄 수 있으나 서비스는 바로 직원의 자세에 의해 결정된다. 좋은 음식이나 불쾌한 직원의 서비스의 결과는 호텔 전체의 명성에 어떠한 결과를 가져다 줄 것인지 고려해야 한다.

(2) 부문별 직무내용

① room department

이 객실부문은 지배인 또는 부지배인에게 직접 책임있는 것으로 다음의 3가지 부문으로 형성되어 있다.

가. front office

front office manager 또는 객실과장의 지휘, 감독 아래 있으며, 이는 호텔 내부에 있어서 가장 중요한 부서 중의 하나이다. 그 세부적 직무내용은 다음과 같다.

㉠ 고객의 영접
㉡ 객실의 지정
㉢ 객실 열쇠 및 우편물 취급
㉣ 정보의 제공 · 안내 및 고객 불평의 해소
㉤ 모든 요금의 정산
㉥ check-out 처리

이 front office의 근무는 호텔 최고 경영자를 지망하는 직원들이 한 번은 거쳐야 할 중요한 업무이기도 하다.

나. front service

지배인의 지휘 · 감독 하에 있으면서 직접적으로 호텔의 수익을 취급하는 것은 아니나, 다른 생산적 서비스를 위해 불가결한 서비스이다.

일정한 위치의 서비스 맨은 고객의 영접을 위해 단정한 모습으로 다음 사항의 업무에 종사하여야 하는 것이다.

㉠ 입구에서의 영접
㉡ 수화물의 신속한 처리
㉢ check-in 및 에스코트
㉣ 객실안내
㉥ 정보요청에 대한 신속한 처리

다. house keeping

하우스 키퍼의 감독 · 지시 아래에 있는 이 부서의 중요 직무내용은 다음과 같다.

㉠ 객실 내 고객의 불편 유무 파악
㉡ 객실 청결유지 및 정돈
㉢ public area 및 복도 정비
㉣ 객실 및 public area의 위생상태 유지
㉤ 고객의 객실 기록유지

② catering department

지배인 혹은 부지배인의 감독 하에 두는 부서이며, 호텔에 따라서는 부지배인을 두지 않는 경우에는 식음료 지배인을 둔다. 이 부서는 호텔의 여러 상품판매 가운데서도 호텔수익의 극대화에 가장 크게 이바지할 수 있는 가능성을 가지고 있는 곳이다.

③ management department

management department는 위에 언급한 두 부문의 기본상품 판매부문 이외의 기능을 유지시키고 호텔 영업을 통제 · 조정하는 모든 부서를 총칭하며 편의상 관리부문이라 한다. 이 부문은 특수기능 부문과 전문적 참모직능의 두 부문으로 구성되어 있다.

㉠ telephone department

호텔 내부 · 외부 및 고객과 호텔의 직원 간의 연결 업무

㉡ laundry department

호텔의 수익 원천이라기보다는 고객의 편의 및 직원의 신속한 세탁업무처리를 위한 기능을 보임.

㉢ engineering department

객실, public area 등 전체 호텔의 전기, 냉 · 난방 등의 유지, 수선 및 보수 업무의 기능

㉣ personnel department

직원의 후생, 노무, 근태, 채용, 훈련, 해고 및 경영 합리화를 위한 효율 증대방안의 연구 등 인사관리 전반에 걸친 업무를 관장함.

㉤ purchasing department

대형 호텔에서 발전을 보이고 있는 부문조직으로서 물품의 구매 · 조달기능을 보임.

㉥ sales promotion & advertising department

호텔 상품의 판매촉진을 위해 전문적 연구, 시장조사, 고객동태 조사, 광고 등을

전담하는 기능을 갖고 있으며, 이 부문의 의의는 경제적 고객의 유치가 한층 더 강조되고 있다. 아울러 여행판매업자들과의 P.R을 가지고 호텔상품판매에 주력하는 부서이다.

ⓢ accounting department

호텔상품의 수익금 처리, 지출의 정리, 이익금 관리, 자산 · 자본의 명세정리, 현금의 수급 · 지출 등 호텔기업의 회계전반에 걸쳐 책임을 갖는 부서이며, 주로 지배인 내지 경리담당 책임자의 감독 하에 있다.

ⓞ entertainment department

대형 호텔이나 혹은 리조트 호텔에서 볼 수 있는 호텔업무의 새로운 유형에 속한다. 연예, 음악, 사교파티 등을 주 업무로 담당하는 부서이다. 별도의 담당지배인을 두는 경우와 영업지배인의 감독 하에 두는 형태가 있다.

오늘날 호텔경영에 있어서는 앞서 말한 식음료의 판매수익 증대책과 더불어 새로이 호텔 수익원으로 각광을 받는 것이 이 부문이다. 그러므로 이 부문의 중요도는 새로이 인식되어 가고 있다.

(3) 호텔의 조직도(hotel organization chart)

조직도(organization chart)는 한 조직이 요하는 여러 직무의 흐름과 지휘 · 조정의 질서를 그림으로 명료하게 나타낸 것이다. 호텔의 조직도 역시 일반 조직도와 마찬가지로 호텔기능의 분배와 명령계통의 흐름을 명백히 하여 주는 조직의 구도이다. 이 조직도의 필요성은 최고 경영자를 위시한 전체 호텔 직원이 각기 자기의 맡은 바 직무의 부서를 확인할 수 있고, 보고의 계통과 명령의 질서를 한 눈으로 판단할 수 있는 지식을 줄 수 있기 때문이다.

이 조직도의 형성은 곧 실질적인 조직직능의 형성으로 권한과 책임의 한계가 명료히 주어진다. 이 조직도의 형성은 그 조직의 목표, 위치, 특성, 배경 등에 영향을 입어 각기 상이한 내용을 보여주는 것이 일반적 현상이나, 호텔 조직도에 결정적인 영향을 미치는 요소는 호텔의 특성과 규모이다. 이 특성이라 함은 호텔이 갖는 기본적 성격으로서 상용 호텔, 리조트 호텔 등 각기 영업의 기본성격이 뚜렷하게 제시되는 것이다.

그러나 이 특성은 부분적으로 조직의 규모에는 영향을 미치게 되나 실제 접객사업이라는 대명제하에서는 원칙적으로 같은 모습을 보여주고 있다. 그러므로 궁극적으로 호텔의 조직도에 영향을 미치는 요소는 곧 그 호텔의 규모에 달려 있다.

일반적으로 호텔의 규모를 측정하는 기본단위는 객실이다. 객실이 많고 적음에 따라 호텔의 규모는 결정된다. 이 객실을 기준으로 호텔의 규모를 분류할 때 보통 대 · 중 · 소형의 3종류로 설명되고 있으나. 때로는 이를 분류하는 사람에 따라 각기 다른 기준을 보여주고 있다.

㉠ 소형호텔 : 100실 이하 ㉡ 중형호텔 : 100~300실

㉢ 대형호텔 : 300실 이상

오늘날 대부분의 호텔들은 대형호텔로서 그 조직의 특성은 직무의 분업화이다. 호텔기업의 노력이 능률의 제고에 있다면 호텔기업에 있어서 조직의 전문화는 당연한 귀결이라고 볼 수 있다.

다음에 제시된 조직도는 대형 체인호텔들의 전형적인 조직도의 예시이다. 이 조직도는 최고 경영진의 기본정책을 집행할 총지배인(general manager)과 총지배인의 지시 · 감독 하에 보조기능을 보이는 기본적 명령계통을 가지는 객실부의 객실지배인(front office manager)과 식음료부문의 식음료 지배인(food & beverage manager)이 두 축을 형성하고 있다. 나아가서 이 두 부문에 공통적으로 관련된 기타 부문(인사, 판매촉진, 오락, 회계, 부대시설부문, 전화, 기계 등)이 직접적으로 총지배인의 지시 · 감독 하에 계통을 유지하고 있음을 볼 수 있다.

우리나라 호텔조직은 기능별 관점에서는 line & staff organization 형태를 취하고 있다. 즉, line 조직으로서 영업부문이 있고, staff 조직으로서 관리부문이 있다. 영업부문은 영업지배인을 부문 책임자로 하여 객실, 식당, 조리, 영업회계의 각 부문

이 있고, staff 조직으로서 관리부문은 서무, 경리, 영선의 부문으로 나뉘어지고, 공통부문으로 세탁, 통신, 설비가 있다.

호텔조직상 필요한 모든 부문을 커버하고 있는 듯하나 양립된 두 부문의 권한과 책임이 관리부문에 치우쳐져 있어 고질적으로 판매기능보다 관료적 라인 조직이 우세한 현상을 보여 고립된 두 부문 간의 권한 다툼으로 말미암아 호텔상품 판매에 있어서 기회상실의 잘못을 범하는 사례가 많다. 몇 가지 우리 나라의 호텔조직상의 문제점을 보다 구체적으로 제시하면 다음과 같다.

첫째, 관리부문의 기능이 본연의 여러 기능을 충실히 수행하지 못하고 호텔 상품 판매 업무에 지나칠 정도로 깊이 관여하는 경향이 있다. 본질적으로 이 부문의 기능은 호텔 상품 판매를 위한 지원 내지 조정 · 통제의 기능을 보임과 동시에 최고 경영자의 결심을 위한 제반 필요한 정보와 자료의 제공에 이바지 하는 전문적 참모기능이다. 인사관리, 회계, 판매정책 등 호텔 전반에 걸친 경영합리화의 추구를 위한 기능이 지원의 제일 중요한 일이나 이를 충분히 수행하지 못하는 경향이 농후하다.

둘째, 대개의 호텔조직 형성에서 볼 수 있는 것으로, 공통 부문에 관련된 곳이나, 실제 객실 및 식사 등의 상품판매에 직접적으로 관련이 깊은 세탁, 설비, 교환 등을 관리 지배자인 책임 하에 두게 됨으로써 상품 판매활동에 커다란 지장을 초래하는 불합리한 현상을 보여주는 사례가 많다.

공통부문에 관련된 곳이라 하더라도 어디까지나 호텔시설 자체는 곧 고객에게는 상품의 구실을 다하여야 하기 때문에 이 제품판매를 담당하는 판매부문, 즉 영업부문에 편성되어야 함은 당연한 원칙이다.

셋째, 우리나라 호텔조직은 조직의 원칙 중 '신축성의 원칙'을 소홀히 하여 변화하는 상황에 능동적으로 대처하지 못하는 불합리성을 보여주고 있다. 이 신축성의 원칙은 조직의 기능을 최대한으로 발휘하고자 하는 것으로, 이를 위해서는 항시 훈련된 종업원과 부문 책임자의 권한 책임을 분명히 하여 호텔 고객의 수요에 부응할 수 있는 조직으로 바꾸어야 할 것이다.

위에서 언급한 우리나라 호텔조직 상황은 모든 호텔이 그러하다는 것은 아니다.

부분적으로는 호텔기업의 특수성을 최대한으로 살려 적응할 수 있는 조직체계를 형성 · 유지하고 있지만 대부분의 경우 호텔의 조직은 20세기 초기에 우리나라에 도입된 전통적 호텔조직 형태를 그대로 무비판적으로 받아들여 적용하는 사례가 허다하여 여러 가지 불합리성을 내포하게 되었다는 것이 일반적인 견해이다.

호텔 기업은 경쟁을 극복하여야 하며 경영효과의 극대화를 위해 대외적으로는 부단히 시장을 파악하고, 대내적으로는 모든 효율성 증대를 위해 연구와 실천이 요청된다. 이러한 과제를 해결하여 나갈 수 있는 효과적인 새로운 조직의 형성이 절실한 형편임을 강조하는 것이다. 왜냐하면 조직이 있어야 그 속에서 주어진 권한과 책임을 수행하여야 할 임무가 주어지기 때문이다.

그림 5-4 | **체인 호텔의 조직도**

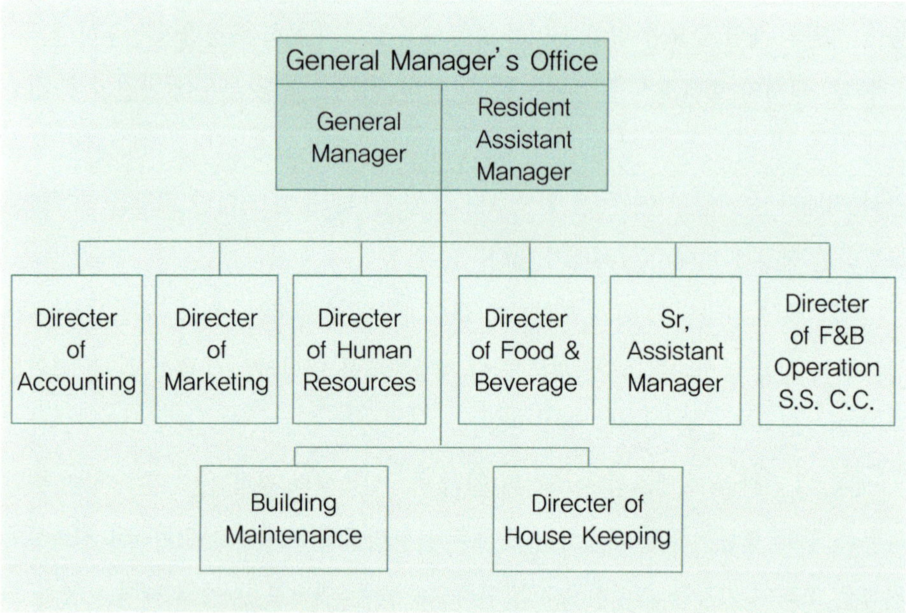

4 한국 호텔산업의 변화전망

한국 호텔산업의 발전과정과 세계 호텔산업의 동향을 바탕으로 향후 호텔에서 나타날 수 있는 현상들을 제시하면 다음과 같다.

첫째, 호텔의 기능적인 측면에서 볼 때 호텔은 단순히 숙박과 식사를 제공하는 시설이 아니라 보다 폭 넓은 시설과 서비스를 제공하는 복합적인 사업의 장이 될 것이다.

둘째, 호텔경영의 관리적 측면에서 첨단기술의 도입은 호텔산업에 적지 않은 변화를 가져올 것이다. CRS(Computer Reservation System)를 비롯하여 업무여행자를 위하여 객실 내의 컴퓨터와 팩시밀리 등 각종 업무용 기기는 물론 회계관리나 객실의 안전관리, 에너지관리 및 환경관리 등도 이에 많은 변화를 가져올 것으로 예상된다.

셋째, 호텔산업의 관련업체이고 대체재라고 볼 수 있는 콘도미니엄, 민박, 휴가촌, 캠핑장, 별장 등의 증가현상으로 상호 많은 변화를 초래할 것이다.

넷째, 노동력 문제로 현재는 물론 미래의 호텔업계는 전문인력의 확보가 적지 않은 새로운 문제로 대두될 것이다. 따라서 업무자동화가 최적화 상태까지 추진될 것이며, 반면에 호텔산업은 과중한 육체노동을 요하지 않는 서비스업이므로 고령자에게도 매력적인 직업이 될 수도 있을 것이다.

다섯째, 호텔시장의 세분화관계로서 호텔의 형태와 제반여건에 적합한 시장의 최적화 형태를 추구하여 유형별 수요의 세분화 현상에 대응할 것으로 예상된다. 이 밖에도 각 호텔의 체인화와 이에 따른 마케팅 수단으로서 상표화 등 시장의 점유율을 높이기 위한 기술적 영업전략이 지속적으로 계속될 것이다.

따라서 향후 전개될 호텔의 변화에 능동적으로 대처하기 위해서는 여러 가지의 전략이 요구될 것이다. 앞으로 호텔산업이 나가야 할 방향에 대하여 설명하면 다음과 같다.

첫째, 정부 관광행정기구의 일원화로 관광산업을 전략산업으로 육성하기 위하여 일관성 있는 정책이 요구된다.

둘째, 정부당국과 호텔업계의 시장상황 재인식과 정부차원의 홍보정책이 적극 추진되어야 한다.

셋째, 호텔의 신축 및 개 · 보수를 위한 관광기금을 더욱 활성화시켜야 하며, 외화획득 차원에서 일반제조업 및 수출업에 제공되는 각종 혜택을 호텔산업에도 형평에 맞게 제공해야 한다.

넷째, 새로운 경영기법의 도입으로 국제화를 이룩해야 한다. 최근 들어 국민소득의 증대로 일반국민들의 기대도와 이용도가 점차 높아지므로 대중의 욕구에 대응해야 하며, 특히 호텔산업은 다양한 기능을 제공하면서 사회생활에 필요한 기능인 문화산업으로서의 역할을 담당해야 한다.

다섯째, 외국인 관광객이 늘어나도 국내에 진출한 외국자본 및 호텔들이 회수해가면 실효를 거둘 수 없으므로 이에 대한 대책이 요망된다.

여섯째, 관광시장의 다변화에 역점을 두고 새로운 시장개발에 최선을 다해야 한다. 지금까지 주요 외래관광객은 일본, 대만, 미국 등으로 편중되어 왔으나, 앞으로는 중국을 비롯하여 중동지역, 유럽지역으로 판촉활동을 전개해야 한다.

일곱째, 시설비의 투자증대와 원가를 혁신적으로 절감하기 위하여 부대설비의 자동화와 함께 경영 노하우의 축적, 전문경영인 및 전문인력의 지속적인 육성, 해외시장개척 등에 아낌없는 투자를 해야 한다.

제3절 | 여행사

1 여행사의 개념

여행은 인류역사와 더불어 발생되었다고 볼 수 있다. 여행을 진화론적 관점에서 고찰하면 옛날부터 인간이 굶주림이나 위험을 피하기 위해 여행을 하였으며, 고대에서부터는 여행이 이루어졌다는 증거는 여행에 관계된 유적이 세계도처에서 발견되고 있고, 이 유적의 발견으로 초기의 인류도 원시적인 조건 하에서나마 먼 거리를 여행할 수 있는 능력이 있었음을 알 수 있다.

사회가 발전되고 복잡해짐에 따라 인간의 여행에 대한 욕구도 많은 변화를 가져왔다. 즉, 여행의 욕구가 다양화되어 여행자의 여행 법규인 관광사업진흥법이 제정된 후 1971년 법률 제2285호로 지정되기까지 여행사의 법규상 개념은 '관광객의 여행알선과 숙박시설 기타 여행시설의 이용에 관하여 알선하는 업' 이라 규정하여 왔다. 이 정의에서는 여행사를 단순히 여행시설업(principals)과 여행자의 중간적 기능만을 담당하는 사업체로 규정함으로써 여행사의 초기단계 수준에서 영업범위를 한정하는 것으로 규정하여 왔으나, 1975년에 이르러 기존의 관광사업진흥법을 폐지하고 관광기본법과 관광사업법으로 분리 · 제정하면서 여행사의 정의를 보다 구체적으로 명시하고 있다.

관광사업법에서 규정한 여행사의 정의는 다음과 같다.

① 여행자를 위하여 운송 · 숙박 기타 여행에 부수되는 시설의 이용을 알선하거나 그 시설을 경영하는 자와 이용에 관한 계약체결을 대리하는 행위
② 운송 · 숙박 기타 여행에 부수되는 시설의 경영자를 위하여 여행자의 이용을 알선하거나 여행자와 이용에 관한 계약체결을 대리하는 행위
③ 여행자를 위하여 안내 등 여행의 편의를 제공하는 행위
④ 여행자를 위하여 여권 및 사증을 받는 절차를 대행하는 행위
⑤ 여행자를 위하여 여행에 관한 상담에 응하거나 정보를 제공하는 행위 등으로 규정하고 있다.

1986년에는 관광사업법을 폐지하고 관광진흥법을 제정하였다. 이 법에서 여행사의 정의는 '여행자를 위하여 운송시설, 숙박시설, 기타 여행에 부수되는 시설이용의 알선 기타 여행의 편의를 제공하는 업' 으로 포괄적으로 규정하고 있다.

1994년 12월 관광진흥법의 개정시 여행사의 개념에 대한 정의는 다시 수정되었다. 이 개정에서 여행사를 '여행자, 운송시설, 숙박시설, 기타 여행에 부수된 시설의

경영자 또는 여행사를 경영하는 자를 위하여 동 시설이용의 알선, 여행에 관한 안내, 계약체결의 대리, 기타 여행의 편의를 제공하는 업' 으로 개념화함으로써 업체 간의 경쟁심화와 이를 방지하기 의한 여행사 기능 분화의 추진의도를 보이고 있다. 위와 같이 법규상의 여행사 개념은 그 사회에 존재하는 여행사의 시대상을 반영하면서 변화되고 있다.

여행현상에 중점을 둔 여행사의 정의는 학자들을 중심으로 고찰할 수 있다. 이들의 정의는 일반적으로 여행의 본원적 개념을 강조하는 특성이 있다. 특히 국내학자들의 정의는 여행현상이 선진국에 비해 상대적으로 미성숙단계를 벗어나지 못하고 있다는 점을 지적하면서 그 정의가 변천하여 왔음을 설명한다. 일본학자 등의 견해도 대체로 국내학자 등의 견해와 일치하고 있지만, 여행형태와 지리적 여건에 여행사의 개념을 접근시키려는 노력을 하고 있음을 알 수 있다.

이상에서 고찰한 여행사의 정의에 비해, 여행사의 역할이 중요시 되던 서구에서는 여행사의 정의를 알선 · 중개수단에 초점을 두기보다는 상품의 생산 · 판매 · 마케팅 등을 강조함으로써 여행현상이 사회적으로 보편화되었음을 나타내고 있다. 이러한 정의의 예를 살펴 보면, ASTA에서도 여행사를 '여행관련업자를 대신하여 시설업자와 계약을 체결하고, 이것을 취소 내지는 변경할 수 있는 권한이 부여된 자' 로 명시함으로써 계약에 의한 권한과 의무를 부여하여 소비자 보호적 관점에서 접근하고 있다. Metelka도 여행사란 여행에 대한 무형적 서비스를 제공하는 기업으로 정의하고 있어 서비스를 생산한다는 것을 중시하는 입장을 취하고 있다.

Mcntosh는 각종의 여행정보의 축적과 이를 제공하는 사업체가 여행사라고 파악하여 사회가 점차 도시화되고 개인생활의 영역이 확대된다는 점과 이에 따라서 여행패턴과 여행욕구가 세분화되면서 여행자의 욕구충족을 위한 역할이 강조되어야 한다는 점에서 여행사 개념이 변화되어야 한다는 점을 강조하고 있다. 이외에서도 Stevens의 경우, 여행의 보편적 효용증대는 여행자의 안전을 보장하는 것이라고 주장하고, 여행사는 최대한 이를 보증할 의무가 있다고 파악함으로써 향후 여행사 개념의 방향성을 제시해 주고 있다.

2 여행사의 기능

1) 여행사의 기본적 기능

여행사의 역할은 여행알선에서부터 여행상품의 조성 판매로 여행사의 발전과 더불어 변화되고 있지만 여행사 본래의 기본적 기능은 크게 변화되지 않았다. 이러한 기본적 기능을 살펴보면 다음과 같다.

(1) 상담 기능

여행자를 위해 정보를 수집하고 이를 바탕으로 여행상담을 하며, 여행상품에 대한 설명을 하는 기능을 말한다. 여행에 있어 정보는 필수적인 것이며, 이러한 의미에서 상담기능은 여행사 존재 기반이라고 말할 수 있는 중요한 기능이다.

최근 정보전달 매체의 증가로 여행사를 통한 정보제공 기능이 점차 줄어들고 있지만 여행자에 대한 전문적인 지식과 정보를 활용하여 상담을 하는 기능은 대단히 중요한 기본적인 기능에 해당된다. 따라서 여행사가 전문적인 상담을 통해 고객을 유치하고 상품판매를 증대시키기 위해서는 전문성을 가진 유능한 상담요원을 양성할 필요가 있다.

(2) 예약 · 수배 기능

여행사의 역사는 예약 수배 기능의 변천이라고 할 만큼 여행자를 위한 대리인으로서의 여행사의 예약 · 수배 기능은 가장 중추적 기능이라고 말할 수 있다. 여행사 발전의 초기단계에서 여행사는 고객의 요망과 요청에 의해 교통수단의 좌석이나 호텔의 예약상황을 조사하여 이들 정보를 고객에게 제공함은 물론 예약 · 수배를 담당하였다.

여행사가 발전하면서 사전에 조사된 자료를 바탕으로 고객의 요청에 즉시 회답하는 형태로 변화되었고, 오늘날에는 정보 · 전산망의 발전에 따라 종합예약시스템이 구축되어 이를 상품구성에 이용함으로써 브랜드 상품의 생산을 가능하게 하였다. 즉, 여행과 관련된 각 요소의 수요를 미리 예측하여 다양한 여행상품으로 조립 · 판매함으로써 여행사의 예약 · 수배능력에 따라 여행도매업과 여행소매업으로 그 기능이 세분화되고 있다.

(3) 판매 기능

여행사의 판매 기능은 여행상품의 수요를 발생시키는 것이라고 말할 수 있다. 즉, 고객의 요구에 부응하여 상품을 구성하는 주문여행뿐만 아니라 여행사의 마케팅 활동에 의하여 조성된 기획여행의 판매 활동까지 포함하는 기능을 말한다. 이러한 판매 방법은 카운터 판매, 방문판매 등으로 크게 나눌 수 있다.

(4) 수속대행 기능

여행에 필요한 여권 · 사증 등의 여러 가지 수속을 여행자를 위해 대행하는 기능을 말한다. 특히 국외여행을 할 경우에는 여권이 반드시 필요하고, 특정국가를 여행할 경우에는 사증도 필요한 여행서류이다. 따라서 여행사는 국외여행을 하는 여행자를 위하여 여권과 사증을 발급해 주는 것은 여행사에서 제외할 수 없는 중요한 기능이다.

(5) 발권 기능

예약에 부수되는 업무로 여행관련 시설업으로부터 판매위탁을 받아 항공권을 비롯하여 숙박권, 승차권 등의 각종 티켓을 발권하는 기능을 말한다.

(6) 여정관리 기능

여행일정을 예정과 같이 원활히 진행시키는 기능으로 국내외여행 안내서비스 기능을 말한다. 여행안내원이 동행하지 않았을 경우에는 여행일정상의 문제가 발생치 않도록 여행조건을 명시한 바우처(voucher)를 발행하기도 한다.

(7) 정산 기능

여행비용의 정산 · 견적 · 청구 · 지불 등에 필요한 기능을 말한다.

2) 상품기획면에서의 기능

앞에서 살펴본 여행사의 기본적인 기능은 각각 독립적인 기능이라기보다는 몇개의 기능이 서로 복합적으로 작용하여 또 다른 기능을 창출하고 있다. 특히 여행을 하나의 상품으로서 하나의 독립된 산업으로 취급되고 있는 것은 그 기능이 단순한 알선기능에서 여행상품의 기획 · 판매로 변화되면서부터이다. 여행상품 기획면에서 여행사의 기능을 살펴보면 다음과 같다.

(1) 마케팅 기능

여행사는 정보산업이라 말할 수 있을 만큼 여행정보는 여행사에 있어 중요하다. 여행은 교통기관이나 숙박기관을 서로 조합하여 형성되지만, 이것은 현실적으로 손으로 만지거나 눈으로 볼 수 없는 서비스의 집합체이다. 여행은 각종의 정보 서비스의 조합체이고, 이를 바탕으로 전략적으로 상품을 조성하여 광고나 선전 등의 강력한 판매촉진 노력에 의해 수요를 창출하게 되므로 오늘날의 여행상품 기획면에서의 기능은 마케팅 능력과 매우 밀접한 상관성이 있다고 할 수 있다. 즉, 여행목적지에 대한 소비자 선호나 적정가격의 설정, 경쟁사의 상품기획 · 계획 · 분석 등과 같은 마케팅 기능은 오늘날 매우 중요시 될 수밖에 없다.

(2) 상품조성 기능

여행의 기획과 구입은 거의 동시에 이루어진다. 기획이 있고 구입이 이루어진다라고 하는 것은 극히 일반적인 경우이지만, 그 반대의 경우도 있다. 비수기 동안의 캠페인 상품 등에서는 대개 여행부품을 미리 구입하고 이를 기획하는 형태의 상품이 많다. 여행상품의 부품을 구입하는 것은 교통기관의 좌석과 숙박기관의 객실을 확보하는 것이다.

여행사는 연간 예산에 맞추어 여행상품의 부품구입 계획이 결정된다. 해외여행의 경우에는 우선 항공좌석의 구입이 있고 나서 거기에 맞추어 호텔객실을 확보한다. 그러나 이 항공좌석과 호텔을 맞추는 것만이 완전한 여행상품은 아니다. 때로는 호텔의 객실을 구입하지 못하고 항공좌석만 구입하기도 하며, 호텔의 객실확보 사정이 좋지 않은 관광지는 먼저 호텔의 객실만 선행해서 구입하는 경우도 있다. 이들은 완전한 여행상품이 아니나 현실적인 판매계획은 이러한 각 부품의 구입이 선행되고, 여기에 필요한 예약과 수배가 후속적으로 이루어진다.

여행조건은 어떻게 할 것인가, 혹은 식사조건 등과 관련된 세부적인 사항을 결정하는 것은 이러한 구입상품으로 여행조건과 숙박시설의 예약 등을 하는 경우도 있다. 그러나 예약수배의 세부적인 사항이 곤란한 경우나 예약과 수배가 난해한 경우에는 여행상품 판매의 융통성을 가지기 위해서 너무 이른 단계에 완전한 여행상품을 구성하는 것은 때로는 여행사에 손해를 가져올 수 있기 때문에 이러한 형태에 상품조성방법이 이용된다.

여행부품 구입업무는 예약 · 수배업무가 확대된 것이지만, 판매전략 및 예산에 깊은 연관성을 가지고 있기 때문에 이러한 기능의 일부만 갖는 여행사도 있다. 즉 예약 · 수배업무에 관계하고 있는 영업소나 지점 각자가 그 기능을 담당하는 경우도 있다. 영업소나 지점 각자에 그 기능이 있으면 필요한 경우에 그 업무를 대행 할 수 있기 때문이다.

(3) 상품판매 기능

여행사의 각 기능 중 가장 큰 비중을 차지하는 것이 판매 기능이다. 대체로 여행사의 종사원 중 과반수 이상이 이 부문에 종사하고 있는 것을 보더라도 그 중요성을 알 수 있다. 보통 판매는 외부 판매와 카운터 판매로 크게 구분된다. 외부판매는 방문 판매를 말하는 것으로 기업이나 협회 등을 통한 판매가 주류를 이루었으나 오늘날에는 이러한 특정단체를 대상으로 한 판매는 한계성이 있으므로 집객력을 높이기 위해 다양한 유통경로를 활용하여 일반모집 방식이 주류를 이루고 있다. 카운터 판매는 패키지상품 판매 이외에 각종 여행쿠폰의 발권, 운송 · 숙박시설의 예약 · 수배 등을 행하고 있다.

예전에는 외부 판매에 비해 상대적으로 카운터판매는 종속적 의미가 강했지만,

오늘날에는 불특정 다수시장이 확대되고 여행이 하나의 상품으로 판매되기 때문에 이 기능이 점차 중요시되고 있다. 또한 개인수요의 증가로 외부판매를 하지 않고, 점포의 카운터 판매도 일반모집이라는 개념이 점차 붕괴됨으로써 이들의 일체화가 급속히 진행되고 있는 것도 최근의 경향이다.

3) 고객 측면에서의 기능

여행자의 입장에서 보면 여행사는 전문적 지식을 활용하여 여행에 대한 불안을 해소시키고 광범위한 정보를 수집하여 실제 필요한 정보만을 여행자에게 제공한다. 뿐만 아니라 여행에 관련된 제반 예약 · 수배 사항을 위탁함으로써 시간의 절약과 가격을 할인받게 된다.

여행자의 입장에서 볼 때, 여행사의 기능은 다음과 같다.

첫째, 차터운임, 단체항공운임 등을 이용할 염가의 패키지 투어 판매와 비수기동안 판매 및 대형단체에 대한 저가판매 등 여행사가 이루기 힘든 염가성

둘째, 완벽한 수배에 바탕을 둔 쾌적한 여행의 제공과 동승서비스 제공 등에 의한 안도감

셋째, 패키지 투어 판매와 일괄 수배기능 및 필요부품 일괄구매 기능 등의 종합성

넷째, 최근 거리의 점포에서 예약 · 구입 가능한 편리성

다섯째, 여행에 관한 각종 정보를 제공받을 수 있는 정보력을 들 수 있다.

그러나 고객 측면에서의 여행사의 기능은 반대로 여행업자의 입장에서의 여행자에 대한 기능 측면에서 언급하기도 한다. 여행사는 여행자에 대해 다음과 같은 내용을 제공해 준다.

첫째, 여행자에게 안도감 제공

둘째, 교통 · 숙박 · 지역의 시스템화

셋째, 계절파동 완화의 기능 등을 들 수 있다.

그러나 Kendall은 미래의 여행사는 고도로 세분된 여행시장을 대상으로 한 전통

적인 역할을 담당하기보다는 다양한 여행정보를 분석하고 이를 여행자에게 제공하는 상담의 역할이 더욱 중요시될 것이라고 주장하고 있다. 일반적으로 여행사의 대고객 기능을 살펴보면 다음과 같다.

첫째, 이미 결정된 여행목적지를 사전에 선택한 교통수단을 통하여 여행자에게 매표 및 기타 필요한 서비스를 제공한다. 이러한 기능을 원활히 수행하기 위해서는 해박한 지식과 다양한 경험이 필요하며 정확한 보고, 계산, 기타 일상 업무수행 능력이 요청된다.

둘째, 미지의 여행목적지에 대해 솔직하고 타사보다 탁월한 설명과 정확한 정보를 제공함으로써 고객의 궁금증을 풀어 주고, 심리적 안도감을 갖도록 하여 고객에게 만족한 상담을 해 주는 기능이다. 이러한 기능을 수행하기 위해서는 국제 정세 등 다양하고 폭 넓은 지식을 바탕으로 고객에게 심리적인 안도감을 줄 수 있는 화술 및 판단력 등의 능력을 필요로 한다. 유능하고 전문적인 여행상담으로 고객에게 만족감을 주는 것은 곧 여행수요증가의 요인이 되며, 여행사 발전에 크게 기여하게 된다.

예를 들면, 처음으로 항공기를 이용하는 고객의 기분을 가라앉힌다든가 언제 발생할지 모르는 항공기 납치, 사고에 대한 공포심을 제거하는 것 등은 고객이 기쁜 마음으로 여행을 즐길 수 있도록 함으로써 여행수요를 증가시킬 수 있다.

4) 업무내용상의 기능

여행사의 업무내용은 아주 다양하게 구성되어 있으나 이들 업무 내용을 크게 나누면 다음과 같이 세 가지 업무로 대별할 수 있다.

(1) 대리업무 기능

대리업무 기능은 대리와 이용알선으로 구분되는데, 이를 모두 포함하는 기능이다. 여행사는 항공사, 철도 및 버스회사, 렌트카, 호텔과 음식점 등의 시설업자의 이용을 대리 · 알선하여 주는 기능을 갖고 있다. 즉, 항공권 · 승선권 · 승차권 등의 이용권과 숙박권 등을 대매하는 것이 이에 속한다. 이러한 기능은 여행사의 초기 발달과정에서부터 수행해 온 것으로 여행사는 이를 통해서 커미션(commision)을 받는다.

(2) 서비스업무 기능

여행사는 여행에 대하여 충분한 정보를 갖고 있지 못한 여행자에게 각종 정보를 제공하여 여행상담을 해 주고, 여행자의 요구에 따라서 제반사항을 수배하여 주는 기능을 한다. 또한 여행시에는 안내를 수행하여 주고, 여행자가 필요로 하는 각종 서비스를 제공하여 준다. 이를 서비스업무 기능이라 한다. 이를 통해서 여행사는 여행자로부터 서비스 비용(service charge)을 받는다.

(3) 판매업무 기능

판매업무 기능은 시장조사를 통하여 여행자의 욕구를 파악하여 적합한 상품을 개발하고 이것을 판매하는 기능을 말한다. 이러한 기능은 여행자의 욕구변화가 유동적인 상황에서 최근에 들어 여행사를 독립적인 사업으로 발전시키는 핵심적인 기능으로 점차 강조되고 있다. 이러한 판매업무를 통하여 여행사는 판매수익(margin)을 확보할 수 있다. 이런 판매업무 기능은 여행사 발전에 중요한 역할을 할 것이다.

3 여행사 경영의 특성

여행사는 일반기업과는 달리 여행사만이 가지고 있는 경영상의 특성이 있다. 이러한 여행사 경영의 특성은 상호간 서로 연관되어 나타나고 있어 여행사를 경영하는데 있어 부정적인 면으로 나타나기도 한다. 여행사 경영의 특성을 영업부분, 인사부분, 관리부분으로 나누어서 설명하면 다음과 같다.

1) 영업부분의 특성

(1) 영업실적의 계절변동성

여행사 경영의 특징 중에 하나는 영업실적의 계절적 변동성이 크다는 것이다. 이는 여행상품 자체가 특정요일이나 계절에 따른 수요의 편재성에 기인된 것이다. 수요의 시간적 편재성은 여행자에게 비용부담의 증가, 서비스의 질적 저하, 불쾌한 여행분위기 등의 부담을 주며, 여행사 측면에서도 자금이나 종업원의 효율적인 관리에 문제점이 있다. 특히 성수기에는 수용능력의 부족현상이 나타나고, 비수기에는 수용능력이 남아 돌아 수요공급의 불균형 현상이 매우 심각하다.

(2) 시장의 광역성

시장의 광역성이란 시장의 공간적 광역성과 고객계층의 다양성을 의미한다. 여행시장의 경우, 공간적 광역성이 일정한 지역에 한정되어 있지 않은 지리적 특성을 가지고 있으며, 또한 고객계층도 연령, 성별, 취향, 욕구, 사회적 분위기 등 다양화되어 있다. 여행사는 이렇게 광범위한 시장을 대상으로 하고 있으므로 일면 영업범위를 자유롭게 확대시킬 수 있고, 두터운 고객층을 대상으로 활발한 영업활동을 전개할 수 있다는 장점도 있다. 그러나 시장의 광역성은 경영비용의 증가, 업무의 난이성, 경영체제의 복잡성, 고객관리의 어려움 등이 존재하여 경영의 난제로 작용하고 있다.

(3) 과당경쟁성

여행사는 경영특성상 적은 자금으로 설립이 용이하고 여행상품의 모방 용이성으로 여행사는 급속히 증가되고 있다. 이러한 상황에서 여행사들은 경쟁에서 이기기 위하여 상품의 가격인하를 단행하게 되고 이는 수익률의 저하로 이어져 재무구조를 악화시키고 있다. 그 결과 여행상품의 품질이 저하되고 이에 따라 여행자들이 여행사를 외면하게 되어 시장규모가 축소되고 있다. 그럼에도 불구하고 여행사의 생존을 위하여 경쟁은 더욱 더 심해지면서 악순환의 연속이 되풀이 되고 있다.

(4) 판매중심성

여행사는 과당경쟁에서 승리하고 기업을 유지 · 발전 · 성장시키기 위해서는 판매가 최대의 관심사가 된다. 또한 여행사의 판매는 여행 상품의 단기소멸성이라는 특성으로 인해 일정 기간 내에 판매가 완료되지 않으면 수익성을 올릴 수 없다는 구조적인 특성이 있다. 이러한 점에 있어서 여행사는 판매회사와 흡사하다고 할 수 있다.

왜냐하면 여행사는 물론 상품을 기획 · 생산하는 기능도 가지고 있지만 이는 시설업자의 상품을 조립하는 형태이므로 여행업자의 아이디어와 노하우의 문제일 뿐이다. 생산의 양이나 질면에서의 공급문제는 시설업자의 상품제공 능력에 따라 차이가 있을 뿐 생산에 따른 문제는 큰 문제가 되지 않아 판매중심으로 경영될 수 밖에 없다.

2) 인사 · 사무부분의 특성

(1) 인적자원의 의존성

여행이란 인간관계가 중심이 되는 현상임으로 여행상품의 상당 부분이 인적 서비스로 구성되어 있으며, 여행사 종사원의 수준에 따라 여행상품의 질적 수준도 차이가 생기며, 또한 판매에 있어서도 인적요소가 중요한 요인으로 영향을 미친다. 이러한 현상은 여행상품 자체가 무형의 상품으로 구성되어 있기 때문이다. 따라서 다른 산업분야는 기술혁신으로 많은 부분이 자동화로 상품을 생산하지만 여행사는 고객의 변화무쌍한 욕구에 대응해야 함으로 서비스를 규격화하고 자동화하는데는 한계가 있다.

(2) 통신수단의 의존성

여행사는 시장의 광역성과 다양한 고객 그리고 여행상품의 단기 소멸성 등으로 광범위한 영역에 걸쳐 신속한 정보가 필수적인 사업이다. 특히 해외여행의 경우 현지수배는 거의 통신수단에 의존할 수 밖에 없다. 이로 인하여 카운터 업무의 전산화(TOPAS, ABACAS 등), 텔렉스, 팩시밀리 등의 통신수단으로 효율적인 업무수행이 이루어지고 있다.

3) 관리부분의 특성

(1) 공신력 의존성

고객이 여행사를 이용하는 가장 큰 이유는 신용이다. 따라서 여행사는 고객에게 신용을 파는 사업이다. 왜냐하면 여행사는 일반 제조업체의 유형재 판매와는 달리 무형재를 판매함으로써 고객이 상품을 구입시 여행사에 대한 신용없이는 구매하기가 매우 어렵다. 따라서 고객의 신뢰도를 높이는 것이 결국 판매를 촉진하는 결과이고, 더 나아가 수익창출의 원인이 된다. 그러므로 여행사의 공신력 확보는 절대적인 것이다. 이런 공신력은 단기간에 구축되는 것이 아니고 오랫동안 이미지 관리의 산물로 획득되는 것이므로 여행상품의 기획, 판매, 종업원 관리, 광고, 선전 등의 경영의 모든 분야에서 공신력 확보에 노력을 해야 한다.

(2) 재무구조의 영세성

여행사는 설립이 소액의 자금투자로 가능하고 고정자본 투자가 적다는 특성이 있어 대부분 여행사들은 자본규모가 빈약하다. 또한 유동자산의 구성비가 높고 시설투자가 거의 이루어지지 않고 있으며, 운영자금의 대부분은 단기 차입금 등을 이용하여 경영하고 있기 때문에 전체적으로 보면 재무구조가 상당히 영세하다. 따라서 여행사는 영세한 자본으로 운영되어지며 구조적으로 부가가치가 적다는 특성 때문에 여행사가 재정적으로 공신력 있는 안정기업으로 성장하는데 한계를 주고 있다.

(3) 문화기업성

여행사는 경제적 목적을 추구하는 기업이기도 하지만 다른 사업과는 달리 문화기업의 특성을 지니고 있다. 인간의 삶을 풍요롭게 하고 삶의 질을 높여주는 것을 문화사업이라고 본다면 여행이야 말로 변화를 추구하며 새로움을 추구하고 경험하는 활동을 통해 궁극적으로는 인간의 삶을 풍부하게 하는 것이므로 이런 현상을 취급하는 여행사는 문화기업으로서의 특성을 지니고 있다 하겠다.

(4) 공익기업성

여행사는 하나의 생산단위로서의 경제적인 역할을 수행하기도 하지만, 국위선양, 국제친선, 문화교류, 세계평화 등의 공익적 측면을 강조하는 복합적 성격을 띠고 있다.

(5) 국제기업성

국내여행사를 제외하고 국외 · 일반여행사는 외국의 여행상품을 국내에 판매 또는 국내의 여행상품을 국외에 판매하기 때문에 여행사는 상품과 시장의 국제성을 띠고 있다. 그러므로 여행사는 국제정세와 정보에 민감해야 하고 국제적인 감각을 소유하고 있지 않으면 안 되며, 또한 해외지사 운영 등 경영관리적인 측면에서 복잡한 양상을 보이고 있다.

(6) 관련기관의 다양성

여행사에서 생산 · 판매되는 여행상품은 구성요소 자체가 여러기관과 상호연관되어야만 상품으로서의 기능을 다할 수 있다. 즉 여행상품은 교통업체, 숙박업체, 이용시설업체, 편의시설업체 등 다양한 기업들과 관련되어 있다.

4_ 여행사 업무

1) 여행사의 공통업무

여행사는 여행상품을 생산하고, 판매하며, 안내하고, 관리하는 기업이다. 따라서 여행사의 업무는 여행관련업자로부터 알선과 시설물 이용에 따른 대리판매업무, 여정작성 업무, 원가계산 업무, 기타 여권 · 비자발급의 수속대행 업무와 항공관련예약 및 발권 업무, 지상수배, 예약 업무로 나누어진다. 이 중에서 여정작성 업무, 원가계산 업무, 항공예약 및 발권 업무는 공통적으로 여행사에서 수행하는 업무이다.

(1) 여정작성 업무

여정작성 업무는 여행사의 업무 가운데 기본적이면서 가장 중요한 업무이다. 왜냐하면 여정작성 업무는 고객의 문의에 따라 정보를 제공하고 고객의 희망을 반영하여 일정을 준비해야 하기 때문이다. 보다 정확하고 상세하며 성의 있는 여정작성은 여행자에게 예상되는 여행효과와 서비스에 대해 사전에 지식을 제공하며 이것이 여행상품의 결정적으로 영향을 미치게 된다.

여정이라는 구체적인 일정표가 작성되어야 비로소 여행상품이 형성된다. 여정은 여행목적지, 여행기간, 이용교통편, 숙박시설, 식사 그리고 투어로 구성된다. 여정작성은 다음과 같은 원칙 하에서 작성된다.

① 여행자의 여행목적에 적합한 여행지 및 합리적인 여행경로를 정할 것

② 여행자의 지불능력을 염두에 두고 여행경비를 산출할 것

③ 여행목적지 및 경유지에서의 숙박은 일정한 일수로 할당하되 여행지별 필수시간을 감안하여 결정할 것

④ 숙박과 식사의 배분은 지방색 및 여행지의 특성을 가미하고 내용의 변화를 추구할 것

⑤ 여행자의 희망사항에 접근시키고 또한 타사와의 경합을 고려해서 작성할 것

(2) 원가계산 업무

여행상품의 가격은 프린시펄이 제공하는 원가(tour cost)에 알선수수료를 더한 것이다. 원가계산시 투어코스트는 항공운임, 지상경비 및 기타경비들로 구성되며 구체적인 내용은 다음과 같다.

① 항공운임(air fare)

항공운임은 기본적으로 항공사의 요금표 또는 국제항공운송협회(IATA)가 규정한 공표요금(Tariff)을 기준으로 목적지, 여행 인원수, 여행조건, 좌석등급, 인솔자 할인, 계절별 할인 등을 고려하여 계산한다. 이외에도 국제항공운송협회와 항공사들은 포괄여행(Inclusive Tour)이라고 하여 여행업자가 항공수배, 목적지의 지상수배를 일괄적으로 포함하는 상품을 만들어 행선지에 따라 보통요금보다 저렴한 항공운임을 설정하여 판매하도록 규정화 해 놓고 있다.

② 지상비(land fee)

지상비는 국제 간의 이동을 제외한 여행 목적지 내에서 여행관련 이용시설 및 여행요소와 이에 관련된 서비스의 이용에 따른 비용을 말하는데, 이것은 통일된 요금

이 없고 산출근거가 다양하며 내역도 많은 등 가변적인 요소가 많아서 정확히 예상할 수가 없다.

가. 숙박비

숙박비는 일반적으로 사용객실요금에 세금과 봉사료가 첨부되어 요금이 산출된다. 숙박비는 지역, 장소, 시설, 규모, 등급, 시기 등에 따라 다르며, 단체여행의 인원수, 여행의 시기, 현지의 물가지수, 환율에 따라 달라진다. 숙박비 중 호텔의 요금운영방식은 크게 세 가지로 나눈다.

- European Plan : 객실요금만 징수하는 방식
- American Plan : 3식의 식사를 포함하는 객실요금방식
- Continental Plan : 조식이 포함된 객실요금방식

나. 식사비

식사비는 여행일정에 식사가 1일 3식인가 1식인가 따라 다르며 식사를 숙소에서 하는가 비행기에서 하는가 현지의 레스토랑에서 하는가 등 식사장소에 따라 가격에 차이가 발생한다.

다. 지상교통비

지상교통비는 여행목적지의 이동시에 발생하는 비용으로 기차, 버스, 렌트카, 선박 등의 사용비용을 전부 합한 것이다.

라. 관광비

관광비는 관광지의 입장료, 가이드 요금, 통역료 등의 합계를 말한다. 특히 시찰이나 국제회의 참석 등을 목적으로 하는 여행에서는 전문지식을 갖춘 통역자가 통행해야 하는 경우 통역비가 추가된다.

마. 세금

세금은 여행자가 여행 중에 시설과 서비스를 이용하거나 상품을 구매할 때 부과되는 각종 세금을 의미한다. 공항세 또는 공항사용료, 통행세, 유흥 음식세 등이 있다.

(3) 기타 경비

기타 비용에는 여행경비에 포함되는 비용과 포함되지 않는 개인적 비용으로 나눌 수 있다.

가. 여행 경비에 포함할 비용

- 안내원의 운임 및 육상경비
- 여행업자가 여객의 화물에 거는 보험료
- 출발시 공항의 대합실을 이용하는 경우의 비용
- 여객의 가방과 수하물에 메는 꼬리표 등을 배포하는 경우의 비용
- 일정표를 작성할 경우 선정을 행하는 경우 인쇄비

나. 여행 경비에 포함되지 않는 비용

여권대, 비자수수료, 예방 주사비, 임의보험료, 여행과 관련된 팁

2) 아웃바운드 업무

(1) 특성

아웃바운드(outbound) 업무란 국외를 여행하는 내국인을 대상으로 제공되는 여행 관련 제반업무를 말하며, 일반적으로 여행사에서 해외여행부라고 부르는 것은 아웃바운드를 취급하는 전체 부서를 의미하기 때문이다. 아웃바운드 업무는 1989년 이전까지의 여행사는 주로 인바운드 위주의 업무나 국내여행 업무가 여행사의 주된 업무영역이었으나, 1989년 해외여행 전면자유화 실시 후 하나의 업무영역으로 성장하여 내국인의 국외여행이 급증하면서 비약적인 성장을 하였고, 앞으로도 아웃바운드 시장의 높은 잠재력이 있다.

(2) 아웃바운드 업무 내용

① 기획 업무(상품 개발부)

해외여행상품의 개발 및 상품화, 협력사와의 긴밀한 협조유지, 여행상품 원가계

산 및 판매가의 결정 등의 업무를 한다.

② 판매 업무(영업부)

해외여행상품 및 항공권 · 숙박권 · 교통권 등을 판매하는 업무로 패키지 영업부와 단체영업부로 나누어진다. 패키지 영업부가 주로 여행상품을 만들어 놓고 여행객들이 찾아오길 기다리는 판매방법이라면, 단체영업부는 개인에서 단체에 이르기까지 여행을 하고자 하는 사람들을 찾아 능동적으로 영업전략을 세워야 한다.

③ 수속 업무(수속부)

아웃바운드 업무 중 가장 기본적이고 중요한 업무는 여권 및 비자의 발급 등과 같은 제반 수속 업무이다. 여권과 비자는 여행객의 국외여행에 반드시 필요한 여행서류이다.

④ 예약 및 발권 업무(예약 · 발권부)

국외 여행시 필요한 항공권의 발급을 주요업무로 항공예약 및 운임계산, 항공권 발권 등 항공관련 업무를 취급한다.

⑤ 수배 업무(수배부)

현지의 지상수배에 관련된 제반 업무를 취급한다.

⑥ 안내 업무(안내부)

여행의 출발부터 종료까지 여행객 안내업무를 취급한다. 즉 안내 업무는 내국인 여행자가 국외를 여행할 경우 출국에서부터 모든 일정을 마치고 입국할 때까지 현지 일정의 진행을 담당하는 부서이다.

⑦ 정산 업무(경리부)

여행종료 후 수익이나 지출 등에 관해 보고된 행사단체의 정산을 담당한다.

⑧ 상담 업무(여행 상담부)

전화를 통한 여행상담 및 회사에 직접 찾아오는 고객에게 여행 상담 및 안내 등에 대한 업무를 한다.

3) 인바운드 업무

(1) 특성

인바운드(inbound) 업무란 국내외를 여행하는 외국인을 대상으로 제공되는 여행 관련 제반업무를 말한다. 일반적으로 여행사에서 인바운드 업무를 담당하는 전체 부서를 외국인여행부 혹은 국제관광부라고 부르고 있다. 우리 나라 인바운드 특성은 여러 가지 특성 중 인바운드 시장 특성을 중심으로 살펴보면 지리적 특성, 자연환경적 특성, 국내 인바운드 여행업 특성이 있다.

① 지리적 특성

일본지역 중심 시장의 편중이 심하고, 중국과 동남아지역 등의 시장수요가 빠른 추세로 증가하고 있으나, 아직도 여러 문제로 인하여 상기지역 외의 시장의존도가 10% 미만으로 잠재시장의 시장개척이 절실히 요구된다.

② 자연환경적 특성

우리나라는 4계절의 계절적 특성을 가지고 있어 성수기와 비수기가 매년 반복되므로 장기수요가능 여행상품의 판매가 어렵고, 안정된 해외시장 개척에 단점이 될 수 있다.

③ 국내 인바운드 여행업 특성

저가격시장으로 수익성이 낮고 과열경쟁과 덤핑판매로 인한 경영악화, 여행상품의 독창성, 즉 독자적인 브랜드 상품의 부재 등을 들 수 있다. 따라서 앞으로 시장 수요를 유발할 수 있는 아이디어 개발과 덤핑판매가 아닌 품질 좋은 상품을 개발하여 정상요금을 받고 행사할 수 있도록 꾸준한 노력이 필요하다.

(2) 인바운드 업무 내용

① 기획 업무(기획부)

사업목표 및 사업계획의 작성, 국내관광상품 개발 · 조립, 각종 통계 및 정보유지, 광고 및 안내책자 발간 등이 업무이다.

② 판매 업무(판매부)

여행상품에 관한 판촉활동에서부터 여행계약이 성립될 때까지의 업무, 즉 상품판매를 전담하는 업무이다. 판매부서의 주요업무 내용은 국외지사 직원과의 업무협의 및 연락, 관광일정표의 작성, 원가계산 견적의 산출 및 결정, 단체 확정 통보서 혹은 행사 지시서 작성, 보고서 발송, 안내원의 정산업무 확인, Invoice의 작성 및 방송, Optional Tour의 개발, 전도금의 산출 및 신청 등의 업무이다.

③ 수배 업무(수배부)

여행계약에 다른 호텔 및 식당예약 등 수배관련 여러 업무를 취급한다. 수배 업무의 주요업무 내용은 관광일정과 조건에 맞는 숙소의 수배, 차량 및 교통기관의 예약, 식당과 쇼핑센터의 예약, 기타 관광일정에 맞는 제반수배 등의 업무를 맡고 있다.

④ 통역안내 업무(통역안내부)

회사의 여러 업무 중 최일선에서 수행하는 부서이며, 외국인 여행객들에 대한 관광통역 안내업무를 말한다.

⑤ 정산 업무(정산부, 경리부)

기획 업무에서 판매 업무를 거쳐 통역안내 업무까지의 과정을 거친 후, 즉 여행이 끝난 단체에 대한 여행 경비의 수입 및 지출에 따른 제반 사항을 전담하며, 행사진행의 재정을 담당하는 업무이다. 정산부서의 주요업무 내용은 단체의 스케줄과 수입 · 지출이 일치되는지의 확인, 관련업체 미지급금에 대한 관리, 매월 실적보고, 각 단체의 수익성 점검 등의 업무를 맡고 있다.

⑥ Tour Operation부

Tour Operation부의 주요업무 내용은 공항이나 호텔에서의 Meeting 및 Sending Service, 인솔자(tour conductor)와의 업무확인, Check-in 및 Check-out 업무, 통역안내원의 업무관리, 관광조건과 일정표에 따른 행사집행의 점검, 행사의 평가와 불편사항 처리 등의 업무를 주로 맡고 있다.

4) 국내여행 업무 내용

(1) 특성

국내여행 업무는 내국인을 대상으로 자국내를 여행하는데 필요한 제반 업무를 처리하는 일로서 주로 전세버스 업무를 중심으로 구성되어 있다.

(2) 국내여행 업무 내용

① 기획 업무(상품개발부)

국내관광상품의 개발 및 개발된 상품을 상품화시키는 등의 업무를 한다.

② 판매 업무(영업부)

여행관련요소, 즉 국내여행상품 및 국내항공권 · 숙박권 · 교통 운송권 등을 구입한 후 이를 기획 · 생산하여 불특정다수의 잠재여행객에게 판매하는 업무를 담당한다.

③ 예약 및 발권 업무(국내항공부)

국내항공권에 대한 예약 및 발권 등의 항공관련 업무를 취급한다.

④ 수배 업무(수배부)

여행계약에 따른 현지여행사 선정, 호텔 및 식당 예약, 렌터카 예약 등 수배관련 업무를 담당한다.

⑤ 여행안내 업무(여행안내부)

내국인 여행객들에게 관광지를 안내하는 국내여행 안내 업무를 말하며, 국내여행 안내원은 국내를 여행하는 우리나라 사람에게 관광지의 명소를 소개하고, 여행객들이 즐거운 여행이 되도록 노력하며, 건전한 여행문화가 될 수 있도록 선도하는 역할의 사명감이 필요하다.

⑥ 정산 업무(경리부)

단체여행의 행사가 끝나면 정산보고서를 작성하고, 단체에 대한 수익과 지출을 근거로 서류를 첨부하여 회계상으로 결산하는 업무를 말한다.

⑦ 전세버스 업무(배치부)

전세버스에 관련된 예약 · 배차 등의 제반 업무를 취급한다.

5 여행사 경영의 대응전략

여행사는 기업으로서의 역할을 수행하고 성장 · 발전해 나가기 위해 여러 가지 경영기법을 도입해야 한다. 특히 자사의 특징과 여행사 고유의 경영특성을 조화있게 결합시켜 새롭고 독특한 경영기법을 개발 · 적용하지 않으면 성공적으로 여행사를 경영할 수 없다. 이러한 내용을 중심으로 앞에서 서술된 경영상의 특성에 대한 대응전략을 수립하면 다음과 같다.

1) 영업부분의 대응전략

여행사의 영업부분은 영업실적의 계절 변동성, 시장의 광역성, 과당경쟁성, 판매중심성 등의 경영상의 특성이 있다. 이에 대한 대응전략을 간단하게 기술하면 다음과 같다.

첫째, 여행수요의 편재성으로 인한 영업실적의 계절적 변동을 최소화하기 위한 방안으로 신상품 개발 및 다각화, 차등요금제도의 도입 필요성이 있다. 신상품 개발 및 다각화는 비수기의 잠재수요를 환기시키는 차원에서 겨울에는 스키여행과 같은 동계스포츠 여행상품, 온천을 소재로한 온천여행상품, 피한여행상품 등을 개발할 수 있다. 여행상품의 다각화를 위하여 비수기에 전세버스를 일반기업의 출퇴근으로 계약하여 수익을 창출하는 방법, 자체통역안내원을 국제회의 통역으로 활용하는 것, 카운터에서의 각종 관람권 대매 등의 방법을 활용할 수 있다.

둘째, 시장의 광역성에 대응하는 전략으로는 광범위한 시장을 효과적으로 장악할 수 있는 내부조직의 편성과 체계적인 마케팅전략의 수립과 시행이 필요하다. 다양한 고객과 광범위한 시장을 합리적으로 운영하기 위한 조직체계는 여행사의 능력과 특징에 따라 효율적으로 조직화해야 한다. 또한 시장의 광역성에 대응하기 위하여 제품관리, 가격관리, 경로관리, 유통관리, 촉진관리를 내용으로 하는 마케팅관리가 선행되어야 하고, 고객의 다양성에 대응하기 위하여 시장조사를 실시하고, 이에 따라 표적시장의 선정 및 시장세분화를 체계화해야 한다.

셋째, 과당경쟁의 특성에 대응하는 방법은 기업 외부적인 문제와 경쟁에서 우위를 확보하기 위한 기업 내부적인 문제가 있다. 과당경쟁성을 해소하는 방안으로 기업집중(business concentration)과 관광행정의 역할을 기대할 수 있다. 기업집중이란 기업이 여러 가지 방식을 통해 결합함으로써 특정부문에 있어 결합된 기업이 독점적 지위를 차지하게 되는 것을 말한다. 여행사의 경우에는 기업 상호 간의 협정에 의해 집중하게 되는 기업연합 형태인 카르텔(karte)의 형태가 바람직하다. 카르텔은 결합정도는 약하나 독립성이 법적으로나 실질적으로 유지되어 여행업자들에게는 적용 가능성이 높다고 할 수 있으며, 특히 여행상품을 중심으로 하는 연합형태는 매우 유효한 방법이 될 수 있다. 또한 과당경쟁을 벌이고 있는 여행사의 경영체질을 개선하고 경쟁력 있는 건실한 여행사를 육성하기 위해 법률적 · 제도적인 조치를 강구해야 한다.

넷째, 여행상품의 판매를 강화하기 위해서는 가능한 한 모든 조직을 라인(Line)화하여 판매지향적 조직으로 개편해야 한다. 따라서 전 사원의 판매사원화를 추진하고, 판매촉진 비용의 투자를 과감하게 시행하는 등 판매를 우선으로 하는 경영시책을 강구하여야 한다. 또한 여행상품의 판매를 강화하기 위하여 고객관리를 경영이념으로 설정하고, 이에 따라 사후관리(after service)를 도입해야 한다.

2) 인사 · 사무부분의 대응전략

인사 · 사무부분은 인적 자원 의존성, 통신수단의 의존성 등의 경영적 특성이 있는데, 이에 따른 대응전략을 수립하면 다음과 같다.

첫째, 여행사의 인적관리는 여행사 설립의 용이성에 의해 신규업체들이 대거 진출하게 되고, 이에 따라 인력난이 심화되고 있다. 이러한 문제는 여행사가 인적자원의 의존성이 높은 기업이기 때문에 인사관리를 체계적으로 하지 못하면 기업의 경영적 손실이 매우 크다. 따라서 종사원의 이직을 최소화하기 위한 방안으로서는 보수와 승진의 합리성, 교육훈련, 노동조합의 육성 등이 바람직하다고 볼 수 있다.

둘째, 여행사는 시장의 광역성과 계층의 다양성 때문에 통신수단에 의해서 업무를 처리하는 경우가 많다. 이러한 특성을 활용하기 위하여 여행사는 신속하고 정확한 정보 및 사무관리시스템을 구축하여 운영해야 한다. 그 대응방안으로는 업무의 컴퓨터화의 추진, 사무자동화의 추진 등을 들 수 있다.

3) 관리부분의 대응전략

관리부분은 공신력 의존성, 재무구조의 영세성, 문화기업지향성, 국제기업성, 관련기관의 다양성, 공익기업성 등의 특성이 있는데, 이에 따른 대응전략을 수립하면 다음과 같다.

첫째, 여행사는 공신력을 자산으로 운영한다. 이러한 공신력은 상호로 대표되고, 이것은 기업이 준고객 및 잠재고객에게 준 이미지에 의해 결정된다. 따라서 이러한 이미지 확보를 위하여 여행사는 적절한 상호와 여행상품의 상표를 선정하여 광고 · 홍보활동을 전개해야 한다. 상호나 신상품의 상표는 부르기 쉽고, 듣기 좋으며, 다른 기업과 중복되지 않는 것으로 기업이나 상품의 특성에 적합한 것으로 신중하게 결정해야 한다.

둘째, 여행사 경영에 있어 재무구조의 영세성에 대응하는 전략으로서 효율적인 재무관리시스템의 도입이 필요하다. 이를 위한 방안으로 여행사 간의 체인화를 도모할 수 있으며, 또한 자본조달의 확대를 위하여 주주로부터 자금을 조달받는 성장법인으로 성장해야 한다.

셋째, 여행사가 문화기업적 성격을 갖는다는 것은 여행이 근원적으로 문화적 행위라는 사실이다. 이에 따라 기업의 공신력 신장은 물론 공익기업으로서의 면모를 갖추기 위하여 각종 문화행사 지원, 문화사업 병행 등의 사업을 추진할 수 있다.

넷째, 여행사가 갖는 국제기업성의 특징을 최대한 활용하여 기업의 경영수익을 창출하기 위해서는 각종 국제기구에 가입하여 여행 업무를 원활히 수행토록 해야 하며, 또한 해외지사를 적극적으로 운영하여 각종 정보를 수집 · 활용해야 한다.

다섯째, 관광사업은 공익성이 강조되는 사업이며 따라서 관광사업의 중추적인 역할을 수행하는 여행사도 공익기업으로서의 특성을 살려 경영하지 않으면 안 된다. 따라서 여행사는 업무내용 자체에서 공익성을 고려하는데 관심과 노력을 기울여야 함은 물론 사회적 책임을 실현하는 차원에서 경영해야 한다.

제4절 | 항공산업

1 항공산업의 개념

인류의 항공역사는 동력비행의 등장으로 시작되었다. 1903년 12월 17일 미국의 라이트(Wright)형제가 제작한 소형글라이더가 세계 최초로 동력비행실험에 성공하면서 항공산업의 발전은 시작되었다. 20세기 항공기 제작 기술의 발달은 제1차 세계대전을 거치면서 영국, 프랑스, 독일은 단엽기, 쌍엽기, 삼엽기 등 다양한 종류의 전투기와 폭격기를 개발하였고, 1919년 파리조약(Paris Peace Conference)에서는 "각국은 그 나라 영토의 상공 즉, 영공에 대하여 완전하고 배타적인 주권을 갖고 있음을 인정한다"고 영공주권주의가 확립되면서 항공기의 상업상 이용을 촉진을 위한 국제항공조약을 조인하였다. 그리고 제2차 세계대전을 거치면서 독일은 1939년 세계 최초로 제트기 제작에 성공하고, 미국의 보잉사는 1942년에 B-29 폭격기를 개발하면서 1947년에 음속을 돌파하는 항공기를 제작하게 되었다. 이로써 1950년 이후에는 제트 여객기의 시대가 열렸다.

1969년 개발된 보잉 747기는 항공기의 대량 수송시대를 열게 한 항공기로 70여 제곱미터에 400여 명을 수송할 수 있는 점보 제트기였다. 이후 더글라스사의 DC-

10기 등 다양한 기종의 점보제트가 만들어졌다. 2005년에는 프랑스 에어버스사가 A389이라는 동체 전체가 2층이고 최대 탑승인원이 800명에 이르는 항공기를 개발하여 시험 비행에 성공하였다. 이 항공기에는 면세점, 카지노, 라운지 및 바 등을 설치하였으며, 보잉 747기보다 연료소모가 적고 항속거리가 길어 747기를 대체할 여객기로 주목받고 있다. 우리나라도 2010년부터 A380이 운항되고 있다.

한편, 대형 항공사들은 항공기의 기술적 발전과 더불어 시장점유와 경쟁력을 제고하기 위하여 주요 공항을 기점으로 하는 Hub & Spoke System을 구축하고 컴퓨터 예약시스템(CRS ; Computer Reservation System), 상용고객우대프로그램(Frequent Flyer Program), 수익관리기법(Yield Management) 등 획기적인 경영기법을 도입하였으며, 그 결과 항공운송시장을 주도하고 있다.

이러한 항공기의 역사적 발전과 기능을 통하여 볼 때, 항공사는 주로 특정한 동기나 목적으로 사람이나 재화를 수송하여 장소로 이동시키는 수송업무를 담당하고 있으며, 이동수단을 항공기를 사용하여 항공수송을 하고 있다. 항공법 제2조 26항의 항공운송업의 정의에서 보면 "항공운송업은 타인의 수요에 부응하여 항공기를 사용하여 유상으로 여객 또는 화물을 운송하는 사업을 말한다"라고 규정하고 있다. 다시 말하면, 항공산업은 어느 한 지점에서 다른 한 지점으로 여객이나 화물을 수송해주고 그 대가로 요금을 징수하여 수익을 얻는 산업이며, 이러한 사업을 하는 주체를 항공운송사업자 즉 항공사라고 한다.

2 항공산업의 특성

1) 안전성

안전성은 모든 교통산업에 해당하는 특성이다. 항공운송의 안전은 타 교통기관에 비해 더욱더 중요하다. 항공기의 안전은 운항 시 항공기 및 항공노선의 기술적 원인 또는 기상조건 등의 원인에 의해 좌우되며 항공사고의 특성상 사고가 발생되면 대형화되나 다른 교통수단에 비해 사고 발생 가능성은 낮은 편이다. 또한 현대에 와서 항공기 설계 및 운항기술 및 공항시설 등의 발달로 그 안전성이 더욱 향상되고 있다.

2) 고속성

항공산업은 철도, 자동차, 선박에 비해 빠른 속도를 지니고 있어 속도면에서는 절대적 우위를 차지하고 있다. 항공운송의 고속성은 인간에게 시간가치의 중요성을 재인식시켰고 시간과 거리에 대한 관념을 바꾸어 놓았다. 관광산업에서는 비행시간을 단축시켜 관광지에서의 체재시간과 관광활동에 영향을 미치고 있다. 이외에도 해외여행의 활성화와 국제간 교류를 증진에도 기여하였다.

3) 정시성

교통수단의 정시성은 가장 중요한 요소로 상업적으로 이용되기 위해서는 정시성 확보가 반드시 이루어져야 한다. 실제로 정시성은 공시된 운항시간표(Time Table)대로 운항되어야 하고 이를 지키지 못하면 고객들에게 신뢰성을 잃게 된다. 사실상 항공사의 정시성은 다른 교통수단에 비해 엄청난 노력과 비용, 기술이 요구된다. 기후, 기류, 기상조건 등의 영향을 최소화하더라도 항공기의 정비에 대한 어려움, 또한 각 공항의 혼잡까지 겹쳐 이 착륙의 지연, 유도로의 대기 등으로 정시성 확보가 더욱 어려워지고 있다.

4) 쾌적성

항공기의 쾌적성은 객실 내의 시설, 기내서비스, 비행 상태 등으로 판단한다. 특히 항공기가 제트화 · 대형화되면서 기내 소음도 줄고 비행시간이 단축되는 등 항공기의 쾌적성이 많이 확보되고 있다. 승객들이 항공여행의 쾌적성을 느낄 수 있도록 기내에서 시설과 설비를 완벽하게 구비하는 일이 중요하다.

5) 경제성

항공운송의 경제성은 항공운임을 말한다. 일반적으로 항공운임은 고가이고 특히 국내선의 경우는 더욱 그러한 것이 현실이다. 그러나 항공운임은 오랜 시간을 거쳐 항공산업의 발달로 원가요인을 하락시켜 왔으며, 또한 물가의 상승과 화폐가치의 하락으로 비교적 경쟁력 있는 수준에까지 이르렀다.

6) 국제성

항공운송은 국제선의 경우 관련 당국 간의 협약에 의해서만 가능하다. 어떤 국가로 운항하기 위해서는 국가 간의 항공협정이 있고 그 협정에 의해 지정된 항공사 간의 상무협정이 필요하다. 특히 취항도시, 운항횟수, 공급좌석뿐만 아니라 항공요금, 서비스 내용, 편의시설 및 감항성 등에 대한 규제권고 및 절차 등의 업무를 각종 국제단체에서 수행하고 있다.

3 항공산업의 구성요소와 종류

1) 구성요소

항공산업은 3대 기본요소인 항공기(aircraft), 공항(airport), 항공노선(route)에 승객(passenger)과 승무원(crew)을 추가하여 항공운송의 구성요소라 한다.

(1) 항공기(aircraft)

항공기는 여객과 화물은 운송하는 물리적 이동시설이다. 1944년 시카고 국제민간항공조약에 의하면 항공기란 공기의 반동에 의해 공중을 부양하는 기계의 총칭이며 그 광범위한 개념 중에서 비행기, 비행선, 기구, 활공기 등이 포함된다고 정의하였다. 항공기는 과학기술의 발달로 항공기의 속도가 점점 빨라지고 있으며 이러한 여객기를 속도에 따라 아음속 여객기, 천음속 여객기, 초음속 여객기, 극초음속 여객기로 구분된다. 그리고 항공기는 주익, 동체, 미익, 통신 및 항법 장치, 착륙장치의 5개 부분으로 구성되어 있다.

(2) 공항(airport)

공항이란 항공기가 이륙과 착륙 및 여객 화물의 운송을 위한 시설과 지상이동에 사용할 목적으로 설치된 시설로서 이 시설이 민간항공 운송용으로 사용될 때 이를 공항이라 하고 그 외의 경우에는 통상 비행장이라 한다. 공항의 기능을 유지하기 위해서는 활주로, 유도로, 주기장, 관제시설, 청사 등의 기본시설이 있어야 한다.

(3) 항공노선(route)

항공기를 운항하기 위하여 이동의 출발지점과 도착지점을 정해 놓은 것을 항공노선이라고 한다. 특히 항공사는 이용객이 많은 항공노선인 황금노선을 누가 선점하는가에 항공사의 미래가 달려 있다.

(4) 승객 (passenger)

항공사를 이용해주는 고객을 의미한다. 항공사의 고객은 화물 · 우편 수송을 요청하는 고객과 일반 여객으로 나뉜다.

(5) 승무원(crew)

승무원은 각 항공사를 대표하는 항공서비스를 제공하고 세련된 국제매너와 철저한 직업의식을 기본으로 민간외교관의 역할을 수행하고 있다. 항공기에 탑승하는 승무원은 조종실에서 근무하는 운항 승무원과 객실에서 근무하는 객실 승무원으로 구분된다. 특히 객실승무원은 승객의 안전하고 쾌적한 여행을 위해 책임과 의무가 있다. 이를 위해 객실 승무원은 운항 전 다음과 같은 사항을 점검하여야 한다.

첫째, 객실 내의 비상정비, 의료장비 및 기타 비품을 점검하고, 둘째, 기내 안전 및 보안점검을 실시하고 그 결과를 기장에 보고하고, 셋째, 객실 수하물 및 우편 탑재의 사항을 철저히 파악하고, 넷째, 승객에게 safety instruction을 설명하고, 다섯째, 운항 및 안전에 관하여 기장이 지시하는 업무를 수행하고, 여섯째, 승객 탑승 전후 객실 내의 상황을 기장에게 보고하고 기타 필요한 세부사항은 객실승무원규정에 정한 바에 따르고 있다.

2) 종류

(1) 형태에 따른 분류

① 정기 항공운송사업

정기 항공운송사업은 항공노선별로 한 지점과 다른 지점 사이에 노선을 정하고 정기적으로 항공기를 운항하는 것을 말한다. 이는 일정시간표에 따른 정시 운항하는 항공기를 대상으로 하는 운송사업으로 공공성이 중요시되며 운송조건을 미리 공시하여 임의적으로 운항의 정지, 휴항이 어렵다.

② 부정기 항공운송사업

부정기 항공운송사업은 정기적이 아닌 필요에 따라 운항하는 항공기를 대상으로 하는 운송사업을 말한다. 이는 특정 지점 간을 비정기적이나 수시로 운항하는 경우와 계절적 수요가 있을 경우 그리고 특정 구간을 지점대 지점 사이를 연결하여 전세기 형태로 운항하는 경우가 있다.

뿐만 아니라 이용객의 수가 많이 않거나 신규로 항로를 개척하는 경우에도 부정기적으로 항공기를 운항하게 된다. 이러한 부정기 사업은 유휴 항공기를 이용에 따른 가동률을 높이고 항공사의 수입을 증대시키며 정기편 노선개설을 위한 사전 시장개척 효과가 있다.

(2) 이용대상에 따른 분류

① 화물운송사업

운송대상이 화물인 경우을 말한다. 일반소비자나 고객이 의뢰하는 소형화물이나 산업수요자가 의뢰한 소형, 대형의 화물운송에 해당한다.

② 항공우편운송사업

항공우편만을 운송하는 사업을 말한다.

③ 여객운송사업

운송이 대상이 여객인 승객을 대상으로 하는 운송사업을 말한다. 좌석의 예약, 항공권의 발권, 공항에서의 탑승수속, 항공기내의 서비스, 목적지 도착 후의 수하물 처리 등을 포함한다.

(3) 지역에 따른 분류

① 국내운송사업

국내지역을 대상으로 하는 항공운송사업을 말하며 일반적으로 자국의 항공법에 의해 규제를 받거나 통제를 받는다.

② 국제운송사업

전 세계를 대상으로 하는 항공운송사업으로 항공운송권한의 상호교환을 전제로 각국 정부 간의 항공협정에 의해 영향을 받는 사업이다.

4 항공사의 업무

항공사의 업무는 일반적으로 영업(판매, 예약, 발권), 운송, 객실서비스 , 운항, 정비로 나눠지며 각각 독립적이고 전문적인 업무적 특성을 지니고 있다.

1) 영업업무

영업부문은 판매, 예약 그리고 발권으로 나누어진다. 항공사의 판매는 항공사가 영업자을 개설하여 직접 판매하는 경우와 대리점, 총대리점, 타 항공사를 통해 판매하는 간접판매로 구별된다. 예약은 대고객서비스로 고객의 여행에 필요한 항공사의 좌석예약에서 항공여행에 사전준비가 필요한 승객, 건강이나 종교상의 이유로 특별한 기내 서비스가 필요한 승객 등을 보호하기 위한 항공사의 고유한 업무이다. 항공예약은 컴퓨터 예약시스템(CRS ; Computer Reservation System)을 도입하면서 단순한 예약의 도구만이 아니고 항공사의 좌석판매와 재고관리를 효과적 수행함으로써 마케팅의 중추적 역할을 담당하고 있다.

발권은 항공여행을 하려는 고객과 항공수송을 담당하는 항공사간의 계약을 의미하는 운송증표인 항공권(Passenger ticket)을 발행하는 업무이다.

2) 운송업무

운송업무란 항공여행을 하는 고객이 안전하고 쾌적한 여행을 할 수 있도록 공항에서 이루어지는 일련의 서비스를 말한다. 탑승 및 도착 승객의 탑승수속, 도착 승객의 입국수속 및 수하물 사고 처리를 한다.

3) 객실 서비스업무

객실 서비스는 탑승객에 대한 기내에서의 제반 서비스를 제공하는 업무이다. 기내에서의 탑승객의 좌석안내, 음료 및 기내 서비스, 영화상영, 기내판매, 입국서류 배포 및 작성안내 등의 서비스로 객실 승무원의 인적 서비스가 중요하다.

4) 운항업무

운항업무는 항공기를 안전하고 효율적으로 운항하기 위한 일련의 업무이다. 항공기의 안전운항은 항공사의 가장 기본적인 사항인 동시에 고객에 대한 최상의 서비스이다. 이를 위해서 항공사는 항공기 운항을 현장에서 직접 종사하는 운항승무원(Flight crew)과 운항관리사(dispatcher) 등 전문인력을 배치하여 안전운항에 노력하고 있다.

5) 정비업무

정비는 안전하고 쾌적한 운항을 위하여 항공기 기체의 품질을 유지, 향상하는 검사, 점검 서비스, 클리닝, 수리 등의 작업을 의미한다. 정비업무는 항공기의 안전성 확보뿐만 아니라 정시성 유지하는 측면에서 중요한 업무이다. 항공정비직원(Engineers)은 항공기의 안전을 점검하고 안전을 저해할 소지가 있는 기체 결함을 수리하여 항공기 자체 결합에 의한 사고를 방지하는 역할을 한다.

5 항공산업의 발전방향

항공산업은 1960년대 이후 제트여객기가 등장과 항공운송 시스템의 기술적 진보로 급성장한 산업이다. 21세기 항공산업은 초음속 제트여객기 시대를 준비하고 있으며 각 항공사마다 기내 서비스에도 차별화를 두어 시장확보에 노력하고 있다. 전 세계적인 항공산업의 규제완화의 바람과 함께 우리나라도 2대 민항사인 대한항공과 아시아나 항공 외에 국내 각 지역을 기반으로 하여 다수 항공사가 설립하였다. 2000년 이후에 설립된 지역기반 항공사들은 모두 저가 항공사로 국내 항공시장의 변화를 주도 있다. 이러한 시장환경변화에 대응하기 위해서 항공사들은 다음과 같은 관리전략이 필요하다.

1) 전략적 제휴

항공사 간의 제휴는 전통적으로 지분 참여, 좌석공유(code share), 공동운항(joint operation) 등을 내용으로 하였으나 최근에는 그 내용이 다양해지고 있다. 즉 상대 항공사에 대한 홈베이스에서의 상호 정비지원, 좌석할당(block space), 공동판매 및 발권, 공동운항 및 정비 등 마케팅 강화와 비용절감을 위한 다양한 내용의 제휴가 이루어지고 있다. 제휴에 의한 마케팅 효과는 다음과 같다.

① 허브공항을 중심으로 한 시장지배력 형성
② 경쟁자를 시장에서 몰아낼 수 있은 능력확보
③ 유통경쟁력 우위효과
④ 광고능력의 효과
⑤ 고객에 대한 서비스 우위확보

현재 항공사의 제휴는 스타 얼라이언스(Star Alliance), 원월드(One World), 스카이팀(Sky Team)이 있다.

2) 오프 스카이 정책에 대한 대비

1990년대부터 세계항공운송산업의 새로운 변화 중의 하나가 영공개방주의(open sky) 또는 항공자유화 협정이다. 미국은 1970년대부터 양국 간의 항공협정을 개정하면서 항공산업의 시장진입 운송력, 운항횟수, 운임 등에 대하여 적극적인 규제완화를 실행하고 있다. 오픈 스카이는 미국이 자국의 항공사들이 국내시장보다 국제 시장에서 경쟁할 수 있는 시장기회를 제공할 목적으로 추진된 정책이다.

오픈스카이 논의 내용은 취항항공사 수의 무제한 허용, 모든 노선에서 운항횟수와 운송력 무제한 허용, 제5의 자유허용, 운임의 자유, 전세기 운항 개방, 상대국에서 발생하는 수익의 자유로운 송금, CRS의 자유경쟁보장 등이다.

우리나라는 1998년 미국과 항공협정을 개정하여 양국 모두 제5의 자유를 허용하였으며, 2006년 태국, 베트남, 캄보디아, 말레시아, 중국과 2007년에는 일본과 항공자유화 협정을 맺었다.

3) 저비용 항공사와 경쟁

세계의 주요 항공사들이 세계적인 네트워크 형성을 위한 그룹화에 힘쓰는 동안 다른 한쪽에서는 수요의 규모가 작은 틈새시장에 집중하면서 성공하고 있는 저비용 항공사들이 점차 시장점유율을 높이면서 새로운 시장과 서비스 유형을 개발하는데 성공하고 있다.

대표적인 저비용 항공사는 사우스웨스트 항공(Southwest Airline)이다. 이 항공사는 1971년 단거리 노선에 저비용, 저운임 전략을 무기로 항공운송을 시작하였다. 비용을 줄이기 위해 기내 서비스를 간소화하고 여행사를 통한 항공권 판매시스템을 없애고 공항에서 직접 항공권을 발권하거나 인터넷을 이용하여 예약 · 발권하였다. 기종도 단순화하여 정비비, 운항승무원비를 절감하고 좌석 클래스도 이코노미 클래스만을 운영하는 등의 영업방식을 적용하여 기존의 항공사와의 경쟁에서 성공하였다.

우리나라도 저비용항공사인 제주항공, 진에어, 이스타항공, 에어부산, 티웨이 등이 국내선 항공운임을 대형항공사의 70% 정도 저렴하다는 것을 내세워 항공시장에서 선전하고 있다. 그러나 저비용 항공사는 잦은 고장과 사고, 경영자금난과 경영진의 내분 등과 같은 문제점과 과열경쟁의 우려를 안고 있어서 이에 대한 항공업계의 대비가 필요하다.

4)항공산업의 e-business 정착

항공사의 e-business는 CRS 중심으로 한 IT서비스 기술의 조기도입과 마일리지 프로그맨의 장기간 운영에 의한 고객정보 축적에 의한 정보능력에 기인했다. 멀티미디어 기술과 초고속 네트워크 등 첨단 IT 기술을 바탕으로 한 자동화 실현이 모든 생활영역으로 확대되고 있는 가운데 항공산업은 'e-항공시대'에 들어섰다. 예를 들어 e-Ticketing은 항공권 세부 내역을 항공사의 최신 e-티켓 시스템에 보관해 필요시 자유롭게 조회, 처리할 수 있다. 이처럼 항공사 홈페이지에서 자유롭게 항공권의 예약 · 구매 · 좌석배정까지 이루어지고 있다.

제5절 | 의료관광산업

1_ 의료관광산업의 개념

오늘날 의료관광(medial tourism)이란 새로운 개념으로 대중화되기까지 단시간에 정착된 개념이다. 역사적으로 살펴보면 기원전 3세기 고대 로마시대의 키프로스(Cyprus)와 알렉산드리아(Alexandria)의 휴양도시에서 비롯한 의료관광지가 19세기에 영국 남부지방의 켈트족인 브리튼인들이 독일의 깨끗한 물을 경험하기 위해 독일 스파(spa)리조트로 여행갔다는 기록이 있다.

이러한 여행형태는 우리나라 조선왕조실록 중 태조 9권에 보면 '간관과 대간의 중지상소에도 불구하고 병치료를 위해 충청도 온천으로 행차하다' 라는 왕들의 온천

행행(行幸) 기록이 있을 정도로 치료의 목적으로 상류층들이 휴양지를 선택하였다는 것을 알 수 있다. 지금의 것과 같은 의료관광은 아닐지라도 자신들의 질병에 합당한 의료관광 형태의 여행을 즐기곤 했었다.

최근에는 웰빙(well-being)문화가 건강관리로 이어지면서 의료산업이 관광산업의 하나로 재조명을 받고 있다. 의료산업이란 고도의 의료기술을 사용하여 질병으로 고통 받고 있는 환자의 증세를 호전시켜 삶의 질을 향상시키는 일에 관여하는 모든 제반 산업을 이르는 말이다. 환자뿐만 아니라 그들의 보호자에게 의료시설, 보험, 의료기기, 인적 서비스 등을 제공하는 산업이다. 이러한 의료산업에 관광산업이 접목된 것이 의료관광이다. 의료관광(medical tourism)은 의료서비스를 받으면서 휴양, 레저, 문화활동이 결합된 새로운 관광형태이다. 성형, 미용, 건강검진 등 간단한 의료서비스를 받는 것에서 특수한 치료와 수술을 필요로 하는 환자들을 위해 자국의 의료기술과 관광서비스를 접목하여 관광상품화한 것이다.

Goodrich(1993)는 의료관광을 건강관리 서비스 및 시설과 일반적인 관광시설이 결합된 것을 홍보함으로써 관광객을 관광시설과 목적지로 유치하기 위한 의도적인 시도라고 정의하였으며, Medlik(1996)은 여러 가지 병에 대한 치료로부터 건강과 휴양프로그램들에 이르기까지 포함하는 것을 주된 목적으로 다른 장소를 방문하고 여행하는 보건여행(health tourism)라고 정의하였다.

의료관광은 의료적인 부분이 강하기 때문에 체류기간이 길며 체류비용이 높은 관광이다. 이미 관광산업이 발달한 중남미, 태국, 말레시아 등에서는 21세기 국가전략산업으로 삼고 있으며, 외화획득 목적으로 의료관광에 예산과 정책을 지원하고 있다. 의료관광산업은 치료의 가격 대비 효율성과 일반 관광상품과의 조화가 얼마나 잘 이루어지냐에 따라 의료관광의 성패가 좌우될 것으로 보인다.

따라서 의료관광은 의료에 관광을 접목시킨 신산업으로 의료분야에서 관광자원으로 활용 가능한 부문을 개발하고 생산하여 의료관광객이 원하는 고품질의 의료서비스업뿐만 아니라 숙박업, 여행업, 요식업, 항공업, 통역서비스, IT산업 등 다양한 관광관련 산업과의 연계성에 노력을 기울려야 한다.

2 의료관광산업의 성장요인

1) 국제간의 이동의 용이

의료관광이 발전한 이유는 국제화, 소득 증대, 여행경비의 감소로 인해 국가 간의 여행이 일반적으로 증가한 것을 들 수 있다. 예를 들어 EU의 출현으로 유럽 내 이동은 국내도시 간의 이동만큼 쉬워졌다. 의료관광을 육성하는 국가들은 의료비자발급 등을 통해 해외환자의 입국을 간소하였고, 저가 항공사의 출현으로 항공여비를 대폭 축소시켜 여행비가 의료관광의 장애가 되지 않고 있다.

2) 의료관광객의 주권의식강화

의료관광객들은 자국의 규제와 고비용의 의료시스템에 의존하기보다는 치료와 관광을 하며 즐길 수 있는 의료관광이 가능한 국가로 주도적 선택을 하고 있다. 이처럼 의료관광객의 주권이 강해지고 있다.

3) 정보확보의 용이

IT기술의 발전으로 인해 각국 간의 의료서비스의 가격과 품질이 비교가 가능해져 의료관광객들을 가격에 더욱 민감하고 반응하고 있다. 특히 인터넷과 일반 미디어의 해외의료정보의 제공 때문에 고객들은 의료관광을 더욱 선호하고 있다.

4) 의료서비스의 품질확보

해외의료관광객에게 자국의 의료기관들이 국제적인 품질인증을 확보하여 고객들에 신뢰를 쌓아가고 있다. 미국과 같은 선진국의 병원인증제도인 JCI(국제의료기관평가위원회)를 취득하고 병원의 시설 및 장비를 현대화하며 선진국 경영진 및 자본을 도입하여 미국 및 영국병원과 동등한 수준이 되고자 노력하고 있다.

5) 국제적 네트워크

의료 인력과 의료기관들의 국제적 네트워크가 활발히 구축되고 있다. 개발도상국의 의사들은 교육이나 연수를 받는 선진국 병원에 자신의 환자를 소개하고 있고, 역으로 선진국에서 면허를 얻고 활동했던 의료진이 본국으로 돌아가 네트워크를 활용하여 선진국의 환자를 유치하고 있다.

6) 의료알선회사 등장

선진국에서 의사, 간호사, 전문 컨설팅 그룹들이 의료관광 컨설팅회사를 혹은 알선회사를 설립하여 개별 환자 및 기업들에게 의료관광정보를 제공하거나 해외치료를 주선하고 있다.

3 의료관광산업의 시장

의료관광을 위해 국경을 넘어 이동을 하기 때문에 의료고객 및 환자가 거주하는 국가의 의료환경 실태와 시장주체의 역할을 살펴봄으로써 의료관광 산업의 구조를 분석하는 것이 필요하다. 의료관광시장을 송출시장과 목적지시장으로 나누어 설명하면 다음과 같다.

첫째, 경제적 주체들로 구성된 송출시장(outbound)으로 의료관광객을 의미한다. 의료관광객들은 높은 가격으로 인해 혹은 적기 치료가 불가능하기 때문에 자국 내에서 서비스를 받을 수 없는 경우 외국에서의 적절한 치료를 받는 경우도 있다. 의료관광객은 의료관광의 목적에 따라 다음과 같이 몇 가지 유형으로 분류할 수 있다.

① 휴양을 겸한 의료서비스를 원하는 계층(rest seeker)이다.

② 기본적인 의료서비스를 얻고자 여행을 하는 계층(essential seeker)이다. 이들은 자국에서 즉시 받을 수 없는 의료서비스를 불가피하게 해외에서 받기를 원하는 시장이다.

③ 본국에서 이용이 가능하지만 의료비용이 비싸 해외에서 의료서비스를 구하는 계층(affordable healthcare seeker)이다.

④ 자국의 의료서비스가 낙후되어 고액의 비용 때문에 해외에서 의료서비스를 구하는 계층(quality healthcare seeker)이다.

⑤ 의료비용 및 부대비용이 매우 비싼 고급의료서비스를 원하여 해외에 가는 부유계층(premium healthcare seeker)이다.

또한 의료관광목적 관광객은 개별관광과 단체관광객으로 구분할 수 있다. 개별관광객은 대부분 많은 정보를 가지고 입국하여 진료 및 치료 서비스를 받으며, 단체관광객은 일정한 종합 진찰, 의료상담 및 진료 후 관광을 하며 차후 진료 및 치료 필요 시 개별 관광객으로 바뀌기도 한다. 의료목적에 따라 시장을 분류하면 순수치료목적의 응급환자, 치료와 관광목적의 의료관광객, 비즈니스와 치료목적의 의료관광객, 간호를 위해 방문하는 환자가족 등으로 나눌 수 있다.

둘째, 의료관광객을 받아들이는 목적지시장(inbound)으로 의료관광지를 의미한다. 의료관광지는 국가 및 도시, 민간과 정부의 협의체와 같은 조직들로 구성되는데, 예를 들어 의료기관은 외국의료고객을 유치하고 의료서비스를 제공하고 민간기관은 숙박, 교통, 관광을 지원하며, 국가 및 지자체는 의료관광을 수출산업으로 육성하기 위해 제도와 기반시설을 구축하고 있다. 〈표 5-4〉와 같이 주요 의료관광 목적지인 멕시코, 브라질과 같은 중남미 국가, 헝가리, 체코와 같은 동유럽 국가, 인도, 말레시아, 상가포르, 태국과 같은 아시아 국가들로 각 나라마다 특화된 의료관광상품을 기획하여 의료관광객을 유치하고 있다.

표 5-4 | 의료관광목적지국가의 특화의료관광

	심장	성형	치과	불임	척추	정형	종양	고관절전치술
브라질		◎						
코스타리카		◎	◎					
체코			◎					
헝가리			◎					
인도	◎				◎	◎	◎	◎
말레이시아	◎					◎		◎
남아공화국		◎	◎					
멕시코		◎	◎					
싱가포르	◎			◎	◎	◎	◎	◎
태국	◎	◎	◎	◎	◎	◎	◎	◎
아랍에미리트	◎					◎	◎	◎

출처 : Patient Beyond Borders

4 의료관광상품의 구성요소와 유형

의료관광은 의료서비스를 받으면서 휴양, 레저, 문화활동이 어떻게 결합되는냐에 따라 결정되는 신 관광산업이다. 의료관광 분야는 바이오, 신약 · 의료기기 개발, 메디컬 클러스터, 의료관광복합단지, 건강문화 클러스터, 허브형 의료복합단지 등의 의료클러스터 6가지 형태 중 의료관광복합단지와 건강문화 클러스터 중심으로 치료와 건강증진을 위한 관광활동을 유도하는 방향으로 의료관광산업을 발전시키고 있다. 의료관광상품은 성형, 미용, 건강검진 등 간단한 의료서비스를 받는 것뿐만 아니라 특수한 치료와 수술을 필요로 하는 환자들을 위해 자국의 의료기술과 관광서비스를 접목하여 관광상품화해야 한다.

따라서 의료관광상품은 의료관광객의 욕구를 충족시켜주기 위하여 관련기관이 생산하는 일체의 유 · 무형의 상품과 서비스라고 정의할 수 있다. 의료관광상품은 의료가 차지하는 비중 즉 의료의 중심성에 따라 상품의 성격이 달라질 수 있다. 의료가 상품의 구성요소 중 핵심적인 경우와 의료관광 참여와 함께 다른 활동도 겸하는 경우로 구분된다. 의료관광상품은 참가자에게 의료 및 관광활동에 대한 편익과 서비스를 제공하여 욕구를 만족시키는 것이므로 참가자에게 제공될 서비스와 편익이 무엇인가가 중요하다.

1) 의료관광상품의 구성요소

(1) 의료관광 인프라 및 부대시설

의료관광의 인프라 시설은 우선 병원 및 의료시설과 고객이 진료 받는 동안 체류할 수 있는 숙박시설, 건강관리 및 요양에 필요한 마사지, 스파시설, 운동시설 등과 같은 보조시설, 병원이 있는 장소까지의 접근성을 위한 교통시설 등으로 볼 수 있다.

(2) 관광자원

의료관광상품의 관광자원은 부수적인 요소이지만 의료시설이나 의료진과 같이 중요한 구성요소이다. 관광자원은 의료관광객이 편안한 분위기에서 치료와 건강을 증진시키기 위해 아름다운 자연적 관광자원이나 환대를 느낄 수 있는 사회적 관광자원과 지역사회의 고유한 문화를 감상할 수 있는 문화관광자원 등은 중요한 의료관광상품의 요소가 된다.

(3) 음식

의료관광객은 치료를 빠른 회복을 위해 지역에서 나는 특색 있는 음식을 먹는 것도 중요하다. 전통음식이나 별미가 관광매력으로 작용할 수 있으며 유기농 재료의 건강식, 각자의 체질에 맞춘 맞춤 건강식, 치료를 목적으로 하는 보양음식, 한방음식 등과 같이 건강을 증진하고 에너지를 보충할 수 있는 음식이 부수적인 역할을 한다.

(4) 인적서비스

의료시설과 종사자들은 환자에 대한 권리를 보장하고 환자에 대한 친절한 서비스로 환자에게 진료와 의료시설에 대한 만족도를 상승시키기 위하여 세심하고 철저한 전문서비스로 무장하는 것이 필요하다.

(5) 기타

의료관광상품도 여행상품이다. 따라서 관광객이 관광활동을 편리하게 하기 위해 각종 부가서비스가 이루어져한다. 대표적으로 관광객의 출입국수속서비스와 환전서비스, 쇼핑 및 안내서비스 등이 필요하다.

2) 의료관광상품의 유형

(1) 질병치료관광상품

특정한 질병이 있는 환자들이 전문적인 진단 및 의사가 이끄는 치료를 받고 치료 후 관광활동을 할 수 있도록 구성한 상품이다.

(2) 미용 · 성형의료관광상품

미용관련 서비스나 성형 미용을 받고 관광을 겸하는 상품으로 성형수술과 피부관리, 두발이식 등이 해당된다. 많은 사람들이 외모를 위해 성형시술 및 수술, 치료에 의해 아름다움을 유지하고 증진시키며 회복된다.

(3) 휴양의료관광상품

일반적으로 경관이 아름다운 곳에 입지하여 의료서비스 인프라가 갖추어진 곳에 방문하여 체류하는 상품으로 온천 위주의 관광상품이나 건강을 위한 의료관광상품이 이에 해당한다.

(4) 전통의료관광상품

전통의학으로 치료와 관광을 목적으로 하는 상품으로 한방관광상품 등이 이에 속하며 의학적 진찰에서부터 체질개선을 위한 식이요법뿐만 아니라 스트레스, 후유증도 치료한다.

5 의료관광산업의 활성화 방안

의료관광산업은 전 세계 각국에서 많은 관심을 갖고 있다. 특히 우리나라와 경쟁하고 있는 동남아 국가에서는 의료관광산업을 관광산업과 연계시켜 활성화하여 고부가가치산업으로 자리매김하고 있다. 그러나 우리나라는 매력적인 의료관광자원과 우수한 의료기술, 경쟁력 있는 가격 등을 갖고 있음에도 불구하고 다음과 같은 문제점을 갖고 있다

첫째, 외국인 의료관광객을 유치하기 위한 규제완화와 국가차원의 적극적인 지원정책이 미흡하다. 최우수 인재의 지속적인 의료산업유입에도 불구하고 법적 규제가 심하고, 의료와 관광분야의 낮은 경쟁력으로 인해 해외환자 유치실적이 미미하여 국내수요도 해외로 유출되는 실정이다. 뿐만 아니라 세계가 인정하는 선진의료기술을 보유하고 있으면서 의료관광에 대한 인식부족과 각종규제로 상품개발이나 투자지원이 미약한 수준이다.

둘째, 다양한 의료패키지 상품의 개발과 차별화된 마케팅활동이 어렵다. 최근에 다양한 의료관광상품이 나오고 있으나 이들 상품들은 온천관광, 발마사지, 안마 프로그램과 한방헬스투어, 한류열풍 관련 의료관광 및 성형미용에 불과하다. 대형병원 및 호텔을 연계해 의료와 관광 패키지를 접목한 외국인 환자유치 의료관광프로그램 인프라가 구축되어 있지 않다.

셋째, 의료 · 관광 · IT 등 관련 산업의 네트워크를 최대한 활용하여 의료서비스의 국제공인에 따른 대외신뢰도 구축하려는 노력이 부족하다. 국제적인 의료기관의 평가인 JCI의 인증을 받아 대외신뢰도를 구축하여 외국인 환자를 유치하는데 노력해야 하며, IT 기술이 발달한 우리나라는 IT강점을 활용한 의료와 관광의 융합으로 환자유치에 적극성을 보여야 할 시점이다.

현재 우리나라 의료관광이 안고 있는 문제점을 해결하기 위한 방안은 다음과 같다.

첫째, 의료관광객 유치를 위한 국제의료브랜드 확립하여 의료관광마케팅이 활성화해야 한다. 정부가 '글로벌 헬스 캐어'를 신성장동력 산업의 하나로 선정하면서 의료계는 물론 지방차지단체, 여행업계들까지 해외 환자유치활동에 적극적이다. 무턱대고 의료관광시장에 뛰어들기보다는 국제의료브랜드를 만들어 의료관광상품을

판매한다면 신뢰를 쌓을 수 있고, 환자 유치에도 쉬울 것이다. 예를 들면 싱가포르의 Singapore Medicine, 필라델피아의 Philadelphia International Medicine과 같이 의료브랜드를 만들어 의료관광에 활성화해야 한다.

둘째, 이원화된 전략 정책의 추진이 필요하다. 우리나라의 경우 아직까지 의료관광에 대한 정확한 분류 및 구분이 체계화되지 못한 실정이다. 미용 · 성형 · 종합검진 등 현재 상품화의 가능성이 높은 분야에 대한 특화상품선정 지원과 중장기적 육성이 요구되는 외과적 수술 및 진단 방사선 등 고부가가치 상품개발 등을 이원화하여 의료관광상품을 육성할 필요성이 있다.

셋째, 의료관광전문 에이전시 육성이다. 현재 외국인 환자를 적극적으로 유치하려면 여행사나 의료컨설팅업체 등이 각각 독자적으로 의료관광객 유치를 진행하다 보니 전문성이 결여된다는 한계가 있다. 의료관광객의 경우 일반관광객과 달리 입국 전부터 의료관광관련 정보의 제공 및 진료상담 등이 필수적이며, 의료부분에 대한 신뢰성을 확보가 의료관광 유치의 핵심적 요인이라고 할 수 있다. 이를 위해서는 의료와 관광부문의 전문성을 모두 갖춘 의료관광전문 에이전시의 육성이 요구된다.

넷째, 우수한 외국어 실력을 갖춘 의료관광 전문통역사 양성이다. 의료관광과 관련하여 가장 큰 문제점 중의 하나가 언어소통문제이다. 영어 및 기타 외국어로 외국인 환자를 진료할 만큼 의료진이 외국어 능통하지 못할 경우 환자가 불안하고 답답함을 느끼게 되며, 환자의 만족도도 떨어진다. 의료관광이 성공하기 위해서는 우수한 언어실력을 바탕으로 환자의 고통을 최대한 배려한 의료진과 통역진이 노력의 결과이다. 결국 환자들의 체류기간도 늘리고 그들의 고통을 최소화시키면서 치료를 극대화하기 위해서는 언어소통의 문제가 해결되어야 한다는 점을 인식해야 한다.

다섯째, 의료관광 one-stop service center 시스템을 도입해야 한다. 치료를 목적으로 한국에 입국하는 환자들을 대상으로 의료관광 전 과정에서 발생할 수 있는 불안과 번거로움을 덜어 주고 의료 및 관광관련서비스 제공의 일원화를 도모하기 위하여 one-stop-service center 운영이 필요하다. 이를 지원하기 위해서 한국관광공사 내에 의료관광 서비스 센터를 개설하여 환자 및 보호자들을 위한 출입국 수속 지원, 외국인 대상 의료관광 전문병원 안내, 통역지원, 상담지원 및 콜센터 운영, 숙박예약, 보험업무 안내 및 처리지원, 각종 서류발급 지원, 관광상품안내 및 예약, 귀국 후 치료지원 등이 종합적인 서비스를 제공해 나가도록 해야 한다.

제6절 | MICE산업

1_ MICE산업의 개괄

MICE산업은 회의(Meeting), 인센티브 관광(Incentive Tour), 컨벤션(Convention), 전시(Exhibition ; Exposition)를 통합하여 일컫는 산업으로 MICE라는 용어는 학계보다는 홍콩이나 싱가포르 등의 동남아지역의 호텔 관광업계에서 주로 사용된 용어로 알려져 있다. 그래서 국가별로 MICE라는 용어가 다르게 적용되고 있다. 캐나다는 MC&IT(Meeting, Convention and Incentive Travel), 싱가포르는 BTMICE(Business Travel and MICE), 호주는 Business events로 규정하고 있어서 세계적인 공인된 용어는 아니지만 각국의 관광산업의 각광 받고 있는 분야를 조합하여 만든 새로운 관광산업이다.

MICE산업은 회의, 컨벤션, 인센티브 관광, 전시 등의 개별산업들이 하나로 뭉쳐 시너지 효과를 내고 있다. MICE산업이 관광산업의 중요한 분야로 자리 잡게 된 배경은 다양한 견해가 있으나 대체적으로 산업의 성장속도가 빠르고 수익성이 높다는 점과 산업파급효과가 크다는데 있다. MICE산업의 확산은 경제교류가 글로벌화되어 감에 따라 업무성격의 여행이 차지하는 비중이 점점 증가하는 것으로 나타났다.

WTO에 의하면 2000년 기준으로 유럽인들의 역외관광에 있어서 비즈니스 여행이 18%, MICE여행이 6%를 차지하고 있는 것으로 조사되었으며, MICE 여행의 성장률은 전체 아웃바운드 여행성장률을 상회하고 있다. 실제적으로 MICE는 1999년 미국경제에 있어서 402억 불의 수입창출에 기여했다는 조사가 있으며, MICE관광이 활발하게 이뤄지고 있는 뉴질랜드의 경우 컨벤션과 인센티브가 2,600만 뉴질랜드 달러(NZD) 이상의 수입을 올리고 있다.

이처럼 MICE산업이 일반관광보다 매력적인 산업으로 받아들이는 이유는 MICE 방문객들이 지출하는 금액이 레저목적의 일반관광객들보다 2배 이상 지출할 정도로 지출액이 높고, 행사의 규모가 커서 경제적 파급효과가 크기 때문이다. 그리고 관광 비수기에 숙박업, 항공업, 회의시설업, catering 시설 등의 관련서비스업계에 이익을 발생시키고 있다.

2 유형별 개념과 의의

1) 회의(Meeting)

회의(Meeting)는 가장 큰 비중을 차지하는 기업회의(corporate meeting)로 제한하기도 하지만 일반적으로 기업, 협회, 정부, 개인회의를 포함하고 있다. BECA(Business Events Council of Australia ; 오스트레일리아 비즈니스 위원회)에서는 회의를 공동의 목적과 정보의 공유를 위한 사람들이 모든 모임(컨벤션, 컨그레스, 컨퍼런스, 세미나, 워크숍, 포럼과 심포지엄 등을 포함)을 정의하고 있다. 그리고 Hughes(1988)는 회의의 기준을 참가인원 수, 진행기간, 숙박여부 등으로 제시하고 있는데, '15명 이상의 인원' 이 정해진 아젠다에 대해 '6시간 이상' 시설에서 만나는 모임으로, '2일 이하' 로 진행되며 '숙박은 포함되지 않는 것' 으로 정의하고 있다. Rutherford(1990)는 회의란 정보공유의 목적을 가진 사람들이 모여서 토의하고 조직적, 운영적 문제들을 해결하는 이벤트로 정의하여 회의를 작은 규모의 이벤트라고 보고 있다.

또한 회의의 범주를 기업회의로 국한하지 않고 광의의 개념에서 기업회의뿐만 아니라 협회, 학교, 단체 등에서 개최하고 있는 체계적이고 규모화되어 있는 세미나, 포럼, 심포지엄, 특강을 포함한 스페셜 회의로 보는 시각도 있다.

이러한 회의의 개최하는 목적은 주최 측의 의도에 따라 다양해질 수 있으나 일반적으로 어떤 문제에 대해 상호 의견교환을 통해 해결 또는 개선방안을 모색하기 위하여 의사소통의 기회를 마련한 것이므로 회의 개최의 취지에 따라 다양한 형태로 운영할 수 있다.

2) 인센티브 관광(Incentive Tour)

인센티브 관광(Incentive Tour)을 포상여행이하고 한다. 기업과 공공기관 및 영리 혹은 비영리단체가 근무성적이 우수한 구성원의 근로의욕을 고취시키고 구성원의 일체감과 충성심을 고양할 목적으로 실시하는 관광을 말한다. SITE(The Society of Incentive & Travel Executives ; 인센티브 관광위원회)는 인센티브(incentive)란 세계적인 경영수단으로 특별한 여행경험을 통해 참가자들로 하여금 동기부여와 업무적 재인식의 목적을 가지는 행사라고 정의 하고 있다.

ICCA(International Congress & Convention Association ; 국제컨벤션협회)는 인센티브는 이전 실적에 대한 보상으로 참가자들에게 제공되는 프로그램의 일부분으로서의 미팅이벤트로 정의하고 있다. 주로 기업에서 인센티브 관광을 사업목적을 달성하기 위한 현대적인 경영관리수단으로 활용하고 있다. 일반적으로 기업은 구성원들이 회사의 목표와 실적이 부응했을 때 그에 상응하는 특별한 여행체험기회를 부여하여 사기를 앙양(昻揚)시키고 동기부여시킨다. 기업, 기관, 협회 등이 인센티브 관광을 실시하는 목적은 사업목표달성, 의사소통 용이성과 네트워크 기회확충, 기업문화촉진과 상호작용 증진, 특정 프로젝트에 대한 몰입유도, 회사에 대한 충성심 고취 등을 들 수 있다.

3) 컨벤션(convention)

컨벤션은 국내회의를 뜻하였으나 국제간 교류의 증진에 따라 국제간 회의를 포함하게 되었다. 그러나 컨벤션은 전문기구나 국가마다 통용되는 기준이 다르며 우리나라의 한국관광공사에서는 국제회의, 전시박람회, 스포츠 행사, 문화행사, 기업 및 단체회의, 인센티브까지 포함하고 있다. 이러한 컨벤션을 CIC(Convention Industry Council ; 컨벤션산업협회)에서는 참여자들의 주요 활동이 교육세션에 참석하거나 회의, 토론에 참석하거나 사교, 조직된 이벤트에 참가하는 이벤트하고 정의하고 있다.

UIA(Union of International Association ; 국제협회연합)는 국제 컨벤션의 요건을 국제기구가 주최하거나 후원하는 회의로 전체 참가자 수 50명 이상의 회의 또는 국내단체 및 국내단체 및 국제기구의 국내지부가 주최하는 회의 가운데 전체 참가자 수 300명 이상 또는 전시회 동반 개최, 참가자 가운데 국외 참가자 비율 40% 이상, 참가국수 5개국 이상, 회의 기간 2일 이상의 조건을 만족하는 회의로 정의하고 있다.

ICCA(International Congress and Convention Association ; 국제 컨벤션협회)는 컨벤션을 최소한 50명의 참가자, 최소한 3개국 이상의 국가에서 돌아가며 정기적으로 개최하는 국제회의로 규정하였는데 명확한 기준을 제시함으로써 일관된 자료의 수집을 하는 장점이 있지만 컨벤션산업의 규모와 산업활동을 축소시키는 경향도 있다.

따라서 컨벤션은 국내외 특정다수인의 특정목적이나 가치재를 중심으로 모여서 관련된 문제를 심의, 토의 결정할 목적으로 사전에 결정된 일정에 의해 진행되는 공식적인 회의, 전시, 이벤트 등을 수반하는 일련의 집회를 의미한다. 컨벤션은 크게 유럽형 메세와 미국형 컨벤션형으로 구분된다. 유럽의 메세형은 일반적인 국제적 공식기구에 의한 회의나 견본시 위주로 되어 있으면서 컨퍼런스(conference)가 동반되는 형태를 띠고 있다. 반면에 미국의 컨벤션형은 기업이나 단체의 집회, 미팅이 주를 이루면서 트레이드쇼(trade show)와 같은 견본시 또는 이벤트가 부가되는 특성을 가지고 있다.

4) 전시(Exhibition)

전시회(Exhibition)는 회의시장의 또 하나의 중요한 세분시장이다. 회의사업의 성장과 더불어 매년 그 수가 증가하고 있다. 전시회는 컨벤션에 속한다는 점에서 교역전과 다르다. 전시회는 주로 협회시장, 특히 산업협회, 기술협회, 과학협회, 전문가 협회 등에 흔히 이용된다. 한국컨벤션 전시산업연구원은 전시회란 유형 또는 무형의 상품(제품, 기술, 서비스)을 매개로 하여 특정한 장소(전시장)에서 일정한 기간(전시기간) 동안 방문객(구매자)와 참가업체(판매자) 간에 상품거래와 홍보 등을 주목적으로 진행되는 일체의 마케팅 활동이라고 정의하였다.

미국의 IAEM(International Association for Exhibition ; 국제전시경영협회)에서는 전시회란 구매자(buyer)와 판매자(seller)가 진열한 상품 및 서비스를 서로간의 상호작용을 통해 현재와 미래의 시점에 구매할 수 있도록 개인이나 기업이 조성해 주는 일시적이고 시간에 민감한 시장이라고 정의하고 있다.

전시회는 전시되는 품목이나 분야에 따라 ① 전문전시회, ② 종합전시회 그리고 ② 세계박람회의 세 가지 유형으로 구분되며, 전시회에 방문객 성격에 따라 ① Trade Show와 ② Public Show 두 가지로 구분된다. 또는 전시회를 취급하는 시장에 따라 ① Trade Show, ② Public Show/Consumer Show, ③ Combined or Mixed Show로 세 가지로 분류하고 있다.

5) MICE산업의 의의

MICE산업은 회의(Meeting), 인센티브 관광(Incentive Tour), 컨벤션(Convention), 전시회(Exhibition)를 통합하여 보는 관광산업이다. 아직까지 MICE에 대하여 학문적으로 명확히 개념이 확립되었다고 보기는 어렵다. 다만 MICE 방문객은 본래 목적인 MICE 행사참석 외에 관광, 엔터테인먼트 등 다양한 활동을 하므로 MICE산업이 효과를 미치는 범위는 매우 다양하고 광범위하게 나타난다. T. Rogers(2003)는 MICE 산업을 하나의 산업으로 포괄적인 의미로 보지 않고 기업조직, 국내협회, 국제협회, 공공부문의 4가지 주최 기관별로 구분하고 이에 따라 Meetings, Incentives, Conferences, Exhibitions 그리고 Corporate Events의 각 부문별로 각 분야와 주최자에 따라 의미가 다르게 정의하고 있다. 이처럼 MICE산업은 단순히 하나의 분야에서 접근하기보다는 다각적 측면에서 접근하는 것이 필요하다. 따라서 MICE산업은 단순히 관광산업의 일부분으로 볼 수 없으며, 오히려 관광산업의 범위보다 넓다고 볼 수 있다. 예를들어 회의, 전시, 컨벤션 등은 자체시설 및 서비스뿐만 아니라 MICE활동에 따르는 부가적인 유·무형의 서비스가 필요하다. 그중에서 특히 숙박시설, 식음료시설, 상업시설, 교통시설 등 관광시설과 밀접한 관계를 가지고 있다. 21세기를 이끌어갈 고부가가치 산업으로 선진 각국은 자국의 홍보 및 경제 사회발전을 위하여 MICE산업을 적극적으로 개발·유치하고 있다.

표 5-5 | MICE 메트릭스

구 분	기업	조직	국내·외 협회 / 정부 간 기관	공공부문 / 정부
Meeting	최소 8명이 참석하고 4시간 정도의 지속되는 외부회의, 이사회, 합숙세미나, 연차총회를 포함	이사회, 지역회의, 교육훈련행사, 정보행사	최대 1~2일 지속되는 위원회수준으로 제한된 회의, 국내협회가 주최하는 국제회의	1일 동안 개최하며 비거주민을 대상으로 주최된 회의 수일 동안 지속되는 교육훈련 행사와 정보행사
Conference	사전에 홍보되어 대개 1~2일 지속되는 공식 프로그램. 대표자들은 꼭 참석해야 함	2~3일간 지속되는 연간 회의, 컨벤션	개별의 도시에서 신청받은 입찰을 바탕으로 선정하여 다른 국가나 대륙을 순회하며 개최하는 연간(또 더 자주)회의나 컨벤션. 일반적으로 3~5일간 개최	다른 지역에서나 지방에서 대표자들을 초청하여 하루 또는 2일 동안 개최
Incentive Travel	회의적인 요소를 포함하여 직원들과 판매업체들에게 동기부여와 보상을 하기 위한 비즈니스 관광여행			

구 분	기업	조직	국내 · 외 협회 / 정부 간 기관	공공부문 / 정부
Exhibition	전문전시주최자들이나 무역협회들이 주최하여 전시회와 소비자 전시회에 전시업체로서 참가하거나 제품 출시 또한 전시회에 기업방문객으로 참가	회의와 함께 운영하기 위해 전시조직을 포함할 수 있음. 또한 전시업체로 다른 산업 전시회에 참가. 전시협회에 전시주최자자들이 중요함	회의와 함께 운영하기 위해 전시조직을 포함할 수 있음. 다른 전시회에 전시업체로 가끔 참여	정보, 지역 전시 행사
Corporate Event	주요 스포츠 이벤트, 콘서트 그리고 다른 행사를 주최하거나 스포츠나 야외 오락활동에 참가	일반적이진 않지만 몇몇 전문 그리고 무역협회가 회들을 위해 스포츠 행사나 다른 행사들을 개최		

자료 : 안경모, "한국의 MICE 산업 발전방향", 경희대학교 관광산업대학원 국제관광전략연구소, 2008, 9, pp.11-13.

3_ MICE상품

MICE산업은 회의(Meeting), 컨벤션(Convention), 전시(Exhibition)라는 시설중심의 상품과 인센티브 관광(Incentive Tour)라는 서비스 중심의 상품으로 분류할 수 있다. 어떤 종류의 회의, 컨벤션, 전시에 따라 물리적 시설이 달라지기 때문에 상품의 특성에 적합한 시설을 갖추는 것이 MICE산업의 성패를 좌우하고 있다. 그리고 인센티브 관광은 특별여행상품이기 때문에 상품의 기획단계에서부터 참가자의 특성을 고려하는 것이 중요하다.

1) 시설중심의 회의, 컨벤션, 전시 상품

변화하는 MICE 산업환경에 대응하고 다양한 고객의 요구를 충족시키기 위한 시장조사를 하여 다음과 같이 MICE 상품을 분석하고 점검하여야 한다.

첫째, 회의, 컨벤션, 전시를 개최하기 위한 장소가 전문 MICE센터, 호텔 및 리조트, 지방자치단체, 대학 컨벤션 센터 등의 물리적 시설을 분석해야 한다.

둘째, MICE 시설의 위치는 도심 중심부에 위치한 교통이 편리한 위치, 주요관광지 근처의 위치, 고객들이 이용하는 고속도로 근처의 위치 등인지를 분석하고 또한 컨벤션 센터가 속한 도시의 규모 및 이웃도시의 규모 등을 분석한다.

셋째, MICE 시설에서는 회의실 및 객실의 수와 형태, 수용가능한 회의 그룹 및 투숙객의 수, 회의실 및 식당 좌석의 수, 연회실 및 전시장의 규모, 그룹별로 회의실로 할당할 수 있는 회의실의 수, 가장 근접한 경쟁자와의 거리, 회의실 및 객실 수 등을 철저하게 파악해야 한다.

넷째, MICE센터 설비에서는 회의, 컨벤션, 전시 시설설비의 수명, 주 출입구 및 주차장, 로비 및 객실의 상태, 복도, 레크리에이션 시설, 유지 보수에 사용하는 비용, 가구, 메트리스, 리넨제품, 시청각 시설 등의 상태가 어떠한지 분석해야 한다.

다섯째, 레크리에이션 설비는 골프 코스, 수영, 잔디 스포츠, 보트, 스키, 테니스 등을 갖추고 있는지 분석해야 하고 갖추고 있지 않으면 어떤 시설이 가까이 있는지, 설치를 고려해야 할 새로운 시설은 무엇인지, 지역의 유적지 및 관광명소 시설은 있는지를 알아야 하고 유적지 및 관광명소시설이 있으면 분위기는 조용한지, 호화로운지 등을 파악해야 한다.

여섯째, 레스토랑과 라운지 시설에서는 메뉴, 음식의 질, 식기류 등의 상태는 어떠한지 그리고 품질과 수량을 관리는 잘하고 있는지, 경쟁자의 음식, 오락, 서비스 등은 어떠한지를 알아야 한다.

일곱째, MICE 시설과 관련된 종사원의 근무태도를 분석한다. 등록팀, 의전팀, 관리팀, 숙박에서 프론트 데스크에서 청소와 도우미 등의 태도와 고객의 불평과 칭찬의 빈도, 직원간의 관계, 직원대상 훈련, 각 조직 구조 등을 분석해야 한다.

여덟째, 회의, 컨벤션, 전시 행사를 운영하기 위해 기타 어떤 설비를 갖추고 있는지 파악해야 한다. 사용가능한 회의장비 및 만일 경우를 대비하여 외부의 서비스 활용이 가능한지 분석해야 한다.

모든 MICE시설들은 나름대로의 장단점을 가지고 있다. 행사의 조건에 맞게 유일한 회의, 컨벤션, 전시 등을 개최할 수 있도록 고객의 관점에서 MICE산업 시설을 분석해야 수익을 창출할 수 있다.

2) 서비스 중심의 Incentive Tour 상품

여행사에서 제작 · 모집하는 값싼 단체여행이 아니라 기업이나 단체의 인센티브 여행 전담부서에서 별도로 기획 · 제작한 프로그램에 의한 단체 여행이다. 매회 여행자 수는 적게는 2명에서 많을 때는 수천 명에 달하는데 평균적으로 100~150명 정도 규모로 이루어지고 있다. 인센티브 관광은 회사가 기획하고 조직하며 포상기회의 참가와 획득방법을 홍보하기 때문에 본질적인 동기로 실시하는 개인여행이나 레크리에이션과는 다르다. 따라서 인센티브 관광을 기획할 때는 다음과 같은 요인들 고려하여 상품을 개발해야 한다.

① 독특성(uniqueness)
② 환상과 즐거움(fancy)
③ 이국적 체험(exotic experience)
④ 유일성과 단독행사(exclusivity)
⑤ 독창성과 특별함 제공(originality)
⑥ 집행예산 고려(budget)
⑦ 사소한 부분 배려 및 고려(attaintion to detail)

이처럼 인센티브 관광은 매우 치밀한 사전 수배 및 철저한 서비스 등이 요구되므로 현지 여행상의 선택 없이는 이뤄질 수 없으며, 현실적으로 여행사의 관광수입이 낮은 마진율을 극복할 수 있는 훌륭한 상품이다. 인센티브 관광의 상품의 종류는 다음과 같다.

(1) 포상여행

포상여행에는 순수포상여행과 판매포상여행으로 나뉜다. 순수포상여행은 필요한 과업을 달성한 직원이 업무를 성취한 대가로 기업으로부터 휴가와 상을 받아 여행하는 것을 말한다. 그리고 판매포상여행은 업무와 휴가를 겸한 여행으로 의무적인 회의가 포함되고 대부분의 시간을 회사업무의 목표를 달성하는데 목적을 두고 업무와 관련된 활동을 하게 된다.

포상여행은 일반적으로 5일에서 1주일 이상의 기간으로 이루어진다. 최근에는 주말 포상여행이 인기를 얻고 있다. 거의 대부분의 포상여행은 단독여행보다 단체여행으로 구성된다.

(2) 시찰초대여행

매체관계자의 호의를 유발시키기 위해 직접 여행상품을 사용해 보도록 하는 여행이다. 일부보조금 지급과 전액 지급의 시찰초대여행은 후원자에게 비싼 것이 될 수 있지만, 시찰초대여행이 매체에 직접적으로 영향을 미치는 기회가 증대하게 되므로 결국에는 들어간 비용을 보상받게 된다.

(3) 거래상 대상여행과 판매직원 대상여행

거래상 대상여행(dealer trip)과 판매직원 대상여행(sale force trip)으로 구별할 수 있는데 대체로 전자는 비교적 기간이 길고 원거리 여행을 하며 업무적 성격이 가미되지 않고 위락 및 휴식기회를 제공키 위해 흥미위주로 짜여지며, 후자는 국내 유명지역에서 비교적 단기간에 걸쳐 업무적 성격의 프로그램이 다소 가미되는 경향이 있다.

(4) 그룹여행과 개별여행

인센티브 참가의 규모에 의한 분류로 단체여행은 참가자가 모두 왕복여행을 하며 여행 전 시간을 단체와 함께 여행을 해야 하는 조건이 요구되나, 개별여행은 여행시기 및 행동을 자유롭게 선택할 수 있다.

(5) 시장에 따른 판매점, 사원, 소비자 인센티브 여행

판매점 인센티브 여행은 딜러 인센티브 여행이라고 하며, 대상은 판매점, 대리점, 외교원 등의 딜러로서 매상고 증가, 자사상품의 지분확대, 연대제휴강화 등을 목적으로 실시한다.

그리고 사원인센티브 여행은 이너(inner) 인센티브 여행으로 사원육성, 동기부여, 사은, 보장, 위로 등을 촉진함과 함께 대외적인 기업이미지 향성을 목적으로 실시하고 있다.

이외에도 소비자 인센티브 여행은 유저(user) 인센티브 여행이라고 한다. 상품고지나 확대판매, 상표이미지 향상, 고객 확보 등을 목적으로 하는 여행이다. 신상품발표에 따른 광고 선전에 대한 반응조사, 상품인지도 향상 혹은 사은이나 판매 캠페인, 경품증정 등 매상증대의 직접적인 동기부여, 고객관리 등 마지막 사용자에게 상품을 소구할 때 활용되고 있다.

4 한국의 MICE 산업 육성방안

우리나라는 2000년 아시아 유럽정상회의(ASEM) 유치를 계기로 정부에서는 서울에 대규모 컨벤션센터의 건립을 추진하게 되었고, 국제회의산업 육성에 관한 법률인 '국제회의산업 육성에 관한 법률' 을 1996년 12월 제정하였고, 1997년에 시행령 및 시행규칙을 제정 공포함으로써 컨벤션 산업육성 및 발전에 필요한 법, 제도적 기반을 구축하였다. 2002년에는 전국의 전시 컨벤션 시설을 지원하기 위한 '한국전시산업진흥회' 를 건립한 바 있으며, 이 단계에서 3천 억이 넘는 중앙정부의 직 · 간접적인 지원이 있었다. 그리고 2009년에는 우리나라 17대 신성장동력의 하나로 MICE 산업이 선정되어 회의, 인센티브, 컨벤션 및 전시를 포함하는 회의산업 영역을 확대되어 적극적인 정부의 지원을 받고 있다. 특히 정부에서는 MICE 산업육성을 위한 '코리아 컨벤션뷰로' 의 기능을 강화하여 MICE 조직으로 개편하였고, 서울특별시를 비롯하여 대전광역시, 제주특별자치도, 인천광역시 등 전국적으로 MICE 산업육성

전략 선포식 혹은 국제회의도시 지정을 통한 지역경제활성화의 계기를 마련하고 있다. 지식경제부는 2013년까지 3개의 세계적인 수준 또는 아시아 대표 전시회 발굴 및 육성을 목표로 'Global Top 10 전시회'와 '브랜드전시회' 육성계획을 밝힌 바 있다. 이를 구체적으로 살펴보면 다음과 같다.

첫째, MICE 통합지원체계 구축이다. 특히 민간 대 민간의 협력체계 구축에 어려움 점을 감안하여 정부의 시장 촉진자적 역할의 필요성에 따라 국무총리산하 'MICE육성협의회'를 중심으로 민 · 관협력네트워크 등 MICE 유치총력 지원체계 구축과 국제기구 및 다국적 기업이 본부유치, 관광진흥개발기금 등 자금지원확대 등을 추진하고 있다.

둘째, MICE 참가자 비자발급 절차 간소화이다. MICE 참가자들에 대한 비자발급 절차 및 제출서류 등이 복잡하여 대규모 MICE 행사 시 참가자가 감소할 우려가 있다. 이에 대한 개선방안 마련의 필요에 따라 대규모 참가자 입국 시 신속한 입국 절차진행을 위한 비자발급 제출서류 간소화를 추진하고 있다.

셋째, MICE 연계 패키지 상품개발이다. 경제 불황으로 인한 참가자들의 가격민감도가 높아질 것으로 예상되고 있어 가격경쟁력을 높이고 부가가치를 증대시키는 프로그램을 개발이 필요하다. 그리고 MICE에 참가자들을 관광객으로 활용하기 위해 MICE와 관광을 연계한 종합패키지 상품개발 및 이의 이용을 증대하기 위한 MICE카드 도입을 추진하고 있다.

넷째, MICE시설 확충 및 집적화이다. 우리나라의 MICE시설 면적은 159,898으로 전 세계의 0.6%(25위), 아시아의 4.1%(6위)로 낮은 수준이며 숙박, 교통, 상업시설 등 주변여건이 대한 종합적인 고려 없이 지자체의 경쟁시설 건립에 따른 적자운영 지속화됨에 따라 기존 MICE 시설 및 부대시설 확충과 숙박, 쇼핑, 엔터테인먼트 시설이 집중화될 수 있도록 MICE 복합단지를 지정하고 MICE 시설에 대한 투자확대 유도 및 관련제고 개선을 추진하고 있다.

다섯째, 세계적인 수준의 MICE 유치 및 육성이다. 예를 들어 국제회의의 경우 우리나라는 건별 지원위주로 체계적인 지원이 부재하여 한국을 대표하는 국제회의 부재하고, 전시산업은 무역규모에 비해 경제에서 차지하는 비중이 낮음에 따라 세계적인 수준의 MICE 개최와 한국관광공사의 유치 · 조정기능 강화가 필요하다. 이를 위해 MICE Specialist 위촉 및 전담직원 배치, 1,000명 이상 외국인 참여 국제회의 3개 육성, 세계적인 수준의 Global Top 전시회 3개 육성을 추진하고 있다.

참 · 고 · 문 · 헌

김성혁, 서비스 경영론, 대왕사, 1994.
김성혁, 여행사 경영관리론, 형설출판산, 2000.
김성혁, 컨벤션 산업론, 백산출판사, 2002.
김영규 · 김명신, 여행업과 항공업의 이해, 한올출판사, 2006.
김영규 · 이희천, 호텔객실실무, 학문사, 1999.
김진섭, 호텔경영학, 대왕사, 1997.
김정근, 호텔경영론, 대왕사, 1997.
김천중, 여행업, 대왕사, 2002.
김천중, 관광정보시스템, 대왕사, 2002.
류인평 · 국중을, 의료관광마케팅연구, 관광경학 연구, 제12권 3호, 2008.
박시사, 여행업경영론, 대왕사, 2009.
박호래, 호텔경영론, 형설출판사, 1999.
신영섭, 호텔객실서비스 실무론, 학문사, 1999.
신재기 · 문상희, 컨벤션마케팅, 한올출판사, 2003.
신재영 · 송성인, 최신호텔경영론, 백산출판사, 1996.
유명희, 의료관광마케팅, 한올출판사, 2010.
유정남, 호텔경영론, 기문사, 1998.
이웅규 · 정병웅, 의료관광 활성화를 위한 사례연구, 관광연구저널 21(2),2007.
이선희, 호텔서비스마케팅론, 기문사, 1998.
이희천, 호텔마케팅, 도서출판 두남,1998.

임경인, 최신호텔마케팅, 백산출판사, 1998.
임영찬외 3인, 호텔경영의 이해, 1998.
서병로외 2인, 의료관광산업, 대왕사, 2008.
조주은 · 김은희, 항공사 업무론, 현학사, 2004.
조희정 · 원종혜 · 최미선, 항공예약실무, 한올출판사, 2008.
주종대, 현관객실실무, 백산출판사, 1997.
정재욱 · 김용문, 충북MICE산업 현황과 활성화 전략, 충북개발연구원, 2010.
하헌국 · 이상태, 호텔식음료경영론, 한올출판사, 1998.
호텔신라, 호텔서비스 기초편, 호텔신라서비스 교육센터 Manual,
________, 호텔서비스 실무(1), 호텔신라서비스 교육센터 Manual.
차길수, 서비스 기업의 인간관계관리, 대왕사, 1997.
Beavis, J.R.S & Medliwick, A Manual of Hotel Reception, 3rd edition, Heinaman, 1987.
Boella, M.J., Working in a Hotel, Batsford, 1979.
Braham, B., Hotel Front Office, Hutchinson, 1985.
Smith, D., Hotel and Restaurant Design, Design Council Publication, 1991.
Walton, P., Modern Financial Accounting in the Hospitality, Hutchinson, 1983.

06 제6장

관광촉진론

제1절 | 관광마케팅

1 관광마케팅의 개념과 특성

마케팅에 관한 정의는 여러 가지가 있다. 피터 드럭커는 '마케팅이란 고객창조와 유지이다' 라고 정의하고 있고, 미국마케팅협회(AMA)에서는 '마케팅이란 개인과 조직의 목표를 만족시키는 교환을 창조하기 위해 아이디어, 재화, 서비스의 컨셉트, 가격, 프로모션, 유통을 계획하고 실행하는 과정이다' 라고 소개하고 있다.

상기의 마케팅 정의를 바탕으로 관광마케팅을 정의하면 교환을 통하여 관광객의 욕구와 관광조직의 목표를 만족시키는 제품 및 서비스, 아이디어를 사용하여 상품화, 가격결정, 유통 및 촉진을 계획 · 실시하는 전략적 조직활동을 의미한다.

관광기업은 경영상의 특성과 관광시장의 특수성 그리고 관광객에게 판매되는 관광상품의 이질성 등으로 인하여 관광마케팅은 일반기업에서 적용하는 마케팅과는 성격이 다르다. 왜냐하면 관광기업은 일반 기업의 제품마케팅과 달리 생산과 소비의 동시성, 이질성, 소멸성 그리고 무형성의 특징을 지닌 서비스 상품이기 때문이다. 따라서 서비스 상품을 구매하려는 고객들은 보이지 않는 서비스의 참된 가치를 고객이 눈으로 확인할 수 있게끔 하는 마케팅 전략이 필요하다.

관광마케팅의 특성을 여행사를 중심으로 설명하면, 여행사 마케팅은 여행자의 욕구충족을 최종적으로 실현시키기 위해 여행상품에 대해 시·공간적 효용을 창출하고, 현재적·잠재적 여행객의 필요나 여행욕구를 파악하여 이를 여행상품계획에 반영시키며, 이렇게 해서 생산된 여행상품을 여행자에게 알리는 동시에 그들의 구매력을 이에 향하도록 노력하는 일련의 활동인 것이다. 이러한 점에서 여행사 마케팅은 여행자의 만족과 여행사의 이윤을 동시에 실현시킬 수 있는 최적수단이다. 여행사 마케팅은 여행업과 그 상품과 그리고 시장적 특성을 때문에 다음과 같은 여러 특성을 지닌다.

첫째, 여행상품은 각종 서비스의 집합체이므로 여행사 마케팅은 이러한 서비스 상품을 여행자들에게 전달되게 하는 영업활동의 총체로서 파악되어야 한다.

둘째, 여행사 마케팅은 여행상품의 무형성으로 인해 서비스 자체보다 그 서비스의 참된 가치를 여행자에게 확신시켜 주어야 하는 특징이 있다.

셋째, 여행상품에 대한 여행자의 평가방식이 구매 후나 소비과정을 통해서만 평가할 수 있는 경험품질이기 때문에 고지적 또는 정보제공적인 마케팅 수단이 중요하다.

2 관광시장세분화

1) 관광시장세분화의 의의

시장세분화란 모든 소비자가 욕구가 상이하기 때문에 한 제품만으로는 전체소비자의 욕구를 동시에 충족시켜 줄 수 없다는 가정 아래 전체시장을 일정한 기준을 활용하여 욕구가 유사한 몇 개의 시장으로 나누는 과정이라고 할 수 있다. 이를 좀 더 광범위하게 정의하면 욕구가 유사한 관광객을 집단별 전체시장으로 나누고(Segmentation), 관광기업의 목적 달성에 가장 적합한 관광객 집단을 선택 혹은 표적화하여(Targeting) 선택된 표적시장에서 차별적인 경쟁우위를 유지하고 자사의 관광상품이나 서비스를 적절하게 위치시키는 전략을(Positioning) 개발하는 소위 S. T. P

표 6-1 | 여행사의 표적시장 접근방법과 마케팅 전략

구 분	비차별화 마케팅	집중 마케팅	차별화 마케팅
시장정의	광범위한 고객	잘 정의된 단일 고객 집단	둘 혹은 그 이상의 제한된 고객 집단
제품전략	다양한 고객을 겨냥하여 단일 상표로 한정된 수의 제품 및 서비스 판매	단일 소비자 집단을 대상으로 단일 상표의 제품이나 서비스 제공	각 고객 집단별로 별개의 제품이나 서비스 제공
가격전략	전체적인 단일 가격	단일 가격	차별적 가격
유통전략	가능한 모든 판매 경로 동원	단일의 판매 경로 선정	세분시장별 차별적 유통경로 선정
촉진전략	대중매체	전문잡지와 같은 특화된 매체	세분시장별 차별적 매체 선정
전략의 강조점	동일한 마케팅 프로그램을 통해 다양한 유형의 소비자들에게 접근	고도로 전문화된 동일 마케팅 프로그램을 통해 구체적인 고객집단에 접근	각 세분시장별 차별마케팅 프로그램으로 둘 또는 그 이상의 시장에 접근

전 과정을 의미한다.

지금까지 마케터들은 관광시장에 있어서 어떤 관광객이 어떤 서비스를 구매할 지 또는 정확히 규정된 세분시장의 특별한 요구에 대한 세심한 고려없이 일련의 포괄적인 상품과 서비스를 제공해 왔다. 그 만큼 관광기업에서는 관광시장에 대한 세분화의 중요성과 과정 및 실행을 묵과해 왔다.

일반적으로 관광기업은 표적시장을 선택하는데 있어서는 다음과 같은 세 가지 접근방법 중 한 가지를 선택할 수 있다.

첫째, 비차별적 마케팅 접근법이다. 이것은 시장을 이질적인 욕구의 집합체가 아니라 동질적인 하나의 집단으로 보고, 소수의 다양하고 독특한 욕구를 무시해 버리는 대신 다수의 공통되는 욕구만을 주목하는 접근법이다.

둘째, 차별적 마케팅 접근법이다. 이것은 전제시장을 여러 세분시장으로 나누고 이를 각각의 세분시장에 맞는 독특한 서비스를 제공하는 접근법을 말한다.

셋째, 집중 마케팅 접근법이다. 이것은 큰 시장에서 낮은 점유율을 유지하는 대신에 자기에게 가장 알맞은 하나 혹은 몇 개의 시장을 선택한 후 이 시장에 집중함으로써 보다 높은 점유율을 확보하는 접근법이다.

2) 시장세분화의 중요성과 유용성

여행사 입장에서 비용면을 고려한다면 여행시장선택 대안 중에서 비차별적 마케팅이 유리하다. 그러나 여행사들은 모두가 이러한 비차별적인 마케팅에 의존할 수는 없다. 현재 여행업계에서는 여행사의 양적 증가, 여행상품의 모방성과 덤핑문제 등 비표준화, 개성화, 차별화를 시도할 수밖에 없는 상황에 처해 있다. 이러한 경우에 적절한 시장세분화의 적용은 여행사들로 하여금 그들의 노력을 성공 가능한 특정시장에게로 지향케 함으로써 불필요한 자원 낭비를 방지할 수 있게 해 준다.

또한 여행서비스의 본질적인 특성을 고려해 볼 때 일반적으로 각각의 여행사마다 서비스가 명확히 차별화가 되지 않을 때 시장세분화라는 차별적인 도구를 사용하면 각각의 동질적인 집단이 추구하고 있는 편익의 차별화를 제공해 줄 수 있어서 여행서비스의 차별화를 가능하게 할 수 있게 된다.

이러한 시장세분화의 의한 차별적 서비스의 제공의 가장 전형적인 사례로는 진실의 순간을 강조한 안 칼숀(Jan Carlzon)의 스칸디나비아 항공사처럼 항공기를 가장 많이 이용하는 비즈니스 여행자를 주요 타켓으로 삼아 이들만을 위한 서비스를 제공하여 SAS항공사를 정화시켰다. 이러한 점은 여행사 마케터들이 주목해야 할 부분이다.

3) 관광시장세분화의 과정

시장세분화의 과정은 〈그림 6-1〉에서와 같이 이질적인 시장을 특정의 동질적 시장들로 나누는 과정인데 관광시장 개념의 정의, 세분화의 기준이 되는 대안 규명, 대안들에 대한 조사와 세분화를 위한 최적기준 선택, 개별 세분시장의 규명과 각 세분시장의 매력도 평가, 표적시장의 선택 등 4단계로 구분할 수 있다.

그림 6-1 | 서비스 시장세분화 과정

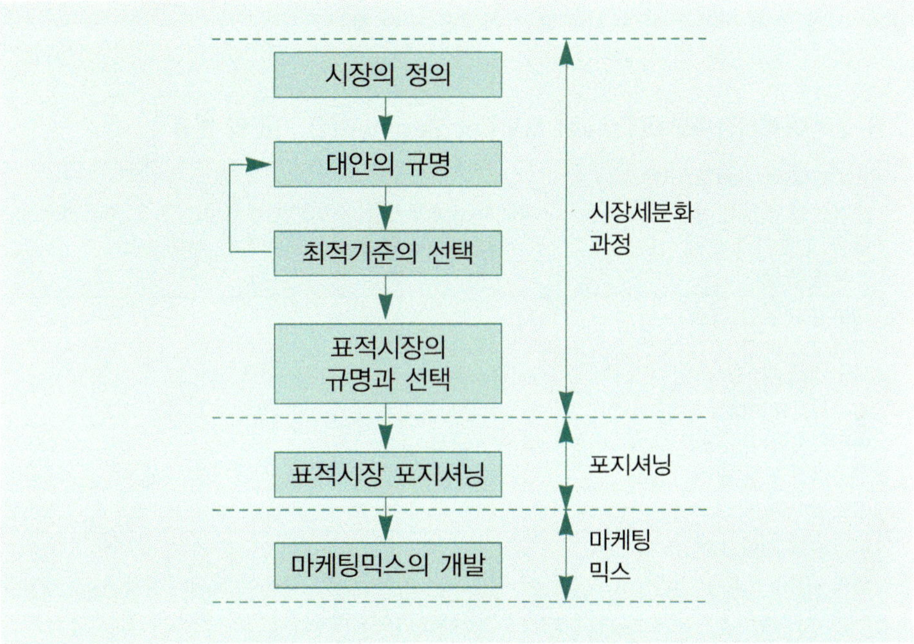

(1) 관광시장의 개념

일반적으로 시장이란 구매자와 판매자 사이의 교환이 이루어지는 곳을 말하며, 현재 관광마케팅에서 시장은 관광욕구를 지니고 있으며, 그 욕구를 만족시키기 위해 기꺼이 교환에 관여하려는 현재의 고객과 잠재적인 고객의 집합이라고 정의한다. 이러한 관광시장은 관광객의 특정편익과 사용상황을 평가함에 있어서 유사한 특징을 가지고 그 효용을 얻기 위해 기꺼이 관여하는 관광객으로 이루어진 집단으로 볼 수 있다. 또한 관광시장은 공간적으로 여행을 출발할 공간적 개념과 더불어 관광욕구를 지닌 사람과 여행경험이 있는 사람을 모두 포함하는 인적인 개념이 내재되어 있다.

(2) 세분화의 기준

일단 관광시장에 대한 정의가 이루어지면 그 다음 단계는 시장을 세분화하는데 사용할 수 있는 여러 가지 선택대안 즉, 세분화 기준들에 대한 숙고가 이루어져야 한다. 관광학 분야에서 시장세분화의 방법과 기준에 대해서는 많은 연구가 되어 오고 있고, 여러 가지 기준들이 제시되고 있다.〈표 6-2 참조〉

표 6-2 | 여행시장세분화(Travel Market Segments) 기준의 분류

기준	설명
1. 여행의 목적/세분화 이용 휴가여행 개인적 사업 다른 사업 회의 참가 스포츠 관람	세분화는 목표시장이 특별한 형태의 상품을 적극적으로 구하고 있기 때문에 가장 효과적인 세분이다.
2. 세분화 분포의 경로 직접 고객판매 여행사를 이용한 판매 투어오퍼레이터를 통한 판매 여행도매업자를 통한 판매 항공사를 통한 판매 정부의 마케팅	이 접근은 적당한 가격으로 직접 도달될 수 없거나 밀접한 관계를 유지하고 있는 여행무역회사들이 있는 시장들에 효과적이다.
3. 인구학적 세분화 연령 · 성별 · 교육 소득 가족의 크기 직업 가족 생활주기 사회적 계층 자택 소유현황	이 세분화는 이러한 세분화들이 도달하기가 쉽고 세분화들에 대한 정보가 이용 가능하기 때문에 가장 많이 이용되고 있는 세분화 접근이다.
4. 상품과 관련된 세분화 레크리에이션 활동 상표충성도 기대되는 혜택 체제기간 교통수단 선호하는 경험 참가형태들	이 세분화들은 접근하기 어렵지만 특별한 상품들의 이용과 잘 조화를 이루고 있다.
5. 심리학적 세분화 개성특징들 라이프스타일 태도, 관심, 의견 동기	관광에서 이 세분화는 효과적이다. 관광상품 이용이 싸이코그래픽 집단들 사이에서 광범위하기 때문이며, 많은 광고매체는 이러한 방법으로 세분화되고 있다.
6. 지리학적 세분화 국가 주, 지방 지역 도시, 교외, 시골 도시의 크기 인구밀도	이러한 시장들은 분명히 정의되고 접근 가능하기 때문에 가장 일상적인 세분화이다. 다른 접근 방법들과 결합해서 사용되지 않는다면 효율적인 접근이 아니다.
7. 이용빈도/계절세분화 중사용자 보통사용자 경사용자	자료는 이러한 고객들에게 기꺼이 이용가능하여야만 한다. 그러므로 이 방법은 비용면에서는 효과적이다.

자료 : Clare A. Gunn, "Tourism Planning,"(Second Edition, Taylor &Francis,1988), pp.100-101

(3) 세분화를 위한 최적기준의 선택

관광시장을 세분화하는데 유용하게 이용할 수 있는 제 변수에 대한 숙고를 끝낸 후에는 세분화 기준 중에서 관광기업에 가장 적합한 하나 혹은 그 이상의 최적 세분화 기준을 선택하여야 한다.

표 6-3 | 여행시장 세분화

매력 요소	시장/방문지역	고객 특성	편 익
· 일광, 스키 · 자연 풍광 / 야생 · 오락 · 사냥 · 문화/역사/사람 · 이벤트/스포츠 · 테마공원 · 시설/항구/호텔 · 특산품(먹거리)	· 외국 관광지 · 국내 관광지 · 계절적 관광지 · 연중관광지	· 나 이 · 수 입 · 가 족 · 독 신 · 전문직 · 생활양식 · 윤리/종교	· 가 격 · 이용 편리성 · 질 · 식음료 · 양/다양성 · 시설

(4) 표적시장의 규명과 선택

전체 관광시장을 여러 가지 기준에 의해서 세분화한 뒤 관광기업에 가장 적합한 표적시장을 선택하는 것이다. 즉 관광기업의 마케팅 노력을 투입할 시장의 범위를 결정해야 하는 것이다. 여기서 표적시장이란 관광서비스 상품 제공자가 자신의 노력을 특별히 기울이는 고객집단으로 정의할 수 있다. 관광기업 간의 경쟁이 심화되는 상황에서 경쟁우위를 확보하기 위해서나 세분시장별로 관광기업의 마케팅 목표를 효율적으로 실행하기 위해서는 관광시장의 표적화가 필수적이다. 이러한 표적시장을 선정하기에 앞서 다음과 같은 표적시장의 구비요건을 확인하여야 한다.

① 측정가능성

마케터가 각 여행세분시장의 규모, 구매력, 성장 잠재력 등을 측정할 수 있어야 한다.

② 유지가능성

관광세분시장 내에 특정 마케팅을 지속적으로 실행할 수 있을 만큼 충분한 동질적 수요자들이 존재해야 한다.

③ 실행가능성

각 관광세분시장의 고객욕구에 충분히 부응할 수 있는 효과적인 마케팅 프로그램을 계획할 수 있는 능력을 여행사가 소유하고 있느냐 하는 것이다.

④ 접근가능성

관광기업이 적절한 마케팅 수단을 통해 서비스를 전달할 수 있어야 한다는 것이다.

3 관광 포지셔닝 전략

1) 포지셔닝의 개념과 의의

포지셔닝은 Ries & Trout(1969)의 '광고에 있어서 포지셔닝의 개념' 이라는 논문에서 포지셔닝을 설명한 후 이를 계속적으로 발전시켜 오늘날 가장 유명한 마케팅의 개념 중의 하나로 자리잡게 되었다. 포지셔닝이란 상품이나 서비스에 대해 어떤 행동을 취하는 것이 아니라 잠재고객의 마음 속에 어떤 행동을 취하는 것을 말한다. 즉, 잠재고객의 머리속에 상품이나 서비스의 위치를 잡아주는 것이 바로 포지셔닝이다.

관광시장에 있어서 포지셔닝 전략은 시장세분화를 기초로 선정된 표적시장에서 관광객 분석, 경쟁기업의 분석 그리고 자사의 관광상품과 서비스의 분석을 통해 고객의 위치를 계획하는데 그 의의를 둔다. 여기서 고객의 위치란 고객들이 그 상품이나 서비스를 어떻게 인식하고 있느냐를 말하는 것이며, 동시에 표적고객의 마음속에 경쟁자의 그것과 구별되게끔 해 주는 경쟁적 우위를 찾아 내어 개발하고 이를 커뮤니케이션 하는 것이라고 할 수 있다.

포지셔닝은 신규브랜드를 시장에 출시할 때나 기존 브랜드를 재포지셔닝할 때 모두 사용할 수 있으며, 이것은 특정브랜드가 그저 그런 진부한 상표로 전락되지 않도록 상품과 서비스를 차별화시키는 것과도 밀접하다. 특히 관광상품은 유형의 상품과 달리 눈에 보이지 않는다는 무형성 때문에 차별화가 어렵다. 그러나 일단 차별화가 성공하면 고객들이 특정서비스를 제공하는 관광기업을 경쟁자의 그것과 확연히 다르게 인식하게 될 경우 그 성과는 장기간 고객관계를 유지하는데 많은 영향을 준다.

2) 포지셔닝의 과정

일반적으로 포지셔닝 전략은 포지셔닝 실행수준의 결정, 표적 세분시장이 중요하게 여기는 주요 속성의 규명, 포지셔닝 맵(지도)작성, 포지셔닝 대안의 선택과 실행 등과 같은 단계를 통해 이루어진다

일단 관광기업이 자신의 현 위치를 확인했다면 다음 순서는 자신의 현 지위를 유지·강화할 것인가 아니면 이동시킬 것인가를 결정한다. 포지셔닝은 다음과 같은 대안으로 실행할 수 있다.

① 현 위치의 강화

이것은 현재 위치를 고수하는 전략이다.

② 미충족 시장 위치의 선점

이것은 어떤 경쟁자에 의해서도 선점되지 않은 시장의 틈을 찾아내어 이 부분을 점유하는 것이다.

③ 재 포지셔닝

이것은 현재의 위치를 버리고 새로운 포지션을 찾아가는 것을 말한다. 즉 기존의 포지셔닝 전략의 수정 및 보완을 의미하는 개념으로서 동태적인 환경에서 새로운 생존수단이며 나아가 경쟁우위를 확보하는 수단으로 중요하다.

4 관광마케팅 관리과정과 믹스

1) 관광마케팅 관리과정

관광기업의 마케팅 믹스를 이해하기 위해서는 우선 마케팅 관리과정에 대한 이해

가 선행되어져야 한다. 마케팅 과정이란 마케팅 활동을 계획하고 집행하고 그 결과를 통제하는 과정을 의미한다. 즉 마케팅이란 개념을 현실화라는 과정이라고 할 수 있다. 위에서 정의된 마케팅 관리과정은 다음과 같다.

① 관광시장을 분석하여 마케팅 할 만한 기회를 찾고

② 마케팅 조사를 통하여 목표시장을 선정하여

③ 그 시장에 적합한 마케팅 전략을 수립하여

④ 이 마케팅 전략을 집행하기 위한 구체적인 마케팅 프로그램을 작성하고

⑤ 프로그램된 마케팅 활동을 조직하여 실행하고 그 결과를 통제하는 일련의 활동이다.

이러한 마케팅 관리과정은 기업을 둘러싸고 있는 환경변화에 적절히 대응하기 위한 마케팅 활동의 총칭으로서 특히 고객이라는 마케팅 환경에 장기적으로 적응하기 위한 일련의 기업정책을 의미한다. 이런 의미에서 볼 때 마케팅 전략의 궁극적인 목적은 주로 마케팅 환경으로서의 고객에 적응하는 일, 즉 고객이 원하는 상품 및 서비스 판매를 제고하는 일이며, 이는 곧 마케팅 믹스전략의 구사를 의미한다.

그림 6-2 | **마케팅 관리과정**

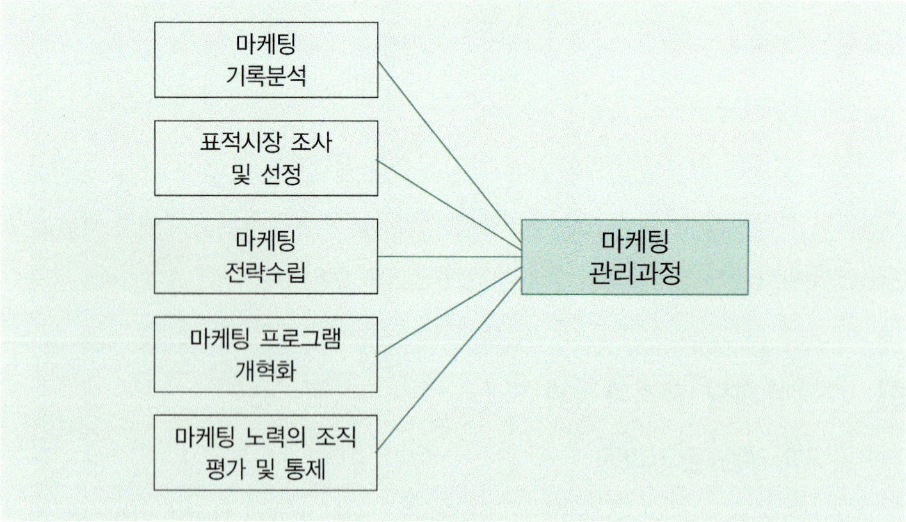

2) 관광마케팅 믹스의 구성요소

마케팅 목표를 달성하기 위해서는 효과적인 마케팅 전략이 수립되어야 하고, 효과적인 마케팅 전략 수립을 위해서는 각종 마케팅 도구를 어떻게 활용하며 동시에 이러한 이용 가능한 마케팅 도구 전체를 어떻게 조합하면 마케팅 목표를 달성에 가장 유리할 것인가를 결정하여야 한다. 이러한 활용가능한 도구들의 결합을 우리는 마케팅 믹스라고 부른다. 구체적으로는 기업이 마케팅 목표달성을 위하여 통제할 수 있는 마케팅 변수들의 결합이라고 정의한다.

McCarthy교수는 마케팅 믹스를 제품(Product), 유통(Place), 가격(Preice) 그리고 촉진(Promotion)으로 4P' s를 마케팅의 구성요소로 간주하고 있다. 그러나 4P' s 믹스를 그대로 관광분야에 적용하는 것은 무리가 있어 수정과 보완이 필요하다. 따라서 관광기업의 특성을 고려하여 마케팅 믹스의 구성요소들은 새롭게 인식되고 수행되어야 한다.

관광객들이 원하는 관광상품과 서비스 판매를 제고할 수 있는 마케팅 믹스의 조합들은 기존의 4P' s에 Booms와 Bitner가 제시한 서비스 수행에 효과적인 도구인 참가자(Participants), 물적 증거(Physical evidence), 서비스 과정(Process of service assembly)의 3P' s를 추가 보완하자는 이론이 설득력을 얻고 있다.

이외에도 Morrison이 기존의 4P' s에도 종사원(Person), 패키징(Packaging), 프로그램밍(Programming) 그리고 제휴(Partnership)가 추가된 8P' s를 관광마케팅의 믹스 도구로 확대하여야 한다고 제시하고 있다.

5_ 관광마케팅 믹스전략

관광마케팅 믹스 전략에 관한 구체적인 내용은 관광산업의 분야가 광범위하므로 본서에서는 주로 여행사를 중심으로 설명하고자 한다.

1) 여행상품관리 전략

(1) 여행상품 믹스전략

어떤 여행사도 하나의 여행상품과 서비스로 시장에서 생존할 수 없다. 어떤 형태든지 다양한 상품과 서비스가 혼재할 수밖에 없다. 이러한 것이 바로 상품믹스이다. 상품믹스는 기업이 생산하여 판매하는 상품계열(line)과 품목(item)의 조합을 의미하는데 이를 상품구색이라고도 한다. 여기서 품목이란 가장 기본적인 상품의 단위로서 각각의 상품계열을 구성하게 된다. 그리고 계열이란 한 기업이 생산하는 모든 상품 중에서 물리적 및 서비스적 특징이 유사한 상품의 집단을 의미한다.

이러한 상품믹스는 〈그림 6-3〉에서 보듯이 여행사에서 3개의 상품서비스 계열로 나누어서 넓이는 3이고 그 속 에 포함되어 있는 품목의 수는 10개로 길이는 10에 해당한다. 그리고 여행상품 서비스 계열의 깊이는 4,4,2가 되고 평균 3.3이 된다.

그림 6-3 | 어느 여행사의 상품믹스의 예

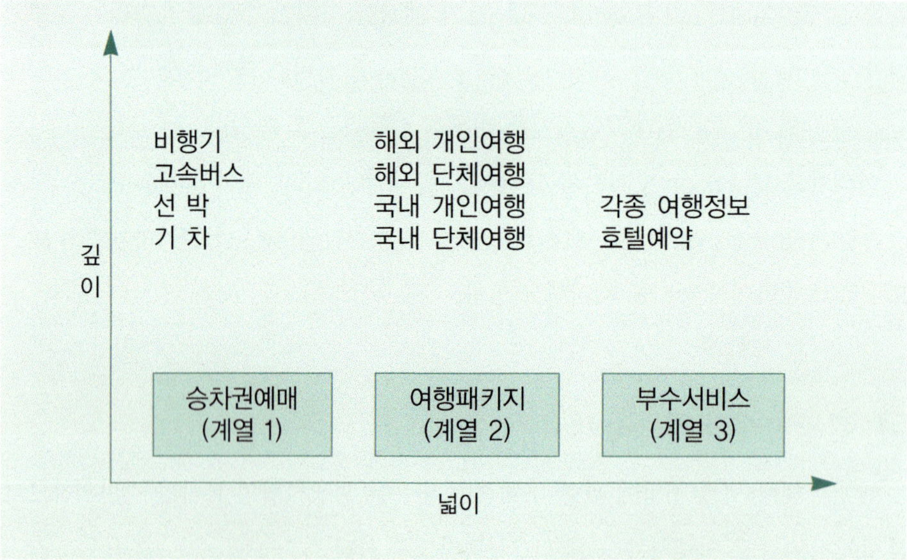

여행사의 상품믹스가 전략적으로 중요한 이유는 여행상품을 확대할 것인가 아니면 축소할 것인가 하는 의사결정을, 기업에 제공하는 상품의 효율성과 효과성을 통해서 결정짓기 때문이다. 따라서 여행사 마케터는 여행서비스 상품의 확대와 축소를 통해 자사의 효율성을 제고할 수 있고, 수익성이 없는 여행상품 품목은 과감하게 제거하여 상품계열의 깊이를 짧게 함으로써 수익개선에 기여할 수 있게 된다.

이러한 마케팅 상의 목적을 달성하기 위해서는 마케터들은 여행상품믹스 전략 개발의 기초를 얻기 위해 다음과 같은 의문을 갖고 있어야 한다.

① 특정서비스로부터 여행자가 추구하는 편익은 무엇인가?

② 서비스를 제공하기 위해 현재 필요한 자원은 무엇이며, 이것은 미래에도 이용가능한가?

③ 어떤 기능이나 노하우가 필요한가?

④ 경쟁여행사의 장점은 무엇인가?

⑤ 각각 여행상품과 서비스는 충분한 이익을 내고 있는가?

⑥ 각각의 서비스는 표적시장의 욕구를 충족시키고 있는가?

(2) 여행상품 개발전략

여행사는 여행상품을 개발하는데 경쟁 여행업체보다 상품이나 서비스를 차별화하여 개발하기가 쉽지 않다. 그러나 여행사의 마케터들은 여행상품개발에 있어서 가장 먼저 고려해 볼 수 있는 것이 바로 Ansoff의 제품과 시장 메트릭스이다. 이 프레임웍은 기업의 성장대안을 분석하는 기초 의사결정이 되기 때문이다. 여행사에서도 여행상품과 서비스를 적용시켜 4가지의 여행서비스 상품전략을 도출할 수 있다.

① 시장침투전략

이것은 현존 세분시장에 기존의 서비스를 공급하는 대신에 판매량을 증가시키고자 하는 전략으로서 다음과 같은 방법을 사용할 수 있다. 첫째는 특정서비스의 현 이용자가 지금보다 더 많이 이용하도록 만드는 방법으로 Club Med의 마일리지 서비스, 인터넷 여행사의 사이버머니가 그 예가 될 것이다. 둘째는 경쟁사의 서비스 이용자를 우리 사용자로 만드는 방법이며, 셋째는 아직 아무것도 이용하지 않는 소비자를 우리 서비스 이용자로 만드는 방법이 있다.

② 신 시장개척전략

이것은 현재의 서비스를 가지고 새로운 시장을 개척하는 전략인데 여기는 다음과 같은 세 가지 방법을 사용할 수 있다. 첫째, 기존 서비스를 사용할 가능성이 있는 새로운 잠재시장을 개척하는 것이다. 둘째, 새로운 판매경로를 이용할 수도 있다. 셋째, 전혀 새로운 지역을 개척할 수도 있다.

③ 상품 · 서비스 개발전략

이것은 현존시장에 투입하기 위해 새로운 혹은 개량된 서비스를 개발하는 전략이다.

④ 다각화

이것은 신규서비스를 새로운 시장에 도입하는 전략으로 현재의 사업분야 이외에 다른 분야에서 성장 가능성이 감지된다면 이 성장전략을 추구하는 것이 좋다.

2) 여행상품 가격관리

(1) 여행상품 가격의 특성

일반적으로 가격이란 생산자와 소비자 간의 교환에서 생산자가 생산한 제품이나 서비스의 가치에 소비자가 지불하려는 화폐의 가치가 동일하다고 상호 간의 의견이 일치되는 교환비율이라고 할 수 있다. 이러한 가격이 서비스분야에서 임대료, 이자, 요금, 수수료, 중계료 등 다양한 명칭으로 불리고 있다.

가격은 상품과 서비스의 가치를 나타내는 것이며, 사람들이 가격을 통해 상품과 서비스의 가치를 판단하는 수단이 된다. 특히 소비자 입장에서 상품 · 서비스의 질과 내용을 정확히 모를 때 가격은 상품과 서비스의 가치를 나타내는 지표가 된다.

한편 기업 입장에서 가격은 조직체로 하여금 수익을 창출케 한다는 점에서 마케팅 믹스의 중추적 요인으로 간주되고 있다. 특히 여행상품은 여행소재 제공업자(principals)로부터 소재를 구매하여 상품을 조성하기 때문에 여행상품 가격결정을 둘러싼 문제가 복잡할 수밖에 없다.

여행상품 가격결정은 다른 서비스상품과 비교되는 몇 가지 특징을 지니고 있다. 그 내용을 살펴보면 다음과 같다.

① 가격의존성

여행사는 자체적으로 여행상품 소재를 생산하지 않고 모두 외부에서 조달하여 사용한다. 따라서 여행상품의 가격은 소재공급업자들이 제시하는 요금에 의해 좌우되는 특징이 있다.

② 가격경직성

여행수요가 일시에 급증한다 해도 항공좌석이나 호텔객실의 공급능력은 한정적이기 때문에 부득이 이들의 공급능력에 맞게 여행상품을 공급할 수밖에 없다.

③ 가격제한성

여행사가 임의로 여행가격을 인상하거나 덤핑하면 관계기관으로부터 제약을 받게 된다.

④ 비가격경쟁성

여행업계에서는 완전 경쟁관계가 거의 없고 비가격경쟁이 지배적인 현상이며, 1物1價원칙이 적용되지 않는다.

(2) 여행상품 가격결정요소

여행사에서 원가계산방법으로 여행상품의 가격을 책정할 때는 직접비, 간접비 그리고 이익을 합산하는데 이를 공식화하면 다음과 같다.

여행상품 가격 = 직접비 + 간접비 + 이익
= [교통비 + 지상경비(숙박비 + 현지교통비 + 식비 + 안내원경비 + 관리비)] + 간접비 + 이익

여기서 직접비는 여행코스와 여행기간의 장단에 따라 영향을 받으며 간접비와 관리비는 여행사 규모, 투입될 판촉비, 판매수량, 여행상품의 종류 및 내용에 따라 달라진다. 이것은 일반적인 여행상품의 경우이고 우리나라에서 가장 많이 판매되고 있는 패키지 투어 상품의 가격은 여행소재 제공자(principal)가 제시하는 요금과 여행목적지에서의 지상요금이 주요 요소가 된다. 따라서 여행사가 양질의 소재를 저렴한 가격으로 구입하는 일이 곧 패키지 투어 상품의 가격결정에 영향을 미친다. 이를 위해 여행사는 프린시펄과의 긴밀한 협조관계를 유지하는 일이 매우 중요하다. 대량 항공권 판매력을 갖춘 여행사는 프린시펄의 여행소재를 대량으로 구입하므로 가격 인하를 유도할 수 있으나 신문광고비, DM발송경비, 시장조사비 등 이른바 마케팅 비용이 발생하는 것으로 나타나고 있다.

여행상품가격에서 가장 큰 비중을 차지하는 것이 교통비와 숙박비로 여행사가 가격조정을 할 수 있는 여지는 그다지 크지 않다. 이러한 여행상품 가격결정에 미치는 요소는 다음과 같다.

① 여행기간과 거리에 비례한다. 여행기간이 길수록 여행거리가 멀수록 여행상품의 가격이 올라간다.
② 계절, 시간, 인원수에 따라 가격에 큰 차이가 있다
③ 여행상품을 구성하는 소재에 따라 가격의 차이가 있다. 숙박시설, 항공좌석의 등급, 안내원의 유무, 식사의 종류 등이 가격차이 발생원인이 된다.
④ 여행사의 서비스 수준, 신뢰성, 판매실적, 상표이미지 등의 간접적인 척도가 여행상품의 가격에 영향을 미친다.
⑤ 여행상품의 주기, 여행시장의 특성과 경쟁정도, 여행사가 고려하는 이윤 폭에 가격이 달라진다.

3) 여행상품 유통관리

(1) 여행상품 유통의 특성

유통이란 상품을 소비자에게 전달하는 것으로, 마케팅에서는 이러한 전달 시스템

을 유통경로라고 부른다. 따라서 여행상품의 유통경로는 여행상품의 생산과 소비과정을 연결해주는 조직구조로서 여행소재 제공자(principal)와 여행자를 연계해 주는 일련의 과정을 의미한다. 그러나 여행상품은 서비스상품이기 때문에 다른 일반 유형재와는 다른 유통구조를 가지고 있다. 여행상품이 갖는 유통경로의 특성을 설명하면 다음과 같다.

첫째, 간결한 전달과정을 갖고 있다. 여행사가 판매하는 여행상품은 무형상품으로 물리적인 유통현상이 발생하기보다는 정보에 의해 간결하게 처리되는 전달과정을 갖는다. 정확한 여행정보전달과 예약 및 수배 그리고 약속된 수준 높은 서비스만 잘 제공되면 되는 것이다.

둘째, 다양한 전달방법을 갖고 있다. 여행사는 여행소재를 소비자에서 전달하는 중간 매개자로 다양하고 다면적인 유통구조를 갖는다. 이는 여행상품은 정보유통이 비교적 간단하기 때문에 많은 중개업자가 참여하게 되고 여행소재를 제공하는 업체(principal)에서도 재고가 불가능한 이유로 적시적소에 여행소재를 제공하기 위해 많은 유통경로를 필요로 하게 된다.

(2) 여행상품 유통경로 유형과 구성요소

여행상품은 그 본질상 무형성, 소멸성, 비분리성 때문에 여행소재 제공자와 소비자인 여행자에 이르는 과정에 다수의 중개업자들이 참여하고 있다. 〈그림 6-4〉는 여행상품의 유통경로를 4단계의 다면적 유통구조로 설명하고 있다.

① 여행소재업자

여행소재업자(principal)란 여행서비스 상품의 소재를 직접 생산하여 공급하는 공급자로서 항공사, 교통업, 숙박업, 음식업, 자동차 전세업, 유람선업, 리조트업, 주제공원, 카지노 등을 뜻한다.

② 여행도매업자(wholesaler)

여행도매업자는 여행수요를 미리 예상하여 여행목적지에서의 수송과 객실 그리

그림 6-4 | 여행상품 유통경로

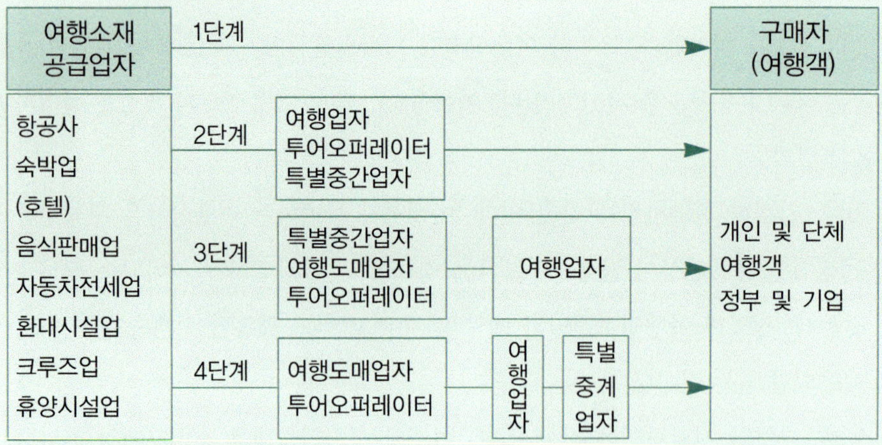

자료 : C.Y. Gee. The Travel Industry (N.Y.:Van Nostrand Reinhold, 1989), p.178.

고 기타 여행에 필요한 서비스를 준비하여 이를 완제품으로 만들어 여행사 또는 자사 대리점을 통해 개인과 단체에게 일정한 가격으로 판매하는 유통경로상의 기업을 여행도매상이라고 한다.

③ 여행소매업자(retailer)

여행소매업자는 패키지 투어, 항공권, 호텔객실, 렌트카, 그리고 여행보험과 같은 각종 여행서비스의 판매와 예약업무를 담당하는 것을 주요 업무로 하는 중간업자이다.

④ 특별중계업자(specialized distributors)

여행도매업자나 소매업자의 여행상품을 대신 유통시켜주는 특별한 형태의 중간업자로 티켓 콘솔리데이터, BSP사원 등이 여기에 해당한다.

⑤ 여행상품 소비자(여행자)

여행상품 소비자는 제공된 여행상품을 최종적으로 구매하는 여행자로서 개인이 될 수 있고, 단체가 될 수도 있다.

(3) 여행상품 유통믹스의 고려사항

마케터들은 여행자들이 효과적으로 여행상품을 구매하기 위해서 유통경로요소들을 적절히 배합하는 것이 필요하다. 이를 위해서는 여행상품 유통경로의 믹스전략에는 다음과 같은 요소들을 고려하여야 한다.

① 유통조직체의 동기

관광자, 도매업자, 소매업자, 여행소재 제공업자 등 각각 유통조직에 참여하게 된 동기를 파악하는 것이 중요하다.

② 관광시장의 범위

표적시장이 어느 정도인가를 파악해야 한다.

③ 포지셔닝과 이미지

유통경로의 대안선택은 여행소재 공급업자의 포지셔닝과 이미지에 부합하는 것이어야 한다. 공급업자의 자사 상품에 대한 포지셔닝과 이미지가 서비스 질이 높은 표적시장을 대상으로 하고 있다면 경로설계도 역시 고급여행자를 취급하는 유통채널을 활용해야 한다.

④ 중간업자의 영향력

특정지역의 상품을 취급하는 여행도매업체가 많아질수록 이들의 영향력은 감소하게 되나 이들의 관리비용이 증가하게 되고 이와 반대의 경우도 발생하게 된다. 따라서 여행소재 제공업자는 중간업자의 영향력 정도를 잘 파악하는 것이 필요하다.

4) 여행상품 촉진관리

(1) 여행상품 촉진의 특징

촉진(promotion)이란 '밀어 부치다' 의 뜻으로 이는 과거 생산자 지배의 시대를 반영하는 용어이지만, 오늘날 소비자가 왕인 시대이기는 하지만 아직도 이를 대체할 만한 용어가 없기 때문에 계속해서 쓰고 있다. 물론 일부에서는 촉진이란 용어대신에 마케팅 커뮤니케이션이란 용어를 쓰고 있기도 한다.

일반적으로 촉진의 정의는 특정기업의 상품이나 서비스를 주어진 가격에 구매하거나 구매를 계속하도록 유도할 목적으로 해당 상품이나 서비스의 효능에 대해서 실제 및 잠재고객을 대상으로 정보를 제공하거나 설득하는 일체의 마케팅 노력을 말한다. 기업은 상품과 서비스의 설계를 잘 해서 이를 생산하고 적절한 가격을 매겨 유통시키는 것으로 끝나는 것이 아니다. 고객들에게 우리 서비스나 상품이 어디에서 팔리고 있는지를 알리고 다른 서비스와 비교하여 장점이 무엇인가를 인식시켜야 되고, 궁극적으로는 고객으로 하여금 기존의 구매 성향을 바꾸게 하거나 혹은 신상품과 신서비스를 사용케 해야 한다. 따라서 이러한 업무 즉 알리고, 설득시키고, 바꾸게 하는 기능이 바로 촉진인 것이다.

그러나 여행사의 여행상품은 무형이기 때문에 촉진활동이 상당히 까다로울 수 밖에 없다. 상품의 멋진 디자인을 보여주고 동시에 그 제품의 뛰어난 기능을 화면으로 또 그림으로 실연함으로써 고객의 호기심과 구매심리를 자극할 수 있는 유형재와는 달리 여행서비스 상품은 보이지 않기 때문에 특정서비스가 고객에게 줄 수 있는 진실, 즉 가치의 실체를 오해없이 그대로 전달하기는 쉽지 않다. 그래서 여행상품의 촉진은 보이지 않는 편익과 장점을 알려야 한다. 여행이 주는 꿈과 감동, 여행 후 남는 추억, 여행지의 신비감, T/C나 통역안내원의 친절하고 따뜻한 배려, 새로운 문화체험 등 고객에게 줄 수 있는 진실의 순간을 알려야 하기 때문에 여행상품 촉진은 까다로울 수밖에 없다.

(2) 여행상품의 촉진도구와 믹스

여행사가 여행상품과 서비스를 가지고 고유한 장점과 혜택을 여행자에게 널리 알리고 설득시키기 위해 사용할 있는 촉진도구는 다음과 같다.

① 광고(advertising)

광고는 비인적 다중매체를 활용하는 촉진수단으로 상품과 서비스의 지명도를 높여 구매를 촉진시키는 것과 함께 개인과 조직의 이념을 전파, 설득시키는데 필요하다고 생각되는 정보를 제공하는 커뮤니케이션 수단이다.

② 인적판매(Personal selling)

인적판매는 판매원을 매개로 하는 촉진수단이다. 인적판매는 고객과 직접 접촉해서 정보를 주고 설득하기 때문에 촉진의 속도는 더디나 고객 개개인의 특성에 맞추어 정보를 줄 수 있기 때문에 설득력이 높다.

③ 판매촉진(Sales Promotion)

판매촉진은 단기적 수요창출을 겨냥한 전술적 촉진수단으로 광고와 인적판매를 도와 판매를 더욱 효과적으로 만드는 부가수단이다. 이러한 판촉은 혜택의 대상이 누구냐에 따라 소비자 촉진(쿠폰, 경품 등)과 영업사원 촉진(팸투어, 인센티브 투어, 상여금 등)으로 나누어진다.

④ 홍보(Publicity)

홍보는 뉴스제공, 공포, 전달, 공지 등 여러 가지 용어로 불리는데 여행사의 상품이나 서비스에 대한 정보를 매체사에 제공하여 그 정보가 매체 측의 입장에서 보아 뉴스 가치가 있다고 인정되어 뉴스로서 이를 게재 또는 방송하는 것을 말한다. 광고가 유료인데 비해 홍보는 원칙적으로 무료이다.

⑤ 구전(Word of Mouth)

구전이란 여행자들의 입을 통해 비공식적으로 정보가 전달되는 것으로 소문과 같은 역할을 한다. 여행상품은 무형이고 고가이기 때문에 구전을 통한 효과는 크다고 볼 수 있다. 발없는 말이 천리를 간다는 속담처럼 구전을 전술적으로 관리하기에 따라 그 효과는 엄청날 수도 있다. 여행상품구매의 의견선도자를 이용한 입소문은 아주 유용한 촉진의 도구가 될 수 있다.

⑥ DM(Direct Marketing)

DM은 직접마케팅으로 통신판매의 개념을 확장시킨 것으로 여행자의 욕구를 충족시키기 위해 데이터 베이스를 기초로 한 쌍방적 커뮤니케이션 촉진을 수행함으로써 가정 내 여행자에게 직접 도달하는 상호 호혜적인 교환시스템이다.

이상의 촉진도구들이 여행상품과 서비스를 전달하는데 있어서 적절하게 혼합되는 것을 촉진믹스라고 한다. 이들 촉진도구들이 개별적으로 사용되는 것이 아니라 혼합되었을 때 여행상품의 가치를 잠재여행자들에게 알리고 설득시킬 수 있다.

그러나 여행상품은 유형재와 다른 촉진믹스를 운용할 수밖에 없다. 일반적으로 여행상품의 촉진믹스 결정시 고려해야 할 요인들은 다음과 같다.

첫째, 유형적인 실마리를 제공하라. 무형적 서비스를 둘러싸고 있는 여행상품에 대해 유형적 요소를 찾아내거나 무형적인 편익을 유형화하여 증거를 제시하여야 한다.

둘째, 서비스를 이해시켜라. 서비스는 무형이기 때문에 이를 여행자에게 이해시키는 어렵다. 서비스를 이해시키기 위해 유형적 속성 혹은 암시적 요소를 이용하는 것이 바람직하다.

셋째, 지속적이고 일관되게 커뮤니케이션하라. 일관된 의사소통은 자사 여행사의 차별화에 도움을 줄 뿐만 아니라 통일된 기업이미지를 형성하는데 도움이 된다.

넷째, 실행가능한 것을 약속하라. 광고를 통해 실현불가능한 서비스를 약속해서는 안 된다.

다섯째, 종사원에게도 직접적으로 커뮤니케이션을 하라. 여행자와 빈번히 접촉하는 판매사원에게도 광고를 함으로써 종사원의 동기를 유발할 수 있다.

제2절 | 관광서비스와 고객만족

1 관광서비스의 의의

1) 정의

일상적으로 서비스 하면 '공짜', '무료'를 생각한다. "음료수는 서비스입니다"라고 할 때의 개념으로 대부분 사용하고 있다. 또는 "저 호텔 종사원는 서비스가 좋아" 라고 고객을 대하는 태도나 자세로 표현되기도 한다. 그러나 서비스는 이렇게 단순한 의미로 사용되기보다는 좀 더 구체적이고, 포괄적으로 많은 학자들이 사용하고 있다.

미국 마케팅 학회에서는 '서비스란 판매목적으로 제공되거나 또는 상품과 연계해서 제공되는 제 활동, 편익, 만족' 이라고 정의하면서 오락서비스, 호텔서비스, 전력서비스, 수송서비스 등을 들고 있다.

라스멜(Rathmell)은 서비스의 속성을 중심으로 '서비스란 시장에서 판매되는 무형의 상품' 으로 정의하고 있다. 또한 서비스를 인간적 봉사의 측면에서 파악하려고 하는 경우도 있다. 레빗(Levitt)은 서비스를 주종관계에서와 같이 인간의 인간에 대한 봉사라고 보는 것이 기존의 통설이라고 전제하고 현대 서비스는 이런 전통적인 발상에서 탈피해야 한다고 주장하고 있다.

상기의 내용을 바탕으로 보면 관광서비스란 무형적 성격을 띠는 일련의 활동으로서 고객과 관광종사원의 상호관계에서 발생하며 고객의 욕구를 충족시키는 행위를 말한다.

2) 특성

관광서비스는 일반 제품과 비교할 때 다음과 같은 네 가지의 특성을 가지고 있다.

첫째, 무형성(Intangibility)이다. 관광서비스의 기본 특성은 형태가 없다는 것이다. 객관적으로 누구에게나 보이지 않고 형태로 제시할 수 없으며 물체처럼 만질 수 없다. 예를 들면 호텔 식당에서 제공되는 음식은 만질 수 있는 유형적인 것이나, 종사원이 제공하는 서비스 자체는 만질 수 없다.

서비스의 무형성은 실체를 보거나 만질 수 없다는 객관적 의미와 보거나 만질 수 없기 때문에 그 서비스가 어떤 것인가를 상상하기가 어렵다는 주관적 의미가 있다. 이런 무형적 특성으로 인해 서비스 상품은 진열하기가 곤란하며 그에 대한 커뮤니케이션도 곤란하다. 따라서 무형성으로 인한 이러한 문제점을 해결하기 위해서는 실체적인 단서를 강조하고, 구전 커뮤니케이션을 자극하며 강력한 이미지를 창출하고 가격설정에 있어서 원가회계 등의 비용정보를 이용하고 구매 후 커뮤니케이션에 신경을 써야 한다.

둘째, 비분리성(Inseparability)이다. 서비스는 생산과 소비가 동시에 발생한다. 즉, 서비스 제공자에 의해 제공되는 것과 동시에 고객에 의해 소비되는 성격을 가진다. 일반제품의 경우 생산과 소비가 분리되어 일단 생산되면 유통과정을 통해 시장에서 판매되면 나중에 소비된다. 그러나 서비스의 경우 생산과 소비가 동시에 발생되기 때문에 소비자가 서비스 공급에 참여해야 하는 경우가 대부분이다. 그리고 다른 소비자도 서비스 생산과정에 참여하므로 고객들이 형성하는 분위기가 하나의 서비스 내용이 될 수 있다. 또 고객들이 참여하기 때문에 서비스 상품을 대량생산하기가 어렵다.

일반제품의 경우 구입 전 소비자가 시험해 볼 수 있다. 그러나 서비스의 경우에는 구입 전에 사전 시험을 할 수가 없다. 또 제품처럼 사전 통제하기가 곤란하다.

비분리성에 따른 여러 가지 문제점을 해결하기 위해서는 고객과 접촉하는 서비스 요원을 신중히 선발하고 철저하게 교육을 시켜야 한다. 또한 고객관리의 중요성을 항상 잊지 말아야 하고 고객이 원활히 서비스를 받을 수 있도록 서비스 시설의 다양한 입지를 제공해야 한다.

셋째, 이질성(Hetergeneity)이다. 서비스는 표준화가 매우 어렵다. 서비스는 생산과 전달과정에서 여러 가지 가변적 요소가 많기 때문에 한 고객에 대한 서비스가 다음 고객에 대한 서비스와 다를 가능성이 있다. 예를 들면 같은 호텔에서도 종사원이 제공하는 서비스의 내용이나 질이 달라진다. 또 같은 종사원이라도 시간이나 고객에 따라 다른 서비스를 제공할 수 있다.

이러한 서비스의 이질성은 문제와 기회를 동시에 제공한다. 서비스 질의 균일화가 어렵기 때문에 관광기업으로서는 어떻게 서비스를 일정한 수준 이상으로 유지하고 표준화시킬 것인가가 큰 문제가 될 것이다. 반면에 서비스의 이질성은 고객에 따른 개별화의 기회를 제공한다. 보통 서비스의 효용은 소비자의 주관으로 평가하는 경우가 많으므로 제공되는 서비스의 개성화를 통해 다양한 욕구에 대응할 수 있다.

넷째, 소멸성(Perishability)이다. 판매되지 않은 일반 제품은 재고로 보관하고 저장할 수 있으나 서비스는 재고로 보관할 수 없다. 이처럼 서비스의 생산에는 재고와 저장이 불가능하므로 재고 조절이 곤란하다. 또 구매된 서비스라 하더라도 1회로서 소멸하며 그와 동시에 서비스의 편익도 사라진다. 따라서 이를 해결하기 위하여 수요와 공급 간의 조화를 이루는 전략이 필요하다.

2 관광서비스의 과정설계

관광기업은 높은 수준의 서비스와 고객만족을 위해서 고객의 지각에 영향을 미치는 서비스과정을 파악하고 개선하는 방법을 이해하고 있어야 한다. 예를 들어 건축을 신축할 경우 건축가는 건물에 대한 정면도, 평면도, 측면도, 상세도라는 설계도면을 바탕으로 공사를 진행한다. 이러한 설계단계 과정은 물리적인 제품에 존재하지만 시간적이고 공간적인 과정상에서 이루어지는 관광서비스에서는 유형제품과 동일한 방법으로 설계되고 관리될 수는 없다.

관광서비스는 이동을 전제로 하며 시간의 순서에 따라 서로 다른 서비스들의 결합으로 구성되어 있다. 따라서 서비스 과정은 다양하고 복잡한 구조를 갖고 있다. 그리고 고객인 소비자들의 반응도 다양할 수밖에 없다.

이러한 설계과정에 대한 관광서비스 분석은 서비스 전달과정을 더 잘 이해하기 위한 기업의 조직시스템을 파악하는 것이며 동시에 고객과 서비스 제공자 간의 모든 접촉의 순간에 대하여 규명하는 것이다. 서비스 과정을 파악하고 이를 개선하기 위한 방법으로 고객불만 목록, MOT(Moment of Truth) 차트, 서비스 사이클 차트, Why-Why 도해, How-How 도해, 추적차트, 스토리 보딩, 청사진 등 다양한 방법들이 있다. 이 방법들은 은행, 보험, 증권, 신용카드회사 등에서 주로 이용하고 있다.

이 중에서 항공사와 여행사에서 주로 이용하고 있는 진실의 순간(MOT : Moment of Truth)을 통한 여행서비스 전달과정을 설명하면 다음과 같다.

여행서비스 전달과정은 여행자의 구매의사 결정과정을 통해 이해할 수 있다. 여행자는 여행에 대한 욕구가 발생하면 고관여적(고몰입) 의사결정을 하기 때문에 다양한 채널을 통한 여행정보를 수집하게 된다. 이러한 정보를 바탕으로 여행상품 대안들을 평가하게 되고 여러 대안 중에서 고객의 기대를 충족시켜줄 수 있는 여행상품을 선택하게 된다. 구매 후 여행자는 올바른 결정인가를 확인하기 위해 여행사 또는 종사원과 지속적인 관계를 발전시켜 여행경험 후 인지 부조화를 경험하지 않기 위해 적극적인 노력을 한다.

따라서 여행사는 여행자에게 기업에 대한 총제적인 이미지와 확신감을 심어 주기 위해 여행 경험 전 · 여행경험 중 · 여행경험 후의 계획된 흐름을 잘 관리하는 것이 미래의 고객을 관리하는 것이다.

〈그림 6-5〉는 여행사가 Walk in guest를 대상으로 제공하는 여행서비스 활동의 전달과정을 설명한 것이다. 각 단계에서 고객과 커뮤니케이션으로 상호작용이 일어나기 때문에 흐름도(flow chart)에서 설명한 것보다 더 복잡한 접촉활동(encounter)이 실제로 전개되는 것에 주의할 필요가 있다. 더욱이 여행사는 여행의 유형에 따라 활동내용이 다양화되고 여행상품 조직의 계획이나 설정도 다르기 때문에 서비스 내용을 다르고 제한되기도 한다.

3 관광서비스 품질의 관리

1) 관광서비스 품질의 의의

서비스 품질이란 용어는 학자들이나 실무자들 사이에서 널리 사용되는 개념이지만 아직까지 명확한 개념이 설정되지 않아 이해하는 것이 쉽지는 않다.

피틀(Pittle)은 서비스 품질이란 값이 비싸거나 높은 수준의 혜택을 의미하는 것은 결코 아니며 고객 자신의 수준에 맞는 서비스를 제공하고, 적시 적기에 고객의 요구

그림 6-5 | 여행서비스 전달과정(Walk in guest)

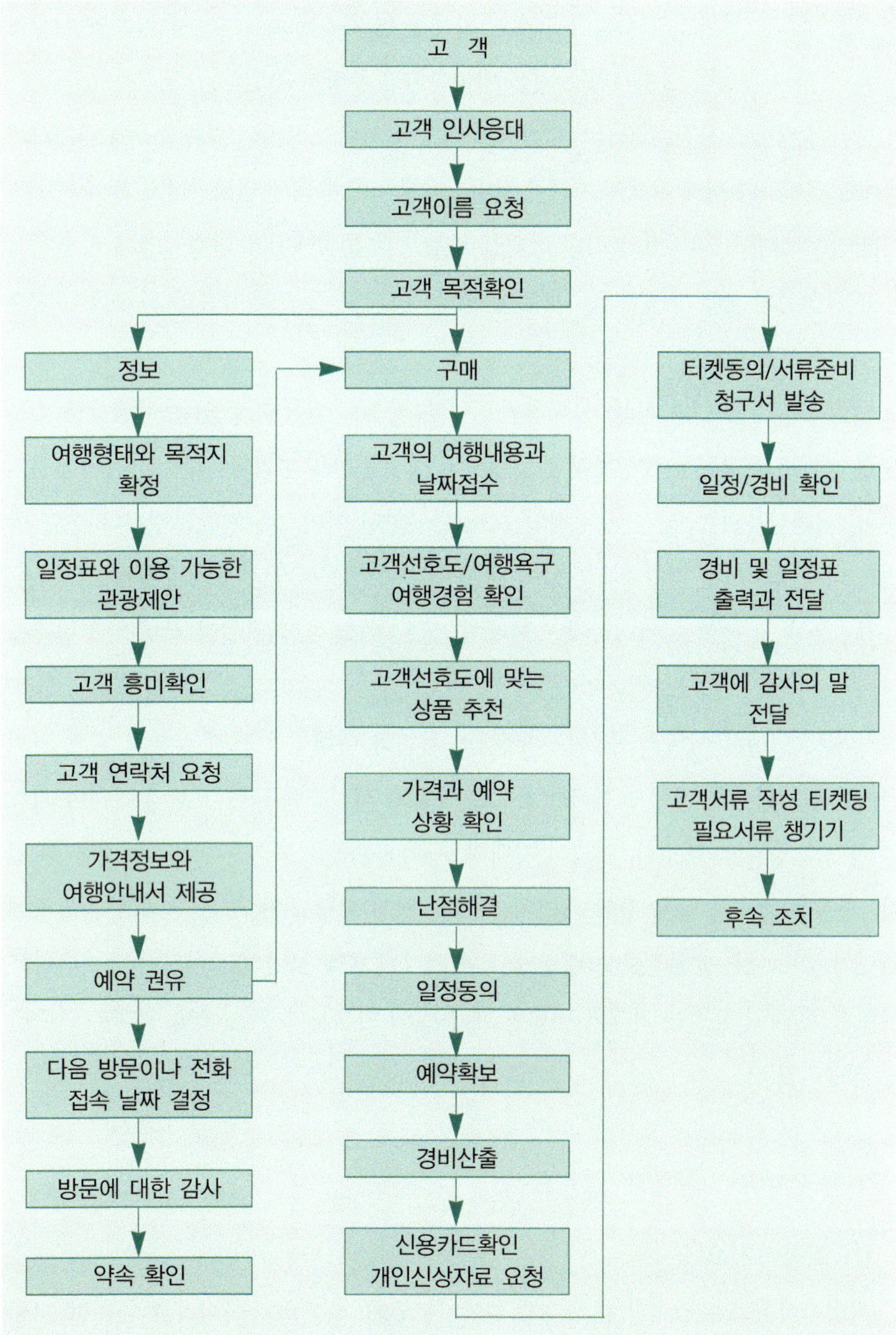

조건을 갖추는 것으로 이해하고 있다. 또한 루이스와 붐(Lewis & Booms)은 서비스 품질은 제공된 서비스의 수준이 고객의 기대를 얼마나 만족시키는지를 측정하는 것으로, 고객의 기대를 일치시키는 것을 의미한다고 주장하고 있다.

따라서 서비스 품질은 고객이 나름대로 설정한 서비스 품질의 평가요소에 대입하여 기대한 서비스와 실제 고객이 지각한 서비스와의 차이에 의해 결정된다고 볼 수 있다.

따라서 상기의 서비스 품질의 정의를 바탕으로 본서에서는 관광산업에서 생산하는 관광상품의 범위가 광범위하므로 관광서비스 품질을 여행상품의 품질을 중심으로 설명하고자 한다.

여행객은 교통, 숙박시설, 관광자원 등 유형적으로 인식할 수 있는 여행상품의 구성요소를 보고 품질을 예상하지만 여행사의 상품품질을 평가할 때는 결국 안내원의 친절, 여행상품의 설명 등 무형적인 요소로 구성된 서비스의 전달과정이나 전달 방법을 더욱 중시하는 경향이 있다. 즉, 여행객이 여행을 하기 전에는 유형적인 요소에 주안점을 두고 여행을 기대하지만 여행 중 또는 여행 후에는 인적 서비스에 비중을 많이 두게 되는 경향을 갖고 있다.

이렇듯 여행사 서비스 품질은 여행객의 기대와 여행에서 느낀 실제의 지각 간의 차이를 말한다. 즉, 여행사 서비스 품질은 상품과 서비스에 대한 고객의 기대와 지각의 차이로 정의할 수 있다. 여기서 기대의 초과나 충족을 고객만족으로 규정할 수 있다. 지각은 기대와 실제 경험 사이의 차이에 의해 설명될 수 있는 만족과 불만족에 관련이 있기 때문에 품질은 기대된 품질과 지각된 품질 사이의 차이로서 인식된다는 것이다. 지각된 품질을 기대와 비교할 때 품질이 기대보다 더 높으면 고객은 만족하는 경향이 있다.

2) 관광서비스 품질의 결정요소와 결정원리

(1) 품질결정요소

여행서비스의 품질이란 여행자가 여행사로부터 제공받을 것이라고 기대한 서비스(기대 서비스)와 실제로 자기가 받은 서비스(인식 서비스)와의 차이의 정도에 의미한다. 고객인 여행자가 자신이 기대한 서비스와 실제로 제공받은 서비스를 비교하여 그 여행사의 서비스 질을 평가한다. 고객이 기대하는 서비스 수준 및 그 이상의 서비스를 항상 제공하는 여행사는 서비스 질에 대한 높은 평가를 받을 수 있다. 따라서 여행사는 고객들의 서비스에 대한 정확한 기대수준을 파악하여 실제로 전달되는 서비스가 이 수준에 맞는가를 확인하고 관리하는 것이 필요하다.

그렇다면 여행사는 어떠한 여행서비스를 요구하고 있는 것일까?

제이스말(Zeithmal)은 고객들이 서비스 질을 평가할 때 다섯 가지의 기준영역에 의해 고객이 결정하기는 하지만 고객에 따라 상대적 중요성은 달라질 수 있으며 또한 서비스 종류에 따라 달라질 수 있다고 제시하였다.

① 유형성(tangibles) : 물적 시설, 장치, 종업원의 외모

② 신뢰성(reliability) : 약속한 서비스의 정확하고 일관성 있는 서비스 수행 능력

③ 반응성(reponsiveness) : 신속한 서비스를 제공하고 고객을 만족시키는 서비스 정신

④ 설득성(assurance) : 종사원의 지식과 예절 및 신의, 고객에게 신뢰감을 제공하는 자세

⑤ 공감성(empathy) : 고객에 대한 개별적인 배려와 관심

이러한 서비스 질은 고객의 경험, 구전, 개인적인 욕구, 외적 커뮤니케이션 등을 둘러싸고 있는 환경에 영향을 받는다.

과거 여행사의 여행서비스는 상담서비스와 예약서비스가 중심이었으나 여행자의 욕구변화와 더불어 점차 다양화되어 여행관련정보의 제공과 항공, 선박, 기차, 전세버스, 렌터카, 숙박, 패키지 투어 등에 대한 예약서비스는 물론, 여행보험, 여행자수표, 환전 등 여행객이 요구하는 특별한 서류의 작성 및 처리까지도 여행사의 서비스에 포함된다.

이처럼 여행사가 제공하는 여행 서비스의 범위가 확대됨에 따라 여행사 서비스

질의 구성요소도 다방면에 걸치게 되었다. 여행사 서비스 질을 결정하는 구성요소는 〈표 6-4〉와 같이 확대될 수 있다.

표 6-4 | 여행서비스 질의 결정요소

요인	요 인 명	변 수
1	물리적 증거	실내장식과 분위기, 건물의 외형과 부지, 주차시설, 입지, 여행사의 구조와 가구배치, 여행사의 크기, 청결성
2	능 력	상품지식, 관광지 안내서 제공, 신상품 안내, 정보의 즉시 제공, 고객 서비스의 절차
3	여행사 이미지	이미지의 반영, 고품질의 서비스 능력, 고객을 만족시키는 능력과 만족 정도
4	적시성	서비스의 제공 속도, 서비스 종사원대기, 서비스 제공까지의 대기시간, 종사원의 유능성
5	정중성	친절하고 정중한 종사원, 종사원의 특별한 배려, 고객도착시의 접객능력
6	우위성	개별화된 서비스의 제공 능력, 경쟁가격의 제공 능력, 신뢰성 있는 서비스 제공 능력
7	반응성	고객에게 티켓과 서류의 배달, 전화로 정보취득과 계약, 전화 응답시 소요시간, 여행 후의 후속조치
8	신뢰성	계약의 비밀유지, 신뢰성 있는 전담종사원, 경영진의 주재
9	접근성	서비스에 응할 수 있는 종사원의 수, 다른 고객의 존재와 행동

(2) 결정원리

① 원칙 1 : 서비스 질의 결정자는 고객

서비스 품질은 고객에 의해 결정된다. 실제로 품질이란 고객의 사용조건과의 적합을 의미한다. 고객의 품질기준이 바로 자신의 기대 또는 사용조건과의 적합이 중요한 기준이 된다. 고객에게 불필요한 서비스를 제공하는 기업은 설령 그것이 대단히 훌륭하게 제공된다 하더라도 바람직한 서비스 품질을 제공하고 있는 것은 아니다. 고객은 자신이 기대한 서비스와 실제로 제공받은 서비스를 비교하여 그 회사의 서비스 품질을 평가한다. 고객이 기대하는 서비스 수준 및 그 이상의 서비스를 항상 제공하는 서비스 기업은 서비스 품질에 대한 높은 평가를 받을 수 있다.

② 원칙 2 : 끝없는 노력

서비스 품질은 끝이 없는 길이다. 탁월한 서비스의 제공은 끝이 없는 나그네길과 같은 것이다. 품질을 향한 여정에는 매년, 매월, 매주, 매일 보다 나은 품질은 지향하는 노력이 있을 뿐이다. 마법도 왕도도 그 어떤 즉효약도 존재하지 않는다.

품질이란 태도이고 마음가짐이며, 공약(公約)이다. 그리고 또한 자질이기도 하다. 품질지향의 조직문화를 구축하기 위해서는 일시적인 방편은 통하지 않는다. 그에는 부단한 향상 노력만이 요구되며 그 결과 탁월한 서비스가 탄생되는 것이다.

③ 원칙 3 : 전사적인 일

품질은 개인의 일이 아니라 전원(全員)의 일이다. 서비스기업의 종사자에게는 각각의 고객이 있다. 조직체 내에 누구든지 어떤 종류의 서비스를 타인에게 제공하고 있다. 손님은 갖지 않는 자는 하나도 없다. 종업원 한 사람 한 사람이 그 지위나 직무에 관계없이 자신의 고객이 소비자를 알고 그 고객에게 최선의 서비스를 제공하는 것이 자신의 본분임을 인식할 때 그 기업의 서비스 품질은 최고가 된다.

④ 원칙 4 : 리더십과 커뮤니케이션은 서비스 품질의 기반

품질은 리더십과 커뮤니케이션과의 불가분의 관계에 있다. 리더십은 품질의 기반이고 커뮤니케이션은 리더십의 기반이다. 매일매일 고객에 대해 만전을 기하려면 제공자가 성심성의로 일하려는 의욕이 필요하다. 때로는 무례한 고객이 있기도 하고 상대 고객의 수가 일시적으로 다수인 경우도 있다. 기업이 새로운 업무를 시작할 경우 서비스 제공자 측에 실증, 불만, 매너리즘이 있어서는 안 된다.

조직이나 기업의 각 단계에서 실시되는 실질적인 리더십이란 공약한 서비스품질을 유지하는 데 필요한 사기를 고무하는 것이다. 관리와 감독만으로 부하를 충분히 움직일 수는 없다. 진정한 리더는 조직의 감정적 · 정신적 자원이나 사람들의 가치관 및 향상의식에 호소한다. 그에 반하여 일반적인 매니저는 재료 · 기술 · 자금 등 조직의 물적 자원의 유효이용을 중시한다. 리더가 활용하는 주요 수단은 커뮤니케이션이다. 최상의 서비스 품질을 자랑하는 기업의 대부분은 스스로 규범을 정하고 지도하

고 보상하고 있는 다수의 리더가 존재하고 있다. 그들의 대다수는 문서에 의하지 않고 직접 구두로 의사소통을 하고, 단지 언어로가 아니라 행위로 규범을 표시하고, 명령하기보다는 개발하는 타입의 리더들이다.

⑤ 원칙 5 : 서비스 품질은 성실성

서비스 품질은 성실성과 불가분의 관계에 있다. 성실성을 높이 평가하는 조직문화에서는 최선의 서비스 제공이 가능하게 된다. 고객에게 서비스를 제공하는 것과 고객에게 성실을 제공하는 것은 기업의 전체 목표달성의 동일요소이다. '어느 때건 누구에게도 공정함' 을 중추이념으로 하는 조직의 가치시스템은 최상의 서비스 품질 제공을 향한 도약이다. 품질과 성실성은 상관관계가 있다. 한편이 다른 한편을 보완한다.

⑥ 원칙 6 : 기획 및 설계의 문제

서비스 품질은 기획 및 설계의 문제이다. 서비스 품질은 사전적 배려이지 사후적 배려는 아니다. 이 사전적 배려는 새로운 서비스나 기술 및 공정, 설비를 개발하는 경우 각각의 개발단계에서 영향을 끼치는 것 같은 발상이나 생각으로서 정착시킬 필요가 있는 용어이다. 사후적 결과에 품질을 맞추려고 시도할 것이 아니라 사전에 신규제공 서비스의 품질을 기획하는 것은 고객의 신뢰성을 증대시키고 종업원의 사기를 높여 조직의 생산성을 향상시킨다.

신규제공 서비스의 기획작업은 다음의 3가지 질문으로부터 시작된다.

① 고객은 누구인가?(누가 고객인가?)

② 고객이 구하는 것은 무엇인가?

③ 고객의 욕구를 충족시키고 신뢰를 얻으려면 어떻게 해야 되는가?

이러한 '품질은 기획 및 설계의 문제' 의 원리를 보다 잘 이해하기 위하여 호텔의 객실을 주의 깊게 관찰하여 보자. 실제로 일부의 객실은 고객이 어떻게 이용하는가에 대하여 거의 고려하지 않은 채 설계되는 경우가 많다. 옷걸이가 불안전하거나, 문갑이나 방문이 잘 안 닫힌다든지, 책상이 사용하기에 너무 작다거나, 형광등이 어두

워 눈을 쉽게 피로하게 하고 기분을 침침하게 만들거나, 샤워기로부터 너무 멀리 수건걸이가 붙어 있다든지, 화장실 변기 가까이 도어가 위치한다든지, 전화벨이 너무 커서 밤중에 옆방의 고객까지 깨우게 만드는 등 이 모든 것이 호텔건축의 기획 및 설계로 인한 문제가 된다.

⑦ 공약준수

서비스 품질의 요체는 서비스 공약을 준수하는 것이다. 고객은 무엇보다도 서비스 제공자가 약속대로 서비스를 실행하는 것을 바라고 있다. 98%의 신뢰성이 훌륭한 비율로 생각되더라도 최상이라고 생각해서는 안 된다. 이 숫자가 의미하는 것은 당초 기대하고 있던 서비스를 제공하고 있지 않다고 불만스럽게 여기는 엄한 고객이 약간 존재하고 있는 것이기도 하다, 또한 이 숫자는 다수의 고객과 다량거래 또는 다빈도 거래를 하고 있는 대기업의 경우는 선처해야 할 많은 문제점을 다음으로 연기하는 것이 된다. 실제로 서비스지향의 조직문화를 구축하기 위해서는 무결점의 서비스 기록을 달성하도록 노력해야 한다. 그러기 위해서는 고객에 대한 우호적 태도일지라도 그것은 태만이나 불결을 보상할 수 없다는 것을 유의해야 한다.

⑧ 품질은 수익전략의 핵

기업의 수익확대를 위한 2대 전략은 '차별화와 코스트 효율'이다. 최상의 서비스 품질은 이러한 두 가지 목표를 동시에 달성하는 데 공헌한다. 경쟁관계에 있는 여행사는 동종의 서비스를 제공하고 있다. 그러나 서로 동일한 서비스를 제공하고 있는 것은 아니다. 서비스 품질이 특정기업을 경쟁사로부터 차별화하는 것이다. 고객 측에서 보면 경쟁관계에 있는 여행사는 가격결정, 제품, 광고, 건물 등을 모두 동일하게 보고 있는 듯하지만 실제로 고객들은 그것을 동일하게 느끼고 있지는 않다.

고품질의 서비스는 하나의 전략적 요소이다. 그것은 고객에게 중요할 뿐만 아니라 경쟁상대가 간단히 모방할 수 없다는 점에서 중요하다. 토마스 쿡 여행사나 미국의 아메리칸 익스프레스 뿐만 아니라 종합오락업의 디즈니랜드, 항공수송업의 아메리칸 항공사 등은 고객의 서비스에 대한 인식과 반응을 매일 매일 확인하여 그에 대응하는 전략을 세우고 있다.

또한, 서비스 품질은 코스트 효율을 조장한다. 반면에 열악한 서비스가 초래하는 추가 코스트는 막대한 것이며 그러한 서비스는 좀처럼 발견해 내기가 어렵다.

4 관광서비스 질 관리

1) 여행서비스 질 관리의 특성

여행사의 서비스 질은 시장경쟁의 심화, 비가격경쟁, 소비자 보호, 여행사의 사회적 책임 등으로 인해 그 중요성이 강조되고 있다. 특히 최근에 고객의 관심이 품질로 옮겨감에 따라 여행사 서비스 품질의 특성을 파악하고 이를 극복하려는 노력이 이루어지고 있다. 여행서비스 질의 관리상에 문제점을 일으키는 요인들은 여행서비스만이 갖는 독특한 특성으로 그 서비스 품질의 특성을 보면 다음과 같다.

첫째, 표준화가 곤란하다. 여행사의 서비스는 유형재가 아니므로 여행객에게 서비스 질에 대한 확신을 제공하기가 어렵다. 그리고 여행사 종사원들조차 서비스 품질을 정확히 인식하지 못하는 경우가 있으므로 이를 측정하고 표준화하기가 어렵다.

둘째, 인간적 상호작용으로 인한 통제가 곤란하다. 여행자와 여행사 종사원 간에는 상호작용의 요인이 많이 포함되고 있어 이들의 인간적 상호작용에 의해서 서비스 품질의 수준에 차이가 심하게 나타난다. 이것이 서비스 질에 주는 영향은 매우 크다.

셋째, 여행시장이 광범위하다. 여행시장은 일반상품과 달리 시장의 범위가 전 세계에 걸쳐 있기 때문에 여행시장의 욕구에 부응하는 품질관리가 어렵다.

넷째, 공급업자의 의존성이 강하다. 여행사의 서비스 품질은 다른 상품에 비해 여행소재 공급업자가 다양하고 이들이 제공하는 상품품질의 수준이 여행사의 서비스 품질에 직접적인 영향을 미친다. 여행소재 공급업자가 숙박, 교통, 식음료, 기념품, 여흥 등을 제공하는 장소는 여행사와 떨어져 별도의 장소에 있으므로 실제로 여행사가 품질을 결정하는 과정에서 상당한 비용과 시간적 · 공간적인 어려움이 있다.

다섯째, 여행상품 구성요소가 불안정하다. 여행사를 둘러싼 정치상황, 경제상황, 치안상황, 날씨 등 통제가 불가능하고 불안정한 요소들이 여행상품을 구성하므로 이를 통제하기가 어렵고 때에 따라서는 여행상품의 내용 자체를 변경해야 하는 경우도 발생한다.

2) 여행서비스 질의 관리 중요성

여행사의 서비스 품질은 상기와 같은 여러 가지 특성을 지니고 있으나 여행사의 입장에서는 예상이 가능하고 통제 가능한 품질관리를 위해 노력해야 할 것이다. 품질관리는 고객에게는 지불할 만큼 대가를 얻을 수 있다는 확신을 줄 수 있고 또 타인에게 자신의 선택을 자신 있게 이야기해 줄 수 있는 근거를 제공한다. 한편, 여행사 측에서는 성공적인 품질관리라는 다양한 수준의 상품을 생산할 수 있고, 예측 및 통제가 가능하고 또한 기존고객의 구전으로 인해 타 고객을 유인할 수 있는 계기가 될 수 있다.

서비스 품질은 높게 유지되어야 한다. 그렇지 못하면 다음과 같이 시장점유율을 상실하거나 기존인원의 퇴직 및 거액의 모집 경비가들 뿐만 아니라 과실을 수정하기 위한 비용이 많이 들고 거액의 마케팅 비용에 비해 저가격의 상품으로 인식될 우려가 있다.

(1) 시장점유율의 상실

서비스 기업이 시장점유율을 확대하는 방법에는 3가지가 있다.

첫째의 방법은 새로운 고객의 창조이고, 둘째의 방법은 기존고객과의 거래양의 확대이며, 셋째의 방법은 기존고객의 탈락을 방지하는 것이다. 저질서비스는 이러한 3가지 영역의 모든 효율성을 저해하고 있다.

TARP사(Technical Assistance Research Program Co.)의 조사에 의하면, 서비스에 만족하지 못한 고객 한 사람이 9~10명에게 그 불만의 원인을 이야기한다고 한다. 그러한 부정적 구전(口傳 커뮤니케이션)은 신규잠재고객을 멀리 달아나게 하고 현재 고객의 신뢰를 잃게 하기도 한다. 그리고 상호거래의 방해가 되기도 한다. 왜냐하면 기존의 단골고객은 서비스에 결함이 있는 기업과 그 이상 거래를 할 의미가 있을까 하고 의심하게 되기 때문이다.

(2) 기존인원의 퇴직 및 거액의 모집경비

퇴직률이 높으면 서비스 품질이 저해되는 것은 명백하다. 그와 반대로 저질서비스가 퇴직률을 높이는 경우도 있다. 예를 들면 불충분한 내부지원 서비스나 고객을 화나게 만드는 영업정정책은 고객의 불만과 함께 종업원의 불평을 사서 우수한 종업원을 퇴직시키는 원인이 된다.

서비스 부재의 여행사에서 근무하는 것보다 최상의 서비스를 과시하는 회사에서 일하는 편이 즐겁다. 대부분의 사람들은 최선을 다하여 노력하고 그 결과에 대한 정당한 평가를 얻을 수 있는 '달성형 기업문화'의 기업에서 일하기를 바라고 있다. 고객만이 아니라 종업원도 구전 커뮤니케이션을 행하고 있다. 우량기업이기 때문에 종업원은 친구나 친척에게 자사를 선전하고 후배의 취직을 지원하도록 선전할 것이다. 이것이 디즈니랜드나 힐튼호텔 등 서비스 우량회사에 다수의 취직지원자가 몰려드는 이유 중 하나이다. 불량 서비스기업에는 종업원의 구전은 반대방향으로 작용한다. 즉, 친구들에게 자신의 회사에 취직할 생각조차 하지 말라고 말할 것이다.

(3) 과실을 수정하기 위한 비용

과실은 서비스 제공시스템에 추가비용을 초래한다. 회계 잘못을 수정하는데 필요한 컴퓨터 작업시간, 고객의 불편에 대처하기 위한 전화, 사원의 실수로 의한 서비스의 재시도 등 추가적 작업은 거액의 비용을 필요로 한다.

예를 들면 여행이 종료된 후 고객으로부터 일정표와 달리 여행이 진행되었다는 불만전화가 걸려온 경우 그 여행사는 두 가지의 문제에 직면하게 된다.

즉, 불만을 품은 고객이 발생한 것과 문제를 처리하기 위한 추가비용과 서비스가 필요할 것이다. '처음에 정확히 하라'는 마음가짐이 서비스지향 기업문화의 구축에 중요한 까닭인 것이다. 태만은 주변 종업원들 사이에서 만연되어 퍼져오는 것이다.

(4) 마케팅 고비용과 저가격 상품 인식

서비스 품질이 열악하다는 악평이 퍼지면 여러 가지 마케팅의 대체안 중에서도 해결하기 어려운 입장에 빠지게 된다. 즉, 매상목표 달성을 위하여 거액의 예산을 마케팅에 투입하면서도 그 서비스에 대해서는 소액밖에 청구할 수 없다. 불량서비스로 악명 높은 여행사 경쟁기업보다 거액의 광고비를 사용하면서도 시장점유율을 저하시키는 것은 현실적으로 흔히 있는 일이다. 여기서 문제가 되는 것은 열악한 서비스의 나쁜 이미지를 개선하는 데 얼마만큼의 추가광고예산이 필요한가 또는 추가광고로 몇 년 간에 결함이미지를 충분히 보완할 수 있는가 하는 것이 의문이다.

따라서 저가격은 저품질의 귀결이기도 하다. 전략계획 연구소에서 실시한 조사에 의하면, 서비스의 질이 높다고 평가되고 있는 기업은 고객에게 높은 가격을 청구하고 있다는 것이다. 현실적으로 비교적 저렴한 서비스가격의 청구는 보다 다량의 광고노출과 마찬가지로 열악한 서비스를 지탱하는 '버팀목' 으로서 사용된다. 이런 악순환이 계속되면, 고액의 마케팅 비용과 저가격의 구조는 이익률을 압박하고 결국에는 서비스 품질개선을 위한 장래투자를 곤란하게 만들게 된다.

3) 여행서비스 질의 관리 방향

(1) 서비스 품질의 개념규정 문제

서비스의 연구에서는 우선 서비스를 어떻게 규정하는가가 문제가 된다. 이는 연구자에 따라 의미나 내용이 다양하나 인간이 인간에 대해 발휘하는 인간적 활동을 서비스로 규정한다. 서비스기업은 서비스를 주요 상품구성요소로서 판매하고 있다. 이것은 바꾸어 말하면 이 세상에는 순수한 서비스만을 또는 순수한 유형재만을 판매하고 있는 기업은 거의 없으며, 그러한 것을 모종의 형태로 결합하여 상품을 판매하고 있다. 서비스기업의 상품의 경우는 서비스의 비율이 유형재보다 크다는 특성을 갖고 있는 것이다. 이러한 상품을 서비스상품이라고 한다. 그러므로 서비스기업의 품질관리 대상은 서비스와 유형재가 결합된 서비스 상품이 되는 것이다.

서비스 품질은 여행상품의 성패에 가장 중요한 요소 중의 하나이다. 고객은 여행사의 수많은 요소 가운데 제공되어진 품질에 의해 서비스의 좋고 나쁨을 판단하는 경우가 많다.

한편, 여행사 측에서 보면 품질은 경쟁시장의 경쟁상대에 대한 주요한 포지셔닝의 수단이 된다. 따라서 기본적인 마케팅 의사결정은 우선적으로 서비스 품질관리부터 시작되어야 한다. 여기에서의 품질은 물론 품질설계도에서 일치로 정의된다. 서비스 품질의 경우는 그 품질설계도의 작성 및 평가가 어렵다. 그것은 서비스의 제반 특성(무형성, 생산 및 소비의 동시성, 소멸성, 비표준성 등)에 의한 것으로 현재까지는 그러한 특성적 약점을 보강하기 위하여 설비, 가격 등의 유형적 단서가 사용되어 왔다. 그러나 현실적으로 보면 그것만으로는 서비스 품질의 관리 문제가 적절히 해결되지 않았던 것 같다.

(2) 서비스 품질관리에 새로운 시점과 방향 제시

서비스 품질관리에 대한 새로운 시도는 상기와 같은 품질관리의 한 국면을 강조하는 발상에서 출발하는 게 아니라 그것들을 포함하면서 서비스의 본질을 그 관리의 중심에 세워서 효율 · 효용의 측면과 고객의 관점을 총괄한 종합적인 방향으로 나아가기 않으면 안 될 것이다. 즉, 서비스 품질 자체가 소비자의 관점과 관리자의 관점이 합치된 수준에서 결정되지 않으면 안 된다.

우선 소비자의 관점에서 서비스의 품질에 대하여 보기로 하자. 패라슈라맨(A. Parasuraman) 등의 연구에 의하면 소비자는 서비스 품질평가에 있어서 서비스의 유형에 관계없이 유사한 척도(기준)를 사용한다고 한다. 그 척도는 '서비스 품질의 결정요소'로서 10개 항목(접근성, 커뮤니케이션, 능력, 예의, 진실성, 신뢰성, 책임감, 안전성, 유효성, 고객욕구의 이해 및 숙지)이 열거되어 있다. 이 항목들은 서비스 제공 이전에 소비자의 기대를 형성하는 데 상대적으로 중요성을 갖는 요소이다.

그들의 연구에서 서비스 품질은 소비자의 기대된 서비스와 지각된 서비스의 비교된 결과로서 나타나 있다. 기대된 서비스는 구전(口傳), 개인적 욕구, 과거의 경험 및 외부와의 커뮤니케이션 등에 의해 형성된다. 반면 지각된 서비스는 구매 전후만이 아니라 구매 중에 일어나는 제공활동과 외부와의 커뮤니케이션 등에 의해 형성된다.

기대된 서비스와 지각된 서비스의 비교는 유형재의 경우와 거의 다를 바가 없다. 단지 서비스 평가에서 다른 점이란 서비스의 제반특성으로부터 오는 것에 불과하다.

한편, 다음으로 관리자의 관점에서 서비스의 품질을 보기로 한다. 서비스 품질에 대한 관리자의 인식은 각각의 산업에 있어서 특수한 것인데 그러한 산업 가운데서도 공통사항이 널리 보여진다.

관리자의 관점에서 보면 관리직에는 소비자의 기대에 대한 인식이 우선 요구된다. 소비자인식을 기초로 하여 서비스 품질의 계획서가 작성되고 그 계획서에 따라서 현장에서의 제공활동과 외부에의 커뮤니케이션 활동이 행해진다.

여기서 문제가 되는 것은 서비스 품질에 대한 관리자의 지각과 소비자의 지각 및 소비자 간의 서비스 제공관련 업무 간의 일련의 주요한 상이점과 갭이 존재한다는 점이다. 즉, 갭의 존재는 고품질의 서비스로 지각되어야 할 서비스 제공에 커다란 장애가 되고 있다.

그러나 이러한 서비스 품질모형에는 약간의 문제가 존재하고 있다. 우선 소비자의 서비스 품질에 대한 평가가 다시 관리자 측으로 피드백하는 과정이 설정되어야 마땅하나 이것에 대한 고려가 결여되어 있다.

다음으로 품질관리에 대한 현장시점의 결여가 지적된다. 서비스는 인간이 인간에 대하여 발휘하는 인간적 활동이다. 현장은 서비스의 생산공장인 동시에 판매장소이기도 하다. 기업 측은 소비자에게 서비스상품을 판매하기 이전에 접객요원에게 그것을 이해시키고 납득을 얻지 못하면 안 된다. 그러므로 접객요원을 기업 내부의 고객으로서 생각하고 동기 여부에 대한 전략들이 필요하게 된다. 따라서 서비스 품질을 설정할 경우 서비스 품질의 설정(품질계획서의 작성)에 있어서는 현장으로부터의 참가가 당연시되지 않으면 안 된다.

그러한 의미에서 서비스 품질 접근방법은 인간적 품질관리이론에서 주장하고 있는 서비스 제공자의 행동적 측면을 기축으로 소비자와 관리자의 관점과 더불어 현장 접객요원의 관점을 통합한 형태로 품질모형을 재구축하는 것이 보다 유용할 것이다.

〈그림 6-6〉에서는 그에 대한 개념모형이 전개되고 있다. 이미 언급한 바와 같이 여행사의 품질관리는 관리자 측의 관리계획에 전적으로 의존하여서도 위탁하여서도 안 된다. 거기에 더불어서 현장종업원의 참가와 서비스 접점에서 고객의 협력이 반드시 필요한 것이다.

이처럼 여행사 품질관리의 방향은 관리자, 현장종업원, 소비자의 3차원에서 접근되어 해결되어야 한다. 그에 의해 기업 측과 종업원, 소비자는 각각의 목표달성과 큰 만족을 얻을 수가 있을 것이다.

그림 6-6 | 서비스 품질관리

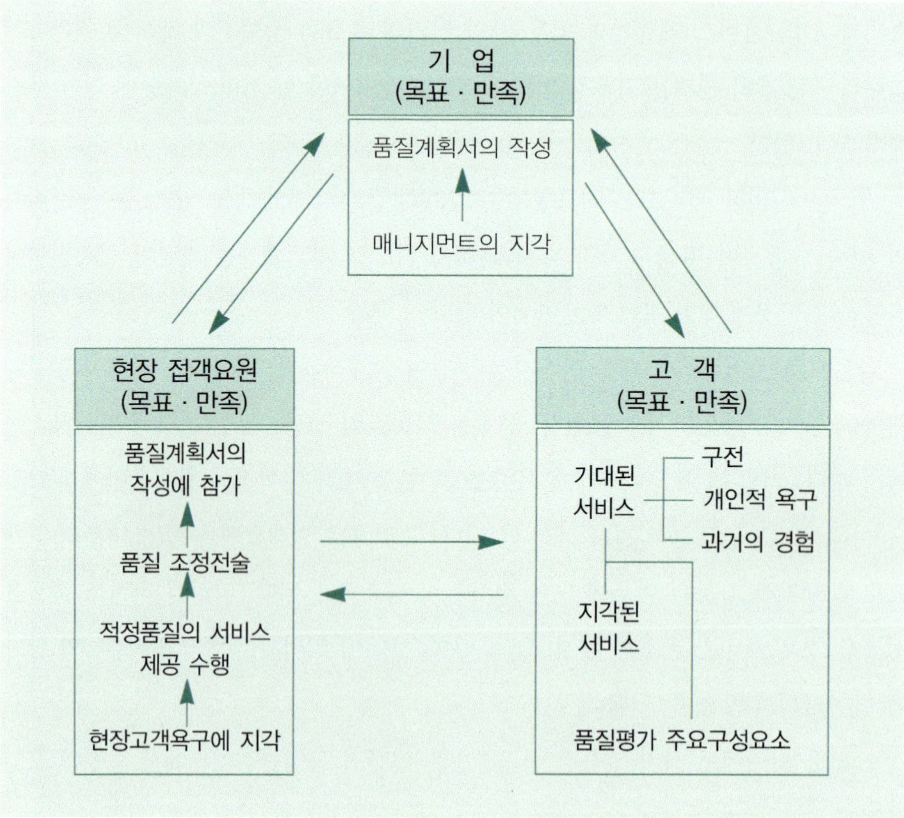

5 관광서비스와 고객만족

1) 고객만족의 의의

1970년대 이후 끊임없이 주목을 받고 있는 기업의 마케팅 사고의 중심적 개념이 바로 고객만족이다. 고객만족(Customer Satisfaction)이 중요한 이유는 기업이 바라는 여러 가지 성과와 관련되어 있기 때문이다. 높은 고객만족은 기존의 고객의 충성도의 향상, 가격 민감도의 감소, 기존고객의 이탈방지, 마케팅 실패비용의 감소, 신규고객 창출비용의 감소와 기업명성의 항상 등으로 그 효과는 엄청나다.

이러한 고객만족은 최근에 와서는 고객감동, 고객충성, 고객성공, 고객가치 등의 용어와 혼용되고 있다. 보통 '만족(Satisfaction)' 이란 단어는 라틴어 Satis(enough)와 Facere(to do/to make)에서 파생되었으며, 만족시키는 상품이나 서비스가 충분한 정도까지 고객이 요구하는 것을 제공할 능력을 가지고 있다는 의미로 보고 있다. 만족이 과식 또는 과도한 투기 등과 같은 지나친 결과수준까지의 충족으로 보기도 한다.

소비자 의사결정 또는 경험에서 보면 고객만족이란 소비자의 심리적 과정의 최종상태로서 인지적 상태, 평가, 정서적 반응, 인지적 판단과 정서적 반응이 결합된 만족에 대한 판단 등 네 가지 관점에서 정의되고 있다.

첫째, 인지적 상태에서의 고객만족은 소비자가 치른 대가에 대해 적절하게(또는 부절적하게) 보상되었다고 느끼는 소비자의 판단으로 보고 있다.

둘째, 고객의 평가에서의 고객만족은 고객이 선택한 대안이 그 대안에 대한 사전신념과 일치되었는가에 대한 평가라고 보고 있다.

셋째, 정서적 반응으로 보는 관점에서 고객만족은 고객의 기대 · 일치 · 불일치와 같은 고객의 다양한 인지적 처리과정 후 형성되는 정서적 반응으로 보고 있다.

넷째는 고객만족을 인지적 판단과 정서적 반응이 결합되어 나타나는 것으로 보고 고객만족은 만족에 대한 고객의 판단이다.

따라서 상기의 내용을 바탕으로 고객만족에 대한 개념을 관광산업분야의 한 분야인 여행사를 중심으로 설명하면, 여행사에서는 여행서비스에 대한 고객만족이란 여행자의 기대와 여행에서 느낀 실제의 지각 간의 차이를 말한다. 즉, 여행자의 만족은 여행상품과 서비스에 대한 자신의 기대와 지각의 차이를 의미하는 것으로 여기서 기대의 초과나 충족이 고객만족으로 이어지는 것이다. 고객의 지각은 기대와 실제경험 사이의 차이에 의해 설명될 수 있는 만족과 불만족에 관련이 있기 때문에 품질은 기대된 품질과 지각된 품질 사이의 차이로서 인식된다는 것이다. 지각된 품질을 기대와 비교할 때 품질이 기대보다 더 높으면 고객은 만족하는 경향이 있다.

2) 고객만족의 원칙과 고객만족 경영

(1) 고객만족 원칙

일반적인 고객 만족의 원칙은 다음과 같다.

① 고객을 알아 보아야 한다.

② 첫인상을 좋게 한다.

③ 고객의 기대를 충족시켜야 한다.

④ 고객의 노력을 감소시켜야 한다.

⑤ 고객이 쉽게 결정하도록 만들어야 한다.

⑥ 고객의 인식에 초점을 맞추어야 한다.

⑦ 고객은 기다리는 것을 싫어한다.

⑧ 고객이 재현하고 싶어하는 추억을 만들어 주어야 한다.

⑨ 고객들은 좋지 못한 경험도 기억한다.

⑩ 고객으로 하여금 많은 대접을 받았다고 느끼게 한다.

(2) 고객만족 경영

고객만족을 목표로 하는 경영이 고객만족 경영이다. 즉 총체적 고객만족 목표를 달성하기 위하여 고객지향 사고가 기업경영의 모든 측면에서 반영되는 경영이 바로 고객만족 경영이다. 여행사에 있어서 고객만족 경영을 위한 업무절차는 업무의 특성에 따라 다르겠지만 다음과 같은 절차를 따르고 있다.

① 1단계 : 준비단계

준비단계로서 공동의 목표추진과 달성을 위한 일체감을 형성하기 위한 팀 훈련을 실시한다. 여행자를 객관적으로 이해하기 위해 노력한다.

② 2단계 : 홍보단계

사내 홍보단계로서 고객만족 경영의 추진에 다른 각종의 변화에 전직원이 참여할 수 있도록 해야 한다.

③ 3단계 : 정보수집단계

정보의 수집단계로 현재 우리 회사의 고객에 대한 업무처리, 불만에 대한 처리, 타사의 사례, 고객만족 조사 등의 자료를 수집한다.

④ 4단계 : 원인조사단계

정보수집의 결과에 따라 고객불만 원인의 상세조사를 실시한다 이를 통하여 문제의 근본적인 원인이 어디에 있는지를 명확히 규명해야 한다.

⑤ 5단계 : 분석 및 전략수립단계

얻어진 자료를 분석하여 고객만족을 위한 전략을 수립한다.

⑥ 6단계 : 모니터링단계

지속적인 모니터링을 실시한다. 고객만족은 잠깐 추진한다고 해서 완성되는 것이 아니며 지속적으로 고객의 추이를 분석하고 다시 개선전략을 반영하는 모니터링이 지속적으로 이루어져야 한다.

6 관광서비스의 고객불만 관리

1) 고객불만 관리의 발생

고객불만 관리의 기본개념은 '불평하는 고객이 고맙다' 라는 한 마디로 요약할 수 있다. 어떤 조직이던 또 그들의 서비스 노력이 얼마나 진지하던 관계없이 고객과 종사원 그리고 여행사 간의 상호작용이 존재하는 곳에는 반드시 고객의 불만과 불평이 있다.

기업의 입장에서는 잘못을 지적해 주고 이의 개선을 요구하는 고객의 소리와 이에 대한 기업의 능동적 대처가 조화롭게 가능할 때만이 고객과 기업 양자가 추구하는 소기의 목적을 달성할 수 있다. 즉 불평하는 고객을 효과적으로 관리하는 것은 여행사의 수익성에 중대한 영향을 미치지만 실제로 불평을 토로하는 이러한 불만을 해결하기 위해 여행사와 접촉하는 능동적인 고객은 일부에 지나지 않는다. TARP의 연구에 의하면 불만족한 고객의 4%만이 불만을 토로하는 것으로 나타났으며 나머지 96%는 미련없이 다른 회사를 이용해 버린다고 한다는 조사결과에서 보더라도 많은 사람들이 서비스에 실망하고 그 결과 불만을 가지고 있지만 그것을 말이나 글씨로 표현하지 않는다.

일반적으로 여행자에게 발생하는 불만은 다음과 같은 여행상품의 여러 특성에 기인한다. 첫째, 여행상품은 숙박, 교통, 정보, 관광안내, 쇼핑 등 여러 상품의 조합으로 이루어지며, 어느 한 부분에서 불만족 한 고객은 전체 여행상품을 불만족스런 상품으로 치부하는 성향이 있다. 그래서 여행사는 여행목적지가 원거리에 위치에 시간적 · 지리적 제약과 여행상품의 구성요소인 부품업자의 통제가 어려워 불평행동의 가능성이 높다.

둘째, 여행자들은 꿈과 추억을 구매한다. 이러한 여행상품의 무형적 특성은 고객을 만족시키기 위해 최선의 노력에도 불구하고 불평 · 불만발생의 여지는 여전히 남아 있는 것이다.

셋째, 여행상품은 노동집약적 서비스의 특성을 가지고 있다. 즉 프론트 데스크의 판매사원, 통역안내원, T/C, 판매사원 등등 서비스 종사원들이 인간적 상호작용이 불가피한 상품이다. 따라서 만족스러운 대면서비스로 고객과의 관계를 유지하기는 상당히 어렵다.

넷째, 여행상품은 외적인 요소인 날씨나 기온 등 여행사의 힘으로 해결할 수 없는 요인으로 인한 불만이 발생하기도 한다.

2) 효과적인 불만관리

여행에 있어 여행자의 불만은 다양하고 원인도 많다. 이러한 여행서비스에 대한 효과적인 불만관리를 위해서는 Zemke는 다음과 같은 고객불만처리 5단계가 필요하다고 지적했다.

① 1단계 : 사죄

여행서비스가 실패한 순간 바로 그 사실은 인정하고 고객에 사죄하라.

② 2단계 : 신속한 대응

한시라도 빨리 사태를 회복시키기 위해 최대한 노력하고 있음을 보여주라.

③ 3단계 : 감정이입

배려하는 마음을 보여주는 것은 모든 서비스의 원천이다. 만약 T/C는 불만을 가진 고객에게 우선 고객의 기분을 충분히 이해하고 있다는 것을 보여 주어야 한다. '당신이 느끼는 감정을 이해하고 있습니다' 라는 마음을 보여주는 것이다.

④ 4단계 : 상징적 보상

가장 기본적 형태로 당신에게 보상을 하고 싶다고 확실하게 보여주어야 한다.

⑤ 5단계 : 최종 마무리

사태를 원만히 종결시키는 마지막 단계로 최종 마무리가 잘 되면 서비스 제공자의 자존심이 고양시키는데 도움이 된다.

이상과 같은 불만처리가 잘 관리되기 위해서는 조직적인 차원에서의 불만관리원칙이 있어야 한다. Rust는 조직차원의 불만관리 원칙을 다음과 같이 제시하고 있다.

첫째, 최일선 업무조직과 중앙정보시스템의 커뮤니케이션을 연계하라. 고객과 접촉하는 최일선의 업무 파트와 본부의 정보시스템 간에 원활한 커뮤니케이션이 이루어져야 한다.

둘째, 즉각적 지원을 하라. 이것은 불만발생시 즉각적으로 고객의 편에 서서 문제해결을 시도하는 것을 의미한다.

셋째, 불만 해결을 위한 권한 위임을 하라. 불만의 정확하고 빠른 해결을 위해서는 현장에서 일어나는 일에 가장 정통한 직원들에게 문제해결 자율권을 부여해야 한다.

넷째, 민감하라. 이것은 불만의 신속한 해결을 의미한다. 또한 불만이 신속히 해결되지 못할 경우 회사는 최소한 그 사실만이라도 신속히 고객에게 알려 주어야 하며 또 문제를 해결하기 위해 지금 진행되고 있는 회사 차원의 조치를 정확히 통보해 주어야 한다.

다섯째, 추가적인 불만발생을 억제시켜라. 이것은 기업이 한 가지 실수를 저질렀을 경우 신속하고 정확한 조치를 통해 이상의 잘못을 범하지 말라는 것을 의미한다.

이상으로 효과적인 고객불만 관리는 적극적 자세로 고객의 불만을 사적인 판단에 의한 직접 처리해서는 안 되며, 고객의 불만이 부당하다는 느낌을 주어서는 안 된다. 즉 고객의 불만사항에 대해 기꺼이 귀기울이는 분위기를 조성하는 것이 중요하다. 그런 다음 불만을 토로고객에서 침묵하는 고객까지도 스스로 찾아와 불만을 이야기할 수 있도록 도와주어 조직이 문제들의 소재를 확인하고 해결할 수 있도록 해 주어야 한다.

제3절 | 여행정보

1 여행정보의 개념과 흐름

오늘날 거의 모든 분야에서 정보라는 용어가 보편적으로 사용되고 있다. 정보사회에서 정보는 물질적인 재화와 같은 가치를 지니는 자원의 입장에서 파악되고 있다. 여행정보는 관광현상과 관련하여 관광의 구성요소 간에 발생하는 총체적인 개념으로 보는 경우 관광의 구성요소 즉 인간과 자유시간, 공간(물리적인 거리 포함), 체재시간, 대상산업, 교통, 매력물, 시설과 서비스, 목적지, 소득 등에 관련된 모든 자료를 의미한다. 또한 여행정보는 관광목적을 포함하여 모든 목적의 여행자들이 필요로 하는 여행에 관련된 모든 정보이며 이것은 관광산업의 근원적인 생명력이라고 불릴 정도로 그 기능이 강화되고 있다. 여행자들이 여행 전에 다양한 이유로 정보를 탐색한다.

예를 들어 여행을 위한 여행일정, 스케줄, 요금, 목적지, 여행상품에 대한 정보탐색과 여행자 자신의 정보를 교환해야 한다. 이러한 여행사의 정보탐색은 구매결정을 지원하거나 구매를 확정짓는 결정적인 변수로 작용하고 있다. 특히 기획여행상품의 구매결정은 여행선택에 있어서 다량의 정보를 필요로 하는 반면에 반대로 과도한 정보의 과부하로 정보수집과 평가에 고비용과 기회비용의 상실의 가능성도 나타나고 있다.

그림 6-7 | 여행산업의 정보흐름

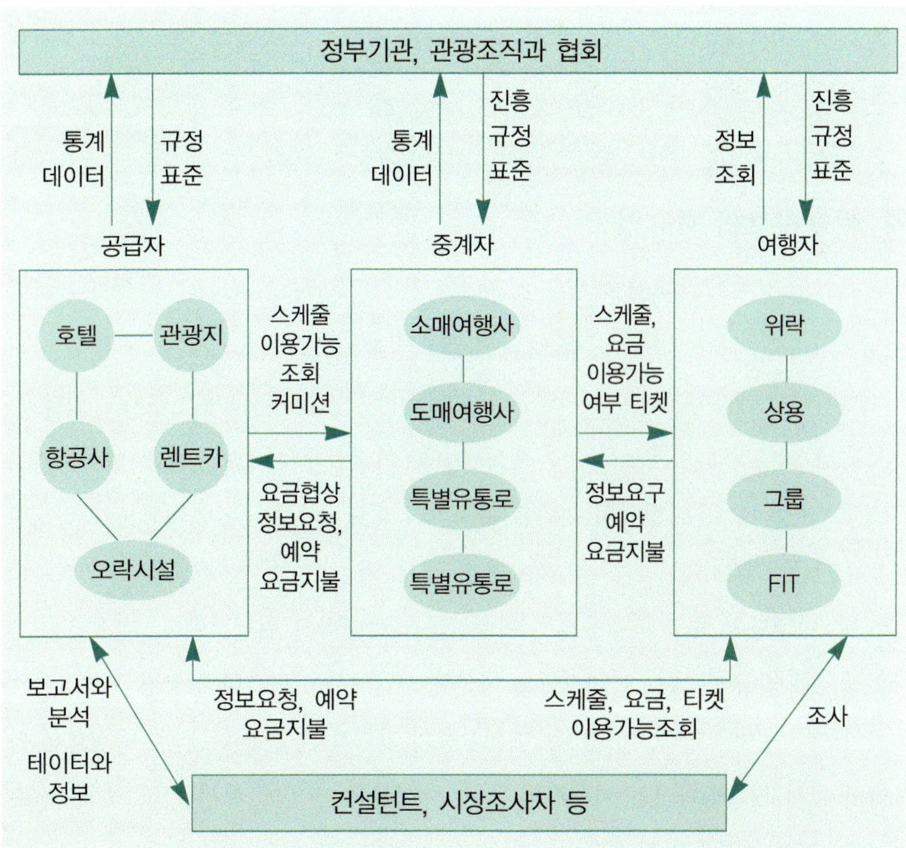

미국의 여행도매업자협회에서 '여행업은 여행의 선택으로 여행자들을 돕는 것이 아니라 단순히 여행자에게 오퍼레이터의 브로셔를 준다' 라는 보고서의 내용에서 보듯이, 여행사의 여행정보는 여행자의 의사결정을 돕는데 중요하다는 단적으로 보여주는 것이다. 특히 여행상품 선택은 고몰입 · 고관여적인 성격을 지닌 결정이기 때문에 여행자들은 실질적인 정보를 얻고자 한다. 전통적인 정보체계인 구전이나 브로셔 등의 방법은 점점 잠재여행자들의 다양한 욕구를 충족시켜주지 못하고 있다.

따라서 여행사의 성패는 양질의 여행정보를 생산 · 유통 · 판매하는데 있다고 해도 과언이 아니다. 일반적으로 여행정보의 흐름은 다음과 같은 정보흐름체계를 갖고 있다. 위락여행자, 상용여행자, 그룹단위 여행자, FIT 또는 다른 형태의 여행자들은 여행상품에 대한 정보, 스케줄, 요금, 이용가능 여부 그리고 예약에 관한 정보를 필요로 한다. 여행자들은 이러한 정보를 여행사와 여행소재 공급업자(principal)로부터 얻을 수 있다.

2 여행정보의 필요성

21세기는 정보의 세계로 여행도 컴퓨터와 정보통신기술의 결합은 여행사로 하여금 정보의 수집, 가공, 의사소통을 보다 원활하게 하는데 도움을 주고 있을 뿐만 아니라 여행사와 소재제공자와 여행사와 고객 간의 업무를 쉽게 빠르게 처리하고 있다.

따라서 여행업계는 정보화가 가속화될수록 여행업계의 주변환경을 변화시키고 그 결과 간접적으로 여행업의 변화를 유도하고 있다. 여행사의 여행정보가 필요한 이유는 다음과 같다.

첫째, 여행자의 욕구에 부응하는 여행상품을 판매하기 위해서이다. 내재된 여행자의 욕구에 맞출 수 있는 여행상품을 생산하기 위해서는 고객과의 쌍방향 커뮤니케이션이 이루어져야 한다. 여행사는 여행상품의 기획과 개발에서부터 여행정보를 활용하여 시시각각 변화하는 여행자의 욕구, 여행환경 변화에 실시간으로 대응하고, 적시에 여행상품기획과 판매를 동시에 진행할 수 있다.

둘째, 여행소재 제공자의 직접 판매증대에 따른 여행사의 새로운 역할 때문이다. 여행업계의 가장 큰 위협은 여행소재 제공자의 소비자와의 직접거래에 의한 여행사 경영수익의 감소이다. 이미 국내호텔이나 국적 외국적 항공사들은 인터넷 홈페이지를 통해 호텔상품과 항공좌석의 직접판매 뿐만 아니라 이용정보를 제공하고 있어서 여행사의 관광관련업계에 미치는 영향력이 감소되고 있다. 이에 따라서 여행사의 여행정보는 시장생존의 수단으로 반드시 필요한 분야이다

셋째, 인터넷 이용자의 증가이다. 여행사가 여행정보를 필요로 하는 이유는 여행시장에서 인터넷 이용시장이 크게 증가하였다는 것이다. 여행자들은 인터넷을 이용하여 항공권 예약과 판매, 호텔 객실의 예약, 패키지 여행상품의 구매하고 있다. 따라서 여행업계에서는 독자적인 서비스와 정보를 제공할 수 있어야 시장에서 생존할 수 있다.

3 여행정보의 유형

1) 직접적 경험

직접적 경험은 여행사 입장에서 가장 확실한 정보 획득방법으로, 직접 해당 여행정보를 경험함으로써 얻는 관광 · 여행정보이다. 즉 여행을 통하여 정보를 습득하는 것이다. 여행사에서는 이러한 직접적 경험방법으로 의견 선도자(Opinion Leaders) 그룹에게 직접적인 여행경험을 하도록 제공하고, 이를 통하여 관광 · 여행정보가 효율적으로 전달하게 하여 여행상품의 판매에 적극 활용할 수 있다. 여행사에서 이러한 정보습득 여행을 시찰여행인 팸투어(Fam Tour)로 보고 있다.

2) 구전

고객에 의한 구전정보는 여행사에게는 최신의 정보를 취득할 수 있는 좋은 대상이다. 고객의 욕구와 여행상품의 평가를 데이터베이스화하여 적극적인 활용이 가능하다.

3) 인쇄정보

인쇄정보는 보전성이 높은 반면에 최신정보가 아닐 수 있어 여행정보의 정확성과 실시간성이 다소 떨어진다. 여행사에 관련한 인쇄정보는 전문서적, 여행안내서, 업계 전문간행물, 브로셔 등이 있다.

(1) 전문서적

① ABC

영국의 ABC Travel Guide사가 발생하는 월간지이며 적색표지의 Part I은 전세계 지역 구간의 항공운임과 공항별 이착륙 항공사 및 공항 노선을 연결하는 교통수단이 기재되어 있으며 청책인 Part II는 전 세계항공 스케줄이 안내되어 있다.

② OAG(Official Airline Guide)

미국의 Official Airline Guide사가 발생하는 항공전문서적으로 세계판은 세계전역의 항공스케줄이 안내되어 있으며 월 1회 발행한다. 북미판은 북미와 남미에 대한 상세한 스케줄이 안내되어 있으며, 월2회 발행된다.

③ ORG(Official Railway Guide)

미국의 암트렉과 VIA 스케줄 및 요금이 안내되어 있다.

④ OSGI(Official Steamship Guide International)

World Wide사가 발생한 유람선 스케줄과 요금안내서이다

⑤ Hotel & Travel Index

World Wide사가 발생한 호텔안내서로 전세계 호텔의 자세한 안내가 수록되어 있다

(2) 여행안내서

여행에 활용될 수 있도록 간편한 휴대용으로 제작된 안내책자이다. Michelin Guide, Fodor' s Guide, Rough Guide 등이 있다.

(3) 업계 전문간행물

ASTA, PATA 등 관광관련기구에서 제작되는 간행물로 관광지에 대한 소개와 더불어 관광동향, 관광산업의 변화, 각종 관광통계 등이 포함되어 있다. 대표적인 것이 ASTA Agency Management, Travel Weekly 등이다.

(4) 팜플렛, 브로셔, 포스터

여행상품정보 또는 관광지에 대한 인쇄물로 비교적 장기간 활용이 가능하고 정보제작이 용이하다.

4) 매체정보

매스미디어 매체정보인 TV, 라디오, 신문, 잡지와 일반매체정보, 멀티미디어, 비디오, CD, DVD 등을 이용한 정보로 대량공급이 가능하고 이용하고 있다.

5) 내부정보시스템 및 전산시스템

여행사에서 직접 개발 · 운영되는 관광 · 여행정보시스템 및 전산시스템을 이용한 각종 정보를 기업 내부적으로 이용하여 선별적으로 고객에게 공개하여 고객이 이를 이용할 수 있도록 하고 있다. 항공사에서 개발 · 운영하고 있는 CRS와 GDS를 여행사가 제공받아 항공 · 호텔 · 크루즈 · 렌트카 등 다양한 여행정보를 활용하고 있다.

6) 인터넷

인터넷을 활용한 정보유형으로 여행사에서 자체 홈페이지를 개발하여 운영하는 것이다. 최근에 와서 인터넷 시장이 확산되고 있는 추세여서 미래의 여행사 경영에 가장 큰 역할을 차지할 것으로 보고 있다. 인터넷은 실시간에 다자간 상호교환이 가능한 정보형태로 여행사와 여행사, 여행사와 고객, 여행사와 관련기관 등 상호작용이 강한 커뮤니케이션 수단이다.

4 여행정보시스템

1) 여행정보시스템의 의의

정보화시대에 있어서는 기업이 성장할 수 있는 길은 사고의 혁신과 경영혁신을 병행하여 기업의 경쟁력 강화를 위한 시스템 구축에 전력을 기울여야 한다. 여행사의 여행정보시스템 구축은 기업적 차원의 효과는 부서별 업무수행에 있어서의 이중성 및 불합리성을 제거하여 합리적인 업무처리가 가능해지고, 효율적인 인사관리와 경영관리의 질적 향상으로 기업이윤 극대화 할 수 있다. 그 외에도 안정된 고객를 확보는 것과 동시에 고객 서비스 향상과 여행상품의 원가절감이 가능하고 경영진과 조직원 간의 신속한 의사결정에 각종 정보를 정확하게 적시에 제공할 수 있다.

여행정보스시템은 여행사뿐만 아니라 여행관련 기관과의 연계성을 확보하는 중요한 수단이 되고 있다. 항공사, 호텔, 렌트카, 지역의 관광지 등과 정보네트워크를 구성하면, 여행사의 업무와 마케팅 정보를 활용할 수 있다. 예를 들면 여행자가 여행지의 기초적인 자료로 기후, 교통편, 항공편, 숙박시설에 대한 정보를 필요로 할 때 여행정보시스템이 운영되게 되는 것이다. 이러한 여행정보시스템은 여행자를 위해 제공되는 정보만을 의미하는 것이 아니라 여행경영과 관련된 포괄적인 정보를 의미한다.

여행사의 경영에서 가장 먼저 선택된 정보시스템은 GDS(Global Distribution System)이다. GDS는 항공사의 CRS를 통한 항공편의 일정이나 좌석예약, 가격조회에 관한 정보기능에서 항공사의 정보 외에 개별 여행사의 상품비교나 호텔, 렌트카 등의 예약, 판매, 정보의 수정 등을 조회할 수 있다. 오늘날 전 세계의 여행사에 있어서 GDS 터미널의 이용은 가장 중요한 정보와 예약도구가 되고 있다. 여행사가 이용가능한 GDS 시스템들은 Sabre, Apollo/Galileo, System One/Amadeus, World Span와 Abacus이다.

최근에는 미국과 유럽, 아시아의 시스템들이 기술적으로나 지역적으로 상호호환체계를 구축하여 어느 터미널로도 상호접속이 가능하게 되고 있다.

유럽에서의 GDS 시스템 이용은 늦게 출발하였지만 여행사당 평균적인 터미널의 수는 3개 이상이며, 보편적인 시스템은 Amadeus/System One이다. 전 세계적으로 GDS 터미널은 125개 국의 98,000지역에서 사용하고 있으며, 약 25만 개의 터미널이 설치되어 있다. 아시아에서는 약 40%의 여행사가 GDS 터미널을 사용하고 있다. Abacus는 아시아의 여러 국가의 항공사가 공동으로 개발한 이유로 아시아에서 가정 보편적으로 사용하는 터미널이다.

2) 여행정보시스템의 구성체계

여행사의 여행정보는 항공사의 항공예약시스템(CRS : computerized reservation system)을 이용한 항공업무관련 정보와 항공사의 CRS와 기술적 제휴를 한 GDS 터미널을 이용한 비 항공업무분야로 나누어 업무내용과 구성체계가 다르다.

(1) 항공관련 기능

① 항공정보 : 항공일정의 유효성, 일정관리, 항공운임, 운임규칙, 여러 항공사의 비행정보

② 고객정보 : PNR의 비행정보, 특별한 서비스 요구사항, 정보를 저장하고 수집 정리

③ 서류작업(paper work) : 티켓의 출력, 항공좌석권과 일정의 인쇄

(2) 비항공관련 기능

① 렌터카, 호텔, 쿠르즈, 철도와 단체여행의 예약

② 외환업무

③ 유원시설, 관광지, 극장 및 이벤트 입장권 주문

④ 관광여행 정보기구와의 연결

⑤ TIMATIC을 통한 국제통관업무의 정보분석

⑥ 여행정보와 다른 기초정보를 통한 목적지 정보의 접근

⑦ 전자우편과 팩스시설

5 정보화시대의 여행상담

1) 여행상담의 필요성

여행상담은 순수한 의미에서 여행자의 욕구분석과 이를 통한 효율적인 여행의 방법을 제시하는 것이라고 정의할 수 있다. 여기서 상담이란 어떠한 방법론을 제시하는 것이지 그에 따른 하드웨어나 소프트웨어를 공급하지 않는다고 할 수 있다. 또한 상담은 일반 비즈니스와는 구별되는 가장 큰 특징은 상담에 대한 책임의 소재가 없다는 것이다. 즉 문제를 파악해 주고 그 해결책을 제시하는 자문의 역할만을 담당한다.

이러한 상담에는 다음과 같은 공통의 특징이 있다. 첫째는 전문적인 기술, 경험, 지식을 가진 사람이 필요하고 둘째는 문제의 해결안이다. 따라서 여행상담은 여행자에게 전문적인 지식, 기술 또는 경험을 가지고 있는 사람 또는 회사가 여행을 하고자 하는 사람의 욕구를 해결하기 위해서 이에 따른 여행자에게 제공하는 서비스라고 정의할 수 있다.

여행자가 상담을 필요로 하는 이유는 어떤 문제를 해결하기 위한 보충 설명이 필요하기 때문이다. 일상생활에서 지친 현대인들은 자신의 구체적인 여행에 대한 욕구와 해결책에 대해여 고민한다. 정보화 시대의 많은 여행정보는 오히려 여행자들을 더욱더 혼란스럽게 하고 있으며 그 자신의 욕구를 보다 최적으로 해소시켜줄 수 있는 방법을 찾아가는 것이 어렵다.

그러나 미래의 여행사들은 정보기술력을 바탕으로 여행의 준비부터 여행 후 일정기간에 이르기까지 모든 정보를 수집 · 분석하고 이러한 정보를 토대로 다양한 여행자의 욕구를 대응할 수 있어야 한다. 이처럼 정보시대의 여행상품은 단순히 여행과 관련된 정보를 제공하는 것에 머물지 않고 여행자의 문제점을 해결하고 처방하는 여행상담(Travel counseling)이 필요하다.

또한 상담은 정보흐름이 중요한 현대사회에서 매우 중요하며, 특히 여행상담과정에서 보다 더 분명하게 나타난다. 미래의 여행사는 여행정보의 축적을 통하여 효과적인 여행상담의 기능을 제공하여야 한다. 전 세계 모든 여행참고 자료도 훌륭한 연구습관과 정보분석 능력을 가지고 있지 않은 여행사에게는 효용가치가 없다. 따라서 우리나라의 여행업계는 여행정보시스템 구축의 중요성을 재인식하여 업무효율성과 경쟁성을 제고하고 전 직원의 정보마인드 형성을 위하여 노력을 기울여야 한다. 특히 정보체계 구축비용이 과다한 문제를 탈피하기 위하여 각 여행사의 실정을 맞게 마케팅 부문을 중심으로 개발에 임하고 대형도매업자로 성장한 후에는 자체 경영정보시스템을 개발하는 것이 효과적인 것으로 판단된다.

2) 여행상담의 범위와 과정

여행상담과정을 보면 여행자가 여행에 관한 욕구를 인지하고 이를 실행하기에 앞서 전문적인 조언을 구하고자 여행사를 선택하여 여행사와 접촉을 시도한 순간부터 시작된다고 할 수 있다. 이러한 여행사와의 접촉 순간부터 여행상품을 구매하여 실행하기 전까지의 모든 과정에서 여행상담이 이루어진다. 여행의 상담과정은 하나의 여행상품을 구매하기 전까지의 여행자에 대한 조언이나 자문을 해주는 것에 그치지 않고 총체적으로 여행자가 구매한 여행상품에 대하여 정확하고 세세한 정보를 제공하고 그리고 잘못된 정보에 대해서는 책임감을 가지도록 해야 할 것이다. 여행상담과정은 다음과 같다.

(1) 여행자의 욕구이해

욕구는 여행자가 여행을 하게 하는 원동력으로서 인간에게는 다양한 욕구를 가지고 있다. 원래 욕구는 기대과 실제의 차이로서 인간이 인지하는 것이다. 여행의 만족을 위해서 여행사는 여행자가 인지하는 욕구를 분명하게 파악해야 하며, 인지하지 못하는 부분의 욕구까지도 인지하도록 유도하여 여행자의 만족을 느낄 수 있는 여정을 설계해 주어야 한다. 따라서 여행상담의 가장 기본적이고 필수적인 것은 여행자에게 필요한 것이 무엇인가를 파악하고 이해하는 것이다.

(2) 여행자의 환경파악

여행자의 욕구를 파악한다고 하더라도 여행자의 환경에 대한 파악이 이루어지지 않으면 실현 불가능한 대안을 도출해 오히려 불신을 안겨줄 수 있다. 여행상담는 항상 여행자가 처해 있는 상황 즉 그들이 지불할 수 있는 경제적인 능력, 시간적인 능력, 문화적인 능력 등으로 해결할 수 있는 여정을 제시하여야 한다.

(3) 여행설계의 대안도출

여행자의 욕구와 환경을 파악한 후에는 그러한 욕구를 충족시킬 수 있는 여러 가지의 대안들을 도출해야 한다. 여행자들의 욕구를 충족할 수 있는 대안들을 여러 가지 제안함으로써 여행자들이 자유롭게 선정될 수 있도록 하는 자유선택성을 보장해야 한다.

(4) 최적의 대안선택

여행자의 욕구를 충족시켜줄 수 있는 여러 대안이 도출되면 그 중에서 여행자에게 최적의 대안을 선택하도록 조언을 해야 한다. 이러한 조언은 여러 대안이 가지고 있는 장단점의 비교를 통해서 가능하다. 또한 여행자의 목표를 효과적으로 달성할 수 있는 대안을 채택하도록 하여야 한다.

(5) 여행의 보증

최적의 대안이 도출되면 도출된 대안에 의해서 계약된 여정에 대한 보증을 해주어야 한다. 보증된 여정에 있어서 소비자의 피해가 발생할 경우 이에 대한 책임을 보상할 수 있다.

(6) 여행의 평가

여행상담은 여행에 대한 총체적인 결과에 대해 만족을 극대화하고 불만을 최소화하기 위해 필요하다. 이러한 관리는 여행상담에 대한 재상담을 할 수 있는 기반이기 때문에 하나의 상담에 그치지 말고 그 여행자가 진정으로 만족할 수 있는 여행이 되도록 조치하여야 한다.

3) 여행상담과 여행정보시스템

여행상담에 있어서 컴퓨터 지원은 여행상담과정에 필수적인 것이다. 여행상담과정은 유형화하기 위한 표준화된 방법이 없고, 추론의 방법으로 다루기 쉽고, 명백하거나 또는 차라리 감추어져 있고 잠재적일지 모른다.

컴퓨터의 지원으로 인한 여행상담 접근은 전문가 시스템이다. 이것은 특별히 단계적인 결정의 일련의 단위로 분해될 수 있는 문제들에 적합하다. 패키지 투어를 선택하는 것은 많은 선택활동을 포함한다. 그러므로 첫 번째 접근은 전문가 시스템의 감각적인 버전으로 구성된다. 규칙과 결론이 프로그램 코드 안에 이미 존재하는 전통적인 프로그램과 다르게, 전문가 시스템은 명백한 추론의 조정자를 만든다.

새로운 요소 · 규칙 또는 결론이 지식에 존재하는 몸체로 결합되자마자 소위 룰 베이스(rule base)라 불리는 것의 분리로 시스템을 설비한다. 가장 향상된 시스템은 지식기술자(Knowledge Engineer)의 도움 없이 시행착오를 통해 자동적으로 규칙을 적용시킴으로써 배워질 수 있다. 일상적인 발전전략을 채택함으로써 여기에 고용된 전문가 시스템 접근을 출발선으로부터 출발하지 않는다. 대신에 이것은 상담의 여러 분야에 시스템 구성을 적용할 수 있는 상업적으로 이용 가능한 소프트웨어 도구사용을 만든다. 조립된 Expert System Shell은 종종 요구하는 실질적인 이점을 점검하기 위하여 스스로 만들어진 선택이 필요하다.

두 번째 접근은 인공지능언어(Prolog)로 짜여진 꼭 맞는 프로그램을 제공한다. 이것은 컴퓨터 지원 여행상담으로 여행일정을 선택하고 일정을 조화시키는 사용자 대화의 결합으로 인지한다. 유연성, 속력, 효과, 쉬운 사용, 구성 비용, 최신화에서 두 버전에 접근하는 것을 전문가와 여행일정시스템을 시험하기를 희망하는 관리자에게 이익이 될 것이다. 양쪽을 일반적인 대화형태로 옮김으로써 컨설턴트를 조정하면서 고객의 선호와 결정에 참가한다. 원칙적으로 양쪽 버전은 물론 고객에 의한 포괄여행개념의 완벽한 이해가 필요하다.

여행상품요소를 항목별로 적은 것은 관광연구에서 새로운 것이 아니다. 그러나 텍스트 북 제안은 소비자 개념을 적절하게 반영하지 않을지도 모른다. 실제 세계의 상태에 접근하기 위하여 경험 있는 여행사 직원과 지혜를 모으는 시기는 여행의 특성과 그것들의 가능한 가치의 결정에 선행되어야 했다.

Austrian National Tourist Agency는 19개의 투어오퍼레이터로부터 제공된 패키지 투어의 시험 모음을 제공했다. 127항의 샘플 데이터로 그림과 같은 여행상담 과정을 분석하였다. 이것은 3개 구조의 첫 번째 레벨에서 여행의 욕구에 따라 여행의 하부개념으로 나누어지고 각각의 아이템이 바라는 여행의 특성들에 적합한 가치를 데이터베이스로 등급이 매겨진다. 100개 이상의 속성을 합계한 여러 개념들은 상당한 숫자의 복잡성을 검증한다. 이용가능성은 제안된 여행개념의 속성으로 채택된다.

여행사는 투어오퍼레이터와 접촉함으로써 추천된 상품의 이용가능성을 체크한다는 것이 가정된다. 최신 상담모듈은 하나의 온라인 예약시스템으로 통합되어야 한다. 특별한 여행상품의 이용가능성이 고갈되자마자 그 가치는 자동적으로 다 팔린 것이 되었고, 이런 제공은 더 이상 적당한 것이 아니다. 아이디어의 사업적인 생존능력은 적당하게 코드화된 상품속성으로 읽을 수 있는 포맷 안에 여행상품을 제공하기 위한 전체 판매자의 의지에 의존한다.

그러나 그러한 표준화는 패키지 투어를 위한 측정된 표준의 일정한 시스템을 요구한다. 어떤 표준화된 여행상담시스템은 딜레마에 직면하고 있다. 만약 넓은 전체 판매자들이 완벽하게 이 시스템 위에 대표되어지지 않는다면 이것은 여행소매거래를 위한 매력도가 떨어진다. 다른 한편으로 개인적으로 투어오퍼레이터는 그가 자신의 라이벌과 함께 데이터베이스를 공유해야 하기 때문에 특별한 경쟁적 이점을 발전시킬 수 없다.

컴퓨터 지원상담시스템은 두 개의 원천으로부터 시장에 침투하는 것을 가능하게 한다. 첫째, 컴퓨터화된 예약시스템은 쉽게 상담모듈을 이미 여행사에 제공된 소프트웨어 시스템 안으로 삽입할 수 있게 한다. 둘째, 수많은 하부조직을 운영하는 큰 여행사는 컴퓨터지원과 AI과정을 통해 상담표준을 노임으로써 다른 소매판매대 위에서 경쟁적 경계를 찾을 수 있다. 이런 경우에 여행사는 그들 자신의 비용에 있어서 데이터베이스를 여행상품과 비교해야만 한다. 만약 공공부분이 또한 비디오텍스트 네트워크에 의해 상담시스템에 직접 접근할 수 있다면 투자는 더 빠르게 될 것이다.

컴퓨터 지원상담 시스템을 채택하기 위한 조건은 여행 브로셔가 점차 비디어 디스크와 같은 전자매체에 의해 교환될 때 결국 향상되는 경향이 있다. 컴퓨터 프로그램과 디지털화된 시간적 재상상의 상호교환은 상품 · 제 특성을 나타내는 유용한 그림과 음성을 이용하여 사용자와의 대화를 이끌어 낼 것이다.

참 · 고 · 문 · 헌

고종원 · 이광우, 여행업경영실무론, 대왕사, 2000.

김상태, 여행수배업이 제도권 편입에 대한 타당성 검토, 한국관광연구원, 2000.

김성일, 관계마케팅, 경문사, 1999.

김성혁, 여행사 경영관리론, 형설출판사, 2000.

김종남, "한국여행업의 유통경로선택 결정요인에 관한 연구," 경기대학교 대학원 박사학위논문, 1999.

김천중, 여행업, 대왕사, 2002.

김천중, 관광정보시스템, 대왕사, 2000.

김천중 · 김권수, "관광정보기술 적용에 관한 연구," 관광경영학연구, 관광경영학회 제7호, 2000.

도미경, "여행사 경영분석모델개발에 관한 연구," 경기대학교 대학원, 박사학위논문, 1998.

박의일, "여행업의 수익구조개선에 관한 연구: 여행상담료 제도화를 중심으로," 경기대학교 대학원, 박사학위논문, 1999.

빌비숍, 관계우선의 법칙, 경영정신, 2001.

오수경, "관광시장세분화를 위한 변수들의 상대적 우위에 관한 연구," 경기대학교 대학원, 박사학위논문, 1995.

유정남 · 김선희, "기획여행상품 컨소시엄의 성공적인 운영방안에 관한 연구," 여행학연구, 제8호 여행학회, 1998.

윤대순, 항공업무론, 백산출판사, 1988.
윤대순, 여행사 경영론, 기문사, 1997.
이상환 · 이재철 서비스 마케팅, 삼영사, 1999.
이선희, 여행업경여개론, 대왕사, 1997.
이선희 외, 항공운송사업개론, 기문사, 1988.
이선희 외 2인, 여행사창업성공백과, 대왕사, 2000.
이준호, "거래특성에 따른 관계결속이 여행사의 협상전력 선택에 미치는 영향에 관한 연구," 국민대학교 대학원, 박사학위논문, 1998.
진병렬, 여행업경영론, 대왕사, 2002.
정민의, 여행사와 항공사의 장기협력관계에 관한 연구, 경기대학교 대학원, 박사학위논문, 2001.
정익준, 최신여행사경영론, 형설출판사, 2000.
정찬종, 여행사 경영원론, 백산출판사, 1997.
추헌, 현대경영학원론, 형성출판사, 1991.
Bitner, M. J. & Bernard H Booms, "Degulation and the future of the US Travel Agent Industry," *Journal of Traval Research*, Vol. 20, No. 2, 1981.
Dilt, J. C. & E. G. Prough, "Travel Agent Perceptions and Responses in a Deregulated Travel Environment," *Journal of Travel Research*, Vol. 1991.
Gee, Chuck Y., Kevin B. Boberg, Dexter J. L. Choy & James C. Makens, Professional Traval Agency Management, Prentice Hall, 1990.
Gilbert, D. C., "Relationship marketing and airline loyalty schemes," *Tourism Managerment*, Vol. 17, No. 8, 1996.
Hamzaee, Reza G. & Vasigh, Bijan, "An applied model of airline revenue management," *Journal of Travel Research*, Vol. 35, 1997.
Hruschk, Harald, "Computer-Assisted Travel counseling," *Annals of Tourism Research*, Vol. 17, 1990.
Patrichia, Lindsay, "CRS supply and demand," *Tourism management*, No. 13, 1992.
Tim, Knowles, "Trasport : The strategic importance of CRSs in the airline industry," *EIU Travel & Tourism A analyst*, No. 4, 1994.
Truitt, Lawrence J., Victor B. Teye & Martin T. Farris, "The role of computer reservations systems-International implications for the travel industry," *Tourism Management*, Vol. 12, No. 1(March), 1991.

07 제7장

관광자원·개발·정책론

제1절 | 관광자원의 일반적 이론

1 관광자원의 개념

자원(resources)이란 말의 어원은 종교용어인 're-surgere'에서 유래되었다. 하나님이 만물을 창조할 때 먼저 A1, A2, A3를 창조하였고 이들을 재료로 하여 다시 B1, B2, B3를 창조하였다. 이것은 하나의 '사물=자원'의 생성재료로써 그 이전에 창조된 '사물=자원'을 지칭하고 있다. 자원에 대한 학자들의 견해를 살펴보면 다음과 같이 정의를 내리고 있다.

① Zimmerman의 정의 : 자원은 존재하는 것이 아니라 산출되는 것이다(resources are not ; they become)라고 정의하고 있다. 이는 석탄, 철광석, 옥토와 같은 단순한 물리적 존재(physical existence)만으로는 자원이라고 할 수 없으며, 인간의 욕구를 충족시켜 줄 수 있는 잠재력이 있어야 한다는 것이다.

② Oriordan의 정의 : 자원이란 사회적 · 정치적 · 경제적 · 제도적 구조로 인해 부과된 여러 제약 내에서 오랫동안 가치를 지닌 것으로 인간에 의해 평가된 환경의 속성이다. 이러한 의미의 자원은 생산의 수단 내지 사회적으로 가치있는 목

표의 달성을 위해 창조적 이용이라는 기능을 지닐 때 자원이라고 할 수 있다.

③ Chapman의 정의 : 자원은 물리적 세계의 전부도 아니며, 인간세계의 전부도 아니며, 이 양자 간의 상호작용의 결과이다. 이는 자원이 공간성(space), 시간성(time) 그리고 기술(technology)의 세 가지 요인에 의한 상호작용의 결과로 산출됨을 의미한다.

상기의 내용으로 볼 때 자원은 첫째, 자연적 속성을 지니고 있을 것, 둘째, 기술의 발달, 시간의 흐름, 소득의 증가, 기호의 변화에 의해 변화의 소지가 있을 것, 셋째, 경제성을 지니고 있을 것, 넷째, 인간의 욕구를 충족시킬 것 등의 속성을 지녀야 한다.

한편, 관광자원(tourism resources)이라는 용어는 1920년대 이래로 사용되어 왔다. 이러한 관광자원은 관광객의 주관에 의하여 관광가치가 결정되기 때문에 매우 다종 다양할 뿐만 아니라 광범위하다. 어떤 의미에서는 모든 대상이 관광자원으로서의 가치를 지니고 있다고 볼 수 있다. 관광자원에 관련된 학자들의 정의를 살펴보면 다음과 같다.

① 이장춘의 정의 : 관광자원이란 인간의 관광동기를 충족시켜 줄 수 있는 생태계 내의 유 · 무형의 제자원으로서 보호 · 보존하지 않으면 가치를 상실하거나 감소할 성질을 내포하고 있는 자원을 의미한다. 이 정의는 인간의 관광동기를 충족시킬 수 있는 것은 관광자원의 목적이고, 유 · 무형의 자원은 관광자원의 대상범위이며, 보호 · 보존하지 않으면 가치가 상실하거나 감소할 성질을 내포하고 있는 관광자원의 특성을 강조한 것이다.

② 津田昇의 정의 : 관광자원이란 관광의 주체인 관광객이 그 관광동기 내지 관광의지의 목적물로 삼는 관광대상이다. 이 정의는 관광동기 내지 관광의욕의 충족성을 관광자원의 목적으로 했고 그러한 목적물이 되는 대상을 막연하게 관광자원의 대상범위로 설정하고 있다.

③ 이근의 정의 : 관광자원이란 인간의 관광욕구와 동기를 충족시킬 수 있는 자연

적, 인문적 대상의 총체로서 매력성과 자력성을 지닌 소재적 자원을 말한다. 이 정의는 인간의 관광욕구와 동기를 충족시킬 수 있는 것은 관광자원의 목적이고, 자연적 · 인문적대상의 총체는 관광자원의 대상범위이며, 매력성과 자력성을 지닌 소재적 자원은 관광자원의 성격으로 규정하고 있다.

관광자원의 개념은 시대에 따라, 사상의 변화에 따라 변화될 수 있지만 일반적으로 관광자원이 가지고 있는 기본적인 속성을 나열하면 다음과 같다.

첫째, 관광자원은 관광객의 욕구나 동기를 일으키는 매력성을 지니고 있다.

둘째, 관광자원은 관광객의 행동을 끌어들이는 유인성을 지니고 있다.

셋째, 관광자원은 개발을 통해서 관광대상이 된다.

넷째, 관광자원은 자연과 인간의 상호작용의 결과이다.

다섯째, 관광자원의 범위는 자연자원과 인문자원, 유형자원과 무형 자원 등 아주 다양하다.

여섯째, 관광자원은 사회구조나 시대에 따라서 가치를 달리한다.

일곱째, 관광자원은 보호 · 보존을 필요로 한다.

따라서 관광자원이란 관광객의 욕구충족의 대상으로서 매력성과 유인력을 지니며, 보호 · 보전하지 않으면 가치가 상실되는 자원을 의미한다.

2 관광자원의 분류

관광자원의 종류는 참으로 다종다양하고, 그 범위는 무한히 확대되어 있다. 유 · 무형적인 것이든 자연적 · 인문적인 것이든 또는 관광객의 동기와 욕구를 충족시켜줄 수 있는 복합적인 것이든지 간에 모든 대상이 관광자원이라고 볼 수 있다. 이러한 분류에는 일정한 기준이 적용되게 마련인데, 일반적으로 관광자원의 종류를 분류한 기준을 살펴보면 다음과 같다.

1) 입지

이 분류방식은 Clawson이 1960년 관광활동이 일어나는 장소를 바탕으로 분석한 것으로 이용자 중심형(user-oriented areas) 관광자원, 중간형(intermediate areas), 그리고 자원중심형(resource-oriented areas) 관광자원으로 분류된다. 이용자 중심형 관광자원은 일과 후에 쉽게 접근할 수 있는 소규모 공간 또는 인조물로서 도시공원, 놀이터 등이 해당된다. 중간형은 이용자 중심형과 자원중심형의 중간적 위치에 있으며 비교적 접근이 용이한 주변 레크리에이션 지역이나 도립 · 군립 공원 등이 여기에 해당된다. 또한 자원중심형 관광자원은 자원의 질(quality)에 초점을 두며 규모가 비교적 광대하여 원격지에 위치하고 있으며, 국립공원 산림 등이 해당된다.

2) 분광체

관광자원을 하나의 분광체(a spectrum)로 분석하려는 것으로 고밀도 위락지역(high-density recreation areas), 일반 옥외 위락지역(general outdoor recreation areas), 자연환경지역(natural environment areas), 독특한 자연지역(unique natural areas), 원시지역(primitive areas), 역사 · 문화지역(historic and cultural sites)으로 구분된다. 구체적으로 살펴보면 다음과 같다. 첫째, 고밀도 위락지역은 집중적인 개발지역으로 대규모 이용을 위해 운영되며, 주로 대도시권에 근접되어 있다.

둘째, 일반 옥외 위락지역은 특정한 레크리에이션 이용을 위해 다양하게 개발된 지역으로 보통 대도시권에서 어느 정도 떨어져 있다.

셋째, 자연환경지역은 자연환경 내에서 레크리에이션을 위해 알맞게 개발된 지역으로 복합적인 레크리에이션을 할 수 있다.

넷째, 독특한 자연지역은 뛰어난 경관미와 자연적 불가사의를 지니고 있어 과학적 중요성을 지닌 자원이다.

다섯째, 원시지역은 도로가 없으며, 자연그대로의 상태를 지닌 지역으로 야생경험을 제공할 수 있을 만큼 대규모적이고 원거리에 위치에 있다.

여섯째, 역사 · 문화적 지역은 역사적 · 문화적 중요성을 지닌 장소로서 고고학적 유적지, 주요 유물 · 유적 등이 해당된다.

3) 자원의 생성과정

관광자원의 생성과정에 의해 분류하는 것으로 관광자원이 자연적인 것인가, 인문적인 것인가에 의해 구분된다. 따라서 관광자원은 자연적 관광자원과 인문적 관광자원으로 구분된다.

4) 관광객의 행동패턴

관광객의 행동패턴에 의하여 분류하는 것으로 주유형 관광자원과 체재형 관광자원으로 구분된다. 주유형 관광자원은 숙박하지 않고 이동하며 보고 즐길 수 있는 자원으로서 노변경관, 축제, 쇼핑 등이 여기에 해당된다. 체재형 관광자원은 숙박을 하며 그 지역 내에서 보고 즐길 수 있는 자원으로서 휴양지, 캠프장, 해안, 관광목장 등이 해당된다.

5) 자원의 이용성격

관광자원의 이용성격에 의하여 분류하는 것으로 관광 이용이 동적이면 동적 관광자원이고, 정적이면 정적 관광자원으로 구분한다. 동적 관광자원은 자연자원과 시설자원으로 나누며 공원, 경승지, 도시공원, 오락시설, 유원지 등이 해당된다. 정적 관광자원은 역사자원과 자연자원으로 나누며 대부분 유 · 무형 문화재, 민속자료, 매장문화재 등이 해당된다.

6) 자원의 가시성

관광자원의 가시성에 의하여 구분되는 것으로 유형 관광자원과 무형 관광자원으로 구분된다.

이상의 관광자원 분류방식은 각각 그 자체의 독특한 성격을 지니고 있음을 주목할 필요가 있다. 그러나 최근들어 관광자원의 분류 범위가 확대되고 있으며, 이에 따라 관광자원의 분류를 하면 다음 〈표 7-1〉과 같다.

표 7-1 | **관광자원의 유형과 구성요소**

유 형	구 성 요 소
자연 관광자원	산악, 구름, 호수, 하천, 계곡, 폭포, 평원, 산림, 해안, 지질, 동 · 식물, 온천, 지형, 지질, 천문, 기상, 도서, 전망대, 자연현상
문화 관광자원	고고학적 유적, 사적, 사찰, 건축물, 유형문화재, 무형문화재, 기념물, 민속자료, 공원, 성역, 향토민속예술제, 박물관, 미술관, 조각
사회 관광자원	풍속, 행사, 생활, 예술, 교육, 종교, 사상, 철학, 음악, 무용, 스포츠, 국민성, 음식, 사회형태, 인정, 예절
산업 관광자원	공업단지, 유통단지, 관광목장, 백화점, 견본시, 전람회, 전시회, 사회공공시설, 농업, 생산공정, 상업
위락 관광자원	캠프장, 수영장, 어린이대공원, 놀이시설, 레저타운, 수렵장, 낚시터, 쇼핑센터, 카지노, 보트장, 카누장, 승마장, 나이트클럽, 경마장

3 관광자원의 유형과 특징

1) 자연적 관광자원

자연적 관광자원(natural tourism resources)은 관광욕구와 결합된 자연적인 관광대상으로서 주로 경관미와 위락적인 기능의 특성을 지닌 자원을 의미한다. 모든 자연대상이 관광자원이 될 수 있지만 관광자원은 관광욕구 충족이나 관광매력성과 결합될 수 있는 소재라야 하며, 이러한 자연적 관광자원에 대한 관광매력은 자연경관의 감상 또는 위락적인 기능 특성이 있어야 한다.

자연적 관광자원의 구성 요소는 산악, 해안, 하천 · 호수, 온천, 동굴 등이 있으며 각각의 관광자원에 대하여 설명하면 다음과 같다.

(1) 산악 관광자원

산악 관광자원은 주로 경관미의 감상과 산악스포츠 · 레져활동을 기능으로 하는 복합자원으로서 고산영봉, 원시적인 산림, 천길단애, 계곡과 폭포, 그리고 변화무쌍한 산세 등으로 형성되고 있다.

이러한 산악 관광자원은 예술성(경관미, 조망미, 친화성 등), 종교성(신비성, 산악신앙, 산중사원, 초자연성 등), 유용성(등산, 수렵, 암벽 등반, 피서, 캠프, 스키 등), 학문성(기후, 기상, 지형, 동식물 등) 등의 관광가치도 다양하여 자연적 관광자원을 대표하는 자원성을 지니고 있다. 또한 산악 관광자원은 인간에게 영감을 촉발시키고 피곤한 영혼을 구제해 주는 역할을 하기 때문에 현대 도시인들에게 필요한 욕구를 충족시켜 줄 수 있다. 대표적인 관광지로서는 국립공원 등이 해당된다.

(2) 해안 관광자원

해안 관광자원은 바다의 조망미와 해안스포츠 · 레져 활동을 즐기게 하는 복합자원으로서 해안, 섬, 해양, 암초, 포구, 백사장, 어선과 어촌의 민가, 해녀와 파도, 바다의 일몰과 일출 등으로 구성되어 있다.

이러한 해양 관광자원은 일반적으로 예술성(경관미, 조망미, 백사장의 낭만, 일출 · 일몰의 경관미, 해안선의 변화미 등), 종교성(해안선 형성의 신비성, 바다의 포용성, 무속신앙성 등), 유용성(해수욕, 낚시, 수상스키, 스카이다이빙, 보우팅, 해중관광 등) 등의 관광가치를 지니고 있으며, 특히 국민의 피서를 위해 대단히 큰 잠재력을 가진 자원이라고 볼 수 있다.

(3) 하천 · 호수의 관광자원

하천 · 호수 관광자원은 산악 또는 산림 계곡과 결합하여 내수면의 경관미를 형성하는 자원이다. 하천은 계곡, 암벽, 폭포, 산림, 평야와의 결합이 용이하고, 호수는 산악, 산림, 하천과의 복합성이 강하다. 이러한 다양한 결합이 강하면 강할수록 관광자원의 가치가 매우 높다. 하천 · 호수의 경관 유형은 대체로 포위된 경관과 초점적 경관(focal landscape)으로 나타나고 위치적 유형은 수평으로 전개되어 조용한 미를 연출할 수 있다. 하천 · 호수의 관광자원은 낚시, 보우팅, 수상스키, 유람선 관광 등의 레크리에이션 활동을 즐길 수 있다.

(4) 온천 관광자원

온천 관광자원은 온천의 보양적 · 요양적 기능을 활용하고 주변의 산악경관과 결합하여 관광동기를 충족시킬 수 있는 자원을 의미한다. 온천 관광자원의 가치는 과거에 주로 보양성이나 요양성에 초점을 두고 강조하였으나, 오늘날에는 주변경관과 문화적 경관을 결합하여 복합적인 기능을 강조하고 있다. 때문에 온천을 이용하는 현대인들은 거의 관광행동과 복합성을 띤 생활을 영위하고 있으며, 관광의 이동형태에 있어서도 자원의 복합성을 거쳐서 관광행동을 하고 있다.

(5) 동굴 관광자원

동굴 관광자원은 온천과 함께 화산성의 지질작용과 깊은 자원으로서 지하의 신비적 경관이 관광자원으로 활용되고, 그 구조의 특성에 따라서 산업적 · 군사적 또는 학술적 연구이용에 크게 기여하게 되는 다기능적 복합성을 특성으로 하는 지하경관이다.

동굴 관광자원은 다른 관광자원에 비해 비교적 단일성이 강한 자원이긴 하지만 관광가치의 다양성으로 보나 그 기능적 복합성으로 보나 관광자원으로서의 충분한 가치를 지니고 있다. 동굴의 관광가치는 단순한 지하경관의 예술성만이 아닌 원시인들의 종교의식과 관련된 종교성, 동굴탐험의 유용성 및 학술이용 등 매우 방대한 복합성을 지니고 있다.

2) 문화 관광자원

문화 관광자원(cultural tourism resources)은 민족문화유산으로서 국민이 보존할 만한 가치가 있고 관광매력을 지닐 수 있는 자원을 말한다. 여기서 말하는 민족문화유산이 되기 위해서는 역사적인 가치가 있어야 하고, 보존할만한 가치가 있기 위해서는 그 문화재가 예술적, 학술적 가치가 있어야 하며, 관광매력을 갖추기 위해서 는 관광객의 욕구충족이 가능해야 한다.

문화적 관광자원은 일반적으로 크게 문화재 자원과 박물관으로 구분할 수 있으며, 문화재 자원은 유형 문화재, 무형 문화재, 기념물, 민속자료 등으로 나눌 수 있다. 좀 더 구체적으로 살펴보면 다음과 같다.

(1) 유형문화재(Visible Cultural Assets)

건조물, 전적, 고문서, 회화, 공예품, 기타의 유형적 문화소산으로서 우리나라의 역사상 또는 예술상 가치가 큰 것과 이에 준하는 고고자료를 유형문화재라고 한다. 이러한 유형문화재 가운데서 중요한 것이 보물로 지정되고, 또 보물 중에서 특히 인류문화의 견지에서 가치가 크고 유례가 드문 것이 국보로 지정된다.

(2) 무형문화재(Invisible Cultural Assets)

연극, 음악, 무용, 공예기술 기타의 무형적 문화소산으로서 우리나라 역사상 또는 예술상 가치가 큰 것을 무형문화재라고 한다. 이 무형문화재 중에서 중요한 것은 주요 무형문화재로 지정된다.

(3) 기념물(Monuments)

패총, 고분, 요지, 성지, 궁지, 기타 사적지와 경승지, 동물, 식물, 광물로서 우리나라 역사상, 예술상, 학술상 또는 관광상 가치가 큰 것을 기념물이라고 한다. 이 기념물은 역사적 기념물과 천연기념물로 구분된다. 역사적 기념물은 패총, 고분, 성지, 궁지, 요지, 유물포함층, 기타 사적지 등으로 이 역사적 기념물 중에서 중요한 것은 사적으로 지정된다. 또한 천연기념물은 경승지, 동물, 식물, 광물 등으로 이 천연기념물 중에서 중요한 것은 명승 또는 천연기념물로 지정된다.

(4) 민속자료(Folk Customs Materials)

의식주, 생업, 신앙, 연중행사 등에 관한 풍속, 관습과 이에 사용되는 의복, 기구, 가옥, 기타의 물건으로 국민생활의 추이를 이해할 수 있는 것을 민속자료라고 한다. 이 민속자료는 무형의 민속 자료와 유형의 민속자료로 구분된다. 무형의 민속자료는 의식주, 생업, 신앙, 연중행사 등에 관한 풍속, 관습 등이며, 유형의 민속자료는 의

복, 기구, 가옥, 기타의 물건 등이다. 유형의 민속자료 중에서 중요한 것은 중요민족자료로 지정된다.

(5) 박물관(Museum)

박물관은 그 나라 민족 또는 지방민의 문화유산(역사적 유물, 고고자료, 미술품) 가운데서 역사적, 학술적, 예술적 가치가 있는 것을 모아 체계적으로 진열해 놓은 문화적 시설을 의미한다. 박물관은 시설주체에 따라서 국립, 시립, 도립, 대학, 사립박물관 등으로 구분된다.

3) 사회적 관광자원

사회적 관광자원(social tourism resources)은 그 나라의 국민성과 민족성을 이해하는 규범문화적인 자원을 의미한다. 일반적으로 문화의 유형은 용구문화(의식주의 생활용구), 가치문화(철학, 종교, 예술, 학문), 규범문화(인정, 제도, 풍속, 민족성, 도덕, 생활양식, 신앙 등의 무형적인 사회소산) 등으로 구분된다. 여기서 말하는 사회적 관광자원은 규범 문화로 대표된다. 구체적인 내용을 살펴보면 다음과 같다.

(1) 환대 · 생활양식 · 풍속

환대(hospitality)는 인정에 바탕을 둔 따스한 행위를 말한다. 미지의 세계에서 새롭게 접해 보려는 관광객에게 환대는 추억거리를 만드는 중요한 관광자원이다. 생활양식은 의식주를 중심으로 한 그 지역의 일상적인 생활양식을 의미한다. 또한 그 나라 민족의 의상이나 식사양식, 주택양식 등도 관광객의 관심의 대상이 되며, 그리고 전통화되어 온 풍속도 매우 중요한 관광자원이다.

(2) 전통예술 · 종교 · 민간신앙 · 신화 · 전설

전통예술에는 그 민족의 역사적 애환이 담겨져 있다. 우리나라의 가면극, 판소리, 부채춤 등과 같이 역사성과 전통성이 있는 것은 훌륭한 관광자원이다. 또한 어느 민족이든 그들의 생활을 유지시켜 온 종교는 있게 마련이고, 이러한 종교는 고대로 소

급할수록 현저한 민간신앙의 형태로 잔존한다. 우리나라의 신앙전통은 유·불·선 등 3교의 정신을 바탕으로 근대에는 천주교, 기독교가 전래되어 다양한 신앙형태를 보여주고 있다. 그러나 우리 민족은 농경문화권 속에서 형성된 세시풍속적인 민간신앙이 우리 저변에 있다. 그리고 그 나라 민족이 소유한 신화, 전설, 민담은 그들의 민족성을 반영하고 그들의 꿈과 이상이었으며, 생활의 연장이였다.

(3) 민족성·국민성

고구려, 고려민족들의 의지로 상징되는 저항정신은 우리 민족의 영원한 국민성으로 골격을 형성하고 있으며, 또한 우수한 예술적인 창조성과 함께 근면, 성실하면서 평화를 사랑하고 슬픔을 딛고 분연히 일어서는 인고의 화신 등도 우리 민족의 고유한 국민성이다. 특히 제주도 자립정도 바로 가혹했던 외세의 침입에서 끝까지 견디며 이겨낸 강인한 인고의 정신인 것이다.

(4) 향토축제·연중행사

전통화된 향토축제와 연중행사 등은 하나의 문화적인 행사로서 전통성을 계승·발전시킨다는 차원은 물론 관광대상으로서의 가치도 매우 높은 관광자원이다.

4) 산업적 관광자원

산업적 관광자원(industrial tourism resources)은 일국의 산업시설과 기술수준을 보고 또한 보이기 위한 산업적 대상을 의미한다. 이러한 산업관광의 시초는 1952년 '프랑스의 산업을 보라' 라는 국가적 홍보활동에서 시작되었으며, 오늘날 새로운 형태로 각광을 받고 있다. 이러한 현대관광의 새로운 현상은 산업시설의 견학, 시찰, 체험을 통하여 관광객의 견문확대 및 지식욕구를 충족시킨다는 차원에서 매우 의미있는 일이라 하겠다. 산업적 관광자원은 일반적으로 다음과 같이 구분되고 있다.

① 공장자원 : 공장시설, 기술, 생산공정, 생산품, 후생시설 등

② 상업자원 : 박람회, 전시회, 견본시장, 일반시장, 쇼핑, 백화점 등

③ 농업자원 : 농장, 목장, 과물시장, 임업생산 등

④ 산업공공시설 : 항만, 발전용 댐, 고속도로, 철도 등

제2절 | 관광개발의 일반적 이론

1 관광개발의 개념

개발(development)이란 1960년대 이후 전 세계의 공통된 관심사인 동시에 하나의 가치였다. 이러한 개발은 보통 현재보다 나은 상태나 과정을 의미하는 것으로 좋지 않은 상태에서 바람직한 상태로 변화하는 목표지향적이고 가치지향적인 변화라고 볼 수 있다. 학자에 따라서는 여러 가지 의견이 있다.

① Goulet의 정의 : 개발이란 사회변화와 같은 하나의 과정이며, 하나의 상태나 조건이다.

② Friedman의 정의 : 개발이란 긍정적인 상태로의 진화과정이다.

③ 김영섭의 정의 : 개발이란 양적인 성장을 포함한 질적인 수준의 변화와 향상의 개념을 가진 가치지향적인 의도적 과정이다.

따라서 관광개발은 단순히 관광의 진전된 상태만을 의미하는 것이 아니며, 그렇다고 발전하는 과정으로 보아서는 안 된다. 또한 관광개발은 양적인 성장만을 의미하지도 않고 질적인 변화까지도 포함해야 한다. 게다가 관광개발은 관광현상을 자연발생적으로 두기보다는 변화를 가져오게 하는 것이다. 관광개발에 관한 학자들의 견해를 보면 다음과 같다.

① Pearce의 정의 : 관광개발이란 관광객의 욕구를 충족시키기 위해 시설과 서비스를 공급 또는 강화하는 것을 말한다. 따라서 관광개발은 고용창출 또는 소득증대 등의 기대효과를 포함한다. 이러한 개발은 전체적일 수 있고 부분적일 수도 있다.

② 前田勇의 정의 : 관광개발이란 관광사업을 진흥시키는 것이다. 관광사업의 수준은 지역 단위, 공간단위, 국제 단위 등으로 구분할 수 있으며 대상에 따라 정보와 교통시설 및 수단을 진흥시키고 동시에 관광자원과 관광시설 그리고 관광서비스 등을 진흥시키는 것이다. 구체적인 관광개발의 내용으로는 관광자원의 가치평가와 보호, 그리고 관광객에게 관광자원의 가치를 최대한으로 체험시키는 것과 교통수단을 편리하게 하는 것, 그리고 모든 것에 관한 정보를 제공하는 것이다.

③ Lawson의 정의 : 관광개발이란 일정한 공간을 대상으로 해서 그것이 지니고 있는 관광자원의 잠재력을 최대한으로 개발함으로써 그 지역의 경제, 사회, 문화 및 환경적 가치를 향상시켜 총체적인 편익을 극대화하고 지역 또는 국가의 발전을 촉진시키고자 하는 제노력을 의미한다.

이처럼 관광개발은 보는 시각과 시대의 흐름에 따라 여러 가지 차원에서 접근할 수 있다. 그러나 일반적으로 관광과 개발의 관계에 있어서 관광을 개발의 수단으로 인식하는 방법과 관광과정에서 관광객이 필요한 시설과 서비스 개선 및 준비로 인식하는 방법 등으로 대별하여 접근할 수 있다. 전자의 경우는 관광개발이란 관광 사업을 적극적으로 진흥시키는 과정으로 관광개발에 관련된 모든 개발행위를 총칭한다. 따라서 관광개발은 관광사업의 진흥을 목적으로 관광산업, 관광시설, 자원보호, 교통수단정비, 관광선전, 관광 교육, 관광정책 등의 구성요소를 종합적으로 파악하여 현재보다 나은 관광의 여건을 창출하기 위한 개발행위로 설명된다.

후자의 경우는 협의적 개념으로 관광개발에 필요한 대상으로서 유 · 무형의 관광자원개발만을 의미하기도 하며, 특정지역의 관광지 개발만을 강조하기도 한다. 또는 관광자원의 특성에 따라서 관광상의 편의를 증진시키고 관광객 유치와 관광소비 증대를 도모하기 위한 개발사업으로 관광객의 욕구충족을 위한 행위로서의 관광개발을 의미하기도 한다. 따라서 관광개발이란 관광객의 욕구에 부응하기 위하여 관광시설과 서비스를 준비내지 향상하는 것으로써 관광사업의 구성요소를 종합적으로 파악하여 이를 적극적으로 진흥시키는 행위이며, 더 나아가서 관광자원의 가치를 평가 및 보존, 관광시설과 서비스, 교통수단, 정보제공 등의 모든 요소를 종합적으로 추진하는 과정을 의미한다.

그러나 엄밀한 의미에서의 관광개발은 관광자원 개발, 관광지 개발뿐만 아니라 관광지역에 관광객이 쉽게 접근할 수 있도록 제 형태의 물리적 개발 및 관광지역내의 지역주민의 욕구와 관광객의 욕구를 충족시킬 수 있는 특별한 시설개발까지도 포함해야 한다. 결론적으로 보면 관광개발이란 관광개발상의 공간관계, 관광개발의 대상지역, 관광지역의 발전형태를 바탕으로 관광개발의 목표를 지역사회의 틀에 부합되도록 하며, 관광객의 만족, 개발투자자들의 이익증대, 환경과 자원의 보호, 관광산업의 진흥 등의 내용이 포함된 종합적 개념으로 해석할 수 있다.

2 관광개발의 방식

1) 참여주체에 의한 방식

(1) 공공주도형 관광개발 방식

공공주도형 관광개발은 국가, 지방자치 단체 또는 공공기관 등이 관광개발의 주체가 되어 영리성이 강한 관광시설 개발보다는 공공재의 특성이 강한 기반시설 등을 중점적으로 개발하는 형태이다. 이러한 공공주도형 관광개발 방식은 일반적으로 직영방식, 공사방식, 출자방식, 대행방식으로 구분되며, 국토개발 및 관광자원의 효율적인 보존이 강조되면서 관광시설과 기반시설을 개발하는 공익성 형태의 개발이다.

특히 공익성 우선의 개발목표로 소득의 재분배 효과, 비용분담의 감소에 의한 이용기회의 균등화, 외부경제 효과 등을 기대할 있다는 장점이 있는 반면에 관광개발 투자시 공공부문 투자 예산의 경직성, 관광개발 후 관광시설의 사후관리 및 운영의 비능률성 등의 단점이 있다.

(2) 민간주도형 관광개발 방식

민간주도형 관광개발은 기업 또는 개인이 영리를 목적으로 관광 시설을 개발하는 방식으로 1개 기업이 집중적으로 개발하는 방식, 다수기업이 개발하는 방식, 지역기업자본에 의한 개발방식 등으로 구분할 수 있다. 이 방식은 민간기업이 직접 관광시설개발에 소요되는 투자비용을 전액 부담함으로 개발 후의 관리 및 경영권도 민간소유라는 특성이 있다. 따라서 이 방식은 재원조달의 효과, 관광개발의 민간부문 활성화, 관광수요에 대처하는 관광시설 확충, 관광서비스의 질 제고 등의 장점이 있으나, 환경보존, 복지후생시설 등의 비영리적인 분야의 투자는 등한시 하게 되는 단점도 있다.

또한 기업의 지나친 영리추구로 인하여 지역주민의 혜택과 지역발전이라는 측면은 도외시되어 지역주민과 마찰이 발생할 가능성이 있다. 따라서 외부자본을 도입한 민간주도형 관광개발은 관광개발 후 이익이 지역사회에 환원될 수 있도록 해야 하며, 순 영리목적의 관광시설 개발보다는 복리후생시설 개발을 유도해야 한다. 또한 지역 외의 민간자본 참여는 관광개발투자의 고효율성으로 인하여 자금력과 사업경험이 풍부한 대기업의 참여가 바람직하며, 대규모의 관광개발 투자에 따른 위험성을 제거하기 위하여 다수기업체에 의한 개발방식도 바람직하다.

(3) 민관공동출자형 관광개발 방식

민관공동출자형 관광개발방식이란 공사혼합방식, 민관혼합방식, 제3섹터 등으로 국가와 학자마다 다양한 용어를 사용하고 있지만, 1970년대 미국과 일본에서 제3섹터로 일반화하여 사용하고 있다. 일본의 경우 제3섹터의 도입은 민간부문의 저축초과에 대한 정부의 대책으로 사회간접자본시설 조정운영에 민간의 저축자본을 활용하여 공공서비스를 효율적으로 공급하고 그 능률적인 운영을 위해 추진되었다.

지방자치단체에서는 민간의 자금활용, 경영능력 활용, 개발지식과 기술의 축적, 지역경제발전 및 지역균형발전을 도모할 수 있고, 민간부문에서는 투자의 안정성 확보, 공공부문의 정보공유, 공공부대 사업의 우선권 부여, 지방진출을 통한 지역사업

참여, 기업의 이미지 개선 등의 이해가 접근됨에 따라 제3섹터의 필요성이 강조되고 있다. 제3섹터에 관한 학자들의 개념을 요약해 보면 다음과 같다.

① 배용수의 정의 : 제3섹터란 협의의 민관협력방식으로 보아 자금, 기술, 인력 등에 관해 공공부문과 민간부문이 협력함으로써 공공부문의 영역에 민간의 능력을 도입함과 동시에 공적 지원의 강화를 통하여 민간부문의 활성화를 유도하는 사업을 모두 의미하는 것이다.

② 지방행정연구원의 정의 : 제3섹터란 지방자치단체와 민간이 공동으로 출자하고 경영하는 형태의 지방기업이다.

③ 이상희의 정의 : 제3섹터란 국가, 지방자치단체, 정부관계기관 등의 공공부문과 민간부문이 공동으로 출자한 경영형태를 공사 혼합기업이다.

따라서 제3섹터는 지역의 새로운 사회적 수용에 대응하기 위하여 민관의 공동출자 및 협력하에 지방자치단체가 공동체의 중심이 되어 공공프로젝트에 민간이 참여, 경영하는 형태라고 볼 수 있다.

제3섹터의 범주는 일본의 경우 지방자치단체가 출자하고 있는 법인이면 민간에서 출자가 없어도 제3섹터로 규정하자는 주장과 공공섹터와 민간섹터와의 공동출자에 의해 설립된 조직, 주로 지역 개발과 도시건설 등의 분야에 관해 설립된 상법상의 법인으로 보는 한정된 견해 등으로 구분하고 있다. 미국의 경우는 크게 공공과 민간이 수렴된 결과라고 보는 견해와 공공과 민간에서 확산된 형태로 보는 견해가 있다.

공공과 민간의 수렴 결과라는 주장은 자본주의나 사회주의 같은 이념적 체제를 가릴 것없이 공적요소를 수반한 사적 경제와 사적 요소를 수반한 공적 경제라는 제3의 체제를 향하여 수렴된다는 논리로서 공공, 민간, 제3의 대안 중 제3섹터인 제3의 대안이 가장 중요하다는 것이다.

공공과 민간에서 확산된 형태에서 보면 제3섹터란 정부부문이나 민간부문에서 도외시되었던 문제들을 해결하기 위한 활동을 제도화하기 위해 생겨난 조직들이다. 이러한 조직들은 목적, 자발적 형태, 운영형태 등의 특성을 공유하며, 정부나 민간

모두가 할 수 없거나 양자에서 모두 불충분하게 수행되는 문제들을 해결하기 위해 생겨난 자발적인 조직을 의미한다.

관광개발방식으로 제3섹터를 적용시킨 일본의 경우를 보면 다음과 같다. 관평방식(管平方式)과 마적방식(麻鏡方式)이 있다. 관평 방식은 지역주민이 현(縣)에 산림을 무상으로 제공하고 현이 별장지를 조성한 후 별장이 팔릴 때 남은 이익은 현과 지역 주민이 분배하는 방식이다. 현이 얻은 이익은 지역주민의 요청에 의해 도로, 관광, 시설투자 등으로 지역주민에게 환원하며, 별장지의 관리운영과 환원된 관광시설의 경영은 지역주민이 중심이 되는 형태이다. 마적방식은 지역주민이 현에 부지를 무상으로 제공하지 않고 지상권(地上權)을 제공하는 방식으로 개발이익의 배분은 관평방식과 같다. 이 방식은 무질서한 토지의 전매를 방지하는 동시에 지대, 고정자산세가 증가되어 지역주민에게 돌아오는 장점이 있다.

한편, 일본에서는 관광개발참여 주체의 성격, 범위, 특성에 따라 미국의 제3섹터의 개념을 더 세분화하여 지방자치단체와 기업간의 혼합은 제3섹터, 지방자치단체

표 7-2 | 관광개발 참여주체의 유형과 범위

유 형	제4섹터	제5섹터	혼합섹터
참여자	공공부문+지역주민	민간부문+지역주민	공공+민간+지역주민
토지소유자	지역주민	지역주민	지역주민, 공공부문
자금동원	공공부문	민간부문	공공부문, 민간부문
참여방식	토지신탁개발방식	등가교환개발방식	자치개발방식
개발효과	주민의 소득증대 주민의 고용창출	주민의 부동산 수입증가	기반시설 확충 주민소득증대
적정시설 유형	자동차야영장, 전통마을, 박물관, 민속관, 농축산 가공공장, 해수욕장, 체육공원 등	주제공원, 콘도, 관광호텔, 숙박시설, 골프장 등	리조트 사업, 대형관광, 개발사업, 스키장 등
장·단점	주민투자 위험감소 기반시설 투자액 주민부담 경감	주민사업기술 습득 사업의 공공성 확보 곤란	사업시행의 안정성 확보 사업기간의 장기성 부문간 이해관계 상충

와 주민 간의 혼합부분은 제4섹터, 주민과 기업간의 혼합부분은 제5섹터, 이 3자의 혼합부분은 제6섹터 또는 혼합섹터라고 한다.〈표 7-2〉 참조

2) 정책전략에 의한 개발방식

(1) 하향식 개발방식(Top-down Development Approach)

하향식 개발방식은 1950년대 균형성장과 불균형성장에 관한 논쟁에서 나타난 개념으로서, 저발전 국가의 성장론은 생산요소의 부족으로 모든 산업부분을 균형적으로 발전시킬 수 없다는 전제하에 개발의 잠재력이 있는 곳을 선정하여 그 지역에 집중투자 하자는 방식이다. 이러한 방식은 신고전적 균형이론에 근거한 불균형성장론이 이론적 틀로 구성되고 있으며, 이는 경제성장만 이룩하면 경제문제는 물론 사회문제까지도 자연히 해결된다는 논리이다.〈표 7-3 참조〉

표 7-3 | 정책전략에 의한 개발방식 비교

구 분	하향적 개발방식	상향적 개발방식
개발의 기본가정	-외부수요와 혁신력에 기초한 선발적 산업 혹은 공간의 발전은 주변지역으로 확산된다는 가정 -개발의 효과는 높은 계층수준으로 파급된다는 가정	-선택적, 폐쇄공간에서 내부적인 수요, 기술, 자원을 동원하여 주민의 기초 수요 충족 -개발의 효과는 낮은 계층수준에서 높은 계층수준으로 전달된다는 가정
의사결정 형태	중앙집권적	지방분권적
공간범역 및 통합체제	국가 혹은 국제적 수준 공간기능적 통합	선택적 하위단위 공간수준 정주공간적 분할
주요 개발방식	외향적, 수출지향적 도시, 공업개발 자본, 기술집약적 대규모 사업장식 외부자본 의존	내향적, 내부수요 충족 농촌, 농업개발 노동집약적 소규모 비공식 부문의 사업방식 내부자본 의존
지역계획 유형	국가적 지방계획	지방적 지역계획
관련 주요이론	근대화 이론, 신고전경제 이론, 성장거점 이론, 중심지 이론, 혁신전파 이론	종속이론, 신마르크스 이론, 분배와 성장론, 비공식 부문론, 기초수요접근론, 노농통합개발론

하향식 개발방식은 대부분 신고전 이론, 수출기반 이론, 중심지 이론, 성장거점 이론, 불균형이론 등에 기초한 것으로서 총량적 성장만을 추구하는 이러한 개발이론들은 한 나라의 지역개발정책에까지 영향을 미쳐 여러 이론 중에서 가장 일반화된 성장거점 중심의 개발을 택하는 계기가 되었다.

성장거점 중심의 하향적 개발이란 불균형성장 이론을 근거로 개발의 잠재력이 큰 몇 개의 지역을 선정하고 그 지역에 집중 투자함으로써 총량적인 경제성장을 이룩하면, 이러한 과정에서 공간적 배분을 고려한다는 논리로서, 전국적 총량적 경제개발계획의 지역화라는 성격을 지니는 것으로 형평성보다는 능률성을 중요시하는 개발전략이다. 성장거점 개발방식은 일반적으로 계획을 위한 계획공간, 경제구조에 기초한 경제공간, 그리고 지역의 동질성에 기초한 동질공간으로 구분되는데, 이러한 성장거점 개발방식은 다음과 같은 특정과 장점이 있다.

첫째, 성장을 유도하고 그 성장을 다른 곳으로 확산시킨다.

둘째, 성장을 촉진시키는 쇄신, 새로운 아이디어 등을 받아들이는 성향을 가진다.

셋째, 경제적인 지배력을 가질 수 있을 만큼 매우 큰 규모를 가진다.

넷째, 전체 산업의 평균성장률보다 더욱 빠른 성장률을 가진다.

다섯째, 다른 산업과의 연계성이 강하다.

반면에 성장거점 개발방식은 실천적인 면에서 또는 이론적인 면에서 다음과 같은 비판을 받고 있다.

첫째, 성장거점 개발방식은 개발의 방향을 제시하고 있으나 성장거점의 수나 규모, 위치, 간격, 투자량 등에 명확한 지침을 제시하지 못해 구체성이 결여되어 있다.

둘째, 성장거점 개발방식의 특징인 공간적 확산이론의 효과가 전파되는 방식이나 범위 정도에 대하여 조작적으로 설명이 불충분하기 때문에 과연 성장거점 방식이 의도하는 공간적 확산효과가 지역 발전수준에 기여하게 될지는 불확실하다.

(2) 상향식 개발방식(Botton-up Development Approach)

상향식 개발방식은 하향식 개발방식이 가져온 지역 간의 불균형에 반응하여 등장한 개념으로서 전통적인 경제이론에서 발달되었다기보다는 하나의 개발이념으로서 그 발생 배경을 두고 있다. 상향식 개발방식은 내부로부터의 창조적 발전을 기함으로서 지역경제의 자립을 강화하고 이러한 지역경제를 토대로 국가 전체경제의 재 조직화를 꾸미는 내부지향적이며 자발적인 개발방식을 의미한다.〈표 7-3 참조〉 이러한 상향식 개발방식은 균형적 개발이론, 기초수요이론, 종속이론에 근거한 것으로 다음과 같은 특징이 있다.

첫째, 지역적이며 미시적인 개발방식이다. 이 방식은 지역주민의 참여를 전제로 한 지방정부가 중심되어 개발정책의 수립 및 집행의 주체가 된다.

둘째, 형평성 위주의 배분적 개발방식이다. 하향식 개발방식은 총량적 성장위주의 개발인 반면에, 이 방식은 분배와 형평성에 중점을 둔다.

셋째, 내부지향적 개발방식이다. 상향적 개발방식은 내부로부터의 창조적 발전을 추구함으로써 지역경제의 자립을 강화하고, 이러한 지역경제를 토대로 하여 국가 전체경제를 재조직하고자 하는 내부지향적 개발전략을 의미한다.

3 관광개발의 접근방법

1) 공간구조론적 접근방법

관광공간은 지표의 자연공간에 인간이 접근하여 그 관광지가 가진 관광자원의 가치를 증진시키고 흡인력을 발휘함에 따라 형성된다. 이때 관광공간조건의 내부과정 변화에 따라 관광공간은 주 공간, 활동공간, 사교공간, 설비공간 등으로 구분한다. Opperman은 관광공간의 발전적, 진화론적 접근에 의해 공식 및 비공식 관광공간(formal and informa1 tourism space), 공식 관광공간(formal tourism space), 비공식 관광공간(informal tourism space), 그리고 비관광공간(non-tourist space) 등으로 구분하면서 관광공간의 형성과 변화과정를 설명하고 있으며, Bulter는 관광지 라이프 사이클(toutist area life cycle model)의 단계, 즉 탐색단계, 주민참여단계, 개발단계, 강화단계, 정체단계, 회복단계 또는 쇠퇴단계 등의 6단계 변화에 따라 관광공간 구조변화를 설명하고 있다.

이러한 관광공간 형성을 공간의 배치론적 관점에서 보면 크게 집중전략(concentration strategy), 분산전략(dispersion strategy), 조합전략(combination strategy) 등으로 분류할 수 있다.

(1) 집중전략

집중전략은 규모의 경제를 통해 경제적 파급효과를 높이고 관광산업을 확산시키고자 하는 전략으로 중핵지역(core area) 또는 특별한 관광지구(tourist zone)의 형태를 갖는 보편적 전략이다.

이러한 전략은 접근성과 예측 가능한 효율성을 가진 관광공간일수록 보다 많은 접적효과를 나타낼 수 있고, 여행거리가 클수록, 다목적일수록 그리고 연계관광지의 수가 많을수록 접적효과는 더 크다고 볼 수 있다.

(2) 분산전략

분산전략은 관광개발이 가져오는 사회적, 문화적 비용을 최소화하기 위한 전략으로서 관광거점의 혼잡을 감소시키고 외곽지역의 잇점을 주기 위한 다핵이론에 근거한다.

(3) 조합전략

집중개발에 기초한 성장거점전략은 규모경제의 잇점과 확산효과를 가져오는 반면에 특정관광지역에 대한 급속한 개발로 대상지역의 사회문화적, 경제적, 환경적 문제를 증가시킴으로 더 이상의 개발을 억제하고 다양한 공간입지의 관광개발을 통해 특정 관광지역과 여타 외곽 관광지역이 계속 성장할 수 있도록 집중과 분산을 적절히 배합하는 조합전략을 구사할 필요가 있다.

따라서 관광개발에서 공간배치는 접근성과 관광객을 유인할 수 있는 매력성에 따라 개발을 어느 공간에 집중시킬 것인가 혹은 가능한 한 많은 지역이 관광개발의 혜택을 누리도록 관광시설을 분산시킬 것인가는 등은 지역조건에 의존해야 하며 상호배타적일 필요는 없다. 또한 공간구조적 전략이 이행되는 지역수준에서는 환경적 요소가 중요함으로 관광객의 활동을 집중시키거나 분산시키는 구획화(zoning)도 고려할 필요가 있다.

2) 자원론적 접근방법

자원론적 접근방법은 관광자원이 지니고 있는 잠재적 가치를 미시적인 측면에서 요소 특성별로 계량화하여, 관광자원의 독특한 유형에 맞게 질적 · 양적으로 기술하는 방식이다. 이 방법은 관광자원이 풍부한 지역에 적용성이 높다는 점 때문에 소규모 또는 대규모 관광자원 평가에 적용되고 있다. 때문에 자원론적 접근방법은 관광객의 행동상의 특성보다는 관광자원의 질, 양의 종합적 환경요소를 고려한 관광공급차원의 자원기능을 강조하게 된다.

일반적으로 관광자원은 관광자원의 유형에 의한 관광시장 세분화 기능, 관광객과 지역주민을 상호작용시키는 연결기능 그리고 자연적, 문화적 환경의 보호, 보전 기능 등으로 구분되며, 이 기능은 관광객보다는 관광자원 기능에 강조점이 있어 관광계획 과정은 생태학적 결정주의를 따른다는 특징이 있다.

Clawson는 관광자원의 위치적 특성, 인공물의 규모 그리고 이용 정도에 따라 관광자원의 유형을 이용자 중심형, 중간형, 자원중심형 등의 연속체로 규정하여 각각의 자원특성을 설명하고 있으며, 미국 옥외 위락자원 평가위원회(Outdoor Recreation Resources Review Commission)에서는 지역의 물리적 특성, 개발과 관리의 특성 등에 준거하여 고밀도 위락지역, 일반 옥외위락지역, 자연환경지역, 자연독특지역, 원시지역, 역사문화지역 등으로 구분하여 각 관광자원 지역에 대한 차별적 개발기법을 강조하고 있다.

따라서 자원론적 접근방법은 관광자원을 평가하는 방법이나 요인들에 따라 각각 다른 특성으로 유형화되고 있지만 관광자원의 가치평가를 통해 각 자원들에 대한 개발의 우선순위 부여나 자원의 잠재가치를 찾는데는 유용한 접근방법이라고 볼 수 있다.

3) 수용력 접근방법

수용력은 생태계의 관리를 나타내는 용어로서 개발 계획과정에서 도입되어 일반화된 개념이다. 이러한 수용력 접근은 관광공급지역의 원상회복과 평균적 이용률에 기초한 것으로 극대화보다는 최적화가 목적인 개념이다. 그러나 생태학적 관점에서는 최고의 압력 조건에서 관광지가 수용할 수 있는 최대 방문자 수를, 경제학적 관점에서는 방문자 경험의 질적 수준이 떨어짐 없이 유지시켜 줄 수 있는 최대방문자수로 정의하기도 한다. 반면에 심리학적 관점에서는 인간행동이 바뀌고 만족도가 낮아지는 한계점으로, 사회학적 관점에서는 이용자 만족에 혼잡의 정도가 미치는 영향 정도에 따라 수용력의 차원을 설명하기도 한다.

관광개발에서의 관광수용력은 관광지역주민이 관광의 부정적인 영향을 느끼지 않고서도 관광객을 수용할 수 있는 목적지의 능력으로 이해되기도 하며, 관광지의 쇠퇴없이 관광객을 받아들이고 유지시켜 주는 수준으로서의 능력으로 두 가지 견해가 상존하고 있다. 따라서 관광수용력은 관광지역의 생물학적, 물리적 파괴 및 관광활동을 통한 체험의 질이 감소하지 않고 해마다 제공할 수 있는 관광기회의 수라고 정의할 수 있다.

이처럼 관광수용력의 수준은 관광객의 특성과 지역주민의 특성요인에 의하여 영향을 받게 되는데, 관광객의 영향요인은 관광객의 사회경제적 특성, 이용수준, 체재기간, 관광활동의 유형, 관광객의 만족수준 등이 있으며, 관광지역주민은 자연환경, 경제구조와 개발수준, 사회구조와 조직, 정치조직, 관광개발 수준 등의 영향요인이 있다.

또한 Chubb는 관광수용력은 관광생산성을 결정하는 관광지역의 물리적, 생물학적 특징과 심리적 특징(관광객의 연령 · 태도 · 관광객 수 · 다른 관광객의 행동)에 의존한다고 하며, Knudbb는 관광자원의 특징요소(지질과 토양 · 기후 · 식물상태 · 동물상태 · 물의 양 등), 관리상의 특징(정책과 관리방법), 이용자의 특성(심리상태 · 이용장비 · 이용형태 등) 등을 영향요소로 제시하고 있다. 결론적으로 관광개발은 필연적으로 환경적 변화를 초래하지만 대부분 관광개발에서 수용력을 도입하는 것은 관광환경의 변화 방향과 수준을 결정하는데 도움을 줄 뿐만 아니라 개발지역의 이용량과 질적 관계를 평가 · 분석할 수 있는 틀을 제공해 주기 때문이다.

제3절 | 관광개발정책의 일반적 이론

1 관광정책의 개념

정책이란 용어는 1970년대부터 일반화되면서 접근방식에 따라 정책의 개념을 정부단위와 환경과의 관계로서 보는 견해, 일련의 활동이나 활동과정으로 보는 견해, 정부활동의 총체로서 보는 견해, 사회문제를 해결하기 위한 계획이나 행동으로 보는 견해 등으로 일면적인 측면보다는 다면적이고 복합적인 개념으로 변화되고 있다. 그러나 정책은 정책의 주체적인 행위자인 정부의 역할, 정책문제를 위한 목표지향적 활동, 환경과의 상호작용 등의 공통적인 속성을 바탕으로 체계화되기 때문에 정책이란 정책목표가 수행될 것인가에서 출발하여 환경과의 환류기능을 중요시하면서 문제를 분석하고 평가하는 과정과 기능을 중요시하는 방향에서 접근되어야 한다.

따라서 정책은 관심있는 사건이나 문제를 해결하려는 행위자가 실행하고자 하는 목표지향적 과정이고, 특정목적을 달성할 수 있도록 형성되어야 하고, 설정된 목표를 달성하기 위하여 수단을 목표에 맞게 조정하며, 수단은 목표충족적이어야 한다. 이러한 논리에서 보면 정책의 개념은 목표와 수단이 환경과의 끊임없는 작용과 반작용을 소화해야 성공적인 정책으로 귀결된다고 볼 수 있다.

관광정책의 개념에 관한 학자들의 견해를 보면, 관광정책이란 조직체가 취하는 여러 가지 대책의 총체라는 정부활동의 총체적인 개념으로 파악하려는 측면과 정책주체가 관광에 관한 정책목적을 추구하기 위하여 행하는 사회적, 경제적 행위로 간주하는 입장 즉, 관광문제를 해결하기 위한 행동 측면으로 보려는 입장이 있다. 그러나 상기에서 제기된 정책의 개념을 관광정책에 준용하여 볼 때, 관광개발정책의 목표, 목표를 달성하기 위한 수단과 대안, 수단과 목표에 작용하는 관광환경의 작용과 반작용 등이 어떻게 구성되는가에 따라서 개념체계를 달리 접근할 수 있다. 특히 관광정책은 일반정책의 공통적인 속성을 바탕으로 구성되고 있음으로 정책개념의 틀 속에서 규정되고 이해되는 것이 일반적이지만 관광정책만의 속성, 즉 관광이 추구하는 목표의 성격과 범위에 의하여 달리 규정될 수도 있다.

관광정책은 한 국가 또는 지역의 사회발전 단계에 따라서 관광정책의 범주가 다양하게 설정되기도 하지만 일반적으로 경제적 가치를 강조하는 측면과 비경제적 측면, 즉 사회적, 문화적, 환경적, 윤리적 측면에 따라 규정되기도 한다. Sessa는 관광정책이란 경제의 한 분야와 상호의존성이 크며 그 나라 경제정책의 환경적 상황을 고려하여야 한다고 주장하면서 관광정책을 경제정책의 측면에 의한 공공정책 개입의 필요성과 계획기능으로 설명하고 있다.

또한 Eden은 정부가 공공정책의 수단으로 관광에 개입하여 그 역할이 증대되어야 한다고 주장하고 있다. 이는 관광의 공공재적 성격으로 발생하는 긍정적 외부효과를 극대화하고 부정적 효과를 극소화하기 위해서는 국가가 정책적으로 개입할 필요성이 있으며, 그 결과 나타난 것이 바로 관광정책이라는 것이다. 따라서 관광정책은 지금까지 정책 연구자들로부터 소홀히 다루어진 분야이므로, 관광을 선택된 정책으로서 정치적 제 분야의 논의과정에서 우선순위를 부여 받아야 한다는 것이다. 이러한 측면에서 보면 관광정책은 경제적 수단으로서 정치, 경제의 구성요소인 동시에 하나의 계속되는 정치 현상으로 간주될 수 있다.

미국에서 1981년에 공포된 국가관광정책법(National Tourism Policy Act)에서는 정책대상과 목표를 자연발생단계, 매개발전단계, 육성개발단계 등으로 구분하면서 관광정책은 국가의 발전정도, 정치경제 상황에 따라서 다르지만 관광정책이 지향하는 목표는 관광복지라는 비경제적 가치여야 한다고 강조하고 있다. 한국의 관광기본법의 제정목적에서도 경제적인 가치뿐만 아니라 비경제적인 가치를 강조하면서, 국민관광과 관련된 관광복지를 하나의 정책 수단으로 인식하고 있다. 대부분 비경제적 가치를 강조하는 관광정책은 인간이 관광할 수 있는 여건을 조성하는데 필수적인 사회 서비스 제공과 관련한 정부의 간접적인 사회정책으로, 국민복지의 실현과 국민생활의 질 향상이란 사회정책의 목표를 관광이라는 수단을 통해 달성하려는 측면으로 볼 수 있다. 더 나아가 마닐라 선언과 콜롬비아 헌장에서 제기된 관광의 궁극적인 이념인 평화의 비경제적 가치를 국제관광정책과 관련하여 설명하기도 한다.

2_ 관광정책의 대상과 영역

관광정책의 대상과 영역을 정립한다는 것은 정책의 전문분야 설정으로 보아야 하기 때문에 정책사항의 성질 및 특성에 맞는 분류가 이루어져야 한다는 전제가 내포되어 있다. 따라서 관광정책의 대상과 영역은 이러한 전제를 바탕으로 관광정책의 고유영역과 다른 정책과의 영역을 구별하는데서 출발한다고 볼 수 있다.

관광정책은 그 정책 내용이 어떤 것이냐에 따라 정책과정 전체의 성격이 달라질 수 있다. 한 국가의 개발 정도에 따라서 관광정책은 후진국형, 개발도상국형, 선진국형으로 구분되기도 하며 관광정책의 대상과 범위에 따라 국제관광정책, 국내관광정책, 국민관광정책, 복지관광정책으로 설명되기도 한다.

국제관광정책은 국제수지 불균형을 이루는 후진국이나 개발도상국에서 택하는 정책유형으로 볼 수 있으며, 국내관광정책은 저개발국가보다는 선진국에서 더 큰 관심의 영역이 되고 있다. 또한 복지관광정책과 관련된 관광정책은 선진국의 관광정책에서 깊은 관심을 배려하고 있다는 점에 주목할 필요가 있다. 이처럼 관광정책의 관심 영역이 국가의 개발정도와 깊은 관계를 가지고 있는 것은 관광현상이 정치, 경제, 사회, 문화환경과 깊은 상관성을 지니고 있기 때문이다. 이 뿐만 아니라 관광정책의 대상과 영역은 다음과 같은 몇가지 기준에 따라서 정책의 대상, 범위, 성격이 달라질 수 있다.

① 시간 : 시간을 기준으로 관광정책 영역을 설정하면 관광현상의 변화과정에 따라 대량관광정책, 대중관광정책, 복지관광정책으로 크게 분류될 수 있다.

② 국경과 국적 : 국경과 국적을 기준으로 한 관광정책으로는 국내관광정책, 국외관광정책, 해외관광정책으로 설정할 수 있다.

③ 공간과 지역 : 공간과 지역을 기준으로 한 관광정책은 지방관광 정책, 지역관광정책, 국가관광정책, 국제관광정책 등으로 구분될 수 있다.

④ 관광효과 : 관광의 효과적인 측면을 바탕으로 한 관광정책은 국가경제, 국민경제에서의 관광의 역할을 증대시킬 수 있는 관광경제정책으로, 또한 비경제적인 측면을 강조할 때의 관광정책은 민족문화의 보존과 전승에 관련된 관광문화정책으로 설정될 수 있다.

⑤ 관광이념 : 관광이념구현을 구현하기 위한 관광정책의 영역과 대상은 개인의 자아실현을 위한 관광정책, 관광참여 기회제공의 차원인 관광정책, 사회적 형평을 이루어 관광분야의 단층현상을 제거하기 위한 관광정책, 생활의 질을 향상시키기 위한 관광정책, 지역 간 · 국가 간의 평화를 위한 관광정책, 관광환경의 질 개선을 위한 관광정책 등으로 설명될 수 있다. 이외에도 관광정책의 영역과 대상설정은 국가정책목표, 국제정치, 국제경제, 교통, 사회복지, 국민의 의식구조 등의 영향정도에 따라 달라질 수 있다.

한편 학자들은 관광정책의 영역과 대상을 다음과 같이 구분하여 설정하고 있다.

① Arrillage : 관광정책의 영역과 대상을 대상, 범위, 지역, 수단 및 방법에 따라 설정하고 있는데, 정책대상에 따라서는 경제정책(교통정책, 호텔정책, 화폐정책, 재정정책)과 문화정책으로 분류하고 있다. 정책범위에 따라서는 대외정책, 대내정책으로 분류하고 있으며, 지역에 따라서는 전국적 정책, 지방적 정책, 국지적 정책으로 구분하고 있다. 정책의 수단과 방법에 따라서는 대외정책으로 선전과 정보로 구분하고, 대내정책으로는 관리, 촉진, 보조, 직접 집행, 조사 등으로 설명하고 있다.

② 안종윤 : 관광여행정책, 관광자원정책, 국제관광정책, 관광사업정책, 관광통계 작성 등으로 관광정책의 영역과 대상을 설정하고 있다.

③ 이장춘 : 지역과 공간, 인적, 현상에 따라 관광정책의 영역과 대상을 다음과 같이 설정하고 있다.

첫째, 지역적, 공간적인 측면에서는 전국단위 관광개발정책, 지역단위 관광개발정책, 지방적 관광개발정책, 단위지역 관광개발정책, 국제관광정책, 우주관광정책 등으로 관광정책의 영역과 대상을 설정하고 있다.

둘째, 인적 분류 측면에서는 크게 내국인에 대한 정책과 외국인에 대한 정책으로 대별하고 내국인에 대한 정책은 국내관광정책 및 해외여행정책으로 나누고 이를 종합하여 국민관광정책으로 설정하고 있다. 또한 외국인에 대한 정책은 국내를 방문하는 외국에 대한 국제관광정책으로 분류하고 있다.

셋째, 관광의 현상적 측면에서는 관광입지정책을 바탕으로 16개의 정책을 대상화하고 있다.

이상의 견해에서 볼 때 관광현상이 지역, 국가, 국제 및 정치, 경제, 사회, 문화, 환경 등 여러 영역과 차원에 걸쳐 있어 매우 복잡하고 다면적인 현상으로 나타나기 때문에 관광정책의 대상과 영역 또한 그 범위가 넓어짐으로써 분석 고찰의 어려움이 존재한다는 것을 알 수 있다.

그러나 일반적으로 다음과 같이 관광정책의 대상을 설정할 수 있다.

첫째, 관광정책의 이념인 공익성, 형평성, 지역성, 민주성, 효율성 등을 구현시키기 위한 관광정책의 목표는 국민생활의 질 향상과 관광객의 참여를 통한 자아실현을 달성하는데 의의가 있다. 따라서 관광정책의 대상은 복지관광차원을 바탕으로 한 경제정책, 사회정책의 성격을 포함한 이념과 목표를 기준으로 설정되어야 한다.

둘째, 관광정책의 대상은 관광자원개발, 편익, 기반시설 개발, 관광산업진흥, 환경보존 등의 관광대상을 바탕으로 관광자원개발정책, 관광시설정책, 관광산업진흥정책, 환경정책 등으로 설정되어야 한다.

셋째, 관광정책의 대상은 관광대상의 참여범위(수단과 방법)에 의하여 관광시장정책, 관광입지정책, 관광제도정책, 관광투자정책, 관광기업정책, 관광계획정책, 관광교육정책, 관광교통정책, 관광수급정책 등으로 구분할 수 있다.

표 7-4 | 관광정책의 대상

대상별 관광정책	대상범위에 의한 관광정책
관광자원 및 시설개발	관광입지정책, 관광계획정책, 관광투자정책, 관광교통정책, 관광제도정책
관광산업진흥	관광수요시장정책, 관광선전홍보정책, 관광기업정책, 관광인력수급정책
관광환경보전 개발	관광환경정책

이상의 내용을 바탕으로 관광정책의 영역을 설정하면 다음과 같다.

그림 7-1 | 관광정책 영역

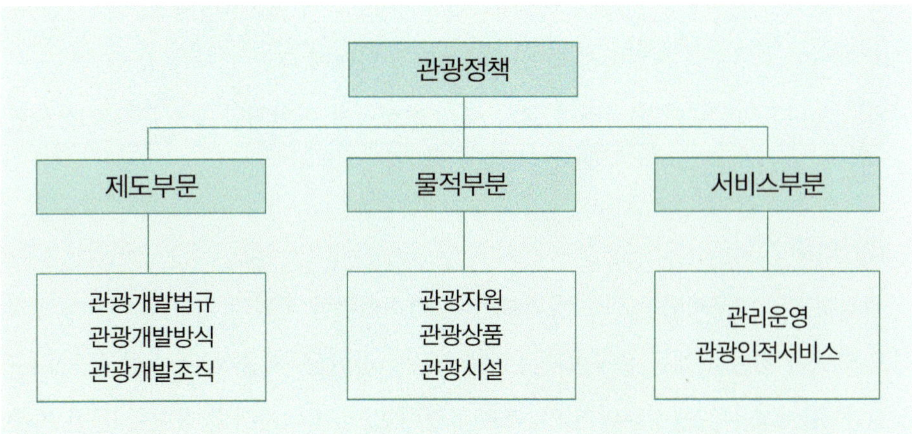

3_ 관광정책의 이념과 목표

1) 관광정책의 이념

이념이란 정치적, 사회적 행동계획을 구성하는 결합된 주장이나 이론 또는 목적으로 이해되기도 하지만 국가, 사회가 추구하는 정치적 가치 내지 정치질서의 개념으로 파악되기도 한다. 그러나 정책의 관점에서는 정책이 추구해야 할 규범, 바람직한 가치, 지침이나 원리를 의미한다. 이러한 정책이념 설정은 규범이 목표와의 관계에서 바람직한 방법으로 정립되지 않으면 목표가 아무리 정당성을 가지고 있다 하더라도 그 가치는 무너지게 됨으로 항상 이념과 목표는 목표수단연쇄(ends-means chains)를 유지해야 한다. 따라서 관광정책이 추구하는 최고의 정신, 규범 등을 설정하기란 매우 어렵지만 국가의 일정 기간의 시대성, 역사성, 문화성, 지역성을 바탕으로 다음과 같이 설정할 수 있다.

(1) 공익성

관광정책의 추구이념은 공익성 실현이다. 공익성은 관광정책결정자의 도덕적 행위를 규정하는 최고의 덕목으로서 전체 사회에 이익을 주기 위한 정부의 행위로 파악된다. 규범론적 입장에서는 대중의 참다운 이익으로서 공공선(the common good)으로 규정되기도 하며, 공동체의 목표와 관련시키기도 한다. 따라서 관광정책은 외부의 압력이나 주관적 편견에서 벗어나 예상되는 미래에 대한 변화를 공공이익에 부합되도록 하고, 더 나아가 국민의 삶의 질을 향상시켜 바람직한 관광문화를 창출할 수 있도록 해야 한다.

(2) 민주성

관광정책의 추구이념은 민주성 확보이다. 민주성이란 국민의 의사를 정책에 반영하고 국민을 위한 정책을 추구하자는 개념으로서 참여성, 자율성, 공개성 등으로 구성된다. 참여성은 관광정책의 입안, 집행과정에 있어 지역주민의 참여를 통한 자주적 의사결정을 의미하며, 자율성은 하향식 의사결정이 아닌 상향식 의사결정에 의해 관광정책을 수렵하고 집행하는 것을 의미한다. 공개성은 기회의 공평한 배분이라는 배분적 정의에 입각한 것으로서 관광정책의 목표와 목표달성 정도에 관한 평가를 할 수 있도록 공개적인 기회를 공평하게 부여하자는 것이다.

(3) 형평성

관광정책의 추구이념은 형평성 실현에 있다. 형평성은 사회적 형평에 기초한 개념으로서 가치와 기회를 균등하게 배분하여 사회적 단층현상을 제거하자는 복지관광 차원과 지역 간의 복리수준의 차이제거 및 균형발전을 의미한다. 복지관광 차원의 형평성은 관광비참여 계층에 대한 참여기회 제공과 관광참여 계층에게는 참여의 질을 향상시키는 것으로서 관광은 사회의 빈민층과 부유층의 단층현상을 제거하고 중간계층의 성장에 기여한다는 논리와도 깊은 상관성을 갖는다.

(4) 효율성

관광정책의 추구이념은 효율성의 달성에 있다. 효율성은 일반적으로 효과성과 능률성의 복합된 개념으로 생산성을 의미하기도 하지만 분리된 개념으로 파악되기도 한다. 효과성은 설정된 목표를 어느 정도 달성하였느냐에 초점을 둔 개념으로 비용이나 투입에 상관없이 산출의 극대화를 추구하는 입장이다. 반면에 능률성은 설정된 목표를 가장 적은 비용으로 성취하고자 하는 경제성을 의미하며 투입 대 산출의 비율로 나타난다.

따라서 관광정책에서의 효율성은 목표달성도를 강조한 외적 생산성의 효과성과 수단의 경제성을 강조한 내적 생산성의 능률성을 포함한 개념이며, 그 범주는 경제적 측면의 효율성뿐만 아니라 사회문화적, 환경적 효율성까지 포함된 것을 의미한다.

(5) 지역성

관광정책의 추구이념은 지역성을 바탕으로 형성되어야 한다. 지역성은 지역의 지리적 특성과 문화성, 역사성, 독자성을 바탕으로 지역실정에 부합되는 관광정책을 수립, 집행하는 것을 의미한다. 관광정책을 통해 지역의 전통과 문화를 계승 발전시킴으로써 지역 문화의 독자성과 차별성을 보전하고 지역주민의 긍지와 애향심을 고양하자는 것이 지역성이다.

2) 관광정책의 목표

관광정책의 목표는 관광정책이 미래에 정책수립 및 집행과정을 통하여 달성하고자 하는 바람직한 상태를 의미하는 것으로서, 정책이 다루어야 할 범위, 추진방향 및 진행과정의 지침이 되며, 정책평가의 기준이 된다. 따라서 관광정책의 목표를 설정할 때는 합리성, 일괄성, 포괄성, 실현가능성 등의 원칙에 준거하여 설정되어야 한다.

관광정책의 일반적인 목표는 관광현상의 제 환경에 따라 다양하게 접근될 수 있다.

① McIntosh & Goeldner : 관광의 편익을 통해 지역 주민의 생활수준 향상을 위한 구조제공, 관광객과 지역주민을 위한 위락시설 제공 및 기반시설 개선, 관광지역의 목적에 부합되는 방문자 센타의 개발유형 확립, 지역주민과 지방정부의 사회문화적, 경제적 환경과 일치하는 개발프로그램의 확립, 관광객 만족의 최적화를 관광정책의 목적으로 제시하고 있다.

② Gets : 지역사회개발, 유적 및 환경보전, 문화정체성 향상, 인구구조 변화, 사회복지 그리고 생활의 쾌적성 유지 및 제공 등으로 설명하고 있다.

③ Murphy : 관광객의 관광욕구 충족, 지역주민의 생활권 보장, 효율적인 관광자원개발 수행, 지역발전 등으로 설정하면서 관광정책의 목표달성을 위해서는 관광지역의 환대성(hospitality)에 의존해야 하고 관광상품의 개발도 특화된 지역의 고유성(authenticity)을 바탕으로 이루어져야 한다고 주장하고 있다.

이상에서 제기된 목표설정의 기준과 학자들의 견해를 종합하여 관광정책의 목표를 설정하면 다음과 같다.

(1) 생활의 질 향상

관광정책의 목표는 국민의 생활의 질 향상에 있다. 생활의 질(quality of life)이란 국가발전정책을 수립하고 평가하는 개념적 틀로서 1960년대부터 선진국에서 사용된 용어로 보는 관점에 따라 다양한 의미와 기준이 있다. 생활의 질이란 지역사회의 수요와 욕구의 실질적인 만족 정도를 의미하는 생활수준으로서 복지에 대한 포괄적인 표현으로 보기도 한다. 그러나 대부분 선진 국가정책 목표의 실천적인 의미에서는 양적인 혜택보다는 질적인 여건조성에 역점을 두어 기회균등을 통한 인간다운 삶의 보장+질+가치=복지로 시행되고 있다.

이러한 생활의 질 문제는 선진국에 있어서 당면한 과제로 경제적 성장문제가 아니라 인간의 삶에 있어서 질적가치를 증진시키기 위한 이른바 사회개발의 관심이 확대됨으로써 사회문제화되었다. 생활의 질 향상을 위한 수단으로 이용되는 여가생활의 한 부분인 관광은 레크리에이션의 사회적 기회를 제공하고 정신적 건강에 기여하며, 서로 다른 사회 계층 간의 관계 개선을 촉진시켜 지역사회의 생활의 질 향상에 크게 기여하고 있다.

따라서 국민의 욕구가 경제적, 물질적 풍요함에서 건강, 정신적 안정이나 인간다운 문화적 가치의 추구 등 경제외적 내지 내면적인 것의 충실로 옮아가고 있음을 감안할 때, 인간개발의 중요성을 강조한 관광정책이 하나의 목표로서 생활의 질을 새롭게 인식할 필요성이 있다.

(2) 체험의 질 향상

관광정책의 목표는 관광객의 욕구충족과 체험의 질을 창조하는 관광객 만족의 방향으로 수립되어야 한다. 인간은 기본적 욕구충족과 의식주가 해결되면 그 다음 단계는 고차원의 욕구와 기대를 가지게 되는 속성을 지니고 있다. 그 추구방식은 시대, 민족, 사회에 따라 약간의 차이를 보일 수 있으나 일반적으로 공통된 것은 Maslow가 주장한 인간욕구 5단계설에 대체로 접근하고 있다.

인간욕구 5단계에 의하면 인간의 욕구는 하나의 서열을 이루고 있으며, 하위욕구는 생리적 욕구에서 사회적 욕구를 거쳐 상위욕구인 자아실현의 욕구로 단계적인 성장을 거치게 된다는 이론이다. 인간의 관광활동차원에서 보면 개인의 잠재능력을 발견하고 실현하고자 하는 자아실현의 욕구와 관련시킬 수 있다.

Mayo & Jarvis는 관광과 관련된 욕구를 인간의 지적추구라고 보면서 알고자 하는 욕구(need to know)와 이해하고자 하는 욕구(need to under standing)로 구성된다고 설명하고 있다. 이러한 관광욕구는 어떤 동기가 부여되지 못하면 구체적인 관광행동으로 발전하지 못한다. 관광동기는 관광행동을 일으키게 하는 중요한 요인으로서 인간이 관광을 통하여 만족을 얻으려 할 때 일어난다. 따라서 관광정 책은 사회구성원 각자의 관광욕구에 각종 자극을 가하여 관광동기를 부여하기 위해서 관광객 지향의 개발목표를 설정하여 관광욕구가 충족될 수 있도록 관광환경을 조성해야 한다.

(3) 관광환경의 질 창조

관광정책의 목표는 관광환경의 질 창출에 있다. 관광의 성장은 불가피하게 환경변화를 가져오고 환경의 질이 나쁘면 관광체험의 질이 떨어짐으로, 관광개발은 관광과 상호의존적이며 공생적인 관계를 유지하면서 환경의 질을 창출해야 한다. 물론 관광은 환경을 개선한다는 주장에서와 같이 다른 산업과 달리 공해를 유발하지 않는다는 무공해 산업이라는 견해도 있지만 물리적, 양적, 환경 파괴적인 경성관광(hard tourism)을 삼가하고 환경의 질을 보존하는 연성관광(soft tourism)을 강조하기도 한다. 그러므로 관광정책이 관광환경의 질을 극대화하기 위하여서는 관광의 경제적 편익만을 강조한 개발이 아니라 자연적 · 문화적 가치를 충분히 반영한 연성관광 개발을 고려해야 한다.

또한 원상회복할 수 없는 모든 활동은 피하고 적정한 이용을 전제로 한, 촉진을 강조하여 환경의 질을 고무시키는 동시에 환경적, 경제적 측면에 초점을 둔 상호의존성을 인식해야 한다. 따라서 관광개발이 미래세대의 기회를 보호, 증진해 주면서 현재의 관광객과 지역의 욕구를 충족시키는 과정이라고 본다면 환경은 관광의 최대 관광환경 창조를 유지하는데 최선을 다하여야 하며 동시에 환경보전을 통한 관광발전을 관광정책의 자본임으로 관광정책은 양질의 목표로 설정해야 한다.

(4) 지역 간 균형발전

관광정책의 목표는 지역 간의 균형적인 발전을 도모하는데 있다. 지역 간 균형발전은 경제적 측면과 사회적 측면의 불균형요소를 해결하고 지역의 모든 주민들이 그들의 삶의 터전에서 기초적인 평등을 향유하고 인간다운 삶의 조건과 동일한 기회를 보장받을 수 있는 권리를 의미한다고 볼 수 있다. 지역균형개발이 지역 간 경제적,

사회적 요소의 격차를 해소하고 안정적인 지역발전을 추구하는 것이라고 본다면 관광정책은 지역주민의 소득증대, 고용기회 확대, 재정수입 증가 등의 경제적 편익과 문화유산의 보전관리, 지역 여가공간 확충, 지역 이미지 향상, 지역주민의 자부심 고취 등 사회문화적 편익을 줄 수 있으므로 지역 간의 균형개발을 달성할 수 있는 수단이 될 수 있다. 따라서 관광정책은 지역 간의 불균등적 요소를 해결하고 지역발전을 도모할 수 있는 유일한 수단 카드로 제시되고 있기 때문에 그 목표로서 지역간 균형발전을 설정할 수 있다.

4_ 한국 관광개발의 기본방향

1) 관광개발 과정의 민주성 확보

한국의 현 시점에서 정책이념의 우선순위를 민주성과 형평성 생산성의 순으로 표기함은 모든 정책 집행의 우선순위에서 지역주민의 복지를 우선으로 하는 민주성의 중요도를 강조한 것으로 볼 수 있다. 한 나라의 정책은 과거 · 현재 · 미래로 이어지는 연계성을 가지고 있기 때문에 현재의 관광개발정책 결정자는 개인과 일부 특수계층의 편익을 도모하기 위한 것이 아니라 전체적인 시각에서 정책을 형성하고 집행되도록 해야 한다. 그러나 과거의 관광개발을 보면, 중앙집권적이고, 총량적이며 하향적이어서 지역주민의 참여성, 정책과정의 민주화, 정책의 공개성 등을 바탕으로 한 정책이 형성과 집행이 되지 않아 민주성 확보라는 측면이 상당히 결여되었다. 이를 바탕으로 관광개발정책의 민주성 확보를 위한 방향을 설정하면 다음과 같다.

첫째, 관광개발은 일정한 지역을 대상으로 관광자원의 잠재력을 최대한 개발함으로써 그 지역의 경제, 사회, 문화 및 환경적 가치를 향상시켜 총체적인 편익을 극대화하려는 차원에서 집행되어야 한다. 따라서 관광개발의 우선순위는 바로 지역주민의 생활의 터전인 지역중심의 사고에서 출발해야 한다. 세계관광에 관한 마닐라 선언에서 '관광의 요구조건을 충족시키기 위하여 관광지 주민의 사회적, 경제적 이해와 생활환경을 침범해서는 안 된다' 라고 강조하고 있듯이, 관광개발의 목표를 달성하기 위한 전제조건으로서 주민참여는 반드시 필요하다. 대부분 관광개발의 실패가 지나친 정부의 개입이나 정부의 주도로 주민의 자발적인 참여가 배제되었을 때 발생된다고 본다면, 지역주민의 자발적인 참여를 통하여 관광개발의 효율성과 지역주민의 자주능력과 협동심을 증대시켜야 한다. 주민참여는 파동적인 추종자로서가 아닌 창조자로서의 역할을 수행할 수 있도록 동기와 기회를 부여해 주는 형태가 바람직하다.

따라서 관광개발 과정의 민주성이 대응성을 실현시키기 위해서는 주민참여는 필수적으로 실현되어야 하며, 이는 사회적 서비스의 한 형태로 나타나야 한다. 이를 위한 대비책으로는 관광개발 과정에서 설문조사, 면접조사, 비공식 접촉, 공청회 등의 개최를 통한 주민의 참여를 유도하고, 제도적으로는 관광전문가, 관광관련 공무원, 관광이익집단, 지역주민 등으로 구성되는 가칭 '관광개발자문위원회'의 설치가 필요하다.

둘째, 관광개발의 민주화란 정책과정의 운영상의 민주화를 의미한다. 중앙집권적 관광개발 정책의 분권화와 권한의 위임, 위탁을 통해서 관광개발에 대한 활성화를 꾀하자는 측면과, 또 하나는 중앙집권적 관광개발이든 하나의 정책조직 체계 내에서 최고정책결정자의 권한을 위임, 위탁하여 좋은 의견을 개발에 반영하자는 것이다. 우리나라의 관광개발에서 가장 큰 문제점으로 부각되고 있는 것은 관광개발과 관련된 정책기능이 중앙중심의 여러 부처에 분산된 상태로 집권화되어 자율적이고 책임있는 관광개발 추진을 할 수 없다는 것이다. 이를 위하여 관광정책심의위원회가 구성되었으나 부서 간의 협조체제만을 강조하고 있어, 아직도 중앙집권적이며 권위적인 체제를 벗어나지 못하고 있다.

따라서 중앙집권적 관광정책을 탈피하고 관광개발의 활성화를 위해서 현재 중앙집권화되어 있는 기능을 위임하여 관광개발정책의 책임성을 확보하도록 새로운 조직체계의 정비가 필요하다. 또한 관광개발과 정상의 효율성과 전문성을 확보하고 최고정책결정자의 비합리적인 정책결정을 배제하기 위하여 민주적인 절차에 의한 관광개발 과정의 체계화가 필요하다.

셋째, 관광개발의 공개성이란 관광개발에 관련된 결정내용이 모든 지역주민에게 공개됨으로써 개발과정상에서 기회를 평등하게 주자는 것이다. 개발과정상의 결정이 비밀리에 이루어지고 특수계층에게만 공개됨으로써 그 혜택을 골고루 받지 못하면 개발의 민주성은 보장되기 어렵다. 관광개발의 구조가 공개적일수록 지역주민의 관광개발에 대한 인지도나 관심도가 형성되고, 정책에 대한 지역주민의 신뢰성이 높다는 것이 연구결과에서 입증되었듯이, 관광개발 과정의 정보공개를 통하여 비민주적인 요인을 축소하고 지역주민의 권리침해를 사전에 예방할 수 있어야 한다. 따라서 관광개발의 공개성을 위한 방안으로서 지역주민의 참여를 통한 공개, 지역의 각종 언론매체를 통한 공개 등이 고려될 수 있다.

2) 관광개발상의 소외계층을 위한 형평성 가치구현

형평성은 사회적 형평에 기초한 사회적 불평등이나 배분의 불공평성으로 분리되는 개념으로, 관광개발로 인한 수혜의 혜택과 가치를 균등하게 배분하여 지역 내의 사회적 단층현상을 극복하고, 또한 지역 간의 복리수준 및 균형발전을 추구하여 지역주민의 생활의 질을 향상시키자는 것이다. 더 나아가 관광개발의 형평성 가치구현은 관광활동에 참여하지 못하는 소외계층에 대한 가치와 기회를 균등하게 제공하자는 복지 관광의 영역까지도 포함한다. 이를 바탕으로 관광개발의 형평성 가치구현을 위한 방향을 제시하면 다음과 같다.

첫째, 형평성은 일반적으로 평등(equality), 혜택(merit), 욕구(need)의 형태에 의하여 구분되는데, 이를 기준으로 형평성 가치구현을 위한 준거가 형성되어야 한다. 과거 우리나라의 중앙집권적 하향식 정치문화는 성장거점 철학과 접목되면서 평등, 혜택, 욕구를 근거한 형평성 가치구현보다는 효율성을 강조한 정책을 일관해 온 결과 특정지역, 특정계층의 부의 편중현상을 가중시켰다. 지역 간, 계층 간의 불균형은 개인의 책임으로 나타나는 것이 아니라 경제체제나 사회 구조의 책임으로 나타나고 있다.

따라서 관광개발은 본래 인간이란 기본적으로 인간의 존엄성과 가치가 동일하다는 정책이념하에 신분이나 계층에 따라 차이를 둔 배분보다도 복지관광을 실현하기 위한 정책차원에서 모든 관광개발의 수혜의 혜택과 가치를 평등성에 입각하여 공평한 배분이 전제되어야 한다. 관광개발의 분배형태는 혜택이론의 기본원리가 되는 기회균등(equality of opportunity)의 원칙에 따라 모든 지역주민에게 기회는 균등하게 주고, 능력의 차이에 따라 상이한 배분을 주되, 상대성에 의해 소외된 계층에 대하여서는 복지관광정책의 차원에서 기회를 제공해 주어야 한다.

둘째, 관광개발로 인하여 발생하는 경제적, 사회문화적, 환경적 편익 등이 지역사회에 환원되어 지역주민의 복지정책에 기여하고, 관광객에게는 관광활동을 통한 체험의 질을 향상시켜 건전한 관광문화를 형성함은 물론 관광개발 관련집단에게는 경제적 편익을 주는 등의 정책이 실현되어야 한다. 이러한 관광개발 참여계층과 비참여계층 간의 형평성 가치구현은 관광개발의 특성과 규모에 따라 다르게 나타날 수 있지만 일련의 복지관광개발 서비스정책으로 실현되어야 한다.

미래의 정책이 소득과 기회의 균등한 배분 및 생활 수준을 향상시키고 조정시킬 수 있는 사회개발의 형태로 발전되어야 한다면, 관광개발로 인한 편익의 균형 있는 배분은 필연적이고, 또한 지역주민의 복지수요 욕구의 변화에 따라 필요한 권리로 등장할 것이다.

3) 관광개발 과정의 효율성 제고

효율성은 능률성과 효과성을 합친 생산성의 개념을 의미하는데, 관광개발에서의 효율성 제고란 일반적으로 목표달성도를 강조한 외적 생산성과 수단의 경제성을 강조한 내적 생산성의 능률성을 의미한다. 과거 우리나라의 관광개발은 총량적인 불균형 성장을 바탕으로 한 경제적 효율성 정책을 추구하여 많은 문제점을 노출시켜 사회구조적인 문제를 표출하기도 하였다. 여기서 의미하는 효율성은 경제적 효율성뿐만 아니라 사회 문화적, 환경적 효율성을 의미한다. 이를 바탕으로 관광개발의 효율성 실현을 위한 방향을 설정하면 다음과 같다.

첫째, 관광개발의 효율성을 추구하기 위하여 관광관련부처에 분산된 개발업무를 통합하고, 이를 바탕으로 관광개발에 관련된 조직을 확대해야 한다. 또한 관광개발 과정에서 나타나는 다른 관련법규와 관련 부서의 복잡성과 불편성을 해소하기 위하여 개발에 관련된 법규를 가칭 '관광단발촉진법'으로 특별법을 제정하여 통합할 필요가 있다.

본래 관광은 속성상 다면적이고 복잡한 체계로 구성되어 있어 통합적인 접근이 반드시 필요하며, 이를 달성하기 위해서는 현재 각 부처간에 분산된 개발업무를 통합하여 관광개발의 효율성을 제고해야 한다. 또한 급증하고 있는 관광수요를 충족시킬수 있는 제도적 기틀 마련이 시급한 실정이며, 이를 위하여 취약한 관광개발 기능의 극대화와 관광계획 연구 조사기능을 확충해야 한다. 즉 관광개발수요에 대처하기 위해서 현재 다원화되어 있는 관광개발의 기능을 일원화하는 관광전문화 제도도입이 시급하다.

둘째, 지방화 시대의 도래로 인한 지역특성에 맞는 관광개발 조직의 확대를 바탕으로 정책의 효율성을 증대할 필요가 있다. 지역관광개발 조직은 관광개발 정책을 추진하기에는 조직 및 제도적인 취약성 등은 물론 관광개발의 행정, 재정능력 등의 많은 문제점이 제기되고 있다. 이로 인하여 개발정책의 형성, 집행, 개발에 능동적으로 대처하고 있지 못하는 실정임으로 지역관광개발 조직을 지역특성에 맞게 확대, 개편할 필요가 있다.

셋째, 관광개발의 효율성을 제고하기 위해서는 과거 군사문화의 잔재인 권위주의적 행정절차에서 벗어나 지역주민의 참여를 바탕으로 행정절차를 개선하여 시간과 비용의 불필요한 낭비를 방지해야 한다. 현재 각 부서별로 다원화되어 있는 관광개발행정 시스템을 하나의 관리체제로 일원화시켜야 하며 보문관광단지 개발업무의 성격에 따라 민주적이고 책임성이 부여되는 업무로 처리절차를 전환하고, 상위조직의 감독범위 등에 대한 개선책도 마련되어야 한다.

4) 관광개발상의 지역성 실현

관광개발의 지역성 실현은 경주의 지리적 특성과 문화성, 역사성, 독자성을 바탕으로 지역문화의 발전에 부합되는 관광개발 정책을 수립하고 집행하는 것을 의미한다. 과거 우리나라의 관광개발은 외화획득의 수단으로 관광산업을 인식하여 대부분 중앙집권적이고 하향식 개발방식에 의한 획일적이고 단편적인 개발형태를 택하여 각 지역마다의 특성있는 관광개발 정책이 시행되지 않았다.

그러나 지방화 시대에서 지역발전의 수단으로 관광개발에 대한 관심이 고조됨에 따라 다른 지역과 차별화된 관광개발 전략이 도입되지 않고서는 관광개발을 통한 지역활성화는 기대될 수 없다. 그러므로 관광개발의 지역성 실현은 지역의 특성을 바탕으로 전통과 문화를 계승 발전시키고, 다른 지역과 구별되는 지역문화의 독자성과 차별성을 형성하여 지역주민의 긍지와 애향심 고취를 통하여 가능하다고 볼 수 있다. 따라서 관광개발의 지역성을 확보하기 위하여 다음과 같은 방향을 제시하고자 한다.

첫째, 관광이란 일상생활권을 떠나 다른 지역의 새로운 것(novelty)을 추구하는 활동의 차원으로 이해된다면, 관광개발은 관광객의 욕구를 충족시키기 위해 다른 지역에서 볼 수 없는 자체만의 관광시설 및 상품개발이 이루어져야 한다.

둘째, 관광개발은 지역성을 확보하기 위하여 가칭 '관광개발연구소'를 설치, 운영해야 한다. 관광개발연구소는 관광개발에 관련된 지역의 관광자원을 조사, 연구하는 기능을 하며, 특히 지역내의 관광활동의 문제점을 파악하여 정책의 형성, 집행, 평가에 조언적인 역할을 담당해야 한다.

5) 관광개발 방식의 체계적 정립

관광의 구성은 본질적으로 복잡한 체계로 구성되어 있어 관광관련 이해 당사자의 적절하고 효율적인 상호협력과 역할을 분담함으로써 성공적인 관광개발을 할 수 있다. 그러나 지금까지의 관광개발은 중앙정부차원의 거점개발방식 또는 특화식 관광개발로 개발주체인 지방정부, 기업, 지역주민 등이 배제된 개발이었다. 즉 지역보다는 국가, 지역주민보다는 국민이라는 개발철학으로 일관해 온 것이 사실이다. 이로 인하여 지역 간의 불균형 현상은 물론 지역특성을 도외시한 개발로 지역사회의 경제적, 사회문화적, 환경적 비용만을 가중시키고 있다. 따라서 관광개발은 지역을 중심으로 한 지역사회가 중심이 되는 합리적인 개발형태가 강조되어야 할 것이며, 이를 위해서는 다음과 같은 개발 방안들이 강구되어야 할 것이다.

첫째, 지역의 특성을 기초로 한 상향식 관광개발 방식을 선정해야 한다. 성공적인 관광개발은 대부분 지리적 여건, 지역산업, 도시화 정도, 주민의 요구 등의 지역특성을 바탕으로 지역문제에서 출발한다. 예컨데, 도시지역은 도시민의 여가욕구를 충족켜 줄 수 있는 여가문화공간의 개발에 기반을 둔 개발형태가 전개되어야 하고, 농어촌지역은 지역의 1차 산업과 관광산업과의 연계로 한 지역의 경제적 편익증진에 초점을 두어야 한다. 또한 산간이나 해안은 지형적인 특성을 최대한 활용한 개발방식의 형태가 중요하다.

따라서 관광개발은 지역 특성에 맞고 지역주민의 의사를 고려한 문화 중심형 관광개발을 지역주민이 주체가 되어 개발해야 하며, 지역의 고유성에 바탕을 둔 다양한 프로그램을 선정하여 지역특화형 관광상품으로 개발해야 한다. 또한 공공부분이나 민간부분이 독자적으로 관광개발을 수행하는 것보다 지역주민의 복지에 영향이 큰 개발주체를 선정하여 효율적인 관광개발을 달성할 수 있는 개발방식을 도입해야 한다.

둘째, 관광개발의 성공적인 추진을 위해서는 민간기업의 참여를 촉진시키는 민관공동출자 방식(제3섹터)의 개발을 도입해야 한다. 관광개발은 최초 투자의 고율성과 투자의 회임기간이 타분야 보다 빠르지 못하여 민간기업의 투자가 활성화되고 있지 않는 추세임으로 민간부분의 투자를 위한 여러 가지 차원의 혜택을 주어야 한다. 따라서 관광개발에서 민간기업의 자발적이고 적극적인 참여를 유도하기 위하여 민간기업의 지분에 있어서 지방자치단체와의 차등배분을 하거나 민간지분에 대하여 추가적인 배당을 실시해야 한다. 경우에 따라서는 지방자치단체가 일정수준 이상의 배당을 보증하는 방법도 고려할 수 있다. 그러나 민관공동출자 방식에 참여하는 민간기업은 지역발전에 기여하는 기업이라는 이미지 제고를 위하여 개발 후 사업운영으로 발생하는 이익은 지역으로 환원하는 자세가 전제되어야 한다.

셋째, 관광개발 방식은 환경지향적이며 지속가능한 관광개발이어야 한다. 관광개발 과정에서 발생하는 개발주체와 지역주민의 갈등은 대부분 환경문제에서 기인된 결과임으로 관광개발의 주체는 미래지향적이며 환경친화적인 관광개발 방식을 도입해야 한다. 이를 위하여 환경적으로 보다 민감한 지역에 대한 압력을 경감시키키 위해 환경적으로 덜 민감한 지역에 관광시설의 개발을 촉진하는 관광객 유인개발 방식(honeypot development)을 도입하거나, 또는 관광객 활동을 집중시키거나 분산시키기 위해 특정토지의 이용을 제한하는 구획제(zoning)의 개발방식 및 최적 수용력을 고려한 개발방식이 도입되어야 한다.

6) 관광개발 투자환경 조성

지방자치단체가 관광개발을 수행하는 데 가장 어려운 점은 투자재원(92.9%), 개발계획 수립(6.3%), 토지분양(0.8%) 순으로 나타나고 있어 폭발적으로 증가한 관광수요에 적극적으로 대처할 관광공급체계의 개발 및 조성에 현실적으로 많은 어려움이 존재하고 있다. 따라서 증대하는 관광수요를 충족시키고 관광개발을 통해 지역의 경제 활성화를 도모하기 위해서는 투자환경의 재정력이 강화되어야 한다. 이를 달성하기 위하여 다음과 같은 관광개발 투자환경의 방향을 제시하고자 한다.

첫째, 관광개발 투자재원은 지방자치단체의 자체자원을 중심으로 투자재원을 모색해야 한다. 이러한 지방재정의 확충방안은 중앙과 지방 간의 자체적인 세원 재배분, 정부 간의 관계를 통한 재원조성, 지방자치단체의 자체노력, 지방채의 활성 등으로 제시할 수 있다. 구체적인 내용은 다음 〈표 7-5〉와 같다.

표 7-5 | 투자재정확충 유형

조세적인 접근	정부간의 관계접근	자체노력접근	지방채 접근
국세, 지방세 조정, 지방세 비과세 감면 제도의 합리화, 신세원개발(법정외세 도입 포함), 과표현실화와 세율인상, 공동세 도입	국고보조금, 지방교부세, 지방잉여금 제도의 개선, 포괄보조금제 도입, 공동세 도입, 중앙정부의 출연금의 합리적 운영, 재정투자융자 확대	조세노력, 조세생산성 증대, 사용자부담, 수익자 부담사업 확대, 지방공기업 경영의 합리화, 경영수익사업 확대, 민관형동체제 및 민간참여 유도, 재정운영 합리화	지방채 시장조성, 지방금융기관육성 및 지방금융기관의 지방채 참여, 중앙신용기관 설치

둘째, 관광개발만을 위한 용도의 투자재원을 확보하는 방안으로 관광세 신설, 관광개발기금의 설치 등이 있다. 관광세는 이용자 부담원칙과 수익자 부담원칙을 바탕으로 구분하여 지역특성에 맞는 관광세를 적용해야 하며 관광지 및 관광시설 이용료 부과, 숙박세, 관광환경세 등으로 부과할 수 있다.

그리고 관광개발기금의 설치운영은 중앙정부가 관리하는 관광진흥개발기금과 지역마다 별도의 관광개발기금을 조성하여 관광개발사업에 대해 자율권을 가지고 독자적으로 운용할 수 있는 공적기금의 형태로 운영되어야 한다. 기금의 재원은 지방자치단체의 출연 출자금, 전입금, 차입금, 이전 지출의 일부(국고보조금 등), 경영수익사업의 수익금, 공채발행, 기여금 등으로 조성 하는 방안을 강구할 수 있다.

셋째, 관광개발의 활성화를 위하여 교통유발 부담금 및 환경 개선 부담금의 감면, 관광산업에 대한 세제지원, 관광산업의 금융지원, 관광숙박시설의 지원법, 민간개발 참여 유도 및 민관공동개발 방식의 도입 등 각종의 관광투자 활성화를 위한 지원대책이 강구되어야 한다. 관광호텔의 외국인에 대한 부가세 징수(10%) 감면 및 전기세의 산업용으로 적용, 관광단지의 양도소득세 감면 등의 세제 지원으로 관광투자를 활성화 해야 한다.

그리고 관광산업이 국민의 여가공간 및 휴양시설 개발이라는 공익적 기능을 감안하여 각종 정부 출연금의 금융지원이 필요하며, 한국전통호텔과 같은 특색 있는 관광호텔건설을 위하여 각종 금융, 세제, 행정상의 지원뿐만 아니라 제도적인 관광숙박지원법 등을 제정하여 민간부분의 투자여건을 조성해야 한다.

7) 관광개발 관련법규 및 제도 보완

한국관광은 1975년에 제정된 관광기본법의 제정목적에 근거를 두고 관광진흥을 위한 시책과 방향을 설정하고 있으며, 이를 바탕으로 관광진흥법, 관광진흥개발기금법 등의 각종 관광관련 법규을 제정하고 있다. 그러나 현행 관광관련법규는 관광환경의 급속한 변화에 대응하지 못하고 있으며, 관광행정업무의 효율적인 수행을 위한 제도적인 장치도 미비한 실정이어서 보완 및 정비가 요구되고 있다. 이러한 문제점을 해결하기 위하여 관광법규를 시대적 환경에 부합되도록 개정하고 새로운 관광법을 제정할 필요가 있기 때문에 다음과 같은 방향을 제시하고자 한다.

첫째, 현행 관광법규를 시대적인 환경에 부합되도록 하기 위하여 부분적인 개정의 필요성이 있다. 관광법규의 근간이 되는 관광기본법에는 관광정책의 이념을 명시하고 행정조직의 역할과 개선책을 명시하는 동시에 관광객의 관광권을 보장하고 복지관광을 실현할 수 있는 제도적 장치를 위한 법적 근거를 추가하여 제시해야 한다.

그리고 관광진흥법에는 관광개발에 민간부문 참여 활성화를 유도하는 법적 근거와 관광기업의 세제지원 및 불필요한 규제를 삭제하는 등 투자환경에 관한 조항과 관광개발에 관한 지방자치단체의 독자성을 명시할 필요가 있다. 또한 관광진흥개발기금법을 개정하여 민간부문에 대한 재정지원의 폭을 관광개발사업에까지 확대하고 지원금액과 조건도 개선할 필요가 있다.

둘째, 1975년에 제정되었다가 1986년 관광진흥법에 포함된 관광단지개발촉진법을 다시 분리하여 새로운 형태의(가칭) '관광지개발촉진법' 으로 제정할 필요가 있다. 관광지개발촉진법은 민간참여를 유도하는 관광개발로 국민의 여가문화 조성을 제고하고 관광지, 관광단지, 휴양지 개발사업을 추진하여 국민복지 향상과 지역균형발전에 기여하는 조항으로 제정목적을 설정하고 각종 관광종합개발 계획수립, 개발촉진시책, 개발규제 시책, 관리, 운영 및 감독, 지역의 환경보전 대책, 보칙, 벌칙, 부칙 등으로 구성되어야 한다. 또한 국민관광수요에 대응하고 관광의 전문성을 확보하기 위하여 가칭 복지관광기금법, 여행업법, 호텔숙박업법 등의 제정도 검토해 볼 필요가 있다.

8) 관광개발의 행정체계 확립

한국의 관광행정은 1950년대 이후부터 관광발전의 주도적인 역할을 수행하면서 양적, 질적인 발전을 가져온 것은 사실이지만 급속한 관광의 발전에 대응할 만한 행정체계를 구축하지는 못하였다. 아직도 관광행정체계가 권위적이고 비합리적인 방식에 의하여 작용되고 있어 행정체계의 효율성에 문제가 되고 있으며, 특히 중앙관광행정체계 중심의 조직 운영은 상대적으로 지방행정체계의 기능과 역할을 축소시켜 늘어나는 관광행정수요에 자체적으로 대처하고 있지 못하고 있는 실정이다.

이러한 문제점에 능동적으로 대처하기 위해서는 현행 관광행정체계에 대한 과학적 진단을 통한 종합적 평가가 선행되어야 한다. 이에 준거하여 다음과 같이 방향을 제시하고자 한다.

첫째, 우리나라의 관광행정의 가장 큰 문제점으로 부각되고 있는 것은 관광개발과 관련된 행정기능이 여러 부서에 분산되어 있기 때문에 관광행정의 종합적 추진과 협조체제가 미흡하다는 것이다. 따라서 미래의 관광행정 수요에 일관적이고 독자성 있게 관광기능을 수행하기 위해서라도 새로운 행정조직을 설립하여 총괄적으로 기획할 수 있는 방안이 필요하다. 이를 위하여 관광행정을 기획담당부서로 이관하여 총괄적인 담당을 하는 것이 바람직하다.

둘째, 과거 관광행정체계의 비합리적이고 권위적인 체제에서 벗어나서 지역주민의 지지 토대 위에서 발전하기 위해서는 정책결정의 합리성이 강조되는 방안이 강구되어야 한다. 이를 위하여 관광과 관련된 모든 정보를 수집, 분석, 평가해서 관광개발에 효과적으로 전달할 수 있는 관광정보전달 체계를 구축하여 지역주민에 공개는 물론 행정체계의 비민주적 요소를 제거해야 한다.

셋째, 관광행정체계가 1960년대 이후 줄곧 경제적 측면의 단기적 영향에 집착한 나머지 관광의 정치적, 사회문화적 측면과 생태적 측면이 경시되는 결과를 초래하여 관광발전에 부정적인 영향을 주고 있다. 따라서 관광행정은 경제적 효과중심의 근시안적 사고에서 탈피하여 관광이 가지고 있는 장기적인 효과, 즉 사회문화적, 생태적 효과를 추구하는 방향으로 행정의 초점이 변화되어야 한다.

넷째, 한국의 관광행정체계는 지방화 시대에도 불구하고 아직도 중앙정부가 관광행정기능을 독점하고 있어 지역관광발전을 저해하고 있다. 중앙정부와 지방정부간의 역할분담은 향후에도 지속적으로 연구되어야 할 과제이지만 중앙정부는 주로 국제적, 전국적인 이해관계가 있는 행정업무만을 관장하고 그외의 나머지 행정업무는 지방자치단체에게 대폭 이관하여 행정기능의 독자성과 효율성을 제고시켜야 한다.

참·고·문·헌

김상무, 관광개발론, 계명대출판부, 1991.
김용환, 민관공동출자사업의 이론과 실무, 1992.
김진섭. 현대관광사업론, 대왕사, 1987.
김진섭, 관광학원론, 대왕사, 1994.
김진탁, 현대관광학총론, 백산출판사, 1996.
김홍운, 관광지리학, 형설출판사, 1989.
김홍운 외 1인, 관광개발론, 형설출판사, 1996.
김홍운 외 1인, 관광자원론, 형설출판사, 1995.
박석희, 신관광자원론, 일신사, 1989.
이 근, 관광자원론, 학문사, 1996.
이장춘, 최신국민관광개발론, 대왕사, 1994.
이장춘, 복지관광정책론, 대왕사, 1986.

이장춘, 통일과 관광개발, 대왕사, 1995.

이장춘, 관광계획 · 개발론, 대왕사, 1987.

장병권, 한국관광행정론, 일신사, 1993.

표성수 외 1인, 최신관광계획개발론, 형설출판사, 1994.

김사영, 『한국의 지역거점 관광자원개발 모형정립에 관한 연구』 한양대박사학위논문, 1995.

이광원, 『지역관광개발 정책평가에 관한 연구』 경기대 박사학위논문, 1996.

한국관광공사, 지방화시대의 관광개발기법, 1995.

鈜木忠義, 現代觀光論, 有裵閒, 1974.

小各達男, 觀光事業論, 學文社, 1994.

前田勇, 觀光擺論, 學文社, 1978.

律田昇, 國際觀光論, 東京經濟新輪社, 1969.

未武直義, 觀光論入門, 法律文化社, 1974.

小池洋一, 足翊洋保 編著, 觀光學擺論, 1989.

Arland, M. M. Tourism and Hotel Industry, Prentice-Hall of India, 1976.

Burkart, A. T. & Medlik, S. Tourism : Past, Present and Future, Heinemann, 1987.

Canestrelli, E. & Costa, P. "Tourist Carring Capacity-A Fuzzy Approach" *Annals of Tourism Research*, Vol- 18, No. 4, 1991.

Edgell, D. L. International Tourism Policy, Van Nostrand Reinhold, 1990.

Hudman, L. E. & Hawkins, D. E. H. Tourism in Contempory Society : An Introductory Test, Prentice-Hall, 1989. Inskeep, E. Tourism Planning, Van Nostrand Reinhold, 1991. Kadt, E. Tourism : Passport to Development, Oxford Univeristy Press, 1979.

Lundberg, D. E. The Tourist Business, Cohners Publishing Co., 1974.

McIntosh, R. W. & Goldner, C. R. Tourism : Principles, Practics, Philosophies, John Wiley & Sons, Inc., 1986.

Mil, R. C. & Morrison, A. M. The Tourism System, Englewood Cliffs, New Jersey, 1985.

Murphy, P. E. Tourism : A Community Approach, Method, 1987.

Wahab, S. Tourism Management, Tourism International Press, 1975.

저|자|소|개 ›››

■ 이 광 원

- 경기대학교 대학원 관광경영학과 박사과정 졸업

  현) 백석문화대학 관광학부 교수

[연구업적]

- 여행학 개론, 학문사
- 관광법 총론, 학문사
- 관광사업개론, 학문사
- 돈 안들이고 세계여행하기, 명상
- 관광학의 이해, 기문사
- 관광스토리텔링, 백석문화대학출판
- 관광스피치와 리더십, 백석문화대학 출판
- 지역관광개발정책평가에 관한 연구

  외 논문 및 보고서 다수

■ 위 상 배

- 경기대학교 대학원 관광경영학과 박사과정 졸업

  전) 서영대학교 관광과 조교수

  현) 서정대학교 관광과 교수

[연구업적]

- 신관광학개론, 백산출판사
- 관광법의 이해, 학문사
- 여행업의 환경, 역량, 전략 및 그 적합성이 경영성과에 미치는 영향에 관한 연구

  등 논문 및 보고서 다수

관광학의 이해

2004년 2월 25일 초 판 발행
2012년 2월 20일 2판 1쇄 발행
2018년 2월 20일 2판 4쇄 발행

저 자 이광원 · 위상배
발행인 한 인 환
발행처 도서출판 **기 문 사**
등 록 1978. 8. 9. NO. 6-0637
주 소 서울시 동대문구 안암로 50-1(용두동) 홍신빌딩 3층
전 화 02) 2265-7214 / 922-8662~8663
팩 스 02) 922-8772

homepage : www.kimoonsa.co.kr
e-mail : book@kimoonsa.co.kr

ISBN : 978-89-7723-779-7 93980

저자와의 협의하에 인지생략

정가 : 22,000원